中国语言文学与中华文化全球传播学科群·名家文库

# 翻译研究论集

曹明伦　著

科学出版社

北京

# 内 容 简 介

　　本书汇编了作者十余年间陆续发表的30篇学术文章。这些文章思路连贯，学理贯通，可前后呼应，相互印证。针对20世纪以来中西翻译理论中出现的一些似是而非的论调，结合翻译活动和文化传播活动的实际，作者进行了认真的反思和深入的研究，首次指出了对外文化传播不等于对外翻译，首次提出了翻译的"文本目的"和"非文本目的"这对概念，首次区分了翻译的"文本行为"和"非文本行为"，首次明确了译介学和翻译学各自的学科概念及其学科范畴，并总结了若干行之有效的翻译技巧和文化传播的策略与方法。

　　本书适合高校翻译理论与实践、世界文学与比较文学、专业翻译硕士（MTI）笔译等方向的在校研究生和报考者，以及对翻译感兴趣的读者阅读。

**图书在版编目（CIP）数据**

翻译研究论集 / 曹明伦著. —北京：科学出版社，2020.3
（中国语言文学与中华文化全球传播学科群名家文库）
ISBN 978-7-03-063568-6

Ⅰ．①翻⋯　Ⅱ．①曹⋯　Ⅲ．①翻译学–研究　Ⅳ．①H059

中国版本图书馆CIP数据核字（2019）第 272510 号

责任编辑：常春娥 / 责任校对：严　娜
责任印制：师艳茹 / 封面设计：黄华斌

科 学 出 版 社 出版
北京东黄城根北街 16 号
邮政编码：100717
http://www.sciencep.com

**北京画中画印刷有限公司** 印刷
科学出版社发行　各地新华书店经销

*

2020 年 3 月第　一　版　开本：720 × 1000　B5
2020 年 3 月第一次印刷　印张：28 1/2
字数：460 000

**定价：168.00 元**
（如有印装质量问题，我社负责调换）

# 作 者 简 介

　　**曹明伦**　1953 年生,四川自贡人,著名翻译家;北京大学文学博士,四川大学二级教授、博士生导师,成都大学特聘教授;中国作家协会会员,中国翻译工作者协会理事,成都翻译协会会长,《中国翻译》《英语世界》等刊物编委;四川省有突出贡献的优秀专家,国务院特殊津贴专家。主要研究方向为文学翻译、翻译与跨文化传播。著有《翻译之道:理论与实践》《英汉翻译二十讲》《英汉翻译实践与评析》,译有《爱伦·坡集》《弗罗斯特集》《威拉·凯瑟集》《培根随笔集》《司各特诗选》《莎士比亚十四行诗集》等多种英美文学经典,与人合作编有《英诗金库》,发表学术论文 100 余篇。

# 序

中国是世界上唯一一个文明没有出现过断层的国家，是仅存的四大文明古国之一。中华文明经历了比其他文明更悠久、更坎坷、更漫长的旅程，中国如今仍然枝繁叶茂、繁荣昌盛，我们理应为自己的文明感到骄傲。中国语言文学，是中华文明数千年来最瑰丽的结晶。刘勰在《文心雕龙》"原道"篇开篇即言："文之为德也大矣，与天地并生者何哉？"曹丕于《典论·论文》中说："盖文章，经国之大业，不朽之盛事。"中国以一个"文"架起了"德"与"道"，构建起了中国人最基本的文化认同感。事实上，也正是一代又一代文人志士的努力，才使得中华文化在文学中传承千古，造就了中国今天底蕴深厚的文学大国形象。

全球化真正波及中国的时间只有 100 多年，且是伴随着近代受到列强的侵略展开的。我们从 100 多年前敞开国门之时，便开始学习西方，从学习科技、学习制度到学习文化，由外及里，逐渐深入。中国的人文社会科学学科同样如此，至今为止，其西化程度是惊人的。受到西方科学化、体系化的逻辑思维影响，中国人文社会科学在步入现代化教育体系的同时，也因西方话语的席卷而"失语"，目前，中国学术在世界上的声音还比较小，还处于"有理说不出、说了传不开"的境地，并未获得与中国国际地位相称的话语权。

建构中国学术话语体系，既是解决中国学术话语国际"失语症"这一重要问题的途径，也已成为国家的重要文化战略。目前，我国高度重视中华优秀传统文化的传承传播与中国特色学术话语体系建设，强调要"讲好中国故事，展现真实、立体、全面的中国，提高国家文化软实力"，明确提出了中国哲学社会科学学术话语体系要具有"中国特色、中国风格、中国气派"。

本套丛书的出版起源于四川大学"中国语言文学与中华文化全球传播"学科群的建设。2017 年 9 月，四川大学入选世界一流大学建设 A 类名单，由曹顺庆教授担任首席科学家的"中国语言文学与中华文化全球传播"学科群，入选为四川大学 12 个重点建设的学科（群）之一。学科群植根于百廿川大深厚的人文底蕴，致力于研究全球化语境下中华文化的传承创新与传播，设立了"中国语言文学与中华文化全球传播学科群文库"，"名家文库"是其中一个子库。本套丛书的出版，就是希望能够通过整理和出版四川大学学者的论著，将中国文学与文化推广出去，提升中国文化的影响力，打造中华优秀传统文化与传播研究的世界学术高地，以期为中华民族积极参与构建世界新文明体系贡献四川大学的声音与智慧。

四川大学中国语言文学学科，传承优良学统，凭借雄厚的师资力量，重视四川大学中文学科资源整合，成立中华文化研究院，深入探索中华文化经典，并进一步研究中华文化对外传播研究与实践，创新中国学术话语理论；开辟了中国文化经典研究在英语世界、法语世界、德语世界以及"一带一路"沿线国家中的译介与传播研究。四川大学杰出教授项楚的敦煌学研究，改变了"敦煌在中国，敦煌学在国外"的窘境，用翔实的学术事实，折服欧美及日本学者，为祖国赢得学术荣誉，提升了中国文化软实力；四川大学杰出教授、欧洲科学与艺术院院士、长江学者特聘教授曹顺庆提出的"失语症"问题直面中国学术话语体系建设，创立"比较文学变异学"学科理论新话语，其专著《比较文学变异学》（Shunqing Cao, *The Variation Theory of Comparative Literature*, Springer, Heidelberg, 2013）作为比较文学创新话语在西方的亮相引起了国际广泛关注，受到美国科学院院士苏源熙（Haun Saussy）、法国索邦大学教授佛朗哥（Bernard Franco）和欧洲科学院院士拉森（Svend Erik Larsen）等著名学者的高度评价；从英国归国的赵毅衡教授领衔的四川大学符号学团队注重中华传统符号学遗产发掘，被誉为"符号学东方学派"，与传播学融合发展拓展中华文化国际传播研究与实际的新路径；还有四川大学杰出教授詹时窗的宗教学文献研究、长江学者特聘教授张弘的佛教文学研究、长江学者特聘教授盖建民的宗教文献研究、长江学者特聘教授傅其林的东方马克思主义文论研究、长江学者特聘教授金慧敏的西方文论研究、二级教授李怡的现当代文学研究、二级教授刘福春的现当代文献学研究、二级教授蒋晓丽的新闻学研究、二级教授刘亚丁的俄罗斯文学研究、二级教授石坚的美国印第安文学研究、二级教授舒大刚的古典文献学研究、二级教授王晓路的中西文论与文化比较研究、二级教授周裕锴的宋代文学研究、二级教授徐新建的文学人类学研究，二级教授俞理明的古汉语研究、二级教授阎嘉的文艺美学研究、二级教授易丹的电影研究、二级教授曹明伦的外国文学研究、二级教授张泽洪的宗教文化研究，以及青年长江学者周维东的现当代文学研究，等等，他们都是"中国语言文学与中华文化全球传播学科群"学术研究的佼佼者。

本套丛书的第一批作者有：曹顺庆、詹石窗、曹明伦、李怡、刘亚丁、舒大刚、徐新建、阎嘉、俞理明、张泽洪等 10 余位四川大学杰出教授与二级教授，每位学者精选高水平论著 40 万字左右，结集出版。所精选的论著论题广泛，论述深刻，内容涉及中国古代文学、中国现当代文学、中国古典文献学、语言学、文艺学、比较文学与世界文学、外国语言文学、宗教文化等领域，学术内涵丰富，意义深远，价值极高，称得上集四川大学中国语言文学与中华文化研究领域之精品于一堂。

"高山仰止，景行行止。"高山纵使令人景仰，若要更好地看清它，还需要攀登到更高的山头上，方可整体性地纵观全局。在阅读本套丛书时，希望读者不必拘泥于某个"窄而精"的研究范围，可以打破学术视野和思维局限，重新建立中国语言文学与文化的汇通知识体系，也希望本套丛书能够助力读者真正向"博通古今，学贯中西"的境界迈进。

四川大学中国语言文学与中华文化全球传播学科群

2019 年 10 月

# 前　　言

　　本书汇编的这 30 篇文章，除第一篇和最末一篇之外，都是 20 世纪以来笔者在《中国翻译》《上海翻译》《东方翻译》《外语研究》《四川大学学报》《外国文学评论》《解放军外国语学院学报》《天津外国语学院学报》《四川外语学院学报》《西安外国语大学学报》等学术期刊上发表过的论文，历时十余年。首篇《论对外文化传播与对外翻译——兼论"自扬其声"需要"借帆出海"》是以笔者的同名学术讲座PPT演示文稿为基础为本书专门撰写的，末篇《"语言游戏"的规则和技巧》则是在为四川大学研究生做的学术报告的基础上，由四川大学研究生会学术部根据报告录音和PPT演示文稿整理而成。

　　虽然从 1985 年开始，笔者就陆续在《外国文学研究》《中国翻译》《名作欣赏》等刊物上发表文章，但是直到 20 世纪的 80 年代和 90 年代，笔者才把教学之余的大部分时间和精力都用于所热爱的文学翻译。在那 20 年间，笔者先后翻译了英国诗人司各特的三部长诗、英国伊丽莎白时代的三部十四行诗集、莎士比亚的两部长诗、美国作家爱伦·坡一生所创作的全部小说和诗歌、美国诗人弗罗斯特一生所创作的全部诗歌及其诗论、美国作家薇拉·凯瑟的四部长篇小说和一部短篇小说集，以及吉卜林的《原来如此的故事》、马克·吐温的《亚当夏娃日记》和培根的《随笔集》等。在此期间，笔者还陆续完成了文化部门和文友委托的一些对外翻译任务。在长期的翻译实践和翻译教学中，笔者也一直在关注翻译理论的建设和发展，并逐渐认识到翻译活动实际上也是一种文化传播活动，同时笔者也逐渐形成了自己的一套翻译原则和翻译理论。笔者特别认同英国学者彼得·纽马克关于翻译理论的理念："翻译理论若非由翻译实践中的问题而产生，则既无意义又无效果。"①

　　20 世纪以来，我国的翻译事业和跨文化交流都进入了一个繁花似锦、硕果

---

① Peter Newmark, *A Textbook of Translation*, Hemel Hempstead: Prentice Hall International (UK) Ltd., 1988, p.9.

纷呈的发展阶段。随着改革开放不断深入，随着中国国力不断增强，随着国际文化交流渠道愈发畅通，中国翻译学界有了开阔眼界、广泛借鉴的大好机会，形成了跨学科研究的风气。20 世纪的翻译理论建构和翻译学科建设成绩斐然，这有目共睹；当今翻译研究的流派之众、方法之多、视域之广、观点之新、跨度之大、成果之丰，可谓空前未有。

但与此同时，翻译研究领域也出现了一些值得反思的现象。有部分学人，因缺乏翻译与跨文化传播的实践历练和理论修养，脱离本土语言文化现实，面对门窗洞开后的景致，竟至目迷五色，把未必读懂、未经消化，甚至本身就未必成理的西方翻译理论和文化理论大量引进，当作放之四海而皆准的真理盲目信奉，发表了一些概念模糊、逻辑混乱、词语歧义、似是而非的"理论文章"；有部分学人，做跨学科研究却对所跨学科不甚了解，徒为标新而立异，发表了一些"玄、空、怪、涩……令人不知其所云"①的"科研论文"；还有部分学人，为达量化指标而急功近利，摒弃了中国学人披览群书、弥纶群言、研精一理、言必有据的优良学术传统，发表了一些浅尝辄止、避实就虚、引征不确、真伪莫辨的"学术成果"。这些文章和"成果"在翻译学界和跨文化传播界造成了一定的思想混乱，使许多翻译课教师和翻译方向的学生感到困惑，令不少翻译和文化传播的实际从业者感到无所适从。

本书汇编的部分文章即针对上述种种现象、结合翻译活动和文化传播活动的实际进行深入研究的结果，其中不乏作者的理论创新，如首次提出了翻译的"文本目的"和"非文本目的"这对概念，首次区分了翻译的"文本行为"和"非文本行为"，首次明确了译介学和翻译学各自的学科概念及其学科范畴，首次指出了对外文化传播不等于对外翻译，等等。

本书分为上下两编。上编（文化传播与翻译研究）汇集的文章主要研究翻译的本体问题，论题主要集中于翻译的性质、翻译的目的、翻译的任务、翻译的标准，以及对近年来中西翻译理论中出现的一些似是而非的论调（如"原文没有确定的意义""要求译者忠实于原文是勉为其难""译者的任务是为了委托者（的）最大利益""赚钱也是翻译的目的，而且是高尚的目的"，以及"翻

---

① 参见陈福康：《中国译学理论史稿》（修订本），上海：上海外语教育出版社，2000 年，第 475 页。

译就是改写""翻译就是叛逆"等)进行的研究。下编(翻译批评与翻译技巧)汇集的文章包括三类：一类是对翻译理论的经典文本(如道安的《摩诃钵罗若波罗蜜经抄序》、支谦的《法句经序》)和被翻译的具体文本(如莎士比亚的诗歌、弗罗斯特关于翻译的论说和《圣经》引文)等进行的研究；一类是对译介对象(如爱伦·坡和弗罗斯特)及其在中国的译介史进行的研究；另一类是作者总结的若干行之有效的翻译技巧和文化交流的策略和方法。

　　本书内容是笔者在十余年间以单篇的形式写成的，所以个别论述、例证和注释有重复之处。考虑到这些重复对读者可起到温故而知新的作用，从中可以看到作者的翻译理念从幼稚到成熟的过程，加之为保持各篇章相对的完整性和历史原貌，此次汇编时便没有刻意删除这些重复之处，但为了全书的统一性，笔者对个别字句进行了调整。另外，对有修订版、增订版和再版的参考文献，笔者也视其情况进行了部分更新，并统一规范了文献和注释。

　　笔者曾萌发过选编这本《翻译研究论集》的想法，但因种种原因而未能付诸实施。感谢四川大学以曹顺庆教授为首席专家的"中国语言文学与中华文化全球传播学科群"给予笔者鼓励和资助，使笔者这些零散的论述能汇集成册，让笔者对翻译的一些思考能比较全面地得以展示。感谢之余笔者也真诚地希望，学界同仁能对本书中可能存在的讹误或谬误提出批评，以共同促进我国的翻译研究和跨文化传播研究的发展。

曹明伦

2018 年立秋日于四川大学

# 目　录

## 下编：翻译批评与翻译技巧

# 上　编

## 文化传播与翻译研究

# 论对外文化传播与对外翻译

## ——兼论"自扬其声"需要"借帆出海"

【内容提要】 对外文化传播可采用多种方式或途径，翻译只是其中的一种。其他对外文化传播活动会借助于翻译，但不能把这些传播活动混同于翻译，这样既可使翻译活动保持其正轨，又能使文化传播更有成效。对外翻译中华文化文学典籍的工作主要应该由外国汉学家和学贯中西的双语作家来完成。不过，当前"自扬其声"（中国人自己对外翻译）却很有必要。但"自扬其声"不能"闭门造车"，而需"借帆出海"（借用外国作家在相似语境下表达相同意思的措辞和句式，以契合外国读者的阅读习惯和审美习惯）。对外翻译的管理部门要对对外翻译有所了解，应懂得不是学过外语的人就能做好翻译工作。外语院校应重视培养汉译外（逆向翻译）和对外文化传播的专门人才。

# 一、引 言

随着改革开放的不断深入，随着中国国力的不断增强，随着中国提出的"一带一路"发展构想越来越受到沿途各国的欢迎，其他国家和民族想更多了解中国的愿望也愈发强烈。在这种新形势下，中国比以往任何时候都更加需要对外传播自己的文化。这种对外传播有很大部分是通过翻译来完成的，但翻译并非文化传播的唯一方式或途径。然而，在翻译研究和文化传播研究领域，不少学者在认识上存在一个误区，即没有意识到对外文化传播有多种方式或途径，翻译只是其中的一种，从而把其他方式或途径混同于翻译，结果模糊了翻译的本质属性。这种概念上的模糊造成了两个方面的混乱。一方面，对外传播的实际从业者往往左右为难，据原文改写或另撰的文本被人用翻译标准批评为不忠实于原文，忠实于原文的译文有时又"缺乏对外沟通性"①，"说（译）了人家也听不懂"②。为了解释这种现象，理论界又搬出了"翻译就是改写""翻译就是叛逆""忠实于原文的翻译标准已陈旧过时"等似是而非的理论。另一方面，翻译概念的模糊又造成了翻译目的、任务和标准的模糊，比如有学者公然说：赚钱也是翻译的目的，而且是高尚的目的③，"译者的主要责任，不是译'好'某些文字，而是为了委托者（的）最大利益"④，"忠实于原文""这种陈旧的翻译理念"已经成了"中国文学和文化'走出去'的绊脚石"⑤。这些说法在翻译学界和文化传播界造成了理论上的混淆和思想上的混乱，使许多翻译课教师和翻译方向的学生感到困惑，令不少翻译和文化传播的实际从业者感到无所适从。鉴于此，笔者认为有必要区分"对外文化传播"和"对外翻译"这两个概念，澄清理论上的混淆，消除思想上的混乱，从而使翻译活动保持其正轨，使文化传播更富有成效。

## 二、"对外文化传播"不等于"对外翻译"

"任何传播行为都包括五个要素，即①传播的主体、②传播的对象、③传播的渠道、④传播的内容、⑤传播的效果。"⑥传播的主体、对象、内容和效果肯定会因人而异，顺时而迁，据事而变，随境而殊，因此与之并列的"传播渠道"也肯定不止一条，或者说传播的方式肯定不止一种。对外文化传播也是一种传播，所以其传播方式也肯定不止于翻译。

在 2014 年召开的"全国翻译理论高层论坛"上，欧洲科学院外籍院士、清华大学教授王宁曾指出："翻译应该是一种'跨文化阐释'，中国文化要走出去，仅靠翻译几十部、几百部中国文学作品是远远不够的，中国学者要尽可

① 参见黄友义：《中国站到了国际舞台中央，我们如何翻译》，《中国翻译》2015 年第 5 期，第 6 页。
② 参见黄友义：《"一带一路"和中国翻译——变革指向应用的方向》，《上海翻译》2017 年第 3 期，第 3 页。
③ 参见张南峰：《中西译学批评》，北京：清华大学出版社，2004 年，第 39 页。
④ 周兆祥：《翻译与人生》，北京：中国对外翻译出版公司，2000 年，第 3 页。
⑤ 樊丽萍：《"抠字眼"的翻译理念该更新了》，《文汇报》2013 年 9 月 11 日，第 1 版。
⑥ 段连城：《对外传播学初探》（增订版），北京：五洲传播出版社，2004 年，第 1 页。

能直接用外语著述。"①在 2015 年召开的"第四届全国对外传播理论研讨会"上，针对一些汉译外文本虽然忠实于原文但"缺乏对外沟通性"的问题，中国翻译工作者协会常务副会长、中国翻译研究院副院长黄友义曾强调："我们需要明确，忠实的是中国文化的本质精华。"②笔者以为，这两段话至少说明了三个问题：①对外文化传播的途径不止翻译一条，而是有多种方式或途径；②对外文化传播仅仅靠翻译有时会"缺乏对外沟通性"，致使文化传播的效果不显著；③为了使对外文化传播富有成效（具有沟通性），我们有时应该多管齐下，多种方式共用，多条途径并行。而要做到这点，我们首先就应该明确对外文化传播不等于对外翻译。

在 2017 年发表的一篇文章中，笔者曾谈及跨文化交流与翻译的区别③，从某种意义上讲，跨文化交流就是富有成效的跨文化传播产生的一种效果。既然跨文化交流有多种方式或途径，跨文化传播同样也有多种方式或途径。不可否认：中央民族乐团在维也纳金色大厅和纽约卡内基音乐厅演奏《二泉映月》《春江花月夜》等中国民族音乐是在传播中华文化；"秦兵马俑展"在法国巴黎美术馆、英国利物浦世界博物馆和美国富兰克林学会博物馆等多个国家和地区的博物馆展出是在传播中华文化；周恩来总理于 1954 年在日内瓦请外国朋友观看"彩色歌剧电影——中国的《罗密欧与朱丽叶》"并赢得"比莎士比亚的《罗密欧与朱丽叶》更感人"的赞誉④是在传播中华文化；笔者于 1996 年秋季在美国斯普林阿伯学院（Spring Arbor College）为不懂中文的美国大学生开课讲授"Chinese Civilization and Culture"（中国文明与文化）是在传播中华文化；2008年的北京第 29 届奥运会开幕式是在传播中华文化；2010 年的上海世博会中国馆是在传播中华文化；如今分布在 120 个国家或地区的 400 余所孔子学院和 600 余个孔子课堂⑤是在传播中华文化；甚至今天在世界各国遍地开花的中餐

① 参见郑敏宇：《"全国翻译理论高层论坛"综述》，《东方翻译》2014 年第 2 期，第 93 页。

② 黄友义：《中国站到了国际舞台中央，我们如何翻译》，第 7 页。

③ 参见曹明伦：《作品名翻译与重新命名之区别》，《解放军外国语学院学报》2017 年第 3 期，第 105-106 页。

④ 参见李彬：《闻鼓鼙而思将帅——重读段连城〈对外传播学初探〉》，《新闻爱好者》2014 年第 3 期，第 51 页。

⑤ 参见叶英：《从外媒报道看孔子学院的海外形象》，《四川大学学报》（哲学社会科学版）2015 年第 3 期，第 53 页。

馆也在传播中华文化。

即便只讨论采用书面媒介所进行的中华文化传播活动，我们也应该承认：林语堂用英文撰写 *My Country and My People*（《吾国与吾民》）、*Moment in Peking*（《瞬息京华》）、*The Wisdom of Confucius*（《孔子的智慧》）和 *The Wisdom of Laotse*（《老子的智慧》）是在传播中华文化；辜鸿铭用英文撰写 *The Story of a Chinese*（《一个中国人的故事》）和 *The Spirit of the Chinese People*（《春秋大义》）是在传播中华文化；冯友兰用英文著述 *A Short History of Chinese Philosophy*（《中国哲学简史》）是在传播中华文化；柳无忌用英文著述 *Confucius: His Life and Time*[1]（《孔子生平及其时代》）是在传播中华文化；江亢虎用英文撰写 "The Beginnings of Taoist Philosophy"（《道家哲学之起源》）和 "Taoist Religion"（《道家的宗教》）也是在传播中华文化。

由此可见，对外文化传播的确可采用多种方式或途径，而翻译只是其中的一种。虽说上述各种文化传播活动往往会借助于翻译，但我们显然不能说这些传播活动本身是翻译。因众所周知，翻译是一种语言符号转换活动，即唐人贾公彦在《周礼义疏》中定义的 "译即易，谓换易言语使相解也"[2]；即《辞海》（1999 年版［缩印本］第 2336 页）和《现代汉语词典》（第 6 版第 357 页）所定义的 "把一种语言文字的意义用另一种语言文字表达出来"；亦即卡特福德定义的 "翻译即用一种语言（目标语）中对应的文本材料去替换另一种语言（源语）中的文本材料"[3]。虽然都是在进行文化传播，但音乐演出和艺术展览显然不是翻译。即便那些使用书面文字方式的文化传播者也从来都把直接用外文著述和翻译分得一清二楚。以收录江亢虎博士那两篇文章的 *Laotzu's Tao and Wu Wei*[4]（《老子的道与无为》）一书第二版中的署名为例，该书分为三个部分：目录页第一部分名为 "A New Translation"（即《道德经》全部 81 章的英译）；第二部分名为 "Interpretive Essays"（收录三篇阐

---

① Liu Wu-Chi, *Confucius: His Life and Time*, New York: Philosophical Library, Inc., 1955.

② 参见陈福康：《中国译学理论史稿》（修订本），上海：上海外语教育出版社，2000 年，第 3 页。

③ J. C. Catford, *A Linguistic Theory of Translation*, Oxford: Oxford University Press, 1965, p. 20.

④ Bhikshu Wai-Tao and Dwight Goddard, *Laotzu's Tao and Wu Wei* (2nd edition), Santa Barbara: Dwight Goddard, 1935.

释道教或道家思想的论文）；第三部分名为 "Outline of Taoist Philosophy and Religion"（《道家哲学及宗教概述》，收录上文提及的江亢虎的两篇文章）。第一部分是译文，署名者当然是译者。第二部分和第三部分都是著述，但署名方式却不同，第二部分的署名是 "by Henry Borel, Translated by M. E. Reynolds"（亨利·包雷①著，M. E.雷诺兹译），第三部分只署了 "by Dr. Kiang Kang-Hu"（江亢虎著）。由此可见，那些中华文化的传播者非常清楚，江亢虎的传播方式就是王宁教授说的"直接用外语著述"，而荷兰汉学家包雷的汉文化传播则借助了英语翻译。这本书的署名方式再次说明：文化传播的方式或途径不止于翻译，文化传播更不等于翻译。明确了这点，我们就可以解决当下引起学术界争论的一个问题：译文还该不该忠实于原文？

　　针对部分忠实的译文"缺乏对外沟通性"的问题，多年来有不少专家提出过解决办法，例如：对原文"动三种'手术'"（镶补、减肥、重组）②，对原文进行"不同程度甚至大幅度的删节"③，"增加中文里没有的背景，删去可能引起误会的表述"④，等等。笔者认为，若是只针对解决对外文化传播"缺乏对外沟通性"的问题，这种"删改法"既行之有效又行之有理；可若是针对如何翻译而言，这种做法虽说有效，但却会造成理论上的混淆和思想上的混乱。因众所周知，忠实于原文是翻译活动的基本准则，既"戴着镣铐跳舞"又"保存着原作的丰姿"⑤是历代翻译家的主观追求，亦是评估翻译质量的客观准绳。思果先生曾强调："翻译切不可不守纪律，没有尺寸，乱添乱减。"⑥马悦然先生曾呼吁："翻译家是匠人，他们属于一种翻译匠人同业公会，不准粗心大意的，什么都不准删掉，什么都不准加上去，什么都不准'改善'。"⑦由此可见，大幅增删的"译文"虽可加强"对外沟通性"，但却会使翻译这个行业

---

① 亨利·包雷（1869—1933），荷兰汉学家，第一个荷兰语《老子》译本（1897）的译者。

② 段连城：《呼吁：请译界同仁都来关心对外宣传》，《中国翻译》1990 年第 5 期，第 2-3 页。

③ 谢天振：《超越文本，超越翻译》，上海：复旦大学出版社，2014 年，第 251 页。

④ 黄友义：《中国站到了国际舞台中央，我们如何翻译》，第 7 页。

⑤ 鲁迅强调："凡是翻译，必须兼顾着两面，一当然力求其易解，一则保存着原作的丰姿。"鲁迅：《且介亭杂文二集》，北京：人民文学出版社，1973 年，第 112 页。

⑥ 思果：《翻译研究》，北京：中国对外翻译出版公司，2001 年，第 xxi 页。

⑦ 陈文芬：《诗人是可怕的翻译家——马悦然谈翻译》，《书屋》2014 年第 2 期，第 66-67 页。

失去规矩方圆。然而，如果我们理直气壮地明确"对外传播不等于翻译"，把这些有增删的"译文"不看作译文，而看作是根据原文要旨改写的文本或另撰的文本，那就可以消弭上述争论，同时也可以让翻译活动保持其基本准则。

实际上，笔者多年来就是这样做的。笔者虽然主要从事英译汉工作，但也陆续完成过相关部门和文友委托的一些汉译英任务。在长期的翻译实践和翻译教学中，笔者早就注意到了黄友义先生说的有些忠实的译文"缺乏对外沟通性"的问题。例如 20 世纪 90 年代，笔者受托把一本画集①的序言和 34 幅画的画名"翻译"成英语。孙克先生在序言中称该画集中的画为"古代人物油画"，又因画中人物都是中国古代诗词中出现过的人物，所以这些画亦可称为诗意画，每幅画都讲述了一个中国故事，如《入剑门》讲述了陆游"细雨骑驴入剑门"的故事，《易水西风》讲述了荆轲"壮士一去兮不复还"的故事，《载驰》讲述了许穆夫人"归唁卫侯"的故事，《云横秦岭》则讲述了韩愈"夕贬潮阳路八千"的故事。要是照一般的字符转换来翻译这些画名，那就不仅仅是"缺乏对外沟通性"的问题，而是完全没有沟通性和传播效果的问题了。

以《云横秦岭》为例，这幅画的画面大部分被巍峨的秦岭群山和逶迤于其间的云雾占据，画家只在衬着白云的右下方点缀了两个很小的人影，一人骑在马背，一人挑担随行。如果我们按字面把"云横秦岭"四个字翻译成"*Clouds Traversing Tsinling Mountains*" "*Clouds Floating Over Ch'in Ling Mountains*"或"*Clouds Winding Across Qin Mountains*"，译文不可谓不忠实，可英美观赏者能从中体味到什么呢？他们能像中国观赏者那样从"云横秦岭"想到"云横秦岭家何在？雪拥蓝关马不前"这两句诗吗？能进而想到韩愈的那首《左迁至蓝关示侄孙湘》，从而领悟到该画的寓意——壮志未酬之悲，报国无门之叹吗？但如果我们承认翻译只是对外文化传播的方式之一，明确译者同时也是跨文化传播者，那么，当用翻译手段无法产生文化传播的效果时，为什么不能适当采用其他手段呢？出于这样的考虑，笔者当年就采用了另撰文本的方式，根据英语国家观赏者可能涉及的认知语境，为这幅画另撰了如下英文画名："Where Is My Way to Serve My Country?"，而且还加了个副名"Han Yü's sigh after he was

---

① 黄同江：《百家画库·中国美术家黄同江专集》，沈阳：辽宁美术出版社，1998 年。

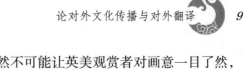

banished by the court"。这个画名虽然不可能让英美观赏者对画意一目了然，但至少为他们中真想探究此画意蕴者提供了认知线索，因为只需查阅《大英百科全书》，他们就可以从"Han Yü"这个词条了解到中国唐代大文豪韩愈的生平，甚至读到此画所涉及的"一封朝奏九重天，夕贬潮阳路八千"那段中国故事：

"So outspoken was he that he castigated the Emperor for paying respect to the supposed finger bone of the Buddha, an act that almost cost Han Yü his life and because of which he was banished to South China for a year."[①]（他直言谏阻皇帝恭迎所谓的佛骨，此举令他几获极刑，最后被逐出朝廷，贬谪到中国南方达一年之久。）对上文提及的《入剑门》《易水西风》《载驰》等画名，笔者也分别为其另撰了如下英文画名："Lu Yu (1125-1210) on His Way to Sichuan After His Ambition Frustrated""Sending Ching K'e to Assassinate Ch'in Shih Huang Ti""Driving to Mourn for Her Lost Old Country"。这些画名虽非译名，但却能在一定程度上起到传播中华文化的作用。

总而言之，我们必须明确"对外文化传播"不等于"对外翻译"，必须明确翻译就是翻译，改写就是改写，另撰文本就是另撰文本。这三种方式都可以为文化传播服务，但却不能把这三者混为一谈。只有这样，才能让翻译活动保持其正轨，同时也能让对外文化传播更富有成效。

## 三、中华文学文化典籍该由谁来翻译？

笔者历来认为，对外翻译中国文学文化经典作品的工作主要应该由外国汉学家和学贯中西的双语作家来完成，而实际情况也是如此。担任过国际译联副主席的黄友义先生曾指出："国际翻译界有一个共识，即翻译的任务应该是把外语翻译成母语，如果试图把母语翻译成外语，那是一种错误的选择。的确，只要能把外语看懂，人们就不难在母语中找到恰当的词句。一个人外语再好也好不过他的母语。因此，世界上大多数翻译都是从事将外语翻译成母语的工

---

① Philip W. Goetz, *The New Encyclopaedia Britannica* (15th Edition, *Micropaedia Britannica, vol. iv.*), Chicago & London: Encyclopaedia Britannica Inc., 1979, p. 896.

作。"①在谈及由政府资助并由中国译者翻译出版的英文版"大中华文库"系列丛书时，美国汉学家宇文所安（Stephen Owen）也表达了同样的观点。他说："中国正在花钱把中文典籍翻译成英语。但这项工程绝不可能奏效。没有人会读这些英文译本。中国可以更明智地使用其资源。不管我的中文有多棒，我都绝不可能把英文作品翻译成满意的中文。译者始终都应该把外语翻译成自己的母语，绝不该把母语翻译成外语。"②钱锺书在书信中谈及《红楼梦》英译本时曾说："因思及Hawkes（霍克斯）近以其新出译本第三册相赠，乃细读之，文笔远胜杨氏夫妇（杨宪益与戴乃迭），然而此老实话亦不能公开说，可笑可叹。"③

国际翻译界为何有上述共识？宇文所安为何说上面那番话？钱锺书先生为什么那样认为？要回答这些问题，中国读者可以先想想这样一个问题：除了那本由外国传教士翻译、常令中国"读者看了如堕五里雾中，不知究竟"④的中文和合本《圣经》之外，你读到过任何一本由外国译者从其母语翻译成汉语的文化典籍或文学作品吗？既然没有，那我们为什么要自己把汉语经典翻译成外文让外国人读呢？是想让他们也"堕五里雾中，不知究竟"？

认真说来，黄友义先生说的国际翻译界的共识不仅是共识，而且是规范。"联合国教科文组织于 1976 年发布的关于依法保护译者和译作权利以及提高译者地位的建议（《内罗毕宣言》）主张'译者应尽可能将作品译入其母语或其有同等程度掌握的语言'"；国际翻译家联盟也特别强调"职业译者应该从事译入母语的工作。"⑤宇文所安说的关于"大中华文库"那番话后来也被事实证明，有国内学者在认真考证后指出："这套标举'全面系统地翻译介绍中

---

① 黄友义：《翻译错误到底谁之过错？》，(2009-11-15)，http://wangluofanyi.com/Article.asp?id=55[2018-08-10]. 标点有改动。

② 这段话的原文是：China now spends money on Chinese translating into English. This will never work. No one will ever read these translations. China could use its resources more wisely. However good my Chinese might be, I could never translate well from English into Chinese. One must always translate into one's native language, never from one's native language. （见陈橙：《文选编译与经典重构——以宇文所安〈诺顿中国文学选集〉为核心的研究》，博士学位论文，四川大学，2010 年，第 209-210 页。）

③ 参见王贺健、张雷：《书信遭拍卖 杨绛很受伤》，《法制晚报》2013 年 5 月 27 日，第 16 版。

④ 朱树飏：《谈圣经翻译》，《外语研究》1988 年第 3 期，第 70 页。

⑤ 转引自马士奎：《从母语译入外语：国外非母语翻译实践和理论考察》，《上海翻译》2012 年第 3 期，第 21 页。

国传统文化典籍'、旨在让'中学西传'的丛书……已经翻译出版了一百余种选题，一百七八十册，然而除个别几个选题被国外相关出版机构看中购买走版权外，其余绝大多数已经出版的选题都局限在国内的发行圈内，似尚未真正'传出去'。"[1]至于钱锺书先生当年"不能公开说"的话，如今已有新一代学者依据翔实的资料和数据公开说出："霍译本在英语世界产生的影响是杨译本所无法企及的。"[2]

　　英美读者为何青睐霍译本呢？原因很简单，因为霍克斯的母语是英语，他了解英语读者的审美口味，知道如何最大限度地再现原著的审美价值。例如他把"潇湘馆"翻译成"The Naiad's House"[3]，而Naiad在希腊神话中是主管河溪湖泉的一种水泽女神，于是，就像"潇湘"二字可令中国读者联想到"娥皇女英"的古老传说一样，Naiad也能让英美读者感觉到原著的古典韵味和神话气息。有了"The Naiad's House"，他后来把探春为黛玉取的别号"潇湘妃子"译成"River Queen"[4]也就是自然而然的妙译了。杨译本把"潇湘馆"和"潇湘妃子"分别翻译成"Bamboo Lodge"和"Queen of the Bamboo"[5]，虽说也是佳译，但与霍译相比，对英美读者来说就略显平淡了。

　　黄友义说"只要能把外语看懂，人们就不难在母语中找到恰当的词句"，上例可谓这句话的具体说明和生动演示。的确，有母语文化优势的英美翻译家在斟词酌句时，会考虑其文学意义、历史意义、联想意义，甚至习惯语意义，而包含这些文化因素的译文字句当然更契合英美读者的认知语境和审美习惯，因此也更容易引起他们的共鸣，使他们在阅读过程中感受到更多的审美乐趣，获得更多的审美快感。而绝大多数中国翻译家在把中华典籍翻译成英语时，更多的是在考虑字词的直接意义，以及英文的语法规则，这样的译文当然就会像

① 谢天振：《中国文学走出去：问题与实质》，《中国比较文学》2014年第1期，第2页。

② 江帆：《他乡的石头记：〈红楼梦〉百年英译史研究》，博士学位论文，复旦大学，2007年，第80页。

③ Cao Xueqin, *The Story of the Stone, Vol. I (The Golden Days)*, trans. by Davie Hawkes, London & New York: Penguin Books Ltd., 1973, p. 364.

④ Cao Xueqin, *The Story of the Stone, Vol. II (The Crab-Flower Club)*, trans. by Davie Hawkes, London & New York: Penguin Books Ltd., 1977, p. 217.

⑤ Tsao Hsueh-Chin and Kao Ngo, *A Dream of Red Mansions, Vol. I*, trans. by Yang Hsien-Yi and Gladys Yang, Peking: Foreign Languages Press, 1978, pp. 257, 535.

宇文所安说的那样"没有人会读"了。

　　有学者曾提醒我们考虑这个问题："何以我们提供的无疑是更加忠实于原文、更加完整的译本在西方却会遭到冷遇？"[①]笔者想上例也从一个侧面对这个问题做出了回答。但另外还有一个答案，那就是，部分从事对外翻译工作的部门和译者对中华文学文化典籍在国外的传播情况似乎并不清楚。美国汉学家及翻译家艾略特·温伯格（Eliot Weinberger）指出："中国读者往往会假设西方人对中国一无所知，其实中国古代文学在英语世界出版非常多，而且相当受欢迎。……可以这样说，二十世纪的每一位美国诗人都读过中国古诗，许多人受到了巨大的影响。……同样重要的还有中国古代哲学。……老子（《道德经》）和《易经》的销售以百万计，《道德经》大概有一百多种译本。《论语》和《庄子》也有不计其数的译本。几乎所有古典小说都有翻译，其中有些译本非常精彩。"[②]从"大中华文库"已出书目来看，这套丛书基本上是在重复国外汉学家们翻译得"非常精彩"的中国古典小说和版本"不计其数"且已产生"巨大影响"的《道德经》《庄子》《论语》《孟子》等；早已有温伯格说的那些译本供英美读者选读，"大中华文库"的译本在西方受冷遇也就不足为奇了。

　　温伯格的提醒值得我们制定对外文化传播策略的部门和人士注意。实际上，除了有不计其数的中华文化文学典籍的英译本可供西方普通读者选择阅读之外，西方大学的文学教科书里也选编有大量的中国名篇名作。以《诺顿世界名作选集》为例，该书是英美大学英语系的教科书，自 1956 起就进入了英美大学的文学课堂。笔者案头上的于 1995 年出版的扩编版[③]分为两卷（大部分版次为单卷），共 5968 页，其中中国名著的篇章占 424 页（分布在两卷书中的四个部分），约占全书篇幅的十四分之一。考虑到古希腊、古罗马、古埃及、古印度、中世纪和文艺复兴时期欧洲各国的文学，再考虑到几乎占了诺贝尔文学奖五分之一获奖者的现当代英语文学，中国文学在这部书中的比重已经相当大了。从《诗经》《论语》到唐诗宋词，从明清小说戏剧到鲁迅的《狂人日记》

① 刘云虹、许钧：《文学翻译模式与中国文学对外译介 ——关于葛浩文的翻译》，《外国语》2014 年第 3 期，第 10 页。
② 盛韵：《艾略特·温伯格谈中国诗的翻译》，《澎湃新闻·上海书评》2018 年 3 月 11 日。
③ Maynard Mack (General Editor), *The Norton Anthology of World Masterpieces* (Expanded Edition), *Vol. 1 & Vol. 2*, New York & London: W. W. Norton & Company Inc., 1995.

和《在酒楼上》，英美大学生能从这部教科书中了解并欣赏中国文学的精华，因为这些精华篇章的译者大多是译著等身、译笔卓绝的英美汉学家，诸如阿瑟·韦理（Arthur Waley）、华兹生（Burton Watson）、海陶玮（Robert James Hightower）、葛瑞汉（A. C. Graham）、霍克斯（David Hawkes）、宇文所安（Stephen Owen）、赖威廉（William A. Lyell）和哈罗德·阿克顿（Harold Acton）等。与这些汉学家并肩的只有两位中国译者，一位是翻译《论语》的刘殿爵（1921—2010），一位是与哈罗德·阿克顿合作翻译《桃花扇》的陈世骧（1912—1971），而前者曾在苏格兰格拉斯哥大学求学，1950—1978 年在伦敦大学任教，后者曾在美国哥伦比亚大学求学，从 1947 年起就长期执教于加利福尼亚大学伯克利分校，都属于 1976 年《内罗毕宣言》要求的"能将作品译入其母语或其有同等程度掌握的语言"的译者。

为什么只有上述这类译者的英译文才能为英美读者所欣赏呢？《内罗毕宣言》的要求就是答案，因为他们具有母语（或相当于母语）使用者才具有的天然优势，熟悉译文读者的认知语境，知道他们独特的文字偏好，了解他们微妙的审美情趣，只有这样的译者，才可能把"潇湘馆"翻译成"The Naiad's House"，把"潇湘妃子"翻译成"River Queen"。

综上所述，我们应该认识到，尽管在新的历史时期，中国译者将承担越来越多的对外翻译任务，但翻译中国文学文化经典作品的工作，主要还得由外国汉学家和学贯中西的双语作家来完成。

# 四、"自扬其声"须学会"借帆出海"

如前所述，翻译中国文学文化经典作品的工作主要应该由外国汉学家和学贯中西的双语作家来做。但在国家积极推动"文化走出去"战略的今天，在整个世界都急于更多地了解中国的今天，要让中国文化走出去，让世界更多地了解中国，很多对外翻译的工作还得我们中国人自己来完成，因为，由于历史和文化差异等原因，像温伯格、葛浩文和宇文所安这样的外国汉学家和翻译家实在太少，我们不可能指望他们来翻译介绍中国传统习俗和书法绘画的文字，不可能指望他们来翻译对外宣传标语、对外产品介绍、旅游景点手册,以及各种会展的解说文字。这些东西只能由我们中国人自己来翻译,笔者把这项工作称作"自扬其声"。

这种"自扬其声"的翻译工作我们也一直在做,但许多翻译文本做得不尽如人意,中国腔太浓,读起来怪怪的。从小处讲,这种怪怪的译文人家读不懂,起不到文化传播或宣传介绍的作用。例如,把《楚辞》翻译成 *The Verse of Chu* ①或 *Poetry of the South* ②;把杭州灵隐寺东侧照壁上的"咫尺西天"翻译成 "Very close to the western heaven" 或 "A Step Away from the Western Paradise" ③;把中国名酒广告中的"余味悠长"翻译成 "with heavy fragrance and aftertaste" 或 "has character of long lasting" ;等等。从大处看,这种怪怪的译文有可能引起外国读者误解,甚至产生负面影响。例如,20 世纪 90 年代有人把邓小平同志提出的"发展才是硬道理"翻译成 "Development is the top priority." 或 "Development leads to prosperity." ④;党的十六届四中全会后,不少大学学报发表的文章把保持共产党员先进性教育活动的"先进性教育"翻译成 "advanced sex education"⑤;2010 世博会中国馆把宣传合理开发资源的大型标语"取之有道"翻译成 "proper exploration" ;等等。

产生这种译文的原因很多,但最主要的原因就是译者没有"借帆出海"。所谓"借帆出海",就是借用已被目标语国家读者普遍接受的规范译文,借用、套用或化用外国作家在相同或相似的语境下表达相同或相似意思的词句,借用外国读者易于理解并乐于接受的语言,以契合他们的阅读习惯和审美习惯,从而讲好中国的故事,对外传播中国的声音。遗憾的是,许多中国译者在把中文翻译成外语时,往往不考虑目标语读者的认知语境和接受习惯,只顾在汉英双语词典中去查找对应的单词。笔者把这种只顾字词对应、不管传播效果的对外

---

① Zhuo Zhengying (trans.), *The Verse of Chu*, Changsha: Hunan People's Publishing House, 2006.

② X. Y. Z. (trans.), *Poetry of the South*, Changsha: Hunan Publishing House, 1994.

③ 王爱琴:《入乎其内,出乎其外——论汉英旅游翻译过程中思维的转换与重写》,《中国翻译》2012 年第 1 期,第 99 页。

④ 吴伟雄:《中文标语英译浅谈》,《中国翻译》1998 年第 1 期,第 37 页。

⑤ 参见 http://blog.sina.com.cn/s/blog_593e8dcd0102wdif.html(2016-02-05)[2018-08-15]。

翻译称为"闭门造车"。

那怎样才能做到不"闭门造车"呢？那就是"自扬其声"须学会"借帆出海"。

例如：要让英美读者知道你说的是屈原写的《楚辞》，那你最好是借用《大英百科全书》中的"the *Ch'u Tz'u* ('Elegies of Ch'u')"[①]，或《诗歌及诗学百科全书》中的"the *Ch'u Tz'u* (Elegies of Ch'u)"[②]，或《诺顿世界名作选集》中的"*The Lyrics of Ch'u (Ch'u Tz'u)*"[③]，或《诺顿中国文学选集》中的"The *Chu-ci*: 'Lyrics of Chu'"[④]；要让英美读者了解"咫尺西天"的含义，我们可借用西方读者熟知的梅特林克《青鸟》的寓意"Happiness is just by your side."（幸福就在身边），从而把"咫尺西天"翻译成"Buddha-field is just by your side."；要让西方消费者知道中国名酒的余味有多长，我们最好借用洋酒广告中的"with a crisp, fresh finish""with a lingering sweet finish"或是"with a soft, round finish"，甚至借用海明威喝完百龄坛威士忌后的那声赞叹："It tastes good long after you have swallowed it."[⑤]。而要让对中国改革开放进程和"南行讲话"不甚了解的英美读者懂得"发展才是硬道理"这句话的深刻含义，我们则可以间接借帆；华裔美国女作家包柏漪在《遗产：中国拼图》一书中谈及邓小平讲究实事求是时，把他的另一句名言"不管黑猫白猫，捉到老鼠就是好猫"翻译为"What matter black cat, white cat? So long as it catches mice it's a good cat."[⑥]，这句话还登上过美国《时代周刊》，不少英美读者由此知道邓小平说的"捉到老鼠"暗喻发展经济。因此，我们可借助英美读者已有的认知语境，把"发展才是硬道理"翻译成"Developing economy is the top priority."。如果想把话说得更透，把小平同志的语气模仿得更像，我们还可以套用包柏漪翻译"白猫黑

---

① Philip W. Goetz et al., *The New Encyclopaedia Britannica* (*Micropaedia Britannica, vol. ii.*), p. 931.

② Alex Preminger, *Encyclopaedia of Poetry and Poetics*, Princeton: Princeton University Press, 1965, p. 118.

③ Maynard Mack (General Editor), *The Norton Anthology of World Masterpieces* (Expanded Edition), *Vol. 1*, p.827.

④ Stephen Owen, *An Anthology of Chinese Literature: Beginnings to 1911*, New York & London: W. W. Norton & Company Inc., 1996, p. 155.

⑤ 参见 Donald McQuade et al., *Popular Writing in America* (2nd Edition), New York & Oxford: Oxford University Press, 1980, p. 51.

⑥ Bette Bao Lord, *Legacies: A Chinese Mosaic*, New York: Alfred A. Knopf, Inc., 1990, p. 61.

猫"的句式，把这句话改写成"What matter socialism, so-called capitalism? So long as it develops economy it's the first *ism*."①。相信这样的英文多少能让国外读者感知到邓小平实事求是的作风和中国改革开放的决心。至于"先进性教育"（以及后来的"两学一做"②）这类宣传口号，笔者认为应该内外有别，除国家层面的媒体，地方政府和社会团体没必要将其翻译成外文，以免引起误解。如果非要翻译，"先进性教育"中"先进性"可借用中国对外传播专家爱泼斯坦的译文"vanguard character"③。世博会中国馆把宣传合理开发资源的标语"取之有道"翻译成"proper exploration"有点儿令人匪夷所思，若会"借帆出海"，培根《论财富》中的措辞"Get justly"④正好可以借用。

以上区区数例已充分说明，"借帆出海"是"自扬其声"的上佳策略，是讲好中国故事的有效手段。从理雅各到葛浩文，从林语堂到包柏漪，传播中国文化和文学的英文专著和译著虽说不上浩如烟海，但至少也是成千累万。这些作品中有许多"帆"可供我们借用，比如包柏漪在《中国拼图》中甚至用地道的英语对《清明上河图》进行了一番全景描绘，在描写虹桥阻船那个场面时，她介绍桥上行人高声指点船夫的那句"generously shout their advice"⑤可谓精妙绝伦，把中国人古道热肠的民族性格描写得活灵活现。另外，我们不仅可以从这些作品中"借帆"，而且还可以从中学会如何更好地"借帆"。例如，理雅各把孔子的"己所不欲，勿施于人"翻译成"What you do not want done to yourself, do not do to others"⑥，美国汉学家库布林则将其翻译成"Do not do to others what you would not want them to do to you"⑦。两人相隔百年，相距万里，

① 参见邓小平1992年关于"姓社姓资"、三个"是否有利于"和"发展才是硬道理"的论述。《邓小平文选》（第三卷），北京：人民出版社，1993年，第372、377页。

② 笔者之前应所在地政府的要求翻译"两学一做"宣传口号，最后提供的英文文本是"Follow CPC constitution and rules, and be a qualified Party member."，同时特意说明这不是译文，而是一种英文表述，仅供参考。

③ 参见《爱泼斯坦谈"保持共产党员先进性"中"先进性"的翻译》，（2006-02-27），http://www.for68.com/new/2006/2/su10211 42017 2260022354-0.htm.[2018-08-15]。

④ Francis Bacon, *The Essays*, London & New York: Penguin Books Ltd., 1985, p. 165.

⑤ Bette Bao Lord, *Legacies: A Chinese Mosaic*, p. 9.

⑥ 理雅各（译）：《四书》（汉英对照本），长沙：湖南出版社，1992年，第211页。

⑦ Hyman Kublin, *China*, Boston: Houghton Mifflin Company, 1968, p. 49.

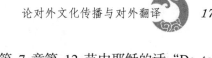

却不约而同地化用了《新约·马太福音》第 7 章第 12 节中耶稣的话"Do to others as you would have them do to you."（己所欲，施于人）。东西方两位圣人用相似的语言表达相同的思想，这种"借帆"的传播效果显而易见。

除上述英文专著和译著外，包括《大英百科全书》在内的各种英文工具书里也有许多我们可以借用的"帆"。这些书里也讲了不少中国的故事，仅以人物为例，从先秦诸子到历代皇帝，从五四诸君到老一辈革命家，这些书里都有明晰的介绍。可惜不少做汉译英的国内译者并没有对这些书加以利用。例如讲中国的故事，免不了要涉及中国古代文人和现当代书法家和画家惯用的"字""号"，可中国译者对"字""号"的英译极不统一，甚至在同一本书里，"字""号"的英译也五花八门。如在《中国当代书法家百人精品集》一书中，"字"分别被翻译成style、polite name、alternative name和pen name[1]；"号"分别被翻译成alias、another name、assume、poetic name和pen name[2]。殊不知，在英语世界，中国人的"字""号"早就有既规范又贴切的译名。以字永叔、号醉翁、谥号文忠的欧阳修为例，《大英百科全书》的相应词条是"Ou-Yang Hsiu, Pin-yin Romanization OU-YANG XIU, courtesy name YUNG-SHU, literary name ZSUI-WENG, canonized name WEN-Chung (b.1007,…d.1072), poet, historian, and statesman…"[3]，《新韦氏人名辞典》的相应词条是"Ouyang Hsiu. *Courtesy name* Yung-shu, *literary name* Tsui-weng, *canonized* Wen-chung. 1007–1072. Chinese poet, historian, and statesman…"[4]。两部权威工具书中的译名完全一致，说明西方汉学家对中国人"字""号"的研究相当透彻。"男子二十冠而字"（《礼记·曲礼上》），"冠而字之，敬其名也"（《礼记·郊特牲》），故字是他人对冠字者的尊称，取英文courtesy title之courtesy译出courtesy name，正好传达了"字"之内涵；而号则是指人除正名和字之外的自称，并且这种自称常为士大夫和文人学者所用，与文有涉，用literary name译之非常精当。

综上所述，我们应该意识到，英文书籍中有许多中国故事，有大量关于中

① 罗永嵩（编）：《中国当代书法家百人精品集》，成都：四川美术出版社，1992 年，第 17、163、218、230 页。

② 罗永嵩（编）：《中国当代书法家百人精品集》，第 1、8、81、163、295 页。

③ Philip W. Goetz, *The New Encyclopaedia Britannica* (*Micropaedia Britannica, vol. vii.*), p. 636.

④ Robert McHenry, *Webster's New Biographical Dictionary*, Springfield: Merriam-Webster Inc., 1983, p. 761.

国历史文化和人物事件的书写和表达。甚至可以这样说,只读现有的英文书籍,就可以对中华文化有个大致的了解。说来也难以置信,作为中国人,笔者居然是从《大英百科全书》中才知道"客家话有六种声调"(Hakka, like Cantonese, has six tones to distinguish meaning between words or word elements with the same series of consonants and vowels.[①]),"客家女人从不缠脚"(…they never allowed their women to bind their feet.[②])的。至于中华人民共和国成立以来及改革开放以来的中国故事,西方世界也有不少英文讲述。中国对外传播专家段连城先生20年前在某大学中美文化研究中心讲学时就说:"要查询40年来我国许多重要事件的来龙去脉,在这不大的'研究中心'图书馆里,就能轻易办到。"[③]说完,他随即挑了15卷本的*The Cambridge History of China*(《剑桥中国史》)[④]等五种书加以证明。这些书中关于中国的英文表达都是我们可以借用的"帆"。既然有那么多"帆",我们为何不"借帆出海",而要"闭门造车"呢?所以,对外传播中华文化,对外自扬中国声音,译者需要学会"借帆出海"。

## 五、对外翻译的管理和人才培养

若认真追究,上文说到的把"取之有道"译成"proper exploration"并非翻译问题,而是管理问题,因为那位"译者"根本就不具备翻译资质。为什么管理部门会把这种任务交给这样的"译者"呢?如果管理者懂行,或稍加重视,请一位懂英文的人把"proper exploration"回译成中文看看,恐怕自己也会看出"适当勘探"和"取之有道"的差别,从而请有资质的译者重新翻译,哪怕不借用培根的"Get Justly",至少也会翻译成"Exploit Properly"。

如今国家层面的对外翻译质量越来越高,中央和政府的各种英文版文件都

① Philip W. Goetz, *The New Encyclopaedia Britannica* (*Micropaedia Britannica, vol. v.*), p. 688.
② Philip W. Goetz, *The New Encyclopaedia Britannica* (*Micropaedia Britannica, vol. iv.*), p. 845.
③ 段连城:《对外传播学初探》,第181页。
④ 剑桥大学出版社的15卷本《剑桥中国史》叙述公元前221年至公元1982年的中国历史。该社另出有单卷本《剑桥古中国史》(*The Cambridge History of Ancient China*, 1999),叙述秦朝以前(商、周、春秋、战国)的历史。

可读可诵，习近平总书记的十九大报告英文版读起来更是像中文版一样令人荡气回肠。但与此同时，从北京街头到南方小镇，人们仍然会看到"Chinese Dream Flying Nine Days"①之类的大型宣传广告；从大街小巷到旅游景区，仍然不乏令人啼笑皆非或不知所云的公示语和警示语。所以，本文讨论的对外翻译的管理问题，主要是针对地方政府和企事业单位的对外宣传部门。

不错，国家层面的对外宣传部门有大批高水平专家执笔翻译，而且还聘请了一批外国专家把关。地方上也并非没有合格的翻译人才，各地方高校也有为数不少的外籍教师。问题的关键还在于相关部门的某些领导对翻译工作不够重视，或不大懂行，以为学过外语的人都会翻译，觉得抹下面子请专家不如板起面孔指派下属，结果就让来中国的外国人在宾馆房间里看到"No adultery allowed"，在公共厕所里看见"Civilized urinating or shitting"，在大街上看见"Creating transportation civilization"，在景区内看见"Slip and fall down carefully"。这种"怪怪的"的英语令外国友好人士为中国人感到难堪，让个别不怀好意者加以利用②，有损于中国的国家形象和国民形象。因此，各级地方政府的领导必须更加重视对外翻译工作，各级管理部门必须采取有效的措施，凡公开对外的译文，必须得经过质量评估，对上述有损于国家形象和国民形象的译文，必须得有问责处理。

与此同时，外语院校应更加重视培养汉译外（逆向翻译）和对外文化传播的专门人才。我们的翻译课堂，不仅要把学生作为翻译人才来培养，还要把他们作为传播中华文化的人才来培养。要鼓励学生多读外国作家和双语作家讲述中国故事的书，引导学生多读国家集中大批专家（包括英美专家）专门拟定的具有中国时代特色的英语表述（包括新时期历届党代表大会报告和政府工作报告）③。老师要告诉学生哪儿有"帆"，教会他们如何"借帆"。例如，对上述"Chinese Dream Flying Nine Days"这种令人莫名其妙的宣传标语，就应该

---

① 参见网页：http://www.xcar.com.cn/bbs/viewthread.php?tid=21331755; http://www.sohu.com/a/122016283_115092; http://www.xcar.com.cn/bbs/viewthread.php?tid=20002258; http://club.kdnet.net/dispbbs.asp?boardid=2&id=12827469。

② 例如某国互联网上就有人贴出在中国街头拍摄的"共创交通文明/ Creating transportation civilization"的照片，并据此污蔑说"Chinese Communist regime is abusing 'civilization' to its core."。

③ 《中国翻译》每期"词语选译"专栏都刊载有这些报告或文件英文版的节选和重要表达。

告诉他们，在习近平总书记的十九大报告英文版中，"Chinese Dream" 出现了13 次，"Realize the Chinese Dream" 出现了 5 次，其中包括 4 次完整表述"Realize the Chinese Dream of national rejuvenation"，因此，不管你的宣传标语是"中国梦飞九天"还是"让中国梦腾飞"，其相应的英文表述都应该是Realize the Chinese Dream of national rejuvenation（实现中华民族伟大复兴的中国梦），同时还应该告诉学生，在这种没有上下文的对外宣传标语中，"重要概念的翻译要体现完整性"①，上文谈及的"发展才是硬道理"之英译也属于这种情况。

随着"从 2011 年开始，……中国的对外翻译工作量首次超过了外译中"②，英语专业的学生对汉译英越来越感兴趣。以笔者授课的翻译研究方向研究生为例，近年每学期提交的课程论文有一半都是研究汉译英的，所以老师应该顺势而为、因势利导。比如有篇课程论文讨论中国大学校训的英译，作者以某大学的校训"明德新民，止于至善"为例，认为该校官网上的英译文 "to illustrate illustrious virtues; to renovate the people; and to rest in the highest excellence" 是"中式化的表达"，说"virtue本身就是高尚的道德，用illustrious来修饰是画蛇添足"，还说"原文的音韵美和形式美在译文中荡然无存"。批改和讲评这种论文，教师可以借机从几个方面引导学生：①作者之所以认为译文是中式英文，觉得译文缺乏音韵美和形式美，是因为自己对英文尚缺乏语感，补救的办法是多读英文原著，尤其需背诵一些自己喜欢的篇章；②用illustrious修饰virtues是英文的习惯配搭，培根笔下就有"lowest virtues""middle virtues""excellent virtues""highest virtues"③等措辞；③该校官网上的英译文是由苏格兰汉学家理雅各翻译的，该校借用这段译文实际上就是本文提倡的"借帆"。

另有一篇课程论文研究旅游景点介绍的英译，其中论及"天府之国"的译法。作者列举了 the land of abundance、the land of plenty、Heavenly province、Nature's Storehouse 等多种译名，并分析了这些译名的优劣。评讲这篇论文时，笔者并没有明确这些译法孰优孰劣，而是强调其优劣只能根据其所处的语境来

---

① 贾毓玲：《对融通中外话语体系建设的几点思考——〈求是〉英译体会》，《中国翻译》2015 年第 5 期，第 93 页。

② 黄友义：《中国站到了国际舞台中央，我们如何翻译》，第 5 页。

③ Francis Bacon, *The Essays*, p. 215.

评判。比如美国汉学家罗幕士在其《三国演义》英译本中将"天府之国"翻译成 "Heaven's Cornucopia"，而其所处的语境是 "an inaccessible frontier province whose fertile wildlands extends thousands of *li*—kingdom rightly called Heaven's Cornucopia"，"The fields are fertile and the soil productive, and neither flood nor drought plagues us. Thus, the state is wealthy and its people prosper, enjoying in due season the delights of music and songs. No place under Heaven can produce such mountains of goods." [1]。有了"沃野千里……田肥地茂，岁无水旱之忧；国富民丰，时有管弦之乐；所产之物，阜如山积，天下莫可及也"这样的语境，再加上 Cornucopia 这个只有母语使用者才"敢"选用的极富文化内涵的词语，相信英美读者心目中的"天府之国"与中国人心目中的也就八九不离十了。对比我们自己用英文介绍四川这个天府之国的宣传材料，连同学们都禁不住自问：明明有现成可用的"帆"，我们干嘛不"借帆出海"，而要闭门造车呢？

如此因势利导、口传心授的效果是非常明显的。有个生动的实例可以说明这点。2016 年，笔者所在的四川大学喜迎 120 周年校庆。相关部门拟制作一款用于装饰路灯杆的标语牌，内容是四川大学校训"海纳百川，有容乃大"的中英文。设计者拟用当时校方官网主页上的英译文 "The ocean is exclusive because it embraces hundreds of rivers."，后来宣传部负责这项工作的干部发现这译文不对劲，改用了笔者翻译的文本 "Sea, all water, receives all rivers; /Utmost wit listens to all sides."，避免了让众多海外校友和嘉宾感到难堪。而这位宣传部的干部，就是从英语系毕业的研究生。

笔者提供的英语文本也是"借帆出海"的结果。"海纳百川"（Sea, all water, receives all rivers）借鉴了《旧约·传道书》第 1 章第 7 节中 "All the rivers run into the sea" 的用词，并借鉴了莎士比亚十四行诗第 135 首第 10 行 "The sea, all water, yet receives rain still" 的句式，"utmost wit"（大智者）借用了威廉·琼斯编的《斯坦尼特作品集》（*The Works of Samuel Stennett*）卷二第 489 页上 "…men have employed their *utmost wit* and ingenuity so to combine,

① Moss Roberts (trans.), *Three Kingdoms: A Historical Novel*, Berkeley & Los Angles: University of California Press, Ltd., 1994, pp. 292, 454.

arrange and diversify them"中的字眼，"listen to all sides"（纳万言）则是英语常用语。当然，借什么样的帆也得根据具体情况，笔者之所以借用上述措辞和句式，那是因为"海纳百川，有容乃大"末尾二字连起来是四川大学的简称"川大"，而现在的英译文两个分句的首写字母连起来也正好是Sichuan University的简称"SU"。

总之，要让对外翻译尽可能达到预期效果，必须进一步提高相关部门管理者的素质，必须更加重视培养汉译外（逆向翻译）和对外文化传播的专门人才。

# 六、结　语

2015年5月，习近平总书记就《人民日报·海外版》创刊30周年做出批示："用海外读者乐于接受的方式，易于理解的语言，讲述好中国故事，传播好中国声音。"[①]笔者认为，这里说的"海外读者乐于接受的方式"并不仅仅是指翻译这一种方式，而是指能"讲述好中国故事，传播好中国声音"的各种方式，包括王宁教授说的"直接用外文著书"、黄友义先生建议的"增删文本"，以及笔者采用的据原文要旨"另撰文本"，但我们切不可在理论上把这些传播手段混同于翻译，更不能说是以忠实为取向的翻译标准阻碍了中华文化的对外传播。翻译的本质属性是语言符号转换，因此翻译必须在意义和风格上都忠实于原文。本文强调翻译就是翻译，改写就是改写，另撰文本就是另撰文本，并非是要区分孰优孰劣，而是要说明翻译并不是对外传播的唯一方式，为了使对外文化传播更富有成效，我们应根据实际情况选择传播手段，该翻译时就翻译，该改写时就改写，该另撰文本时就另撰文本，有时候还可以多种手段并用。但翻译不能"闭门造车"，而须"借帆出海"。

---

[①] 张樵苏：《习近平就人民日报海外版创刊30周年作出重要批示》，（2015-05-21），新华网，http://www. xinhuanet. com/politics/ 2015-05/21/c_1115367376.htm. [2018-08-20]。

# 论以忠实为取向的翻译标准

## ——兼论严复的"信达雅"

【内容提要】 以忠实为取向的翻译标准从来都是译者主观上的自律准则，也是人们评判译作质量的客观准绳。当代西方翻译理论界仍然以推陈出新的方式使用"忠实"这个术语，坚持"忠实"这个概念。但当今一些学者以客观上不存在绝对忠实的译作为由，认为严复的"信达雅"翻译标准已经过时，主张译者应放弃对忠实的主观追求。这些学者为其主张提供了不少论据，其中最主要的是新批评理论、德里达的结构分解阅读法和比较文学的译介学理论。本文对上述三个主要论据进行了解析，指出：①新批评理论的基本立场是提倡文字分析，强调原作意义应来自文本自身；②德里达的结构分解阅读法强调"有解读经验就能看到真实"；③比较文学学科规定，译介学只研究译作在目标语文化中的传播、接收和影响等问题，不对译作忠实与否做出评判。所以笔者认为，要求译者放弃翻译忠实标准的主张缺乏真正的理论依据，以忠实为取向的翻译标准永远都不会过时。

## 一、以忠实为取向的翻译标准并不过时

公输子之巧，不以规矩，不能成方圆；师旷之聪，不以六律，不能正五音。（《孟子·离娄上》）故作为以"传令知会通耳"为目的的创造性文化活动，翻译当然也得有其行为规则，其创造的结果也得有尺度来衡量。这规则和尺度就是翻译标准。然中西先贤皆深知，就行为而言，翻译标准乃译者之主观追求；以结果而论，翻译标准是衡量译作质量的客观准绳。这标准之所指，人人心里都明白，说到底就是要准确传达原文的意思；可用什么语言符号作为其能指，在 20 世纪之前却东西各异。东方高僧大概是受佛典法句启迪，长期用"勿失"

"不违"和"不越"表示准确，[1] 西方贤哲可能是出于对神谕福音的敬畏，一直沿用贺拉斯提出的"忠实"（fidus）。

正如理想与现实往往会有出入，主观追求与客观结果也每每出现距离。于是在贺拉斯的fidus进化为fedèle后的 17 世纪，天下确有les belles infidèles（不忠的美人）这一事实使忠实标准遭到讥评。但西方学者毕竟有独立思考的传统，加之《哲学研究》告诉他们："词语的意义在于词语在语言中的应用。"[2]《普通语言学教程》又补充道："所指的概念在意义上会发生变化，而这变化可导致所指和能指关系的转移。"[3] 所以他们在语言符号之任意性这个问题上也就比较任性。虽然连小学生都知道太阳是恒星，可天体物理学教授依然张口闭口sunrise（日出）sunset（日落），既然如此，翻译学者又何必因理想与现实的差距（主观与客观的距离）而主张放弃"忠实"呢？况且沿用多年的"忠实"早就在翻译语境中达成了基本的语意共识，如 20 世纪末出版的《翻译学词典》仍然认为，评判译本是否对原作进行了较为准确的表述，最常用的术语是Faithfulness或Fidelity，而这两个术语在同一作者笔下也常常被交替使用，对这两个词进行的任何区分都是牵强附会。[4]再说，旧瓶可装新酒，旧调可填新词，正如沙特尔沃斯和考伊在其《词典》中指出的那样："当代翻译理论家也纷纷以推陈出新的方式使用'忠实'这个术语。"[5] 如以下评论所示。

奈达和泰伯解释说："忠实乃动态对等之结果。""忠实的译文可使接受语读者产生与源语读者读原文的体验基本相同的反应。"[6]

---

[1] "勿失厥义"见于支谦《法句经序》；"文不违旨"见于支道林《大小品对比要抄序》；"旨不违中"见于僧睿《大品经序》；"文而不越"见于支敏度《合首楞严经记》；"义无所越"见于慧远《大智论抄序》。——依次参见（梁）释僧祐：《出三藏记集》，北京：中华书局，1995 年，第 273、303、292、270、391 页。

[2] Ludwig Wittgenstein, *Philosophical Investigations*, Eng. trans. by G. E. M. Anscombe, Oxford: Basil Blackwell, 1953, p.20e.

[3] Ferdinand de Saussure, *Cours De Linguistiqur Générale,* Paris: Payot, 1980, p.109.

[4] Mark Shuttleworth and Moira Cowie, *Dictionary of Translation Studies*, Shanghai: Shanghai Foreign Language Education Press, 2004, p.57.

[5] Mark Shuttleworth and Moira Cowie, *Dictionary of Translation Studies*, Shanghai: Shanghai Foreign Language Education Press, 2004, p.57.

[6] Eugene A. Nida & Charles R. Taber, *The Theory and Practice of Translation*, Shanghai: Shanghai Foreign Language Education Press, 2004, p.203.

　　格特的《翻译与关联》第 5 章第 3 节标题就是"语际阐释运用中的忠实"①，他在该章中把 faithfulness 定义为"在相关方面的相似"②。

　　捷克学者波波维奇在阐释其"变换表达"（Shift of Expression）理论时指出："译者变换表达方式，并非是想改变原作，而是力图要使译作尽可能地在整体上忠实于原作。"③"译者求助于表达形式的变换，正是因为他们试图忠实地转换原作的内容。"④

　　法国学者阿尔比在其《翻译的忠实概念》中则提出了一种"三忠于"忠实观，即忠实于作者的"欲言"，忠实于译文读者，忠实于目标语语言的表达手段。⑤

　　由此可见，在西方学者心目中，"忠实"颇像辜正坤教授"翻译标准多元系统"中的最高标准（最佳近似度）。由于这最高标准概念抽象，各家都据自己的理论对其加以阐释，阐释中有纷争，这不足为奇，但各家的阐释其实就是一个个具体标准，如上引四家就分别提出了等值理论、关联理论、描写理论和释意理论的翻译标准，而卡特福德《翻译的语言学理论》之第八、第九和第十章还提出了印欧语系诸语言互译所需的音位翻译标准、字形翻译标准和音译标准。⑥这些标准看上去"令人目不暇接"，"其实都与'忠实'"一脉相通。⑦各家理论的具体标准使翻译标准呈现出多元化，而正是这一系列具体标准的互释互补，才使"忠实"标准的意义更加丰富。如果说本雅明的诸语言意向之所以能够互补，是因为有抽象的"纯语言"存在；那么各种具体的翻译标准之所以可以互释互补，则是因为有抽象的"忠实"标准存在。由此可见，具体标准是目，最高标准是纲，只有纲挈目张，才能形成一个有效的翻译标准系统。说到底，忠实作为翻译的最高标准，这是由翻译活动的本质属性所决定的，翻译的本质属性不变，以忠实为取向的翻译标准就永远不会过时，故西方当代翻译

---

① Ernst-August Gutt, *Translation and Relevance: Cognition and Context*, Shanghai: Shanghai Foreign Language Education Press, 2004, p.107.

② Mark Shuttleworth and Moira Cowie, *Dictionary of Translation Studies*, p.57.

③ Mark Shuttleworth and Moira Cowie, *Dictionary of Translation Studies*, p.57.

④ Edwin Gentzler, *Contemporary Translation Theories*, London & New York: Routledge, 1993, p.86.

⑤ 参见许钧、袁筱一：《当代法国翻译理论》，武汉：湖北教育出版社，2001 年，第 118 页。

⑥ J. C. Catford, *A Linguistic Theory of Translation*, Oxford: Oxford University Press, 1965, pp.56-70.

⑦ 辜正坤：《中西诗比较鉴赏与翻译理论》，北京：清华大学出版社，2003 年，第 342 页。

理论家沿用"忠实"概念是一种必然。

如前所述，中国人长期以"勿失""不违"和"不越"作为翻译的规矩，用"信"字作标准始于严复"信达雅"三维准则，[①]白话文运动之后，翻译标准与国际接轨，"忠实"二字逐渐替代"信"字。近年有学者以客观上不存在绝对忠实的译作为由，主张译者应放弃对忠实这一标准的主观追求。笔者以为，这种主张一旦被接受，翻译的基础将不复存在。须知"取法乎上，仅得乎中"，而"欲达上者，必求上上"。上文已简论了忠实作为翻译之最高标准的必要性和必然性，不过主张放弃忠实标准的学者把译者对"忠实"的追求称为"忠实幻想症""忠实综合症""伦理的幽灵""理论神话"[②]也并非信口开河，他们最有力的论据就是新批评理论、解构主义理论和比较文学的译介学理论（但后一理论通常被笼统地称为"现代翻译理论"）。鉴于此，我们有必要对这三个论据加以解析。

## 二、新批评认为原作意义再模糊也可确定

有学者认为："新批评否定了追溯作者意图的可能性……'原意确定论'……也就被解构了。"[③]这说明持论者对新批评理论只是一知半解。新批评的确反对去追溯作者的主观意图，但反对之目的是要强调原作意义应来自文本自身，因为新批评"追求一种客观批评，所以只关注作品本身的意义，而不旁及作者的个人经历和作品对个体读者的影响"[④]，而这才是新批评的基本立场。不过首先应该指出，新批评最关注的是诗歌批评，而且主要对象是诗歌中

---

① 有人说中国人用"信"作标准"从佛经翻译时的支谦一直延用到严复"，此说似不足信，查释僧祐《出三藏记集》用"信"字 96 处，除《法句经序》引用老氏"美言不信，信言不美"以支持其"当令易晓，勿失厥义"的主张外，其余"信"字均与翻译无涉。另外，鲁迅的"唐则以'信'为主"之说亦可存疑，查道宣《续高僧传》40 余万言，"信"共出现 433 次（其中在前四卷《译经篇》出现 46 次），唯第四卷末"论"中"翻传梵本，多信译人"句与翻译有涉，但与翻译标准无关。（参见《高僧传合集》，上海古籍出版社，1991 年，第 139 页中栏。）

② 参见《中国翻译》2003 年第 4 期；2004 年第 6 期，第 3-9 页；2005 年第 4 期，第 19 页。

③ 王东风：《解构"忠实"——翻译神话的终结》，《中国翻译》2004 年第 6 期，第 7 页。

④ Lodge David (ed.), *20th Century Literary Criticism*, London & New York: Longman House, 1972, p.333.

的模糊语言，如燕卜荪的《晦涩的七种类型》（*Seven Types of Ambiguity*, 1930）就是要说明词义越模糊，其内涵就越丰富，诗的价值也就越高；在一种语言中，对任何微妙的言辞，批评家都有确定其意义的空间，"莎士比亚的双重文法（Double Grammar）和诗人们爱用的双关语也不例外"。[1]燕卜荪的《田园诗的几种变体》（*Some Versions of Pastoral*, 1935）还利用弗洛伊德学说和马克思主义的观念，尝试把文学作品视为一个个整体结构，在此基础上探究作品的意义。[2]

新批评理论的肇端可追溯到休姆和庞德提出的强调意向准确和语言艺术的主张，其理论基础是艾略特和理查兹提倡的文字分析，而新批评派之名称则来自美国诗人兼批评家兰塞姆的论文集《新批评》（*The New Criticism*, 1941），该书盛赞艾略特、理查兹和燕卜荪等人有别于传统批评的批评见解和批评方法。新批评派成员众多，主张庞杂，但其共同的基本学术立场是"强调精读文本，强调辨析字义，强调探究作品的主题结构（而非叙述结构）；不关心作者的生平资料，不关心作品的社会背景。他们认为文本就存在于书页之间，批评的对象应该是文本本身；对作者个性特点和创作动机的探究皆非批评之正道"。[3]

有学者用威姆萨特和比尔兹利的"意图假象"说来证明原作意义不可确定，殊不知这二位耶鲁教授的*Intentional Fallacy*和*Affective Fallacy*恰好是要证明再模糊的意义也可确定。在新批评派学者中，威姆萨特和比尔兹利的理论立场比谁都坚定，如果说其他人对作者的创作意图还只是不关心，他俩则认为想找到作者的创作意图只能是徒劳，要理解作品的意义，只能从作品本身去找答案。《意图假象》（1946）和《感情假象》（1949）二文后来被收入《言词象征：诗歌意义研究》一书（*Verbal Icon: Studies in the Meaning of Poetry*, 1954），这二位耶鲁教授在书中说：

> 一首诗所表达的是一种人格，是一种精神状态，而不是像苹果之类实实在在的东西，从这层意义上讲，诗的意义当然会是与人有关的意义。然

[1] Margaret Drabble, *The Oxford Companion to English Literature*, Oxford: Oxford University Press, 1985, p.887.

[2] Lodge David, *20th Century Literary Criticism*, p.147.

[3] Margaret Drabble, *The Oxford Companion to English Literature*, 1985, p.693.

而，即便是短短一首抒情诗也有其戏剧性，也是叙述者对境况的反应（不管这位叙述者被虚构得多么抽象，也不管这种境况被普化得多么一般）。所以我们应该把诗中的思想观念直接归于叙述者，因为若归于作者本人，我们所依据的也仅仅是从其传记推论出来的现实。[1]

由此可见，二位教授之所以反对去追溯作者的创作意图，是因为他们认为，我们追溯到的所谓作者意图也不过是一种虚构、一种假象。

以上解析说明，新批评理论非但不能作为否定翻译忠实标准之论据，反而有力地证明了翻译必须忠于原作的意义，因为原作意义再模糊也可确定。这意义批评家能找到，翻译家就不能？当然，新批评理论也只是百虑中之一虑，殊途中之一途，我们借鉴其研究方法不可照单全收。试想，若我们也强调精读文本，辨析字义，同时亦不偏废对原作者生平和社会背景的考证；若我们也强调探究作品的主题结构，同时亦不偏废对其叙述结构的分析；换言之，若我们也重视文本内叙述者和受述者之间的交流语境，同时亦不偏废对文本外作者和读者之间交流语境的探究，那情况会怎么样呢？归根到底，新批评研究意义的模糊性，解构主义关注符号（能指）和所指的可变性，最终还是要寻找确定所指的方法。不然？请看下文。

## 三、德里达认为有解读经验就能看到真实

上述学者还认为："解构主义解构了意义的确定性……忠实体现原意也就只能是译者梦中的童话。"[2]对这类非常逻辑的推论，有人做出过非常逻辑的回答。如曾有学者向翻译界发出呼吁："今后不要再翻译了！"因为"原文只不过是藉空气震动传达的一串声波，或是印在纸上的一串符号，本身原来并无绝对的意义。"[3]对这个石破天惊的呼吁，有人觉得不必当真，只消将其视为

---

① W. K. Wimsatt and Monroe C. Beardsley, "The Intentional Fallacy," in David Lodge(ed.), *20th Century Literary Criticism*, London & New York: Longman House, 1972, p.335.

② 王东风：《解构"忠实"——翻译神话的终结》，第 7 页。

③ 周兆祥：《翻译的准则与目标》，《中国翻译》1986 年第 3 期，第 50 页。

一串声波或一串符号。① 按这种逻辑思维，我们也可以提问：既然意义的确定性已被解构主义所解构，那么，我们所听见的德里达说了什么，福柯说了什么，德曼又说了什么，难道只是解构者们的梦话？不过这样提问毕竟不是学术的态度，因为呼吁者之前提只是某种诗化的感觉，而主张放弃忠实者的论据却是德里达的解构主义。因此，我们也得像说新批评一样，说说解构主义和德里达。

的确，解构主义反对为事物贴上唯一而永恒的标签，因为：

> 符号只能是一种异质统一，所指（感觉或事物、思维或现实）本身并非能指，并非语迹，绝不可凭借它与一种可能的语迹之间的关系而构成其意义。所指的形式本质是在场，而它与作为声音的逻各斯亲近的特权才是它在场的特权。一旦有人问"何谓符号"，更确切地说，一旦有人把符号提交给本质问题，提交给"它是它吗？"这个问题，前述就会是必然的回答。符号的"形式本质"只能根据在场来决定。人们不能回避这个答案，除非他对这问题的形式本身提出质疑，并开始思考符号是（或不是）那个名不副实的事物（或非事物），那个逃避"……是什么？"这一哲学问题的唯一之物。②

笔者承认，引征德里达的言论颇像翻译艾略特的诗，因为他们用的某些符号之语迹实在太模糊，其所指有时很难在场。但是，某些所指在目标语A中难以在场，并不说明在目标语B中也不能在场；在译者A笔下不能在场，并不说明在译者B笔下也不能在场；现在不能在场，并不说明以后也不能在场；个别所指不在场；并不说明所指链（the chain of signifiés）也不在场；在"所指链"这个意义上，上面引述的那段话不就是在论证能指与所指之间的差异性吗？故笔者依然认为德里达的意图可以追溯，德里达的原意就在其文本的字里行间。虽说现在请德里达自陈意图为时已晚，但他的确解释过他说话的意图，的确解释过他文本所含的意义。

---

① 斯立仁：《评〈翻译的准则与目标〉——与周兆祥博士商榷》，《中国翻译》1990年第1期，第54页。

② Jacques Derrida, *Of Grammatology*, Eng. trans. by Gayatri Chakravorty Spivak, Baltimore & London: The Johns Hopkins University Press, 1976, pp.18-19.

德里达有句名言曰："Il n'y a pas de hors-texte"①，其英语文本是："There is nothing outside the text"，汉语文本则为"文本之外别无他物"。中英文本听起来都与新批评理论的"文本就存在于书页之间"异曲同工，结果令许多人对这句话都产生了"误解"，于是德里达解释说：

> 有些人一直以为我这句话的意思是本文的全部所指对象都被悬隔，都被否定，或都被包含在一个文本之中，他们不仅天真地自己这么认为，而且还指责说我也这么认为。可我这句话的意思是：每一个所指对象，整体的真实，都具有由不同语迹构成的结构，如果你不具有一种解读经验，你就不可能看到这个"真实"。②

引文末这个假言推理清楚地告诉我们，只要你具有解读经验，就可能看到文本之真实。（其实此句法语原文还有一个暗示：文本内没有插图，文本外也没有？）

由此可见，德里达学说之重点并不在于"解构意义的确定性"，而在于强调文本和语境在解读过程中（或曰意义产生的过程中）之重要性，在于强调解读文本者的经验和资质。德里达的解构主义学说实际上是一种方法论，他的《话语和现象》（*La voix et le phénomène*）、《文体与差异》（*L'écriture et la différence*）以及《写作学》（*De la Grammatologie*），始终都在建构一种阅读文本的方法，即结构分解法（解构者，分解结构也），不过"德里达更喜欢把这种方法称为策略，他声称自己就是用这种策略解读尼采和海德格尔的"③。有趣的是，德里达通过对能指与所指之间差异性的研究，找到了解读尼采和海德格尔文本中之"真实"的策略；而某些中国翻译学者在同样的前提下却认为"忠实体现原意也就只能是译者梦中的童话"，认为"翻译的原则、目的、标准、可译与不可译等概念也就不存在了"④。更有趣的是，中国学者多是通过英语文本了解德

---

① 法语"Il n'y a pas de hors-texte"直译为汉语应该是"这里（文本里）没有插图"。

② Kathleen Davis, *Deconstruction and Translation,* Manchester/Shanghai: Shanghai Foreign Language Education Press, 2004, p.24.

③ Margaret Whitford, "Jacques Derrida: French Philosopher," in Justin Wintle (ed.), *Makers of Modern Culture*, London & New York: Routledge & Kegan Paul Ltd., 1981, p.130.

④ 黄振定：《解构主义的翻译创造性与主体性》，《中国翻译》2005年第1期，第21页。

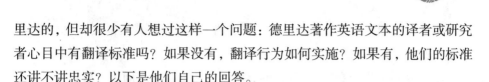

里达的，但却很少有人想过这样一个问题：德里达著作英语文本的译者或研究者心目中有翻译标准吗？如果没有，翻译行为如何实施？如果有，他们的标准还讲不讲忠实？以下是他们自己的回答。

作为翻译家的韦努蒂说："在翻译德里达讲稿的过程中，我试图贯彻他的翻译思想，实践其他理论家在他的思想启发下形成的观念，实践其他翻译家在他的思想影响下总结出的经验。具体说，就是坚持尽可能地接近他的法语，尽量模仿他的句子结构、用字风格和排印特点，努力创造出相似的效果——哪怕这种摹仿可能使英语文本中出现陌生的表达形式。"①

在指出有译者为了尽可能地表现德里达的文本风格，而禁不住用一种被称为妥协性英语（compromise English）的情况之后，《文体与差异》的英文版译者艾伦·博斯接着说："但这种妥协性英语通常只有那些对照原文阅读的读者才能读懂。再说，尽管德里达的行文每每因言简而晦涩，但他用的肯定不是妥协性法语。我的感受是，不管句法多么复杂，无论措辞多么含蓄，只要有细心和耐性，这本书里的每一句法语都可以被准确地理解。鉴于此，我决定努力把这本书译成我们所熟悉的英语。"②

德里达研究专家刘易斯认为："在德里达那里，能指和所指的区分点已被解构，所以，翻译德里达需要一种新的忠实原则系统，这个'忠实原则系统'要求译者注意能指链，注意造句方法，注意推论条理，注意语言机制对思想和现实形成的影响范围。"③

笔者认为对这样的回答无须再多加阐释。程子曰："凡看文字，须先晓其文义，然后可以求其意。未有不晓文义而见意者也。"（《读论语孟子法》）笔者以为，读书如此，译书亦然。可谓凡译文字，须先晓其文义，然后可以译其意。未有不晓文义而译意者也。别说韦努蒂采用了"尽可能接近"的翻译策略，别说博斯能把德里达译成英语读者熟悉的英语，也别说刘易斯提出了"忠

---

① 转引自 Jeremy Munday, *Introducing Translation Studies: Theories and Applications,* London & New York: Routledge, 2001, p.173.

② 转引自 Kathleen Davis, *Deconstruction and Translation,* Shanghai: Shanghai Foreign Language Education Press, 2004, p.74.

③ Philip E. Lewis, "The Measure of Translation Effects," in Lawrence Venuti (ed.), *The Translation Studies Reader*, London & New York: Routledge, 2000, p.270.

实原则系统"翻译标准，单是德里达的法语文本被翻译成英语文本这个事实，就已经回答了文本有无确定意义这个问题。我们别一看见"译还是被译"① 或"文本译我还是我译文本"②这样的玄学（抑或阐释学）问题，就以为翻译的本质属性变了，陆九渊八百多年前就有"六经注我，我注六经"之名言，可经典依然是经典。别一看见德里达把尼采的"苏格拉底者，述而不作者也"③作为他《写作学》首章的题记，就以为是在说不可译性，因为"述而不作"恰好是翻译工作的特点。如果说前贤先师之"述而不作"是因为"信而好古"，译者之"述而不作"则不仅仅是因为而且是必须"信而好原著"。

我们应该注意到，正如傅兰雅说文字意义可随时逐渐生新、索绪尔说能指和所指间的关系会发生转移，以及本雅明说原作语言会新陈代谢，译者的母语也会发展一样，德里达说能指（语迹）④和所指对象之间有一个不确定的时空点，也是在说能指与所指之间的关系并不固定，它们会随着语篇语境［包括社会语境、文化语境等更广阔的语境（broader contexts）］之变化而变化。翻译之难，就难在此变化。中国先贤说"译即易"（贾公彦《周礼义疏》），"译之言易也"（赞宁

---

① Jacques Derrida, *Of Grammatology*, p.18.

② Edwin Gentzler, *Contemporary Translation Theories*, London & New York: Routledge, 1993, p.145.

③ Jacques Derrida, *Of Grammatology,* p.6.

④ 凯瑟琳·戴维斯和斯皮瓦克都提醒我们要重视德里达文本语境中"语迹"（trace）一词和"能指"互用的情况。戴维斯是研究德里达的专家，她指出："德里达经常用'语迹'一词，其使用频率甚至高于用'能指'，这在一定程度上可使我们从'语迹'想到'痕迹'，甚至想到'足迹'。"（*Deconstruction and Translation*, p.15）斯皮瓦克是德里达《写作学》一书英文版的译者，她指出："这（trace）说明原意实际上并未消失。"（*Of Grammatology*, p. xvii）遗憾的是中国学者大多忽视了她俩的提醒，少数注意者也没意识到 trace 在德里达的语篇中是个语言学术语，从而简单地把它译成"踪迹"（见《中国翻译》2003 年第 4 期，第 13 页；2005 年第 4 期，第 19 页；2005 年第 6 期，第 16 页；《西方翻译理论通史》，武汉大学出版社，2009 年，第 269 页），并由此而认为 trace 和德里达常用的 différance（延异）、redeem（救赎）等晦涩的字眼一样，不过是"神秘主义的概念游戏"。其实，本雅明所谓"称职的译者"或弗罗斯特所谓"有文化的读者"就是善于追随语迹，通过语链，进入语境（包括神话语境和宗教语境），从而获得文本意义的译者和读者。如德里达用的 redeem（救赎）一词仍然与解读文本有关，弗罗斯特在 *Directive* 一诗中就把解读文本隐喻成循迹探源，隐喻成圆桌骑士寻找被咒符困住的圣杯（比较本雅明"被咒符困住的纯语言"），但圣杯并非人人都能看见，正如耶稣对其门徒说："天国的奥秘只对你们明言，对外人讲则只用隐喻；让他们看，但却看不明，让他们听，但却听不清……这样他们就难以得到救赎。"（《新约·马可福音》第 4 章第 11-12 节）作为读者而无文化，作为译者而不称职，其结果当然也是难以得到"救赎"。不过诗人和哲学家们用此隐喻并无贬义，就像 Launcelot 看不见圣杯但仍然是英雄。

《译经篇》），而不用其同义词"变"字，原因就在于只有这"易"字才能把翻译之道说透。《易经·系辞上传》第 11 章曰："易有太极，是生两仪，两仪生四象，四象生八卦。"此处易即变，而且变化无常，然变化无常并非不可捉摸，毕竟《易经》之要旨乃探自然之变化，比拟人事；问事物之变化，借以释疑。翻译之变乃据本而变，所以不能变得其依据都不可辨，因为"易"还有另一层意思："易者象也。象也者，像也。"（《易经·系辞下传》第 3 章）然"像"有"差不离儿"和"酷肖绝似"之分，而翻译之"易"恐怕还是要追求与源语文本之酷肖绝似。既然韦努蒂翻译德里达也要追求"尽可能接近"，我们翻译韦努蒂、德里达关于翻译的论述也应该追求"最佳近似度"，就像赫曼斯不久前所说："翻译研究总要翻译'翻译'。"[①] 既然德里达告诉我们"只要有解读经验，就可能看到文本之真实"，我们的翻译当然应一如既往地追求"忠实"。追求"忠实"首先是译者的自律准则，同时也不失为批评家评判译文的标准。

## 四、译介学理论不能作为否定忠实标准的论据

主张放弃忠实者似乎还有论据证明"忠实"并非翻译的最高标准，并非翻译多元标准系统之纲，甚至翻译根本就无需标准。[②] 他们经常引用的论据有：①"'忠实'只不过是多种翻译策略里头的一种，是某种意识形态和某种诗学结合之下的产物。把它捧为唯一一种可能的、甚至唯一一种可容许的策略，是不切实际的、徒劳无益的。"[③] ②"翻译研究并不是为完美或理想的翻译提供指导原则或对现存的译文进行评判，而是就译文论译文，尽量去确定能说明特定译文性质的各种因素，尽可能从功能的角度出发，分析文

---

① Theo Hermans, "Paradoxes and Aporias in Translation and Translation Studies," in Gu, Zhengkun (ed.), *Studies in World Literature and Translation*, Beijing: PKU Society for Culture and Translation Studies, 2004, p.58.

② 例如有学者批评说："长期以来，中国的主流翻译研究有一个大前提，就是翻译必须有标准……唯一的例外是'文艺学派'的翻译研究；它强调描述，反对规范。"（见张南峰：《中西译学批评》，北京：清华大学出版社，2004 年，第 23-24 页。）

③ André Lefevere, *Translation, Rewriting and the Manipulation of Literary Fame*, Shanghai: Shanghai Foreign Language Education Press, 2004, p.51.

本策略……从更广泛的意义上说明译文在接受文学中发挥作用的方式。在第一种情况下，注意力主要集中在影响翻译方法和译文的种种翻译规范、限制和假设上；在第二种情况下解释翻译对新环境产生的影响，即目的系统对特定翻译（或某些翻译）的接受和排斥。"① ③ "八十年代以来，翻译研究中最激动人心的一些进展属于被称为'文化转向'的一部分。转向文化意味着翻译研究增添了一个重要的维度。不是去问那个一直困扰翻译理论家的传统问题——我们应该怎样去翻译？什么是正确的翻译？——而是把重点放在了一种描述性的方法上：译本在做什么？它们怎样在世上流通并引起反响？"②这三个论据的理论取向高度一致，这与三位学者的学术背景相符。

勒菲弗尔生前是得克萨斯大学奥斯汀分校德语系教授，他对翻译颇有研究，贡献甚大，但主要兴趣还是文学和语言学。③ 论据一出自他的《文学名著之翻译、改写及其调控》，该书用多部文学名著的译本为实例，客观分析研究了这些名著在不同时期不同社会形态下被翻译、被重写、被删改，以致作品和作者形象被重塑的过程。必须指出的是，论据一有个前提："既然我们不论译本'忠实'与否，都一概接受出版，那就几乎不可能阻止'不忠实'的译本投射出它自己的原作形象，这应该是问题的结果。"④ 引用者删掉了这个前提，模糊了勒菲弗尔教授结论的语迹，使其所指产生了移位。

论据二出自《文学作品之调控：文学翻译研究》一书，该书作者赫曼斯是伦敦大学的比较文学教授，引文内容本身也表明了赫曼斯教授进行的是比较文学的翻译研究。而什么是比较文学的翻译研究，谢天振教授两年前已有说明：

---

① Theo Hermans, *The Manipulation of Literature: Studies in Literary Translation*, London & Sidney: Groom Helm, 1985, p.13.

② Sherry Simon, *Gender in Translation: Culture Identity and the Politics of Transmission,* London & New York: Routledge, 1996, p.7.［按］以上三段引文之中译文分别见清华大学出版社 2004 年版《中西译学批评》第 19 页、青岛出版社 2003 年版《翻译研究新视野》第 229 页和《中国翻译》2004 年第 1 期 8-9 页。

③ 这点苏珊·巴斯内特对他盖棺定论的一段话可作印证，她在前者去世后的唁电中说："在过去这些年，我关注他思想的发展，他不断探索思想的新途径，对文学和语言学的新动向都持开放态度。(Over the years I watched his thinking develop as he constantly explored new avenues of thought and stayed open to new trends in both *literary studies and linguistics*.)[http://fuzzy.arts.kuleuven.be/cetra/people/lefevere.htm](2006-1-19).

④ André Lefevere, *Translation, Rewriting and the Manipulation of Literary Fame*, p.51.

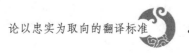

比较文学的翻译研究在比较文学中称为"译介学研究"，它与翻译学界的翻译研究并不完全一样，在某些方面甚至还存在着实质性的差异。比较文学的翻译研究实际上是一种文学研究或文化研究，它与翻译学的翻译研究之区别有三：①研究角度之不同，如只关心译作的流传，不关心译作忠实与否；②研究重点之不同，如只关心两种文化的交流及交流中出现的各种文化现象，但不对这些现象涉及的翻译问题做价值评判；③研究目的之不同，这也是最根本的不同，因为比较文学把翻译视为文学研究的对象，把任何翻译行为的结果（即译作）都作为既成事实加以接受，在此基础上对文学交流、影响、接收、传播，以及文化意向的失落和歪曲、不同文化的误解和误释等问题进行考察和分析。① 在以外语院系为基地的翻译学者看来，误译是他们的大敌，他们孜孜以求，竭力想减少甚至消灭误译；但在比较文学学者眼中，误译却具有独特的研究价值。②

论据三出自《翻译中的性别：文化认同与传播的政治》一书，作者雪莉·西蒙是位文化学者（cultural scholar），她的学术兴趣极其广泛，文化、历史、女性主义，乃至移民身份和建筑学都是她关注的领域。西蒙教授对翻译亦有精辟论述，但上述引文只说明翻译研究又增加了一个新的维度（比较文学视角），翻译理论又增加了一个新的部分（译介学理论）。

实际上，译介学进行的翻译研究就是巴斯内特和勒菲弗尔说的"对不同文化之彼此影响、相互作用的研究"。③ 这种研究对翻译实践本身并不关心——无论是威尔斯、纽马克所说的在翻译实践过程中所产生的问题，还是韦努蒂、刘易斯所考虑的如何翻译德里达的问题，都不属于译介学研究的范畴。因此，用译介学理论来否定"忠实"标准可谓方枘圆凿，而由此造成的所谓纯翻译理论与翻译实践的分道扬镳，其实是因学科概念之混淆而造成的结果。

但结果已经造成，如今翻译界许多人，尤其是外语院系翻译方向的学生，都以为译介学理论就是观念已现代化的翻译理论，以为新批评理论和

---

① 参见谢天振：《翻译研究新视野》，青岛：青岛出版社，2003年，第48-51页。

② 参见谢天振：《翻译研究新视野》，第113页。

③ Susan Bassnett and André Lefevere, *Constructing Cultures: Essays on Literary Translation*, Clevedon & Philadelphia: Multilingual Matters Ltd., 1998, p. ix.

解构主义翻译理论反对追求忠实于原文；虽然翻译家们仍然把忠实于原文作为其自律准则，虽然不少翻译理论家实际上仍然把"信达雅"作为评判译文质量的标准，但除对其进行批评之外，人们对"忠实"和"信达雅"这几个字都尽量避讳。如此这般"有助于提高翻译的质量，使译文达到'正确、通顺和得体'"①。这"正确、通顺和得体"与"信达雅"到底有何区别？为什么我们可以把奈达几十年的研究成果归纳成一个"等值"，把斯坦纳厚达500页的一本书归纳成"理解就是翻译"，而对严复的"信达雅"偏偏要进行演绎改造呢？

## 五、是百家释严复，还是严复释百家？

沙特尔沃斯和考伊的《翻译学词典》已经为Faithfulness或Fidelity正名，但在当今之中国，随着人们对忠实标准的质疑，严复名正言顺的"信达雅"也因其"独特的研究价值"而继续遭人非议。上文把严复的"信达雅"称为三维准则，一则要强调"信达雅"是严复的自律准则，二是要说明"信达雅"是一个不容分割的整体，是一个标准之三维坐标，而非某些人所说的三条标准。这三维坐标的关系是：译文要"信"，辞必"达"意，辞要"达"意，必求"雅"正。

作为准则，较之前人的"勿失""不违""不越"及后来与西方接轨的"忠实"，"信达雅"当然"不失为比较切合实际、比较科学、比较容易掌握的翻译标准"（叶君健语）②。于是严复的自律准则一经问世，很快就被中国学界接受为翻译标准之较为统一的表述。虽此后又有"忠实、通顺和美""不增不减""神似""化境""信达切""忠优美""正确、通顺、得体"等说法提出，但正如《恶之花》中译本"跋"所指出："这种种的说法似乎都还或近或远地在'信达雅'的树荫下乘凉"，而且"并非所有的新说法都显示了认识的深入和观念的进步"③。人们之所以不断提出新的说法，原因是从瞿秋白那句

---

① 朱柏桐：《语篇翻译关于汉译英的"正确、通顺和得体"》，《中国翻译》2006年第1期，第55页。
② 转引自许钧等：《文学翻译的理论与实践——翻译对话录》，南京：译林出版社，2001年，第148页。
③ 夏尔·波德莱尔：《恶之花》，郭宏安评，桂林：漓江出版社，1992年，第206页。

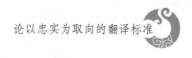

"一个'雅'字打消了'信'和'达'"①，到叶维廉的"'雅'已为众人所非议，勿需再论"②，"信达雅"一直遭受非议，而"信达雅"之所以备受非议，原因是不管接受者还是非议者都把"信达雅"一分为三，而且都认为这三字中的"雅"字是指文辞优美，认定严复的"雅"是"偏重于美学上的'古雅'"，③是"鄙薄通俗文字及口语"，④有些非议甚至论及语言的发展趋势和时代的进步潮流。但若是我们不考虑严复对汉语言发展趋势的展望，不考虑他对后世读者认知语境的判断，而只从能指和所指之间的关系来看待严复用以自律的这条准则，我们就会发现，"信达雅"名正言顺，无可非议。下面笔者就以此为前提，对"信达雅"，尤其是对被众人所非议的"雅"字，进行一番辨析。

（1）既然严复用的是汉以前字法，释"信达雅"之本义就不该用汉以后的引申义。而这三字在古汉语中的本义是：信者，言真也；达者，通到也；雅者，正也。⑤

（2）既然严复引《易经》"修辞立其诚"、《论语》"辞达而已矣"和《左传》"言之无文，行而不远"以证其"雅"，那么我们可通过互文证"雅"之本义。修辞立其诚：诚者，真心也；⑥辞达而已矣：谓言至而不过也；"言之无文"之"文"意为"文辞"，据引文所在之语篇辨析，严复此处是说要"文辞慎密"，⑦此解亦与前两句引文吻合，毕竟这三句话都是"子曰"。

（3）严复说"信达之外，求其尔雅"，证明"信达雅"之"雅"即"尔雅"。尔雅者，谓近于雅正也。⑧雅正者，规范、纯正也。⑨

① 参见鲁迅：《关于翻译的通信》，《二心集》，北京：人民文学出版社，1973年，第155页。
② 转引自罗选民：《解构"信、达、雅"：翻译理论后起的生命——评维廉〈破〈信、达、雅〉：翻译后起的生命〉》，清华大学学报（哲学社会科学版）2002年增1期，第90页。
③ 陈福康：《中国译学理论史稿》（修订本），上海：上海外语教育出版社，2000年，第108页。
④ 马祖毅：《中国翻译简史——"五四"以前部分》（增订版），北京：中国对外翻译出版公司，1998年，第378页。
⑤ 参见王力：《古代汉语》（校订重排本1—4册），北京：中华书局，1999年，第226、1194、945页。
⑥ 参见王力：《古代汉语》（校订重排本1—4册），第326页。
⑦ 襄公二十五年冬十月，郑简公伐陈得胜，派子产向当时的盟主晋国告捷。晋人诘之，子产言辞慎密，答辩得体，晋人无言以对。仲尼闻是曰：《志》有之：'言以足志，文以足言。'不言，谁知其志？言之无文，行而不远。晋为伯，郑入陈，非文辞不为功。慎辞哉！"（《左传·襄公二十五年》）
⑧ 参见《古代汉语词典》（第2版），北京：商务印书馆，2014年，第333页。
⑨ 参见《现代汉语词典》（第6版），北京：商务印书馆，2012年，第1491页。

（4）钱锺书说"信达雅"三字见于支谦《法句经序》，鲁迅说严复为译书"曾经查过汉晋六朝翻译佛经的方法"，严复引鸠摩罗什语"学我者病"而自谦，这都证明他的确师法前辈译经大师。因此我们亦可从汉晋六朝的经序僧传中去寻觅"信达雅"之来处。

关于"信"字：前文已述佛经翻译家以"勿失""不违""不越"为其翻译准则，查僧祐《出三藏记集》用"信"字 96 处，除《法句经序》引用老氏"美言不信，信言不美"以支持其"当令易晓，勿失厥义"之主张外，其余"信"字均与翻译无涉。因此，严复"信达雅"之"信"字，很可能就来自"美言不信，信言不美"之"信"。

关于"达"字：在《出三藏记集》中与翻译准则和译文评判有涉的"达"字共出现三次。一为释道安在《大十二门经序》中说："然世高出经，贵本不饰，天竺古文，文通尚质，仓卒寻之，时有不达。"二为康僧会在《法镜经序》中曰："都尉口陈，严调笔受，言既稽古，义又微妙……然义壅而不达。因闲竭愚，为之注义。"三就是支谦《法句经序》中的"今传胡义，实宜经达。"① 另《高僧传》译经篇中有慧皎引道安评竺法护语："凡所译经，虽不辩妙婉显，而宏达欣畅，特善无生。依慧不文，朴则近本。"② 由此可见，严复的"达"字当受魏晋六朝译经序的启发。

关于"雅"字：在魏晋六朝经序僧传中，与翻译准则和译文评判有涉的"雅"字之使用频率远远高于"达"字，以下含"雅"字的文句出自《出三藏记集》和《高僧传》。

僧祐《胡汉译经文字音义同异记》曰："昔安息世高，聪哲不群，所出众经，质文允正。安玄、严调，既囏嘼以条理；支越、竺兰，亦彬彬而雅畅。"③

道安《大十二门经序》曰："此经世高所出也。辞旨雅密，正而不艳。"④

僧睿《小品经序》曰："胡文雅质，案本译之，于丽巧不足，朴正有

---

① 释僧祐：《出三藏记集》，北京：中华书局，1995 年，第 254-255、273 页。
② 释慧皎：《高僧传》，北京：中华书局，1992 年，第 24 页。
③ 释僧祐：《出三藏记集》，第 14 页。
④ 释僧祐：《出三藏记集》，第 254 页。

余矣。"①

道安《道地经序》曰："世高……又析护所集者七章译为汉文，音近雅质，敦兮若朴，或变质从文，或因质不饰。"②

僧睿《中论序》曰："其人虽信解深法，而辞不雅中。其中乖阙烦重者，法师皆裁而裨之。"③

道安《比丘大戒序》记慧常语："圣贤所贵，而可改之以从方言乎？恐失四依不严之教也。与其巧便，宁守雅正。"④

僧祐《康僧会传》称僧会所译之经"妙得经体，文义允正……辞趣雅赡，义旨微密"⑤。

僧祐《支谦传》赞支谦所出二十七经"曲得圣义，辞旨文雅"⑥。

慧皎《魏吴建业建初寺康僧会支谦传》称支谦所出四十九经"曲得圣义，辞旨文雅"⑦；赞康僧会所译众经"妙得经体，文义允正……辞趣雅便，义旨微密"⑧。

以上文句中除"雅赡"句有"文辞丰美"之意，其余均意为"雅正"，而《出三藏记集》中的"雅赡"在《高僧传》中作"雅便"。此外，彦琮《辩正论》中之"辩不虚起，义应雅合"句，⑨赞宁《译经篇》中之"雅即经籍之文"句，⑩均可印证以上文句中的"雅"即"正"。

德里达说："整体的真实都具有由不同语迹构成的结构。"芒迪说："德里达的'延异'使人想到差异和延迟之间某个不定的时空点（*Différance* suggests a location at some uncertain point in space and time between differ and

① 释僧祐：《出三藏记集》，第 298 页。
② 释僧祐：《出三藏记集》，第 367 页。
③ 释僧祐：《出三藏记集》，第 401 页。
④ 释僧祐：《出三藏记集》，第 413 页。
⑤ 释僧祐：《出三藏记集》，第 515 页。
⑥ 释僧祐：《出三藏记集》，第 517 页。
⑦ 释慧皎：《高僧传》，第 15 页。
⑧ 释慧皎：《高僧传》，第 18 页。
⑨ 道宣：《续高僧传·彦琮传》，见《高僧传合集》，上海：上海古籍出版社，1991 年，第 119 页上栏。
⑩ 赞宁：《宋高僧传》，北京：中华书局，1987 年，第 55 页。

defer.）。"① 通过这样追随能指之语迹结构，经由语链进入原始语境，在尽可能接近那个处于延异之间的时空位置，对"信达雅"进行这样一番观察，我们可以确信，严复的"信达雅"本来就名正言顺，不容非议。

信者，言真也；言真者，语不伪也。达者，通到也；通到者，至也；至者，言及而不过也。雅者，正也；正者，语言规范也；语言规范者，章无疵，句无玷，字不妄也。

上文言及当代法国学者阿尔比的"三忠于"忠实观（忠实于作者的"欲言"，忠实于译文读者，忠实于目标语语言的表达手段），要忠实于作者的"欲言"，译文必须言真；要忠实于译文读者，译文辞必达意；要忠实于目标语语言的表达手段，译文必须使用规范的语言。可见"信达雅"与"三忠于"亦可互文。至于严复用汉以前字法句法，刻意模仿先秦文体，那是因为他考虑到当时目标语读者的认知语境，考虑到当时上层知识分子读者的期待视野。正如勒菲弗尔所言："目标语文化中的主导模式会在很大程度上决定读者的期待视野（readers' horizon of expectation）。如果译作不符合那种主导模式的要求，它被读者接受就可能会遇到更多困难。"②

作为 21 世纪的学者，我们今天仍接受"信达雅"为译者的自律准则和评判译作质量的标准，并不意味着我们也要用汉以前的字法句法，就像我们坚持不用"I 服了 U 了，你这个 286，BB"之类的网络语言一样。可谁知一百年后，我们的字法句法是否还符合读者的认知语境和期待视野呢？

由此笔者不禁想到，有禅宗高僧言："曾见郭象注庄子，识者云：却是庄子注郭象。"笔者假其言而问之：当今百家释严复，会不会是严复释百家呢？

（原载《中国翻译》2006 年第 4 期）

---

① Jeremy Munday, *Introducing Translation Studies: Theories and Applications*, p. 171.

② André Lefevere, *Translation, Rewriting and the Manipulation of Literary Fame*, p. 92.

# 文本目的：译者的根本目的

## ——兼评德国功能派的目的论和意大利谚语<br>"翻译者即叛逆者"

【内容提要】 本文首次在译学界提出了"文本目的"和"非文本目的"这对概念，首次区分了翻译的"文本行为"和"非文本行为"，批评了德国功能派理论对这两对概念的混淆，分析了意大利谚语"翻译者即叛逆者"的寓意，指出翻译之文本行为乃译者的基本行为，翻译之文本目的乃译者的根本目的。

## 一、引言：翻译之目的到底是什么？

人类的主动行为都有其目的，翻译行为自不例外。但翻译行为毕竟是一种特殊的人类主动行为，因此其目的也必然具有特性。我国古代译论家释道安在其《摩诃钵罗若波罗蜜经抄序》中说："正当以不闻异言，传令知会通耳。"[①]他在《鞞婆沙序》中又引用秘书郎赵政的话说："传胡为秦，以不闲方言，求知辞趣耳。"[②] 这两段话说的都是翻译之目的。前者的意思是说：正是因为人们不懂异域之言，所以需要译者来传达，使其通而晓之；后者的意思是说：翻译就是要让不熟悉"外语"的人也能够识其辞趣。斯坦纳那句"翻译之所以存在，是因为人们讲不同的语言"[③]虽然是在讲翻译的起源，其实也暗示了翻译的目的。笔者历来认为：翻译的目的就是让不懂原文的读者通过译文知道、了

---

① 释道安：《摩诃钵罗若波罗蜜经抄序》，见释僧祐：《出三藏记集》，北京：中华书局，1995年，第290页。

② 释道安：《鞞婆沙序》，见释僧祐：《出三藏记集》，第382页。

③ George Steiner, *After Babel: Aspects of Language and Translation*, Shanghai: Shanghai Foreign Language Education Press, 2001, p. 51.

解，甚至欣赏原文的思想内容及其文体风格。①

但随着"翻译研究中的文化转向"（the "cultural turn" in translation studies），随着文化转向带来的翻译研究的跨学科多元交叉，人们对翻译目的之认识似乎也出现了多元化的趋势。我们常常读到或听到这样的论述：我国早年之所以大规模翻译佛经，是因为统治阶级为了巩固其地位，对人民进行精神统治；②徐光启等人之所以翻译西方科技著作，是为了"裨益民用"，③是为了"超胜"；④严复翻译西方学术经典是为了让国人学习西方的自然科学方法和民主政治制度；⑤鲁迅和瞿秋白翻译文学作品是为了引入新的文化内容或语言成分；⑥西方翻译文化学派认为：翻译的目的是使译文在目标语文化中实现原文在源语文化中所实现的同样的功能；⑦而功能派翻译理论则认为：原文和译文所追求的目的也许大不相同，⑧译者为了赚钱也可以是翻译的目的。⑨有学者甚至指出：以"赚钱、娱人、娱己、搞对象"为目的而进行翻译亦不失其目的之"正当"和"高尚"。⑩为国家富强而翻译当然值得敬佩，为个人幸福而翻译同样值得鼓励，为"赚钱、娱人、娱己、搞对象"而翻译虽说不上高尚，但似乎也未可厚非。然而，问题是这些论述和见解容易使人产生一个疑问：翻译的目的到底是什么？

---

① 曹明伦：《译者应始终牢记翻译的目的》，《中国翻译》2003 年第 4 期，第 92 页。

② 马祖毅：《中国翻译简史》（增订版），北京：中国对外翻译出版公司，1998 年，第 18 页。

③ 陈福康：《中国译学理论史稿》（修订本），上海：上海外语教育出版社，2000 年，第 53 页。

④ 屠国元、王飞虹：《论译者的译材选择与翻译策略取向——利玛窦翻译活动个案研究》，《中国翻译》2005 年第 2 期，第 22 页。

⑤ 马祖毅：《中国翻译简史》（增订版），第 382 页。

⑥ 朱志瑜：《类型与策略：功能主义的翻译类型学》，《中国翻译》2004 年第 3 期，第 9 页。.

⑦ 潘文国：《当代西方的翻译学研究》，《中国翻译》2002 年第 2 期，第 36 页。

⑧ Hans J. Vermeer, "Skopos and Commission in Translational Action," in Lawrence Venuti (ed.), *The Translation Studies Reader*, London & New York: Routledge, 2000, p. 223.

⑨ 仲伟合、钟钰：《德国的功能派翻译理论》，《中国翻译》1999 年第 3 期，第 47 页。［按］不过弗美尔的原话并没有这么直露，而用的是诘问的口气："难道因行为之目的在一定程度上是为了名声和金钱，我们就必须对其加以谴责吗？"——Must we actually denounce such behavior (conscious, hence purposeful), because it was in part perhaps motivated by such base desires as fame and money?——参见 Vermeer, "Skopos and Commission in Translational Action," p. 225.

⑩ 张南峰：《中西译学批评》，北京：清华大学出版社，2004 年，第 39 页。

# 二、文本目的与非文本目的

　　人们之所以会产生疑问，首要原因是以上论述和见解都混淆了翻译的文本目的和非文本目的，都没有对翻译的政治目的、文化目的或经济目的与翻译的文本目的加以区分，或者说没有把翻译活动发起者（initiator）的目的同翻译行为实施者（translator）的目的进行甄别，德国功能派翻译理论甚至还提倡把initiator的目的作为translator的目的。使人对翻译目的认识不清的另一个原因是initiator和translator在很多时候是同一个人（或同一批人）。比如在中国加入国际版权公约之前，笔者翻译什么都由笔者自己选择，笔者也曾在《作家通讯》上白纸黑字地宣称，笔者翻译的目的就是为本民族读者奉献读之有益的译作，为本民族作家提供可资借鉴的文本。但当笔者实施具体的翻译行为时，或者说当笔者进行具体的翻译活动时，笔者的目的还是要让不懂原文的读者通过笔者的译文知道、了解，甚至欣赏原文的思想内容及其文体风格。而要实现这一目的，就必须追求目标语文本与源语文本之间的功能之相当、意义之相近、文体之相仿、风格之相称。

　　由此可见，笔者说的前一个目的是笔者作为翻译活动之发起者要实现的文化目的，而后一个目的则是笔者作为译者要实现的文本目的。同样，当年梁启超追求的"开启民智"和"改良群治"[①]是他作为翻译活动之发起者所抱有的文化目的，而其"凡译书者，将使人深知其意"[②]则是他作为译者要达到的文本目的；严复的"自强保种"（《译〈天演论〉自序》）和"取足喻人"（《〈名学浅说〉译者自序》）是他作为翻译活动之发起者所抱有的政治目的，而他的"信达雅"则是他作为译者要达到的文本目的。

　　我们还可以用另一种方法来区别翻译的文本目的和非文本目的，那就是看

---

① 梁启超：《论小说与群治之关系（1902）》，见陈平原、夏晓虹编：《二十世纪中国小说理论资料·第一卷（1897—1916）》，北京：北京大学出版社，1989年，第37页。

② 梁启超：《论译书》，见中国翻译工作者协会：《翻译研究论文集（1894—1948）》，北京：外语教学与研究出版社，1984年，第18页。

实现目的的途径。因为发起者的目的（无论是政治目的、文化目的、经济目的或其他个人目的）都可以通过多种途径去实现。譬如我国汉代统治者要实现对人民进行精神统治的政治目的，并不一定非要翻译佛经，而可以继续利用并完善董仲舒创立的谶纬神学；出版商要实现其经济目的，并不一定非要出版《廊桥遗梦》或《辣妹自传》等译作，他们完全可以请作家写出《断桥遗梦》或《甜妹自传》等畅销书；而实现文本目的的途径却只有一条，那就是实施翻译的文本行为：把一套语言符号或非语言符号所负载的信息用另一套语言符号或非语言符号表达出来。

# 三、文本行为与非文本行为

混淆翻译之文本目的和非文本目的还有一个相关原因，那就是许多学者对翻译的文本行为和非文本行为也不加区别。苏珊·巴斯内特在其*Translation Studies*（1991）序言中还在关注翻译作为文本行为时的状态（the status of translation as a textual act），并鼓励翻译理论家多读翻译家们的译本序言，系统地研究翻译家关于翻译的陈述。[①]但随着文化转向之深入，翻译学的研究范围越来越宽，研究内容越来越多，研究视角越来越广，人们更多地把翻译视为（或作为）其他各种现象和行为来研究，包括德国功能派翻译理论家把翻译作为一种有目的的行为（a purposeful activity）来研究。

功能派的目的论（Skopos Theory）倒是明确了翻译的文本行为，但却把"翻译行为"这个术语给予了非文本行为。目的论认为"翻译"（translation）和"翻译行为"（translational action）是两个概念，是两种不同的行为，但持论者显然也意识到这两个概念或这两种行为有点儿混淆，于是反复加以说明。弗美尔说："翻译可被视为翻译行为的特殊类型，其特殊之处在于它以源语文本为基础。其他类型的翻译行为包括诸如顾问人员提供关于某地区经济情况和政治局势的信息等行为。"[②]霍

---

① Susan Bassnett, *Translation Studies* (Revised Edition), London & New York: Routledge, 1991, p. xiii.

② Hans J. Vermeer, "Skopos and Commission in Translational Action," p. 221.

尔茨-曼塔利（Holz-Mänttäri）说："翻译是一种为实现特定目的的综合行为"，而"翻译行为是某种信息传送体的生产过程，该信息传送体是为了用于上位行为系统以协调行为和交际合作"。①诺德的说明最为简洁：翻译指"译者转换文本时之所作所为"（What translators do when rendering texts），翻译行为则指"译者实际上的一系列所作所为"（the range of what translators actually do）。②

那么"译者转换文本时之所作所为"和"译者实际上的一系列所作所为"有什么区别呢？诺德进一步解释说："从狭义上讲，翻译始终会包括对某种源语文本的使用，而翻译行为则包括对拟议的交际方式提出建议甚至告诫。翻译行为可以由'文化顾问'实施。"③诺德还举例说明了如何以"文化顾问"身份实施翻译行为。比如弗拉诺先生用西班牙语给新加坡的一家公司写了封商务信函，他请求母语为英语的琼斯太太将该信翻译成英语。琼斯太太是个职业译者，她来西班牙之前曾在新加坡居住多年，知道与弗拉诺先生打交道的那类公司多使用汉语，于是她建议该信最好由他的同事王先生译成中文。④根据目的论的解释，王先生翻译该信的行为就是"翻译"，而琼斯太太提建议的行为则是以顾问身份实施的"翻译行为"。由此可见，功能派的"翻译"（translation）所实施的行为是我们所说的文本行为（语言符号转换行为），而他们所谓的"翻译行为"（translational action）所实施的行为则正是我们说的非文本行为。

但功能派自己也往往混淆顾问（consultant）与译者（translator）的身份，如诺德对琼斯太太提建议这个实例的总结语是："当她提出这个建议时，她是作为一名译者在实施行为，尽管她并不会翻译任何文本。"（When she gives this advice she is acting as a translator, even though she is not translating any text.）⑤此外，功能派认为翻译所采用的方法策略取决于翻

① Quoted from Christiane Nord, *Translation as a Purposeful Activity: Functionalist Approaches Explained*, Shanghai: Shanghai Foreign Language Education Press, 1997, p. 13.

② Christiane Nord, *Translation as a Purposeful Activity: Functionalist Approaches Explained*, p. 17.

③ Christiane Nord, *Translation as a Purposeful Activity: Functionalist Approaches Explained*, p. 17.

④ Christiane Nord, *Translation as a Purposeful Activity: Functionalist Approaches Explained*, p. 17.

⑤ Christiane Nord, *Translation as a Purposeful Activity: Functionalist Approaches Explained*, p. 17.

译行为（非文本行为）的目的，<sup>①</sup>而翻译行为的目的则应该由译者和委托人协商设定，<sup>②</sup>这样实际上就把翻译的文本行为和非文本行为混为一谈，翻译的性质也因此变得模糊不清，从而也混淆了翻译的文本目的和非文本目的。

## 四、翻译什么？ 背叛什么？

在翻译之文本目的和非文本目的被混淆的同时，德国功能派的目的论与意大利谚语"翻译者即叛逆者"又被搅在了一起。如《新编英汉翻译教程》就把功能派的目的论作为"翻译者即叛逆者"这句意大利谚语的理论依据。《新编英汉翻译教程》教导学生说："德国学者汉斯·弗美尔（Hans Vermeer）认为：翻译是一种行动（为），而行动（为）皆有目的，所以翻译要受目的的制约。综观古今中外的翻译史，翻译往往不是统治者用以维护统治的手段，就是文人学者用以表达意识形态的工具。"<sup>③</sup>因此，翻译时"要考虑译入国的主导意识，考虑'赞助人'的意愿要求，考虑译文读者的情趣和接受力，并根据这些制约因素，适当地对原文做出'策略性叛逆'"<sup>④</sup>。遇到"翻译难度较大、自身能力有限……自己搞不懂，或者不好译的地方，要么'跳'过去，要么做'减码'处理"<sup>⑤</sup>。《新编英汉翻译教程》把这类"处理"总结为"有意性叛逆"，说这样处理"虽有悖于原作，但往往情有可原，如果处理得当，可以产生积极的效果"<sup>⑥</sup>。何谓"处理得当"？《新编英汉翻译教程》没有说明。但有署名高巍者在《增值翻译系列谈》一文中对此做了如下诠释："译者的责任在于让所译图书为最广大读者接受，让出版社盈利。为了这个目的，译者得采取一切必要手段，突破一切传统观念的束缚，某些情况下对原文必作非常之处理。"

① Christiane Nord, *Translation as a Purposeful Activity: Functionalist Approaches Explained*, p. 29.

② Hans J. Vermeer, "Skopos and Commission in Translational Action," p. 221.

③ 孙致礼：《新编英汉翻译教程》，上海：上海外语教育出版社，2003 年，第 134 页。

④ 孙致礼：《新编英汉翻译教程》，第 133-134 页。

⑤ 孙致礼：《新编英汉翻译教程》，第 132 页。

⑥ 孙致礼：《新编英汉翻译教程》，第 139 页。

　　德国功能派的目的论与意大利谚语"翻译者即叛逆者"在中国之联姻生成了一种新的翻译目的论。现在有些中国学者和学生认为"翻译的目的，不是'求同'，而是'存异'"，[①]认为译者的目的"不是译'好'某些文字，而是为了委托者（的）最大利益"，[②]认为对原文材料所做的"必要改动"就是"翻译即叛逆"之最佳阐释，而少有人对这样的"叛逆"提出质疑：这样的翻译到底背叛了什么？很少有人注意到：目的论虽然混淆了译者的翻译目的和委托人的翻译目的，混淆了翻译的文本行为和非文本行为，从而认为翻译的目的决定翻译的手段，但功能派至少还强调"目的之正当"（The end justifies the means. ）[③]，可像有的所谓"成功"的译者那样，以"赢得销售业绩"为翻译之目的，用"必要改动"之"非常处理"来赢得"委托人的最大利益"，其目的和手段无论如何都难称正当。

　　翻译什么和背叛什么是雅各布森针对"翻译者即叛逆者"这句意大利谚语提出的两个问题。他在《论翻译的语言学问题》一文篇末写道："如果我们把意大利传统名句'Traduttore, traditore'翻译成'the translator is a betrayer'，我们就会使这句押韵的格言完全丧失其文字游戏的价值。于是一种认知态度会促使我们把这句谚语变成一种更为明晰的陈述，并促使我们去回答两个问题：译者译的是什么信息？背叛者背叛的是什么价值？"（If we were to translate into English the traditional formula *Traduttore, traditore* as "the translator is a betrayer," we would deprive the Italian rhyming epigram of all its paronomastic value. Hence a cognitive attitude would compel us to change this aphorism into a more explicit statement and to answer the questions: translator of what messages? Betrayer of what values? ）[④]雅各布森这两问清楚地告诉我们，所谓"翻译即叛逆"，仅仅是指对"文字游戏"之类语言形式的背叛。凯利曾明确指出："翻

① 郭建中：《当代美国翻译理论》，武汉：湖北教育出版社，2000年，第177页。
② 周兆祥：《翻译与人生》，北京：中国对外翻译出版公司，1998年，第3页。
③ Christiane Nord, *Translation as a Purposeful Activity: Functionalist Approaches Explained*, p. 29.
④ Roman Jakobson, "On Linguistic Aspects of Translation (1959)," in Schulte Rainer and John Biguenet (eds.), *Theories of Translation: An Anthology of Essays from Dryden to Derrida*, Chicago: The University of Chicago Press, 1992, p. 151.

译什么信息？背叛什么价值？雅各布森这两个问题概括了翻译界两千年来的职业良知（professional conscience of 2,000 years）"，[①]"因为在所有语言中，'信息'和'价值'都被总括在奥古斯丁和索绪尔指出的能指和所指的关系之间，总括在言者和听者的关系之间"，[②]"总而言之，译者是在教他的读者'阅读'原作，是在引导他们穿越布贝尔所说的'语言经验'[③]"。[④]若凯利之言不谬，那么我们可以得到如下启迪：①对某些语言形式的背叛正是为了更忠实地翻译出原文的信息内容；②有意背叛原文作者实际上就是故意欺骗译本读者；③德国功能派的目的论不能作为"翻译者即叛逆者"这句意大利谚语的理论依据。

# 五、结　语

毋庸置疑，政治目的之形成与意识形态（ideology）有关，而文化目的必然包含诗学理念（poetology）的因素。正如意识形态和诗学理念会制约翻译行为一样，[⑤]政治目的、文化目的和经济目的等非文本目的也会对文本目的产生制约，使文本目的难以充分实现。不过在当今之中国，学者们往往只盯住译者在翻译过程中所受到的各种制约（the constraints upon a translator），对他们为摆脱制约所能采取的措施（the measures that the translator can take in order to escape those constraints）却视而不见。[⑥]

意识形态和诗学理念对翻译的影响是客观存在，但只要译者对翻译之文本目的和非文本目的有清楚的认识，就可以把这种影响降到最低，或者说限制在可接受的程度，那就是以译作"在目标语文化中立足"（take its place in the target

---

① Louis G. Kelly, *The True Interpreter: A History of Translation*, Oxford: Basil Blackwell, 1979, p. 219.

② Louis G. Kelly, *The True Interpreter: A History of Translation*, p. 219.

③ 犹太思想家马丁·布贝尔（Martin Buber, 1878—1965）关于"我—你""我—它"之间语言经验的论述见于其名著《我与你》（*Ich und Du*, 1923, 英译本 *I and Thou*, 1937）。

④ Louis G. Kelly, *The True Interpreter: A History of Translation*, p. 219.

⑤ André Lefevere, *Translation, Rewriting and the Manipulation of Literary Fame*, Shanghai: Shanghai Foreign Language Education Press. 2004, p. i.

⑥ Susan Bassnett and André Lefevere, *Translation, History and Culture*, London: Pinter, 1990, p. 13.

culture）为限，以符合"目标语读者的期待视野"（the readers' local horizon of expectation）为限。一旦超越限度，甚至故意用政治目的、文化目的、经济目的或其他个人目的（如为了搞对象）去取代翻译之文本目的，那就有违翻译界两千年来的职业良知，有违译者的行为规范（translators' ethics）。虽然当代翻译理论并不提倡规范译者的行为，但译者对自己的行为应该自律，因为只有译者最清楚，怎样做才能更充分地实现翻译的文本目的。对当今中国译界而言，"翻译者即叛逆者"已不再仅仅是一句谚语，而更应该是一句警告。我们不能一听说"翻译的目的不是求同，而是存异"，就完全忘了"正当以不闻异言，传令知会通耳"；一听说"译者的主要责任，不是译好某些文字，而是为了委托人的最大利益"，就完全忘了东西方译者"两千年来的职业良知"，结果不仅成为翻译的"叛逆者"，而且成为读者利益甚至国家利益的"叛逆者"。

综上所述，我们可以清楚地看到，文化目的、政治目的、经济目的或别的什么目的是翻译活动发起人（initiator）的目的，不是翻译行为实施者（translator）的目的。后者的目的是文本目的，即让不懂原文的读者通过译文知道、了解，甚至欣赏原文的思想内容及其文体风格。而实现文本目的的途径只有一条，那就是实施翻译的文本行为：把一套语言符号或非语言符号所负载的信息用另一套语言符号或非语言符号表达出来。

翻译之文本目的乃译者的根本目的。实现这一目的则是译者的根本任务。

（原载《天津外国语学院学报》2007 年第 4 期）

# 文本翻译：译者的根本任务
## ——重读本雅明的《译者的任务》

【内容提要】 在《译者的任务》一文中，本雅明对完成翻译任务的论述交织着科学和神学两种不同的视角。科学的视角是：译者必须有能力把源语中的象征变成被象征，然后用目标语把被象征还原为象征。神学的视角是：译者必须有能力从源语进入"纯语言"的境界，然后用自己的语言去释放被另一种语言的咒符困住的"纯语言"，从而让"纯语言"通过译作折射出原作。由于中西文化差异，他的神学表述令许多中国学者感到神秘而晦涩，然其科学表述使我们有可能揭开罩在"纯语言"上的那层神学面纱，从而明确译者的根本任务还是文本翻译。

## 一、引　　言

本雅明的《译者的任务》近年来被学界奉为翻译研究的圣经，但研究者又因其晦涩艰深而莫衷一是。这种莫衷一是的情况在中国尤为普遍，单是对本雅明用的die reine Sprache（pure language）这个极其重要的关键词，国内学者迄今仍言人人殊。或曰"纯语言"是一个"抽象晦涩"的概念①，或曰"纯语言"是"抵制翻译的果核"，是"不可译的东西"②，或曰"纯语言"实际上是"本雅明的政治心声"③，或曰本雅明是想要译者用"纯语言"作译语④，是想用"纯

---

① 李红满：《解构主义翻译理论的发轫——读沃尔特·本雅明的"译者的任务"》，《山东外语教学》2001 年第 1 期，第 37 页。
② 陈永国：《翻译的不确定性问题》，《中国翻译》2003 年第 4 期，第 11-12 页。
③ 刘宓庆：《中西翻译思想比较研究》，北京：中国对外翻译出版公司，2005 年，第 xvii 页。
④ 刘宓庆：《中西翻译思想比较研究》，第 430 页。

语言"来重建"通天塔"①。由于这些解释和"纯语言"本身一样深邃玄妙，有国人（尤其是翻译方向的研究生）提出保罗·德曼曾提出过的那个"最简单、最幼稚、最直接的问题"："本雅明究竟说了什么？他所传达的最直接的意义是什么？"②。鉴于对本雅明究竟说了什么尚未达到哪怕是"最低限度的共识"③，有学者把《任务》的开篇语作为旁证以证明"原作并无确定的原意"④。但事实若果真如此，译者就不可能完成翻译任务，包括本雅明所描述的任务，那么本雅明写这篇《译者的任务》意义何在呢？

　　众所周知，本雅明之所以写出《译者的任务》，是因为他作为一名译者完成了《巴黎风貌》⑤德文版翻译这项任务。即便如德曼所说，本雅明著此文是因为他译毕《巴黎风貌》后的"狂妄自大"⑥，这"狂妄自大"也能回答那个"最简单、最幼稚、最直接的问题"。他为什么狂妄自大（megalomania）呢？因为他能译出波德莱尔笔下"那种高深玄妙、神秘莫测、'充满诗意'的本质性的东西"⑦。为什么他能译出而平庸译者却不能呢？因为他就是那种"自己也是诗人的译者"⑧，而只有自己也是诗人的译者方能把诗人的象征变成被象征，从而在语言的流变中重新获得完全成形的纯语言⑨，然后再用译者"自己的语言"把被象征还原为象征，把纯语言还原为自己的语言。能做到这一切的译者"狂妄"一阵似乎也情有可原，不过本雅明在"自大"中并不缺乏清醒的科学论述。且看下节。

---

① 郭建中：《当代美国翻译理论》，武汉：湖北教育出版社，2000 年，第 181 页。

② Paul de Man, "Conclusions: Walter Benjamin's 'The Task of the Translator'," in Paul de Man, *The Resistance to Theory*, Minneapolis: University of Minnesota Press, 1986, p. 79.

③ Paul de Man, "Conclusions: Walter Benjamin's 'The Task of the Translator'," p. 79.

④ 王东风：《解构"忠实"——翻译神话的终结》，《中国翻译》2004 年第 6 期，第 3-9 页。

⑤《巴黎风貌》（Tableaux Parisiens）是波德莱尔《恶之花》（*Fleurs du Mal*）之第二辑。本雅明的《译者的任务》是他为自己翻译的波德莱尔《巴黎风貌》德文译本所写的序言。

⑥ Paul de Man, "Conclusions: Walter Benjamin's 'The Task of the Translator'," p. 80.

⑦ Walter Benjamin, "The Task of the Translator," Eng. trans. by H. Zohn, in Lawrence Venuti (ed.), *The Translation Studies Reader*, London & New York: Routledge, 2000, p. 15.

⑧ Walter Benjamin, "The Task of the Translator," p. 15.

⑨ Walter Benjamin, "The Task of the Translator," p. 22.

# 二、本雅明究竟说了些什么？

《译者的任务》开篇道："要正确评价一件艺术作品或一种艺术形式，受众的意见从来都无济于事……诗从来不是为读者而赋，画从来不是为观者而绘，交响乐也从来不是为听众而谱……。"①如果原作并非为读者而存在，那么我们怎样才能认识基于这一前提的译作呢？如前所述，有人把这段话作为"原作意义不确定"的论据。可要这样从源语表层到目标语表层来读本雅明，而不经由"纯语言"境界，《译者的任务》就算白写了。

译者实施翻译行为的结果，最终都得面对读者，接受读者的评判，对这一点每个译者都心中有数。但笔者的深切体会是，我们对译文读者认知能力的判断只能取一个平均值。译者可以为读者着想，但决不能迁就读者；因为译者在解析源语文本的过程中，的确会体验到类似本雅明说的那种"纯语言"所展示的境界，而那种境界往往会令译者使用一些超乎普通目标语读者认知水平的语言方式去将其还原，而这每每会遭到一般读者（公众）的质疑。限于篇幅，此处仅以字词为例以资隅反。如译者在"头顶不见日光，雾霭越来越浓"的语境中将"Presently there came a feeble gleam of sunshine"译成"不一会儿天空透出些许曚昽日光"，可作为目标语文本第一读者的编辑会把你的"曚昽"改为"朦胧"。又如，译者为了用一个平声韵，把"The sea, all water, yet receives rain still, / And in abundance addeth to his store"译成"大海弥弥滔滔依然容雨水汇进，/ 使它的万顷波涛更加浩浩汤汤"，却有人要把你的"浩浩汤汤"改成"浩浩荡荡"。再如，爱伦·坡煞费苦心地为他那只乌鸦设计了一个其字词不变、其寓意却可以随诗中青年提出的不同问题而不断变化的叠句——Nevermore，译者为此旬月踟蹰，终于将Nevermore转换成"永不复焉"，可后来许多人读到的却是"永不复还"。如果你曾有过类似的经验，你也许就会理解本雅明为何要说"受众的意见从来都无济于事"。

---

① Walter Benjamin, "The Task of the Translator," p. 15.

　　"受众的意见从来都无济于事"，这话并不难理解，即便在康德之后，持此观点者也不独本雅明一人，[①]如《英诗金库》的编者帕尔格雷夫就持相似的看法，他在谈论好诗的标准时说："公众的评价只能作为路标，而不能作为指南。"[②]然"诗从来不是为读者而赋"，此说的确有点令人费解，我们不知《恶之花》的作者是否持同样的观点，可波德莱尔欣赏的美国诗人爱伦·坡曾说过："我不在乎我的作品是现在被人读还是由子孙后代来读。我可以花一个世纪来等待读者。"[③]另一位美国诗人弗罗斯特亦说："只用眼睛的读者是没有文化的读者，只为这种读者写作的作家是没有文化的作家。"[④]申丹教授也说过："文学的真正特性在于它包含了两个交流语境：一是处于文本之外、现实生活之中、牵涉到作者与读者的交流语境；其中作者担任信息发送者，读者则担任信息接收者。"[⑤]如此看来，世上毕竟还有为读者写诗的诗人（想必也会有为观者绘画的画家，为听众谱曲的音乐家）。但像波德莱尔这样的诗人是真正的艺术家，他们心目中的读者是那些值得他们等上 100 年的读者，是那些有文化的读者，是那些既能接收其象征所负载的信息、又能抓住象征本身的读者。这样的读者也是本雅明心目中的读者，因为《恶之花》的德文版译者自己也是诗人，也是艺术家，他能读出原作中的"峨峨兮若泰山，洋洋兮若江河"，他知道这样的高山流水并非为一般读者而存在，他知道应该基于这一前提来认识译作。

　　可平庸的译者却参不透这一玄机。平庸译者对原作意义的关注远远多于对其文学性和语言风格的关注[⑥]，他们只知译作的存在是为了服务于原作，不知

---

① 德曼认为本雅明此说"是康德以前的理论，因为康德已经让读者（接受者、观者）扮演了重要的角色，而且是比作者还重要的角色"。参见 Paul de Man, "Conclusions: Walter Benjamin's 'The Task of the Translator,'" p. 75.

② Francis Turner Palgrave ed. , *Golden Treasury of the Best Songs and Lyrical Poems in the English Language*, London & New York: Oxford University Press, 1929, p. viii.

③ Edgar Allan Poe, "Eureka: A Prose Poem," in P. F. Quinn (ed.), *Edgar Allan Poe: Poetry and Tales*, New York: Literary Classics of the United States, Inc., 1984, p. 1270.

④ Robert Frost, "Poetry and School," in Richard Poirier and Mark Richardson (eds.), *Frost: Collected Poems, Prose and Plays*, New York: Literary Classics of the United States, Inc., 1995, p. 809.

⑤ 申丹：《叙述学与小说文体学研究》，北京：北京大学出版社，1998 年，第 111 页。

⑥ Walter Benjamin, "The Task of the Translator," p. 21.

译作的存在完全归因于原作，不知原作的生命应该在译作中返老还童、焕发青春。①所以他们译不出原作中那种高深玄妙、神秘莫测、充满诗意的本质性的东西，只能译出原作中非本质的内容。②因此，翻译任务不能由平庸的译者来完成。

在本雅明的心目中，能完成翻译任务的译者应该是原作命中注定的译者（chosen translators），这样的译者才是真正的译者（genuine translator）、称职的译者（adequate translator）。称职的译者应该知道如下要点：

（1）与其说译作是出自原作之生命，不如说是出自其生命之延续（A translation issues from the original—not so much from its life as from its afterlife.）。

（2）原作在其生命的延续过程中会经历一番变化，连意义明确的字词也会经历一个成熟过程。

（3）在原作语言经历新陈代谢的同时，译者的母语也在发展。

（4）（因此）译作绝非源自两种过时语言的了无生气的综合体，而是一种富有特殊使命的文学形式，其使命就是既要观照原作语言的成熟过程，又要观照自己的母语分娩时的阵痛③。④

（5）虽然原作和译作的语言都会变化，但有种东西一经形成就会相对稳定，正如苏珊·桑塔格在其《反对阐释》一文中说："不管我们把艺术作品想象成一幅图画（作为现实之描绘的艺术），还是想象成一种陈述（作为艺术家之陈述的艺术），居于首位的依然是内容。这内容或许有改变，其象征意义或许有所减少，其现实意义也不如当初明晰，但人们依然认为一件艺术作品就是

---

① Walter Benjamin, "The Task of the Translator," p. 17.

② Walter Benjamin, "The Task of the Translator," p. 15.

③ Walter Benjamin, "The Task of the Translator," pp. 16-18.

④ "既要观照原作语言的成熟过程，又要观照自己的母语分娩时的阵痛。" 相信翻译过古典作品的译者对此都有过不同程度的体会。其实任何人只消读读现当代英语学者对 Bacon's Essays 的注疏，再比较一下相距半个多世纪的不同中文译本，本雅明此说之意蕴会更加彰显。另：德曼批评佐恩（英文译者）和冈迪拉克（法语译者）不约而同地把德语单词 Weben 分别译成 birth pangs 和 les douleurs obstétricales，说 Weben 既可指"分娩阵痛"，也可指一般的疼痛，认为与其把 Weben 翻译成"分娩时的阵痛"，不如将其译作"死亡的阵痛"。（参见 Paul de Man, "Conclusions: Walter Benjamin's 'The Task of the Translator'," p. 85.）然笔者以为后者更为牵强。

其内容。由于艺术之特性，一件艺术作品总会说点什么。"[①]学术背景和哲学理念不同的学者会用不同的术语指称桑塔格说的这点"什么"，本雅明将其称作"纯语言"。

（6）（故）"用自己的语言去释放被另一种语言的咒符困住的纯语言"就是用一种会变化的语言去释放被另一种会变化的语言困住的那种相对稳定的"语言"。

（7）（但）那种稳定的"语言"只以被象征的形式存在于原作语言之中，译者只有把象征变成被象征，才能在语言的流变中重新获得那种"语言"。

（8）（不过）称职的译者不会把他找到的"被象征"在译本中和盘托出，[②]不会把他重新获得的那种"语言"（纯语言）作为译语。反之，他会用自己的语言把"被象征"还原为"象征"，让那种"语言"通过目标语文本折射出源语文本，从而使译作透明，使其不会遮蔽原作的光芒，而是通过译作折射的力量，让那种"语言"的光芒更加充分地照耀原作[③]。[④]

（9）既然原作的语言和内容像果皮和果实一样浑然天成，包裹译作内容的目标语语言就不应该像一件布满褶纹的漂亮衣裳（royal robe），因为这样会造成内容与形式脱节，而这种脱节会造成过量翻译[⑤]。

（10）（所以）称职的译者会采用直译意译融合的策略。[⑥]他们会在一个意蕴更为丰富的语境中来理解对直译的要求，因为意义在其诗学意义上并不局限于意义，而是源自那些被选来表达意义的词语所传达的内涵[⑦]；与此同时，纯语言将为意译提供一个更崇高的新理由：既然意义不局限于原作内容所具有

---

① Susan Sontag, "Against Interpretation," in David Lodge (ed.), *20th Century Literary Criticism*, London & New York: Longman House, 1972, p. 653.

② 因为这样做不是翻译，而是桑塔格反对的那种阐释，阐释肯定能传达信息，但却难以传达文学性和语言风格。

③ Walter Benjamin, "The Task of the Translator," p. 21.

④ 这时"有文化的读者"不仅能接收到原作的信息，而且能感受到原作的文学性和语言风格。

⑤ Walter Benjamin, "The Task of the Translator," p. 19.

⑥ 比较《圣经》新标准修订版（New Revised Standard Version）之翻译原则：凡有可能性就直译，唯有必要时才意译。as literal as possible and only as free as necessary（http://www.bible-researcher.com/nrsvpreface.html, 2006-11-26）。

⑦ Walter Benjamin, "The Task of the Translator," p. 21.

的意义，那么不受这种意义的束缚正是忠实于任务①。

（11）（所以）称职的译者必须一丝不苟地体现原作的表意方式，而要做到这点，就必须一丝不苟地对待语言，把字词作为自己要考虑的基本要素，因为，如果说句子是挡在原作语言跟前的垣墙，逐字直译就是可穿墙而过的通道②。

以上十一点是本雅明对合格译者的要求，亦是《译者的任务》全篇之要旨。这篇洋洋万言的译序明确指出翻译的任务能够完成，但对完成任务的基本前提却从科学和神学两个视角进行了不同的表述。科学的表述是：译者必须有能力把源语中的象征变成被象征，然后用目标语把"被象征"还原为"象征"。神学的表述是：译者必须有能力从源语进入"纯语言"的境界，然后从"纯语言"出来，摆正源语、"纯语言"和目标语的位置，调好这三种"语言"的焦距，从而让"纯语言"通过目标语文本折射出源语文本。他的科学表述使我们有可能揭开罩在"纯语言"上的那层神学面纱。

## 三、西方译学传统与本雅明的翻译观

要揭开那层面纱，我们先得回顾一下西方译学传统。因为，如果说希腊罗马神话和《圣经》是打开西方文化宝库的两枚钥匙，那么最初的希腊文献翻译和《圣经》翻译则是形成西方译学传统的两个主要源泉。

《圣经》翻译虽不像希腊文献翻译那样卷帙浩繁，但它却经历了从希伯来语翻译成希腊语、从希腊语翻译成拉丁语、中世纪之后又不断被翻译成欧洲各民族语言的漫长过程。从希伯来语译成希腊语的第一个圣经版本是被称为《七十子希腊文本》（Septuagint）的《旧约》。早期的希伯来书面语只用辅音字母，读之犹读天书，所以《七十子希腊文本》虽是72名学者殚精竭虑、集思广益的成果，基督教神学先驱斐洛（约c20BC–c50AD）仍将其称为"得到上帝启示的文本"（Scripture Inspired by God）。于是精通两种语言并得到上帝的

---

① Walter Benjamin, "The Task of the Translator," p. 22.

② Walter Benjamin, "The Task of the Translator," pp. 21-22.

启示，这几乎成了西方《圣经》译者必备的两个条件。《通俗拉丁文本圣经》（*Vulgate*）的译者哲罗姆（约c347—419）虽不认同斐洛的"上帝启示"说，但也认为"翻译《圣经》则应采取直译的策略，因为上帝的话是神圣的"①。与哲罗姆同时代的神学家奥古斯丁（354—430）与斐洛的看法一致，认为《圣经》翻译必须依靠上帝的感召。

奥古斯丁对语言颇有研究，对翻译问题发表过较为系统的论述，其翻译理念对后世有相当大的影响。他坚持的"上帝感召"论不仅有其遵循者，而且早已超出了《圣经》翻译的范畴。洪堡（1767—1835）所说的各种语言间的"神秘关系"②、荷尔德林（1770—1843）所描述的"回归逻各斯"③、斯坦纳所总结的"语言与灵知"④、本雅明所追求的"纯语言"，以及德里达的"巴别塔应该是神话起源之神话、隐喻之隐喻、叙述之叙述、翻译之翻译"之说⑤，都或多或少含有"上帝感召"的意味。毕竟斐洛神学之逻各斯、赫拉克利特哲学之逻各斯、荷尔德林的语言逻各斯，以及本雅明所说的那个在翻译领域也适用的"太初有道"之"道"，还原为希腊文都是λόγος，而正如凯利所说，"与语言是一种工具的假说相对，有种观念认为语言是一种创造性的实体，是λόγος"⑥，这是西方译学传统的一个根源。我们在接触西方译论时，应始终注意这个源于犹太教和基督教文化传统的神学因素，应始终认识到"在西方翻译学者的视域中，《圣经》翻译始终占有一种极其重要、几乎无可比拟的地位"⑦。与此同时，我们还应该意识到，对浸染于《圣经》文化的西方学者来说，《圣

① Wolfram Wilss, *The Science of Translation: Problems and Methods*, Shanghai: Shanghai Foreign Language Education Press, 2001, p. 30.

② Wilhelm von Humboldt, "From the Introduction to His Translation of Agamemnon," in Rainer Schulte and John Biguenet (eds.), *Theories of Translation: An Anthology of Essays from Dryden to Derrida*, Chicago: The University of Chicago Press, 1992, p. 57.

③ George Steiner, *After Babel: Aspects of Language and Translation*, Shanghai: Shanghai Foreign Language Education Press, 2001, p. 342.

④ George Steiner, *After Babel: Aspects of Language and Translation*, p. 51.

⑤ Jacques Derrida, "Des tours de Babel," in Rainer Schulte and John Biguenet (eds.), *Theories of Translation: An Anthology of Essays from Dryden to Derrida*, Chicago:The University of Chicago Press, 1992, p. 218.

⑥ L. G. Kelly, *The True Interpreter: A History of Translation*, Oxford: Basil Blackwell, 1979, p. 26.

⑦ Theodore Savory, *The Art of Translation*, Philadelphia: Dufour Editions, 1960, p. 103.

经》记载的"巴别塔之乱"是一段实实在在的历史，他们相信此前有一种人神共用的普世语言，这种语言亦是巴别塔之后历代语言学者的渴望和追求，我们在斯坦纳的*After Babel*、德里达的*Des Tours de Babel*，本雅明的*The Task of the Translator*中都能感觉到这种渴望和追求。

然而，作为无神论者或辩证唯物论者的中国翻译学者，对"巴别塔之乱"这个西方翻译理论之文化根源，我们虽然必须了解并理解，但决不能全盘接受。因为对我们而言，"巴别塔之乱"只是一个传说，而绝非某些西方学者所相信的一段历史。据《旧约》记载的年岁和提供的线索推算，上帝变乱人类语言当在其创世后的 1800 年左右，或者说距今约 4500 年前，[①]按中国纪元表计算，当在五帝时代。但众所周知，生活在 25 万至 4 万年前的早期智人已经有了"复杂而有音节的语言"，而已分出人种的晚期智人（即解剖结构上的现代人）在几万年前就开始了迁徙和交流。据考古学和社会人类学的研究，人类越过冰冻的白令海峡到美洲大约是在 5 万年前，通过东南亚的一些岛屿到澳大利亚大约是在 3 万年前[②]，因此我们可以推断，人类至少在几万年前就开始用不同语言进行交流了。

因此，"洪荒造塔语言殊，从此人间要象胥"[③]不过是对翻译起源的艺术概括，而"通天塔应该是神话起源之神话、隐喻之隐喻、叙述之叙述、翻译之翻译"说的也只是一种"无源之源"[④]。虽说人类个体生命之有限决定了人类

---

[①] 根据《旧约》记载的年岁和提供的线索，"巴别塔之乱"发生在洪水泛滥之后，挪亚（Noah）的后裔（闪系、含系和雅弗系）往东迁徙、分地立国之时。洪水泛滥时距上帝造亚当过了 1656 年（亚当 130 岁生赛特，赛特 105 岁生以挪士，以挪士 90 岁生该南，该南 70 岁生玛勒列，玛勒列 65 岁生雅列，雅列 162 岁生以诺，以诺 65 岁生玛土撒拉，玛土撒拉 187 岁生拉麦，拉麦 182 岁生挪亚，挪亚 600 岁时发大洪水），挪亚的曾孙宁录（Nimrod，含之孙）从示拿（建巴别塔之地）去亚述建尼尼微时距洪水泛滥又过了大约 100 余年，虽然《旧约》未记载含系子孙的生卒年，但我们可根据闪系子孙的生卒年来推算（闪 100 岁生亚法撒，亚法撒 35 岁生沙拉，沙拉 30 岁生希伯，而希伯是宁录的堂兄弟）；另据史料记载，亚述古国的历史大约从公元前 2500 年至前 612 年。这样推算出来的数字与基督教右派"创世论"所认为的"人类历史 6000 年"基本吻合。
[②] 崔连仲：《世界史·古代史》，北京：人民出版社，1983 年，第 18-19 页。
[③] 马祖毅：《中国翻译简史——"五四"以前部分》（增订版），北京：中国对外翻译出版公司，1998 年，第 1 页。
[④] 有人在引用德里达这句话后总结道："这意味着，在德里达看来，'巴别塔'是一种'源头'。"（参见《中国翻译》2001 年第 4 期《从德里达的翻译思想看理性主义的翻译理论建构》）。

个体认知能力的局限，但我们以现有的认知能力仍然能确定，"象胥"之需虽因"言殊"之故，但"言殊"并非由于"巴别塔之乱"，而是因为世界各地的古人类在进化过程中各自创造了各自的语言。远古，蒙古人、欧罗巴人、尼格罗人，四海之民，五洲之族，天悬地隔，山阻水断，千年各自为生，万载不相往来，这才是"言语不通，嗜欲不同"的原因。语言区或方言区往往以高山大河沧海荒漠为界，语言地理学也为"言殊"的由来提供了依据。

"巴别塔之乱"这个西方传说中的经历者是犹太人的祖先，故"从《旧约·创世纪》第 11 章起，到维特根斯坦的《哲学研究》，再到乔姆斯基最早研究希伯来语词素音位的论文，西方的语言学、哲学等学术领域无不受到犹太教思想的深刻影响"[1]。而作为一名犹太人，本雅明的犹太教思想更是根深蒂固，他的语言哲学观浸透了德国浪漫主义和犹太神秘主义的色彩。可以这么说，他所说的"纯语言"实际上就是上文述及的"普世语言"，就是他《译者的任务》第 10 段引用的"太初有道"（ἐν ἀρχῇ ἦν δ λόγος）之"道"。不过在他为躲避纳粹迫害而离开德国流亡 7 年之后写的《历史哲学论纲》（1940）中，他终于认识到"神学今天已形容枯槁"[2]，没有粗俗的物质便没有高雅的精神[3]。鉴于此，尽管不知他自杀时是否获得了救赎，我们仍有充分的理由替他揭开罩在"纯语言"上的那层神学面纱。

## 四、纯语言·普世语·核心结构·深层结构

在本雅明的神学意识中，"纯语言"是所有语言意向互补之总和[4]，是无表达之功但有创造之力的"道"[5]，是所有语言中固有的东西[6]。这些表述的确晦涩艰深，因此要揭开本雅明"纯语言"的神秘面纱，我们还得知道这层面纱

① George Steiner, *After Babel: Aspects of Language and Translation*, p. 62.
② 本雅明：《历史哲学论纲》，见陈永国、马海良编：《本雅明文选》，北京：中国社会科学出版社，1999 年，第403页。
③ 本雅明：《历史哲学论纲》，第 405 页。
④ Walter Benjamin, "The Task of the Translator," p. 18.
⑤ Walter Benjamin, "The Task of the Translator," p. 22.
⑥ Walter Benjamin, "The Task of the Translator," p. 22.

的具体由来。斯坦纳指出，除神秘主义传统外，本雅明写《译者的任务》还受到了两点启发：一点来自歌德附录于《西东合集》的关于翻译的评论；一点来自荷尔德林对自己所译索福克勒斯德文本的论述。①歌德和荷尔德林给了本雅明什么启发呢？

歌德认为翻译有三个种类，或者说三个阶段，它们以一种循环的模式自我重复，同时共存。他的第一阶段是"用我们自己的说话方式让我们了解外国"；在他的第二阶段，译者试图把自己置身于异国境地，"可实际上只是盗用异国的思想观念，并将其作为自己的思想加以表述"；他的第三阶段是最高阶段，在这个阶段译文寻求"与原文完全一致"，以至达到译文就是原文、原文就是译文的程度。歌德把这样的文本称为第三种文本（*tertium datum*/ third kind of text）。②荷尔德林认为，人类每一种具体语言都是同一基本语言或曰"纯语言"（pure language）的体现，翻译就是寻找构成这一基本语言的核心成分。不同的语言是从"逻各斯"这个统一体中分裂出的一些飘忽的单元，翻译意味着融合不同单元的元素，意味着部分地回归逻各斯。③由此可见，从歌德那里，本雅明受到的启发是"第三种文本"，而他的"纯语言"则来自荷尔德林。本雅明虽未直接使用"第三种文本"这一措辞，但他的"用自己的语言去释放被另一种语言的咒符困住的纯语言"中却分明有三种语言：①译者自己的语言（目标语）；②另一种语言（源语）；③纯语言。

从《译者的任务》我们还可以发现，除斯坦纳提到的两点启发外，作者至少还受到德谟克利特"影像说"④的启发。他在《译者的任务》第 6 段中说："要领会原作和译作间的真正关系，需要进行一种研究，就像认知批评必须证

---

① George Steiner, *After Babel: Aspects of Language and Translation*, p. 66.
② Johann Wolfgang von Goethe, "Translations," in Rainer Schulte and John Biguenet (eds.), *Theories of Translation: An Anthology of Essays from Dryden to Derrida*, Chicago: The University of Chicago Press, 1992, pp.60-63; Steiner, *After Babel: Aspects of Language and Translation*, p. 271.
③ George Steiner, *After Babel: Aspects of Language and Translation*, p. 342; 谭载喜：《西方翻译简史》（增订版），北京：商务印书馆，2004 年，第 111 页。
④ 影像说（image theory）是古希腊唯物主义哲学家德谟克利特用原子论解释认识论时提出的一种理论，原子论认为影像是客观物体投射出来的形象，影像说认为这种形象与感官接触就引起感觉，而这种感觉就是认知的基础。

明‘影像说’之不成立那样。这种证明要揭示的问题是，如果认知处理的是现实的影像，那么认知结果中就不可能有客观现实，甚至不能要求有客观现实；由此我们可以证明，如果译作的基本追求是要成为原作的翻版，那么任何译作都将成为不可能。"①本雅明在此阐释得非常清楚：认知者若想得到客观的认知结果，就必须经由现实的影像到达现实本身，换言之，客观的认知结果只能出自现实本身，而非出自现实的影像；同理，翻译者若想创造出真正的译作（real translation），就必须经由源语到达"纯语言"，换言之，真正的目标语文本出自"纯语言"（第三文本），而非出自源语文本。在这个比喻中，源语文本和目标语文本都只是"纯语言"的影像（images）。

说到影像，我们很容易又想到柏拉图借苏格拉底之口说荷马是影像制造者（maker of the image）和摹仿者（imitator）。这就是《理想国》卷十中那个"三种床"的比喻。所谓"三种床"，即由神创造的理念之床（ideal bed）、由木匠据此原型制造的具体的床（particular bed）、由画家据具体的床描绘出的摹仿的床（imitated bed）。②说到摹仿，人们又会联想到《斐德若篇》中苏格拉底关于上界事物（the things of the other world）和下界摹本（images of that other world）、上界真正的美（the true beauty）和尘世的美（the beauty of earth）的那段"诡辩"。③若把这两个隐喻引入翻译研究，那么本雅明的"纯语言"应该相当于神创造的那张理念之床和上界真正的美，而译者必须经由木匠造的那张床、或经由"尘世的美"、或经由"下界摹本"达到其原型，然后像画家那样据原型进行描摹。

如此互文，本雅明"纯语言"那层面纱的由来可谓源远流长。这便是上文言及的西方传统。既然是传统，就必然有传承，而某些传承者有时会逸出神话和唯心主义哲学的范畴而进入更科学的领域，如奈达的核心结构（kernel structures）和威尔斯的普世语（universal language）无疑都有神话传统的影子，但其理论阐述更具现代语言学的科学性。

---

① Walter Benjamin, "The Task of the Translator," p. 17.
② 柏拉图：《文艺对话集》，朱光潜译，北京：人民文学出版社，1963 年，第 70 页。
③ 柏拉图：《文艺对话集》，第 125-126 页。

奈达告诉我们，在对诸语言结构理论上可能的各种差异进行比较之后，语言会显示出某些惊人的相似之处，尤其是以下两点：①极其相似的核心结构，而其他所有结构都是通过重新排列、置换、增减等方式从这个核心结构发展形成的；②所有语言在最简单的结构层上，其单词的形式类别（如名词、动词和形容词等）和基本转换功能类别（对象、事件、关联和抽象概念）之间有一种高度的对应关系。鉴于这两点基本事实，更为科学并且更为有效的翻译步骤应为如下所示。

（1）把源语文本还原为结构上最简单、语义上最清楚的核心结构；

（2）在一个简单的结构层面上将意义从源语转换成接受语；

（3）在接受语中生成与源语文体风格和语义对应的表达方式。①

威尔斯认为，翻译研究必须制定一个参照系，该参照系把文本视为一种具有主题、功能和实效三个层面的交际结构，而这三个层面都可源自文本的表层结构。②有表层结构就必然有深层结构，故根茨勒总结说威尔斯的理论基于以下四点：①传统的普世语概念，这种普世语包含了所有语言的普通形式和共有的一个经验内核；②通过一个类似《圣经》阐释的解释过程，语言可以在深层结构互相转换；③一种语言经过深层转换之后，可通过语内转换从深层结构转化为表层结构；④文本的等次从艺术、科学等高品类到商务、实用文体等低品类依次排列。③从这四个基本点的前三点，我们可以按奈达的模式列出威尔斯心目中的翻译步骤：

（1）通过语内转换，把源语文本从表层结构转换成其深层结构；

（2）通过经验内核的作用，把源语文本的深层结构转换成目标语文本的深层结构；

（3）再通过语内转换，把目标语文本的深层结构转化成其表层结构。

斯坦纳明确指出："本雅明翻译理论的神秘性也是建立在普世语这个

---

① Eugene A. Nida, *Toward a Science of Translating*, Shanghai: Shanghai Foreign Language Education Press, 2004, p. 68.

② Wolfram Wilss, *The Science of Translation: Problems and Methods*, p. 116.

③ Edwin Gentzler, *Contemporary Translation Theories*, London & New York: Routledge, 1993, p. 64.

概念之上的。"①因此我们有充分的理由按上述模式再列出本雅明心目中的翻译步骤：

（1）解开"另一种语言的咒符"而进入"纯语言"的境界；

（2）在"纯语言"的境界中把"另一种语言"的象征转化成被象征；

（3）用译者"自己的语言"把转化后的被象征再还原为象征。

# 五、结　语

比较一下上述奈达、威尔斯和本雅明的翻译步骤，"纯语言"那层神学面纱将不揭而去。由此我们会看到：各民族语言之能指方式各具特性，但其基本所指②却具共性，而此共性就是本雅明的纯语言，就是荷尔德林的普世语，就是奈达的核心结构，就是威尔斯的深层结构或经验内核，甚至就是贺麟揉合了东西方哲学理念的"明道知意"之"道"③。天不变，道亦不变。只要翻译活动的本质属性不变，此道亦不变。描述此道的语言可变，方式可变，修辞可变，描述者的理念可变，视角可变，隐喻可变，但万变不离其宗。所以赫尔德说："译者的任务是让外国书籍能被不谙外语的读者看懂。"④贺麟说："意之真妄，道之深浅，皆可于表达此意与道的语言文字中验之……翻译之职务，即在于由明道知意而用相应之语言文字以传达此意表示此道。"⑤而本雅明说："译

---

① George Steiner, *After Babel: Aspects of Language and Translation*, p. 66.

② 尽管如德曼针对《译者的任务》第 7 段所指出的那样，德国人的 Brot 绝不等于法国人的 Pain，但德国面包、法国面包毕竟都是面包，其差异只在于面粉产地和烘烤方法之不同。德曼因为法语单词 Pain 颠覆了他吃 Brot 的安逸感觉，就无视本雅明关于这两个意向（能指）和意指对象（所指）可互补的解说，否定 Brot 和 Pain 这两个能指之所指是同一事物。（Paul de Man, "Conclusions: Walter Benjamin's 'The Task of the Translator'," p. 87.）而正是由于德曼的否定，笔者才在此处的"所指"前加了"基本"二字。其实谁都有过德曼的感受，比如少了儿化音的北京话"担担面"就颠覆了笔者吃"担担儿面"的安逸感觉，但笔者依然认为北京话"担担面"和成都话"担担儿面"这两个能指之所指是同一事物。须知天下没有两片完全相同的树叶，如果需要为每一片树叶命名，恐怕连万能的上帝也难以胜任。

③ 贺麟：《论翻译》，见中国翻译工作者协会：《翻译研究论文集（1894—1948）》，北京：外语教学与研究出版社，1984 年，第 128 页。

④ 谭载喜：《西方翻译简史》（增订版），第 104 页。

⑤ 贺麟：《论翻译》，第 127-128 页。

者的任务就是用自己的语言去释放被另一种语言的咒符困住的纯语言，就是要在对原作的再创造中解放那种被囚禁的语言。"①

综上所述，本雅明提出的译者之任务和我们通常所说的译者之任务并无不同，说到底还是文本翻译，即把用一套语言符号撰写的文本转换成用另一套语言符号表达的文本。只不过本雅明要求这个转换过程必须经过"纯语言"这个环节，以求目标语文本与源语文本之间的意义更加相近，功能更加相当，文体更为相仿，风格更为相称。

（原载《四川大学学报》（哲学社会科学版）2007 年第 6 期）

---

① Walter Benjamin, "The Task of the Translator," p. 22.

# 中国译学研究须加强逻辑思维

【内容提要】 在当今中国译学界，不少理论书籍和文章中都存在着概念模糊、词语歧义、类属不辨、自相矛盾、以偏概全、妄下结论等逻辑谬误，如"意义不确定""文学作品=诗""自译=自残""翻译=改写"，等等。这些存在逻辑谬误的论断在当今翻译学界有一定的影响，因而对广大学养尚浅、判断力不足的青年学子造成了误导。事实上，运用逻辑思维加以分析，我们就会发现，所谓的"意义不确定"是个可自证其伪的判断，"文学作品=诗"是个属种不辨的划分，"自译=自残"属于错误类比，"翻译=改写"则是个因过度概括而导致的伪命题。由此可见，中国译学界需要重视和加强逻辑思维，青年学子读书不可尽信书中之言，而应该运用逻辑思维，仔细推敲，用心思量，辨伪求真。

## 一、引　言

著书撰文，尤其是撰写学术论文，最起码的要求应该是言之有物，同时须言必有据，言之有理，并且能言必有中。而要达到这些要求，作者就需要讲究点逻辑，或者说得有逻辑思维的习惯。但在当今中国译学界，不少理论书籍和文章中都存在着概念模糊、词语歧义、类属不辨、自相矛盾、以偏概全、妄下结论等逻辑谬误。例如有位学者断言"严复的所谓理论……本身没有多少研究价值"，随即又用严复的"题曰达旨，不云笔译"作为论据，证明德国功能派学者诺德（Christiana Nord）所说的忠诚主要指"忠于读者"之正当性；[1]再如有不少学者都喜欢引用"翻译是各种社会力量用来操纵特定社会、建设所需文

---

[1] 张南峰：《中西译学批评》，北京：清华大学出版社，2004年，第x–xi、20页。

化的主要文学手段"这样一条定义，<sup>①</sup>并以此作为论据来研究各种翻译现象。我们稍加思考就可以发现，上引两段论述都有逻辑上的瑕疵。前者上文与下文抵牾，可谓自相矛盾，而且其断言"严复的所谓理论本身没有多少研究价值"也有言而无据之嫌；后者把"翻译"定义为某种"文学手段"，犯了定义太宽的错误，因为在这个定义中，定义项（操纵特定社会、建设所需文化的主要文学手段）的外延大大多于被定义项（翻译）的外延。造成这类问题的原因固然很多（如学风浮躁，研究者为完成学术量化指标而急功近利等），但对思维逻辑不重视，对语言逻辑不讲究，也是其中的重要原因。鉴于此，笔者选取几个容易给青年学子造成误导的典型问题加以分析并澄清，以此说明逻辑思维在翻译研究中的重要性。

## 二、自证其伪的判断：意义不确定

有位翻译学者（下称学者A）曾突然发现，说话人有时也会言不由衷，词不达意，例如，"阿甲想表达一个意思（意义A）……由于语言一般的限制以及他自己语言使用的限制，那句话的意思（意义B）跟他的本意（意义A）必然有出入"。而且他还发现，当代的中国人如果读朱生豪翻译的《哈姆莱特》，或者听傅聪演奏的肖邦《A小调华丽圆舞曲》，那他们读到的肯定不是莎士比亚亲笔写的《哈姆莱特》，听到的也肯定不是肖邦亲手演奏的《A小调华丽圆舞曲》，因为，虽说"傅聪先生演奏肖邦成一家言，但是他在钢琴前给我们的，永远都只可能是傅聪演绎的肖邦……我们怎么可以查得出肖邦的本意与原来效果呢"？于是该学者据此断言"原文文字本身并无绝对意义"，认为"我们要求翻译工作'忠于原文'或'忠于作者'，是超出情理之外的"，"追求'忠于原著'，简直在强人所难"，并呼吁"不再要求译

① 潘文国：《当代西方的翻译学研究》，《中国翻译》2002年第2期，第36页；吴建国、魏清光：《翻译与伦理规范》，《上海翻译》2006年第2期，第2页；龙佳红、刘玲：《语境对译者的操纵》，《武汉理工大学学报》（人文社会科学版）2006年第4期，第604页；石春让，《翻译研究的文化转向与文化研究的翻译转向》，《外语教学》2008年第3期，第82页。

者'正确解释原文,译出原文的意思'",因为"原文只不过是藉空气震动传达的一串声波,或是印在纸上的一串符号"。①自那串声波荡起十八年之后,我们又听到了藉空气震动传来的那串声波的回声。当时有位学者(下称学者B)"萌发了对翻译忠实这一传统翻译理论中的中心进行解构的念头",于是他发现,虽说"绝大多数翻译家和翻译学家对'忠实'的翻译原则坚信不疑,执着地追求着这一翻译的最高理想",但"'忠实'只是个在翻译界流传了几千年的神话,只是个被无数翻译者们崇拜的图腾";他还发现,翻译家对忠实于原文的追求"是建立在原意确定论的假定之上的……(但)解构主义(德里达)解构(否定)了意义的确定性,新批评否定了追溯作者意图的可能性",因此文本的"原意是不确定的,忠实体现原意也就只能是译者梦中的童话,"②又过了八年,另一名学者(下称学者C)不仅发现"德里达认为翻译文本的意义是不能确定的",还发现伽达默尔认为"文本的意义并非文本所固有的内在的意义",于是该学者据此断定"两种不同语言文化的文本是不可通约的(不可翻译的)"。③

上述论断看上去有根有据,听起来振振有词,而且都发表于国内权威核心学术期刊,流传甚广,影响极大。据笔者在高校翻译研究方向博士和硕士研究生中所做的调查,相信"意义不确定"者还真不在少数。虽然从感性上讲,青年学子们也有"原文意义都不确定,那还怎么翻译"之类的疑惑,但由于缺乏理论逻辑训练,往往难以从理论上对其加以辩驳。学者B断言说"原意确定论"是个"假定",言下之意就是说"意义不确定论"才是真理,而且还是德里达认为的真理,这更从理论上消解了青年学子的疑惑。殊不知事实正好相反,学者B的断言才是理论上的假设,而"原意确定论"(意义确定论)则是从理论和实践上都经得住检验的真理。

从理论上讲,"原文文字本身并无绝对意义""文本的意义是不确定的""翻译文本的意义是不确定的"这类判断都违背了形式逻辑最基本的一条规

① 以上参见周兆祥:《翻译的准则与目标》,《中国翻译》1986 年第 3 期,第 48-50 页。

② 王东风:《解构"忠实"—— 翻译神话的终结》,《中国翻译》2004 年第 6 期,第 7 页。

③ 冯红:《从"对话"到"延异—播撒"》,《安徽师范大学学报》(人文社会科学版)2012 年第 3 期,第 320-321 页。

律，即同一律，因为"同一律要求：如果一个语词（语句或一组语句）表达某概念（判断、推理或论证），它就必须表达这个概念（判断、推理或论证）。同一律要求语言（语词、语句或一组语句）有确定的意义"。[①]莱斯大学神经学及逻辑学教授伯纳·派顿在《真理、知识或纯粹谬误》一书中也强调："在一个既定语境中，词语的意义必须保持不变。"[②]因此，即便是学者A例举的把本来想说的"意义A"说成了"意义B"，这个"意义B"的意义也是确定的，因为这个"意义B"就是我们通常所说的"失言"或"口误"。须知"失言"和"口误"的意义也是确定的，不然《红楼梦》第 62 回中黛玉的失言（本想打趣宝玉）就不会让彩云脸红，而心理学研究的"弗洛伊德口误"（Freudian slip）也就没有了研究和运用的价值。

学者B用"新批评否定了追溯作者意图的可能性"作为"文本的意义是不确定的"这个结论的论据，实则犯了断章取义、偷换概念和虚假论据等一系列逻辑错误。新批评是 20 世纪上半叶英美文学批评中最有影响的理论流派之一。新批评理论家之所以不主张追溯作者的创作意图，原因之一是他们认为这种追溯往往难觅真相，即所谓"意图谬误"（Intentional Fallacy），但更主要的原因则是他们认为原作意义只存在于文本自身，所以他们"把注意力集中于作品本身的意义，从而进行一种客观的批评"。[③]"新批评强调精读文本，强调辨析字义……不关心作者的生平资料，不关心作品的社会背景……认为文本意义就存在于书页之间，批评的对象应该是文本本身。"[④]由此可见，新批评理论非但不能证明"文本的意义是不确定的"，反而能够证明文本的意义是确定的。

学者C之所以断言"两种不同语言文化的文本是不可通约的（不可翻译的）"，原因在于该学者既没弄清概念和语词的关系，也不了解判断和语句的区别。形式逻辑告诉我们："概念与语词是密切联系的。概念的产生和存在，必须依附于语词；……所以，语词是概念的语言形式，概念是语词的思想内

① 金岳霖：《形式逻辑》，北京：人民出版社，1979 年，第 266 页。

② Bernard M. Patten, *Truth, Knowledge, or Just Plain Bull*, Amherst, New York: Prometheus Books, 2004, p. 83.

③ David Lodge(ed.), *20th Century Literary Criticism*, London & New York: Longman House, 1972, p. 333.

④ Margaret Drabble, *The Oxford Companion to English Literature*, Oxford: Oxford University Press, 1985, p. 693.

容。……同一个概念可以用不同的语词来表达"，<sup>①</sup>而正如我们所知，概念所反映的是人们对客观事物的认识结果，所以不同民族从同一客观事物所获得的概念相同，但用来表示这一概念的词语却各异。例如我们所说的"翻译"，德语说Übersetzung，法语说traduction，英语则说translation，但显而易见，这四个不同的词语表达的是同一个概念，所以它们是可以通约的，是可以相互翻译的。形式逻辑还告诉我们："判断是对事物情况认识的结果。对于任何民族的任何人，只要他们对于同一事物情况的认识是相同的，他们的判断就是相同的。语句是社会习惯的产物。各个不同的民族有不同的社会习惯，因而各个民族所用的语句是不相同的。由于判断与语句这个根本区别，就产生了下面的情形：同一的判断可以用不同的语句来表达：例如汉语说'人是能思维的'，英语则说'Man is capable of thinking'。"<sup>②</sup>由此可见，两种不同语言文化的文本是可通约的（可翻译的），此可谓"情可求而呼相乱，字虽殊而意且同"，<sup>③</sup>古人早在一千多年前就阐明了这个道理。

　　另外，对文本的意义是否确定，不同语言文化的文本是否可通约（可翻译）这样的问题，我们也可以用语言文化实践加以验证，毕竟实践既是检验真理的标准，亦是发现谬误的手段。以牛顿第一定律（惯性定律）为例。先看英文原文："If a body is at rest or moving at a constant speed in a straight line, it will remain at rest or keep moving in a straight line at constant speed unless it is acted upon by a force."<sup>④</sup>有谁能说这句英文没有意义，或者说这句话的意义不确定？再看这句话的中文译本："如果物体处于静止（状态）或（在）作恒（匀）速直线运动，那么只要没有外力作用，它就仍将保持（其）静止（状态）或继续作匀速直线运动。"<sup>⑤</sup>谁又能说这翻译文本没有意义，或者说其意义不确定呢？而且，若将惯性定律英文版和中文版两相对照，谁能证明中文译本没有"忠实

① 金岳霖：《形式逻辑》，第20-21页。

② 金岳霖：《形式逻辑》，第75页。

③ 赞宁：《宋高僧传》，北京：中华书局，1987年，第52页。

④ Philip W. Goetz, *The New Encyclopaedia Britannica* (15th Edition, *Micropaedia Britannica, vol. vii*), Chicago & London: Encyclopaedia Britannica Inc. 1979, p. 306.

⑤ 《简明不列颠百科全书》（第6卷），北京/上海：中国大百科全书出版社，1986年，第280页。

体现原文意义"？谁又能证明这"两种不同语言文化的文本是不可通约的（不可翻译的）"呢？

严格说来，上述三位学者的"意义不确定论"都是可自证其伪的虚假判断。我们可以这样问学者A，你断言说"原文只不过是藉空气震动传达的一串声波"，那你的断言是否也是一串没有意义的声波呢？我们同样可以这样问后两位学者，既然文本的意义不确定，你们又何以确定你们所说的德里达说的"意义不确定"的意思就是"意义不确定"呢？

## 三、属种不辨的划分：文学作品=诗

一般人不用查词典也知道"文学作品"这个概念：文学作品是以语言文字为工具、形象化地反映现实世界和社会生活的艺术作品，包括戏剧、小说、诗歌、散文等。从逻辑上讲，"以语言文字为工具、形象化地反映现实世界和社会生活的艺术作品"明确了"文学作品"这个概念的内涵，而将"文学作品"划分成"戏剧、小说、诗歌、散文等"则明确了这个概念的外延。形式逻辑告诉我们：划分是把一个概念的外延分为几个小类的逻辑方法，例如把脊椎动物划分成鱼（类）、鸟（类）、两栖动物、爬行动物、哺乳动物五个小类。小类是大类的种，大类是小类的属。把一个大类（属）划分成若干个小类（种），前者被叫作划分的母项、后者则被称为划分的子项。[①]我们说话写文章，如果属与种不分，母项和子项不辨，就会出现概念模糊、逻辑混乱的情况。所以，就像一般人不会说"连飞都不会还算什么脊椎动物"，我们也不会质问"连诗都不会写还翻译什么文学作品"。因为，正如天下有许多不会飞的脊椎动物一样，这世上也有许多不会写诗的文学翻译家。

然而，在翻译理论文章中，尤其在西方翻译理论文章的中文版中，上述这类属与种不分、母项和子项不辨的表述却并不鲜见。比如有人会告诉你这样的道理：文学作品的精髓不是其信息，而是信息之外那些深邃而神秘的诗意元素。

---

① 参见金岳霖：《形式逻辑》，第60-61页。

翻译家要再现这些元素，除非自己也是诗人。如果别人再告诉你，这个道理是德国哲学家、文学批评家本雅明说的，你会相信吗？难道不是有专家说本雅明的德语清晰易懂（lucid），说"他明晰的德语把文学批评提高到了前所未有的思想水平"[1]吗？他怎么会说出这种逻辑混乱、令人费解的话呢？其实，本雅明这段话的原文是两个问句，出自其《译者的任务》第二段。这两个问句的德文原文是：Was aber außer der Mitteilung in einer *Dichtung* steht—und auch der schlechte Übersetzer gibt zu, daß es das Wesenliches ist—gilt es nicht allgemein als das Unfassbare, Geheimnisvolle, "*Dichterische*"? Das der Übersetzer nur wieder-geben kann, indem er–auch *dichtet*?[2] 较接近这段德文的中译文应该是：然而，我们通常不是把一首诗所包含的除信息之外的东西（即蹩脚的译者通常会译掉的东西）视为诗之精髓吗？这种深奥、神秘、"诗意"的精髓，不是只有自己也是诗人的译者才能复制吗？[3]读这段中译文，相信读者会觉得本雅明这句话观点鲜明，语言表达清楚，逻辑性强，因为《译者的任务》是他为自己翻译的波德莱尔《巴黎风貌》[4] 德文版所写的序言，为翻译诗集写序，当然是在论诗，正如原文中的dichtet指"诗人"、Dichterische 指"诗意"一样，Dichtung这个德文单词也肯定指"诗"。但遗憾的是，在《译者的任务》诸多中文版中，这段话中的Dichtung（诗）都被改写成了"文学作品"，[5]结果让中国读者认为，本雅明发出了"连诗都不会写还翻译什么文学作品"这种不合逻辑的质疑。难怪有学生会在课堂上发问：不会写诗的译者难道就不能翻译小说、散文、戏剧？笔者曾说："本雅明的《译者的任务》近年来被学界奉为翻译研究的

---

① "His lucid German brought literary criticism to an unheard level of thoughtfulness." 语出 J. G. Merquior, "Benjamin, Walter," in Justin Wintle (ed.), *Dictionary of Modern Culture*, London: Routledge, 1984, p. 30.

② Walter Benjamin, "Die Aufgabe des Übersetzers, " in: ders. *Gesammelte Schriften* Bd. IV/1, Frankfurt/Main: Suhrkamp, 1972, S. 9 (–21).

③ 这段文字乃笔者据佐恩（Harry Zohn）的英译文并对照德语原文翻译，翻译过程中请教了法兰克福大学博士、西南财经大学德语专家吴越教授和西南交通大学德语专家林克教授。

④《巴黎风貌》（*Tableaux Parisiens*）是波德莱尔《恶之花》（*Fleurs du Mal*）之第二辑。

⑤ 参见陈永国、马海良：《本雅明文选》，北京：中国社会科学出版社，1999 年，第 279 页；陈德鸿、张南峰：《西方翻译理论精选》，香港：香港中文大学出版社，2000 年，第 199 页；陈永国：《翻译与后现代性》，北京：中国人民大学出版社，2005 年，第 3 页。

圣经，但研究者又因其晦涩艰深而莫衷一是。这种莫衷一是的情况在中国尤为普遍。"①现在看来，这种莫衷一是之所以在中国尤为普遍，《译者的任务》中文版中的逻辑瑕疵不能不说是原因之一。

无独有偶，在中文版翻译理论专著和学术论文中，我们还能读到这样一句话："翻译外国作家的作品，是为自己国家的诗歌增添内容。"②显而易见，这句话也是属与种不分，母项和子项不辨；外国作家的作品有多种类别，若是翻译小说、散文之类，怎能说是为诗歌增添内容呢？但那些专著和论文又会告诉你，这话是法国大文豪雨果说的。可雨果真会说这种不合逻辑的话吗？其实，这句话的原文出自雨果于 1865 年为儿子弗朗索瓦 - 维克多·雨果翻译的法文版《莎士比亚全集》撰写的序言，其法文原句是：Traduire un *poëte* étranger, c'est accroître la *poésie* nationale.③原句中的poëte在当代法语中拼作poète，但不管哪种拼法，这个法文单词的本义都是"诗人"，所以较接近这句法文的中译文应该是：翻译外国诗人的诗作，是对本国诗歌的丰富。由此可见，雨果说话是讲究逻辑的。

当然有人会说，上述二文的中文版之所以把本雅明的Dichtung（诗）翻译成"文学作品"，把雨果的poëte（诗人）翻译成"作家"，都是因为从英语译本转译的缘故。不错，佐恩的确把德文Dichtung（诗）英译成了literary work（文学作品），④勒菲弗尔也的确把法文poète（诗人）改写成了英文writer（作家）。⑤勒菲弗尔之所以会这样"指鹿为马"，那是因为他奉行"翻译是一种改写"⑥的特殊策略，而这种改变翻译概念内涵的策略本身就是"以牺牲语言

---

① 曹明伦：《揭开"纯语言"的神学面纱——重读本雅明的〈译者的任务〉》，《四川大学学报》（哲学社会科学版）2007 年第 6 期，第 79 页。

② 参见王宏志：《重释"信、达、雅"——20 世纪中国翻译研究》，北京：清华大学出版社，2007 年，第 159 页；周蕾：《翻译的"暴力政治"——论后殖民语境中的翻译》，《大学英语》（学术版）2006 年第 1 期，第 232 页。

③ Victor Hugo, 《Préface de la Nouvelle Traduction de Shakespeare.》 dans *Oeuvres complètes de W. Shakespeare*, Tome XV, tra. par François-Victor Hugo, Paris: Pagnerre. Libraire-Editure, 1865, p. iii.

④ Walter Benjamin, "The Task of the Translator," trans. by Harry Zohn, in Lawrence Venuti (ed.), *The Translation Studies Reader*, London & New York: Routledge, 2000, p. 15.

⑤ André Lefevere, *Translation/ History/ Culture: A Sourcebook*, London & New York: Routledge, 1992, p. 18.

⑥ André Lefevere, *Translation, Rewriting and the Manipulation of Literary Fame*, Shanghai: Shanghai Foreign Language Education Press, 2004, p. vii.

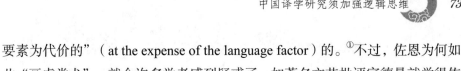

要素为代价的"（at the expense of the language factor）的。<sup>①</sup>不过，佐恩为何如此"画虎类犬"，就令许多学者感到疑惑了，如著名文艺批评家德曼就觉得佐恩的某些英译文"令人惊讶，完全违背常识"，<sup>②</sup>俄勒冈大学教授伦德尔也认为佐恩的有些英译文"使人无法理解本雅明的论辩逻辑"。<sup>③</sup>我们知道，佐恩翻译的《译者的任务》是本雅明这篇名作的第一个英文文本，发表于 1968 年，由于版权限制，英语读者一直以来主要就是读这个文本，但一般收录佐恩译文的文集都会附录伦德尔的《佐恩译文评注》，以此提醒读者，英译文中某些不合逻辑的论述并非本雅明之过，而是佐恩之误。

所以从表面上看，上文列举的不合逻辑的论述是因为从英文转译<sup>④</sup>而致，但从深层次看，实际上是我们的翻译研究缺乏逻辑思维的结果。若研究者（包括译者）稍稍运用一点逻辑思维，就会发现这些论述中的逻辑谬误，从而去探赜索隐，比较分析，然后像伦德尔为英语读者所做的那样，给中国读者一个交代，同时也给自己一个交代。

## 四、错误类比：自译＝自残

类比是有助于确定事物属性的一种逻辑方法，即通过观察两个或两类事物在某些属性上的相同之处，从而推论出它们在其他属性上也相同的推理方法。例如德莱顿和傅雷都曾把翻译比作临摹绘画，前者认为："翻译就像是画人像；……一方面要画得轮廓逼真，容貌相像，比例准确，色彩大致尚可；另一方面则要画出其姿势、明暗，尤其是画出有点睛之效的精神"；<sup>⑤</sup>后者则说：

---

① 参见 Theo Hermans, *Translation in Systems: Descriptive and System-oriented Approaches Explained*, Manchester: St. Jerome Publishing, 1999, p. 128.

② Paul de Man, "Conclusions: Walter Benjamin's 'The Task of the Translator'," in Paul de Man, *The Resistance to Theory*, Minneapolis: University of Minnesota Press, 1986, p. 81.

③ Steven Rendall, "A note on Harry Zohn's translation," in Lawrence Venuti (ed.), *The Translation Studies Reader*, London and New York: Routledge, 2000, p. 24.

④ 翻译学界都知道转译的缺陷，通过媒介语转译是不得已而为之的事情。当今中国译学界不乏精通德语、法语和其他语种的顶级专家，如此重要的经典文献却还需要转译，这似乎也显得不合逻辑。

⑤ John Dryden, "On Translation," in Rainer Schulte and John Biguenet (eds.), *Theories of Translation: An Anthology of Essays from Dryden to Derrida*, Chicago: The University of Chicago Press, 1992, p. 23.

"以效果而论，翻译应当像临画一样，所求的不在形似而在神似"。①又如叔本华和钱锺书都曾把翻译比作音乐演奏，前者以为："较之原作，最接近完美的译文也至多像是一支乐曲的变调演奏"；②后者则借朱熹之言指出："正如用琵琶、秦筝、方响、觱栗奏雅乐，节拍虽同，而音韵乖矣"。③

上述类比观察到了翻译与绘画、演奏一样，都具有"像"（像原作、像原型、像原调）这一关键特征，所以这些类比是正确类比，有助于我们了解翻译的本质属性。然而，正如派顿所说："类比构成人们的许多思考，……正因为类比是人类思想的基本心理机制，我们有时候会被它引入歧途。……因为我们的大脑会自然而然地把两类事物联系在一起，所以我们倾向于假定这些事物之间有某些相似之处，并错误地认为这些并无相似性的事物之间存在更多的相似性。"④派顿所说的这种"错误地认为"在逻辑学中被称为"错误类比"（false analogy），而这种错误类比在我们的翻译研究中也不鲜见。

例如有位学者在论及归化翻译时说："翻译作为一种（再）生产的形式，突显了寻求所有权和控制权的必要性。……在许多方面，归化翻译呈相似的倾向，译者好似作者般，把对文本的所有权揽入手中，然后再对文本进行随心所欲的改写。……自译的人深谙此道，趁机对自己的'原文'大肆修改，……从某种意义上说，与自残无异。"⑤这段论述中的"相似""好似""与……无异"都是类比，但并非都是正确的类比。我们判断类比是否正确，根据的是类比的合理性原则：即类比所根据的相似属性越多，类比的应用也就越为有效，最后得出的结论就越接近真实。说翻译和归化翻译有某种相似的倾向，这是正确的，因为归化翻译是翻译的一种类型，两者之间的相似属性绝对充足；说"译者好似作者"也是正确的类比，因为不少人都认为翻译是一种再创作活动，而作者的"创作"和译者的"再创作"之间显然有其相似属性；但说自译与自残

---

① 傅雷：《〈高老头〉重译本序》（1951），见罗新璋：《翻译论集》，北京：商务印书馆，1984 年，第 558 页。
② Arthur Schopenhauer, "On Language and Words," (1800), in Rainer Schulte and John Biguenet (eds.), *Theories of Translation: An Anthology of Essays from Dryden to Derrida,* Chicago: The University of Chicago Press, 1992, p. 33.
③ 钱锺书：《管锥编》（补订重排本第四册），北京：生活・读书・新知三联书店，2001 年，第 91 页。
④ Bernard M. Patten, *Truth, Knowledge, or Just Plain Bull*, p. 145.
⑤ 孙艺风：《论翻译的暴力》，《中国翻译》2014 年第 6 期，第 5、8、12 页。

无异，这就属于错误类比了，因为人们看不出"自译"和"自残"之间有任何相似属性。若把自我行为之"自"看成类比所根据的相似性，那所有自我行为岂不都可以类比了？可谁会把"自省"比作"自大"？谁又会说"自强"与"自馁"无异？按中国人对"自残"的语义共识，或按《现代汉语词典》（第 6 版）的释义，"自残"只有"自己残害自己"和"自相残害"的意思，"残害"也只有"伤害或杀害"的意思；而所谓"自译"，是指通晓两种或多种语言的作者将自己用一种语言写成的作品转换成另一种语言文本的行为。捷克学者波波维奇在其《文学翻译分析词典》中将"自译"（autotranslation或self translation）定义为"the translation of an original work into another language by the author himself"（由作者本人将其原作文本转换成另一种语言文本的翻译）。①由此可见，自译和一般意义上的翻译都是把一种语言文本转换成另一种语言文本，只是实施转换行为的主体不同，前者是作者本人，后者则为他人。若把作者本人进行的翻译比作"自残"，那由他人进行的翻译岂不成了"他残"？这种类比显然违背了类比的合理性原则，不仅无助于明确翻译的属性，反而模糊了翻译这个概念。这恰如派顿指出的那样："错误类比是一种错误的思维方式，因为它使我们远离真理，走向谬误。"②

其实国内外有不少学者都对"自译"进行过研究，并得出了合乎逻辑、言之成理或至少能自圆其说的结论。为"自译"下定义的波波维奇认为："不可把自译文本视为原作的不同版本，而应该将其视为真正的译本（a true translation）。"③而德国学者科勒（Werner Koller）则认为应该对"自译"和"他译"加以区别，理由是"在'自译'的情况下，忠实（Faithfulness）的结果会有所不同，因为翻译自己作品的作者会觉得，修改自己的作品可谓天经地义"。④中国学者林克难发现，萧乾将自己的《萧乾作品精选》"翻译"成英

① Anton Popovič, *Dictionary for the Analysis of Literary Translation*, Edmonton: Department of Comparative Literature, The University of Alberta, 1976, p. 19.
② Bernard M. Patten, *Truth, Knowledge, or Just Plain Bull*, p. 145.
③ Anton Popovič, *Dictionary for the Analysis of Literary Translation*, p. 19.
④ 转引自 Mark Shuttleworth and Moira Cowie (eds.), *Dictionary of Translation Studies*, Shanghai: Shanghai Foreign Language Education Press, 2004, p. 13.

语时，其"译文比较自由，实际上是再创作，因此译文与原文有一定距离"，而当他"翻译爱尔兰著名作家詹姆斯·乔伊斯的意识流名著《尤利西斯》的时候，就采取了'全译+意译+多注释'的办法，几乎一字不落地全部翻译了出来。这种译法，与他翻译自己的文学作品时那种大幅增删的译法之间的区别是十分明显的"；究其大幅增删的原因，林克难认为"因为他比谁都清楚自己的作品想表达什么以及怎样表达才能最好地传情达意"。①华裔美国学者欧阳桢将译作分为三种类型：替代原作的译作（surrogate translations）、附属于原作的译作（contingent translations）和与原作并存的译作（coeval translations），而他例举的"与原作并存的译作"即俄裔美籍作家纳博科夫（Vladimir Nabokov，1899—1977）和爱尔兰裔法国作家贝克特（Samuel Beckett，1906—1989）等双语作家自译的文本。欧阳桢认为："尽管从时间顺序上很容易确定这些并存的文本哪个是原作，但从艺术的角度看，却很难分清哪个文本更应该被视为原作。"②英国学者巴斯内特也持类似的观点，她在研究了贝克特用法语和英语对照出版的《诗四首》（*Quatre Poèmes*，1961）之后说："解决这种两难选择的一个办法就是，否认在这种情况下有任何原作的存在，从而也否认有译作的存在，同时假定我们有同一部作品的两个文本，两个碰巧是由同一个作家用不同语言写出的文本。"③美国学者米歇尔·伍兹在其专著《翻译米兰·昆德拉》一书的序言中告诉我们："在上世纪80年代，（已精通法语的）昆德拉修订了他早年用捷克语写的小说的全部法语译本，并宣称法语文本胜过捷克语文本，是他这些小说可信的定本。换言之，这些法语译本成了原作。"④事实上，对于伍兹博士的这个结论，也另有事实佐证，"2002年5月，上海译文出版社购得昆德拉13部作品在中国大陆的中文版权。翻译用的原书，全部都是从昆德拉家中拿出来，由他亲自指定的法文'定本'"⑤。加州大学伯克

① 林克难：《增亦翻译，减亦翻译——萧乾自译文学作品启示录》，《中国翻译》2005年第3期，第45-50页。
② Eugene Chen Eoyang, *The Transparent Eye: Reflections on Translation, Chinese Literature, and Comparative Poetics*, Honolulu: University of Hawaii Press, 1993, pp. 194-195.
③ Susan Bassnett, "When Is a Translation Not a Translation," in Susan Bassnett & André Lefevere, *Constructing Cultures: Essays on Literary Translation*, Shanghai: Shanghai Foreign Language Education Press, 2001, p. 31.
④ Michelle Woods, *Translating Milan Kundera*, Clevedon: Multilingual Matters Ltd., 2006, p. ix.
⑤ 边纪：《文学也是一场马拉松——他们与诺奖文学奖失之交臂》，《新民晚报》2014年10月12日，第B1版。

利分校的霍肯森教授和佛罗里达大西洋大学的芒森教授对自译现象做了全面而细致的研究。她俩认为，对翻译研究而言，由于自译活动的创作主体与翻译主体合二为一，"作者和译者的二元标准模式、源语和目标语的理论模式、词汇对等的语言学模式、归化异化的文化模式、以及原作者风格减色和译文不如原文的文学批评模式就都不复存在"。①

从以上论述可以看出，学界对自译行为及其结果（自译文本）的看法并未完全达成共识，但上述学者的观点或多或少都有实事、材料和理论概念作为支撑，因此都堪称符合逻辑、言之成理或能自圆其说的仁智之见，都对我们如何去认识"自译"有所启示。与这些观点和形成这些观点的过程相比，我们更能看出"自译与自残无异"这种说法是多么牵强附会，不合逻辑。

## 五、过度概括导致的伪命题：翻译＝改写

在最近十年的中国译学界，"翻译即改写"已成为人们熟知的一个命题。近年国内学刊和若干高校频频发表或公布以"翻译即改写"为题的学术文章和学位论文，如《翻译即改写》（湖南师范大学 2006 年硕士学位论文）、《翻译即改写》（外交学院 2010 年硕士学位论文）、《翻译即改写：从解构到重构的译路历程》（浙江师范大学 2010 年硕士学位论文）、《翻译即改写：从菲茨杰拉德到胡适——以〈鲁拜集〉第 99 首为个案》（《北京第二外国语学院学报》2010 年第 12 期），以及《翻译即改写——陈独秀对泰戈尔诗歌的译介与改写》（《海外英语》2012 年第 2 期），等等。习惯逻辑思维的人只消再明确一下"翻译"和"改写"这两个概念，就不难发现"翻译即改写"是个伪命题，若进一步深究这个伪命题的来源，就会发现它实际上是过度概括的结果。

说"翻译即改写"是个伪命题，因为它不符合客观事实。对于翻译这项延续了几千年的人类文化活动，古今中外的学者早已深知其属性并明确其概念，

---

① Jan Walsh Hokenson and Marcella Munson, *The Bilingual Text: History and Theory of Literary Self-Translation*, Manchester & Kinderhook (NY): St. Jerome Publishing, 2007, p. 3.

贾公彦在《周礼义疏》中就解释说："译即易，谓换易言语使相解也。"①赞宁曰："译之言易也，谓以所有易所无也。"②法云对翻译的定义是："夫翻译者，谓翻梵天之语转成汉地之言。"③卡特福德说："翻译即用一种语言（目标语）中等值的文本材料去替换另一种语言（源语）中的文本材料。"④奈达说："翻译即在目标语中复制出与源语信息最为接近且自然贴切的对应语。"⑤韦努蒂为翻译下的定义是："翻译是译者在理解的基础上用目标语的能指链替换构成源语文本的能指链的过程。"⑥国际翻译与跨文化研究会现任会长、德国汉堡大学教授尤利亚妮·豪斯在其 2015 年出版的新著中，更是开宗明义地说："译本可被定义为一种语言文本活动的结果，而这种语言文本活动就是将一种语言的文本转化为另一种语言的文本的活动。"⑦

从这些定义可以看出，翻译是一种双语（bilingual）活动，涉及两种语言。而"改写"（rewrite）的意思是"1. 修改；2. 根据原著重写"（据《现代汉语词典》第 6 版），或者说"1. to revise or recast something previously written (an author usually spends a good deal of time rewriting); 2. to alter previously published material for use in another publication"，⑧从英汉两种词典对"改写"（rewrite）的释义可见改写是一种单语（monolingual）行为，只涉及一种语言。英国作家查尔斯·兰姆（Charles Lamb，1775—1834）的写作最能说明这点。很多英语读者最初都是通过兰姆的文字了解古希腊诗人荷马及其史诗《奥德赛》的，但所有百科全书、人物传记和文学词典都只把兰姆称为"散文作家及批评家"（essayist and critic），而从不曾把他称为翻译家，言及《奥德赛历险

---

① 转引自陈福康：《中国译学理论史稿》（修订本），上海：上海外语教育出版社，2000 年，第 3 页。

② 赞宁：《宋高僧传》，北京：中华书局，1987 年，第 3 页。

③ 法云：《翻译名义集·卷第一》，见《佛学三书》，中华全国图书馆文献缩微复制中心，1995 年，第 5 页上栏。

④ J. C. Catford, *A Linguistic Theory of Translation*, Oxford: Oxford University Press, 1965, p. 20.

⑤ Eugene A. Nida & Charles R. Taber, *The Theory and Practice of Translation*, Shanghai: Shanghai Foreign Language Education Press, 2004, p. 12.

⑥ Lawrence Venuti, *The Translator's Invisibility: A History of Translation* (2nd Edition), London & New York: Routledge, 2008, p.13.

⑦ Juliane House, *Translation Quality Assessment: Past and Present*. London & New York: Routledge, 2015, p. 2.

⑧ Philip B. Gove et al. (eds.), *Webster's Third New International Dictionary of the English Language*, Springfield: G. & C. Merriam Company, Publishers, 1976, p. 1945.

记》（*The Adventures of Ulysses*, 1808）出自他笔下时，也只用produce、adapt
和write等字眼，而从来不用translate这个词，有的版本还注明"根据查普曼英
译本《奥德赛》改写"（adapted from George Chapman's translation of Homer's
*Odyssey*）。由此不难看出，在英国学界、出版界和读者心目中，翻译和改写
是两个不同的概念，虽说都是把一个文本转换成另一个文本，但查普曼把希腊
语文本转换成英语文本就是翻译，而兰姆把英语诗体文本转换成英语散文体文
本就是改写。相似的例子还有兰姆和他姐姐（Mary Ann Lamb, 1764—1847）合
作改写的《莎士比亚故事集》（*Tales of Shakespeare*, 1807）。国内出版的上述
二书中译本的作者署名分别是"查里斯·兰姆改写"和"查尔斯·兰姆、玛丽·兰
姆改写"。①这也说明在中国学界、出版界和读者心目中，翻译和改写也是两
个不同的概念。所以说"翻译即改写"是个伪命题。

　　持"翻译即改写"观点的中国学者往往会说，此观点的原创者是美国学者
勒菲弗尔，并引用勒菲弗尔的一句话"Translation is, of course, a rewriting of an
original text."②作为论据。例如有人说："美国翻译理论家勒菲弗尔就提出翻
译操控理论，认为翻译是改写。"③表面上看，这是因语言上的疏忽造成的误
读，误读者忽略了英语不定冠词"a"有"一"的含义，从而把"翻译当然是
对原文本的一种改写"误读成了"翻译是改写"。但从逻辑学角度来看，把"翻
译是一种改写"说成"翻译是改写"则犯了"过度概括"的逻辑错误。

　　概括是形成概念的一种思维过程和方法，是"把从某类个别对象中抽取出
来的属性，推广到该类一切对象，从而形成关于这类对象普遍认识的逻辑方
法"。④所谓"过度概括"，则是把从一个偶然事例得出的一种极端信念不适
当地应用于不相似的事件或情境中的谬误。"合理的概括可涵盖所有实例"，
而"只要发现例外，就能证明概括有误"。⑤为避免过度概括，我们一方面要

① 分别见黄建辛、荣开珏译《奥德赛的故事》，北京：中国青年出版社，1956年，封面和扉页；萧乾译《莎
士比亚戏剧故事集》，北京：中国青年出版社，1956年，扉页。

② André Lefevere, *Translation, Rewriting and the Manipulation of Literary Fame*, Shanghai: Shanghai Foreign
Language Education Press, 2004, p. vii.

③ 邵斌：《翻译即改写：从菲茨杰拉德到胡适——以〈鲁拜集〉第99首为个案》，《北京第二外国语学院学报》
2010年第12期，第8页。

④《辞海》（缩印本），上海：上海辞书出版社，1999年，第824页。

⑤ Bernard M. Patten, *Truth, Knowledge, or Just Plain Bull*, p. 30.

注意抓住事物的主要特征（比如翻译和改写都具有把一个文本变成另一个文本的属性），另一方面则要注意对所论及的事物加以必要的限制（比如"翻译是一种改写"的"一种"就是对这个命题谓项的限制）。"翻译是一种改写"这个命题把"改写"和"翻译"变成了属（大类）与种（小类）的关系，换言之，"翻译是一种改写"说明还有其他种类的改写。因此，"翻译是一种改写"这个命题是正确的，因为这样概括有其合理性；反之，"翻译即改写"则是个伪命题，因为它过度概括，与客观事实不符，毫无合理性可言。

其实，众多中国学者之所以把勒菲弗尔的"翻译是一种改写"理解成"翻译即改写"，关键还在于不清楚"改写"在勒氏的理论语境中是何所指，从而也无从理解与这个概念紧密相关的"翻译研究中的文化转向"到底是何意思。鉴于此，笔者在此简要说明一下。"Translation is, of course, a rewriting."这句话出现在勒菲弗尔于 1992 年出版的《对文学名著的翻译、改写和特殊处理》一书的"总编序"（General editors' preface）中，而此前他已对其理论语境中的rewriting这个概念以及translation和rewriting的属种关系有过详尽的论述。1990 年，在他以第一署名身份与巴斯内特合作为《翻译、历史与文化》一书撰写的那篇堪称"文化转向宣言"的长序中，他俩认同希利斯·米勒（J. Hillis Miller, 1928—）的观点，认为"我们的共同文化已越来越不是一种书本文化，而是越来越成为一种影视和流行音乐文化"，并用大量事例加以印证。例如，即使对法国人而言，啃过《追忆逝水年华》全书的读者也可以说是少得可怜，绝大多数人都是从文学史、文选、评注、批评文章或据该书改编的电影"读"到这部书的。他俩由此得出结论："因此，'翻译'是诸多'改写'形式中的一种，……而这些改写者包括翻译家、评论家、史学家，以及大学教授和媒体记者。……如果我们去研究这各种形式的改写（译本、史料、文选、评注和批评文章等），研究旨在塑造作家或作品'形象'的一切文本，那我们就该像收入本书的这篇题为《翻译与大众传媒》的文章一样，把'改写'这个概念推进一步，推入电影'改写'（'rewriting' of film）。"①

---

① André Lefevere and Susan Bassnett, "Introduction: Proust's Grandmother and the Thousand and One Nights — The 'Cultural Turn in Translation Studies'," in Susan Bassnett and André Lefevere (eds.), *Translation, History and Culture*, London & New York: Pinter Publishers, 1990, pp. 1-13.

从以上简述可清楚地看出，在勒菲弗尔的理论语境中，改写（rewriting）这个概念的外延已大大增加，不仅包括他在《对文学名著的翻译、改写和特殊处理》一书中列举的那些"改写"——例如因审美观念和文化习俗的制约而把古希腊戏剧作家阿里斯托芬《吕西丝特拉忒》中的γευνητης όργάνον（阴茎）改写成英语nose（鼻子）、handle（手柄）或life-line（命脉），或因意识形态的支配而改写出的与荷兰语原文大相径庭的德文版《安妮日记》——还包括对原著的节选、注释、评论、讲解，以及用影视和音乐等艺术手段对原著的改编。所以，即便不接受勒菲弗尔这种学术观点的人也应该承认，在他的理论语境中，"翻译是一种改写"是个符合逻辑的命题，前提是他认为翻译家同评论家、史学家、文学教授、媒体记者及电影编导一样，也是一种改写者。然而，若把"翻译是一种改写"概括为"翻译即改写"，那所有改写者也都成了译者，依照这个命题，连张艺谋和冯小刚也都堪称翻译家，而且是杰出翻译家，由此可见，"翻译即改写"这个伪命题有多荒谬。

顺便说一句，所谓"翻译研究中的文化转向"是指翻译学者转向去研究史学家、评论家、文学教授和媒体记者对原著及其译本的节选、注释、评论、讲解等文化活动，去研究用影视和音乐等艺术手段对原著和译著的改编及其文化影响。不过这已是题外话，不赘言。

# 六、结　语

以上辨析说明，在当今的中国译学界，的确存在不少因学风浮躁、急功近利等原因而产生的不真实、不正确的所谓学术创见，而由于高校文科（尤其是外语和翻译专业）大多没有开设逻辑课程，造成很多学生缺乏最基本的逻辑思维训练，致使一些不难证伪的谬论也在青年学子中以讹传讹，结果许多博士生、硕士生写出的论文都是鹦鹉学舌，人云亦云，缺乏思考，毫无创见。鉴于此，笔者呼吁翻译界学者，无论著书撰文，切忌只顾追求标新立异，语出惊人，而应该追求言之有物、言之有理以及言必有据、言必有中。同时也呼吁青年学子读点逻辑学著作，掌握并运用逻辑思维，从而能在读书时做到不尽信书中之言，而去仔细推敲，用心思量，辨伪求真。总之，我们必须养成勤于思考的习惯，因为"几乎所有不真实、无逻辑、虚假、错误、悖谬或有其他毛病的观点，都是源于思想的懒惰"。①

（原载《四川大学学报》（哲学社会科学版）2016 年第 3 期）

---

① Bernard M. Patten, *Truth, Knowledge, or Just Plain Bull*, p. 19.

# "翻译暴力"从何而来？

## ——韦努蒂理论术语violence探究

【内容提要】 翻译不是暴力。翻译与暴力不可等量齐观。译者并非暴力的实施者。正常的翻译过程中没有暴力行为。中国译学界理论话语中的"暴力"是误读韦努蒂理论术语violence的结果。这种误读模糊了翻译的性质，给中国的翻译研究和翻译实践造成了一定的混乱。在韦努蒂的翻译理论语境中，violence之所指不是"暴力"，而是"在编辑或释译文本的过程中对措辞或意义的不当变更"，尤指英美译者基于其民族文化优越感，以英语语言价值观为取向，对外来文本的"删改"或"歪曲"，但这种"删改"和"歪曲"是出于真诚的信念和善良的动机，与暴力无涉。

## 一、引　言

在中国译学界，"翻译暴力"已成为一个时髦术语。近年国内学刊频频发表以"翻译暴力"为主题的文章，如《翻译暴力与属下话语》（《天津外国语学院学报》2006 年第 6 期）、《文化·操纵·翻译的暴力》（《湖南人文科技学院学报》2006 年第 5 期）、《帝国的翻译暴力与翻译的文化抵抗：韦努蒂抵抗式翻译观解读》（《中国比较文学》2007 年第 4 期）、《翻译的暴力——意识形态视角下的佛经翻译》（《牡丹江大学学报》2010 年第 1 期）、《权力话语下的翻译暴力问题》（《湘潮》2010 年第 4 期）、《解读翻译中的三种"认知暴力"》（《戏剧》2012 年第 1 期），以及《论翻译的暴力》（《中国翻译》2014 年第 6 期），等等。这些文章或以单称肯定判断的方式下结论说"翻译便是暴力", "译者是暴力的实施者", ①或用古今中外的译例证明"翻译与暴力紧密相连", "翻译与暴力等量齐观", ②上述文章均明言, 其"暴力"概念来自美国翻译学者韦努蒂使用的理论术语violence。但笔者发现, 作为能指, 韦努蒂的violence和中国学者的"暴力"并非指向同一所指; 作为概念, 英文violence和中文"暴力"并不具有逻辑上的全同关系。在中文语境中, "翻译暴力"这个概念的出现在一定程度上模糊了翻译的性质, 给中国的翻译研究和翻译实践造成了一定的混乱, 因此我们有必要对"翻译暴力"这个概念进行一番探究, 对上述文章的结论及其论据进行一番剖析, 以拓宽人们对这个问题的认识视域。

## 二、韦努蒂理论语境中的violence ≠ 暴力

violence是美国学者韦努蒂的 *The Translator's Invisibility: A History of Translation*(《译者的隐形: 一部翻译史》)这部书里的一个关键词。这个关键词在该书 1995 初版中共出现 25 次, 在 2008 年第 2 版中共出现 30 次, 其中在两个版本的第 1 章第 2 节的正文中都出现了 9 次(约占三分之一)。作者在这节论述中开宗明义地厘清了violence这个概念, 所以我们只需把violence置于该节的理论语境中, 即可明确其所指。不过在把violence放回韦努蒂的理论语境之前, 我们不妨先回顾一下violence这个能指在英语语言中有哪些所指。

*Webster's Third New International Dictionary of the English Language*(《韦氏第三版新国际英语大词典》)在violence这个词条下列有 8 个义项, 其中除人们较为熟悉的"physical force to injure or abuse"和"intense, turbulent, or furious action, force or feeling"之外, 还有"**undue alteration** of wording or sense

---

① 孙艺风:《论翻译的暴力》,《中国翻译》2014 年第 6 期, 第 5 页; 栗长江:《文化·操纵·翻译的暴力》,《湖南人文科技学院学报》2006 年第 5 期, 第 62 页; 杨晖:《翻译的暴力——意识形态视角下的佛经翻译》,《牡丹江大学学报》2010 年第 1 期, 第 92 页。

② 李小均:《翻译暴力与属下话语》,《天津外国语学院学报》2006 年第 6 期, 第 7 页; 杨晖:《翻译的暴力——意识形态视角下的佛经翻译》第 91 页; 陈志耀:《权力话语下的翻译暴力问题》,《湘潮》2010 年第 4 期, 第 10 页。

*as in editing or interpreting a text*"（在编辑或释译文本的过程中对措辞或意义的"不当变更"或"过度变更"）这个义项。*The American Heritage Dictionary*（《美国传统词典》）在violence这个词条下列有 6 个义项，除 "physical force exerted for the purpose of violating, damaging, or abusing" 之外，还有 *"abuse or injury to meaning, content, or intent"*（对意思、内容或意图的"误用"或"篡改"）这个义项。*Longman Modern English Dictionary*（《朗曼现代英语辞典》）在violence这个词条下列有 5 个义项，除 "use of physical force so as to damage or injure" 之外，也有 *"distortion of meaning"*（意义之"变形"或"失真"）这个义项。而陆谷孙《英汉大词典》对violence列有 7 个义项，第 7 义项即为"对文字、意义的歪曲，篡改"。梁实秋《远东英汉大辞典》对violence列有 4 个义项，第 4 义项即为"歪曲（事实或意义）"，而且把该义项的词例 "to do violence to a translation" 解释为"做曲解的翻译"。对比商务印书馆《现代汉语词典》（第 6 版）对"暴力"一词的解释（①强制的力量，武力；②特指国家的强制力量），我们可以看出，英语violence这个概念的外延大于汉语"暴力"这个概念的外延，所以我们不能一见violence就理解为"暴力"，而必须根据语境，判断violence在其出现的语境中选用的是哪个义项，因为正如英国语言学家弗斯在其《意义的模式》一文中指出："词义的选用应遵从这样一个总的规则，即每个词用在新的语境中都是一个新词"。[①]那么，在韦努蒂的理论语境中，violence到底是何所指呢?

我们先看《隐形》一书正文中首次出现violence的这段文字:

> Translation is a process by which the chain of signifiers that constitutes the source-language text is replaced by a chain of signifiers in the target language which the translator provides on the strength of an interprettation…The viability of a translation is established by its relationship to the cultural and social conditions under which it is produced and read./ *This relationship points to the **violence** that resides in the very purpose and activity of translation: the **reconstitution** of the foreign text in accordance with values,*

---

① John Rupert Firth, *Papers in Linguistics, 1934–1951*, London: Oxford University Press, 1957, p. 190.

*beliefs and representations that preexist it in the target language, always configured in hierarchies of dominance and marginality, always determining the production, circulation, and reception of texts.*①

从这段文字我们不难看出，出现在第3句（斜体部分）中冒号后面的那个reconstitution（重构、复制）是对violence的阐释说明。明确了这点，我们把这段论述翻译成汉语，但暂时让violence在汉语版中保持其英语原形，于是我们可读到：

> 翻译是译者在理解的基础上用目标语的能指链替换构成源语文本的能指链的过程……译作在目标语文化和社会环境中产生，并在该环境中被人阅读，因此其生存能力取决于该译作与目标语文化和社会环境的关系。/这种关系可指明那种完全基于翻译目的和翻译行为的violence，即依照在外语文本之前就存在于目标语中的价值观、信念和表达方式对外语文本进行的重构，而这种重构总是在主流和边缘文化的差异中成形，始终决定着译本的出版、发行及其接受。

这下不难确定，violence在这个语境中到底该选用上述词典所列的哪个义项。是选"furious action, force or feeling"（暴力）呢，还是选"undue alteration of wording or sense"（措辞或意义之不当变更）？相信认真研读过原著的学者都会选用后一个义项，因为这个义项才能使韦努蒂的理论顺理成章。"翻译是用目标语的能指链替换源语能指链"，此说与中国先贤贾公彦之"译即易"（《周礼义疏》）和宋僧赞宁的"译之言易也"（《宋高僧传·译经篇》）异曲同工，可谓对"译即易"和"译之言易也"的现代阐释，更科学地明确了翻译的性质。韦努蒂之所以说翻译行为中必有violence，那是因为翻译之目的就是要"换易言语使相解也"。至于这种"换易""替换"或"重构"当与不当，过度与否，那只是见仁见智的问题。韦努蒂认为连改变原文的书写特征和语音特征也是翻译中固有的violence（详见后文），但他绝非认为把英

---

① Lawrence Venuti, *The Translator's Invisibility: A History of Translation*, & p. 17. / Lawrence Venuti, *The Translator's Invisibility: A History of Translation* (2nd Edition), pp. 13-14.

语translation翻译成法语traduction，或把梵语nirvāṇa翻译成汉语"涅槃"是译者对原文实施暴力。

接下来韦努蒂论述道，因为"The ***violence*** wreaked by translation is partly inevitable, inherent in the translation process…"，所以"…the freelance literary translator always exercises a choice concerning the degree and direction of the ***violence*** at work in any translating. This choice has been given various formulations, past and present, but perhaps none so decisive as that offered by the German theologian and philosopher Friedrich Schleiermacher"[1]。中文版《隐形》将这段论述翻译成：

> 翻译所导致的暴力在一定程度上是无法避免的，它是翻译过程中所固有的……自由职业的文学译者在翻译实践中始终会就其中的暴力程度及暴力趋向做出选择。对于这种选择，古往今来有各种各样的表述，但或许德国神学家和哲学家弗里德里希·施莱尔马赫的表述最具影响力。[2]

如果只读中文版，这样的论述当然会令读者大惑不解，因为早在韦努蒂使用violence这个概念之前，他们就已熟知施莱尔马赫关于译者选择翻译策略的表述："要么尽可能让作者居安不动，让读者去接近作者；要么尽可能让读者居安不动，让作者去接近读者"，[3]这种选择中何来暴力呢？其实韦努蒂不过是想阐明：

> 由翻译造成的（对原文的）不当改动在一定程度上无法避免，这些变动是翻译过程中所固有的……自由文学翻译家在翻译任何作品时都会进行一种选择，而这种选择关系到对原文故意改动的程度和趋向。

此处的"这种选择"实际上是指对他命名的"归化翻译"和"异化翻译"这两种策略的选择。

---

① Lawrence Venuti, *The Translator's Invisibility: A History of Translation*, p. 19. / Lawrence Venuti, *The Translator's Invisibility: A History of Translation* (2nd Edition), p. 15.

② 张景华等译：《译者的隐身——翻译史论》，北京：外语教学与研究出版社，2009年，第19-20页。

③ Quoted from Rainer Schulte and John Biguenet, *Theories of Translation: An Anthology of Essays from Dryden to Derrida*, Chicago: The University of Chicago Press, 1992, p. 42.

有人会说，上述分析可谓"见仁"，可见智者能否把"翻译暴力"理解为一种夸张或者比喻的说法呢？针对这样的问题，韦努蒂特意在《隐形》第 2 版中对他使用的violence作了一番解释：

> 如果我们用violence的意思是指（对原文的）damage（损坏）或abuse（误用），那么我用violence这个术语既非夸张，亦非比喻，而是准确的描述，因为译者不仅不得不消除构成外语文本之能指链的各种表征（首先是消除其书写特征和语音特征），而且还不得不根据两种语言的结构差异来分解并打乱外语文本的能指链，所以经翻译之后，任何外来文本，以及该文本与外国文化中其他文本的联系，都绝不可能保持完整无损。①

韦努蒂这番解释清楚地说明，他使用violence这个概念，用的是"undue alteration of wording or sense"（措辞或意义之不当变更）这个意义。韦努蒂的violence主要是针对英美强势文化用英语进行的归化翻译而言，在这个论域中，与英语violence相对应的汉语有"曲解""歪曲"和"篡改"等；但不管是韦努蒂提倡的"异化翻译"还是他反对的"归化翻译"，只要把一种语言文字翻译成另一种语言文字，就免不了要"消除其书写特征和语音特征"，就免不了要"分解并打乱外语文本的能指链（语言结构）"，所以在涉及异化翻译时，可以考虑用更中性一点的措辞，"歪曲"在《现代汉语词典》（第 6 版）中的释义是"故意改变"，而"故意改变"比较中性，所以笔者建议在上述语境中采用这个释义。总而言之，不管是针对"归化翻译"还是"异化翻译"，都不宜使用"暴力"。

---

① Lawrence Venuti, *The Translator's Invisibility: A History of Translation* (2nd Edition), p. 14.

## 三、ethnocentric violence≠民族中心主义暴力

如前所述，violence在《隐形》两个版本的第 1 章第 2 节正文中都出现了 9 次。紧接上文辨析过的那几次之后，韦努蒂为violence冠上了ethnocentric这个形容词，于是《隐形》下文随即就出现了"the ethnocentric violence""the ethnocentric violence of translation"和"the ethnocentric violence on the foreign text"等表述。但在中国译学界，这些表述变成了"民族中心主义的暴力（行为）"[①]、"我族中心主义暴力"[②]、"翻译中的民族中心主义暴力"[③]和"对原文施加民族中心主义的暴力"[④]。这些中文表述使人很难相信翻译是一种文化活动或跨文化交际活动，甚至很难相信翻译是韦努蒂所说的"译者在理解的基础上用目标语的能指链替换源语文本的能指链的过程"，有研究生在课堂讨论时就直言不讳地指出，这些表述容易让人联想到因极端的民族中心主义而导致的恐怖主义暴力。

其实，所谓民族中心主义（ethnocentrism）是一种认为本族文化优于他族文化的信念，任何民族文化共同体及其成员在一定程度上都有民族中心主义，但这种信念或主义若非发展到极端，肯定不会对其他民族文化共同体诉诸暴力。将"民族中心主义暴力"与"翻译"连在一起，实在令人匪夷所思。那么，韦努蒂的"the ethnocentric violence of translation"和"the ethnocentric violence on the foreign text"又到底是何意思呢？在把这些表述放回韦努蒂的理论语境之前，我们也先来看看ethnocentric这个形容词在英语语言中的本义。

对ethnocentric这个形容词，《韦氏第三版新国际英语大词典》的释义是："1. centering upon race as a chief interest or end; 2. a. *inclined to regard one's*

---

① 郭建中：《韦努蒂访谈录》，《中国翻译》2008 年第 3 期，第 45 页；陈振娇：《解读翻译中的三种"认知暴力"》，《戏剧》2012 年第 1 期，第 30 页。

② 王东风：《帝国的翻译暴力与翻译的文化抵抗：韦努蒂抵抗式翻译观解读》，《中国比较文学》2007 年第 4 期，第 77 页；孙艺风：《论翻译的暴力》，第 6 页。

③ 张景华等译：《译者的隐身——翻译史论》，第 345 页。

④ 张景华等译：《译者的隐身——翻译史论》，第 24 页。

*own race or social group as **the center of culture**/* b. exhibiting an incapacity for viewing foreign **cultures** dispassionately"。《牛津高阶英语辞典》(*Oxford Advanced Learner's Dictionary*, 7th ed.)的释义是："*based on the ideas and beliefs of one particular **culture** and using these to judge other **cultures***"。我们应该注意到，在《韦氏第三版新国际英语大词典》的三个义项中，culture出现了两次，《牛津高阶英语辞典》的唯一义项中也两度出现culture，而没出现race。由是观之，ethnocentric更多的是针对"种族文化"或"民族文化"而言，而且在汉语中不必非得用"民族中心主义"来表述，如陆谷孙《英汉大词典》（第 2 版）对ethnocentric的第 2 项释义即为"种族（或民族、社会集团）优越感的"，梁实秋《远东英汉大辞典》未列ethnocentric这个词条，但对名词ethnocentrism的唯一解释就是"民族优越感"。按《韦氏第三版新国际英语大词典》和《牛津高阶英语辞典》释义中对culture的强调，用中文"民族文化中心论的"或"民族文化优越感的"来替换ethnocentric也是一种选择。拓宽了对ethnocentric的认识，这下我们再将ethnocentric violence of translation放回韦努蒂的理论语境中来辨析。

针对长期以来在英美文化中占主导地位的归化翻译及其理论，尤其是针对奈达的"动态对等"或"功能对等"理论，韦努蒂论述道：

> 我想指出，在试图遏制the ethnocentric violence of translation这个层面上，用英语进行异化翻译在今天非常可取……（但）与之相反，英美文化则长期被提倡流畅翻译的归化理论所支配。凭借炮制出的明晰的假象，通顺流畅的译文伪装成真正的语义对等，可实际上却是对原文的一种有偏向的阐释，一种偏向英语语言价值观的阐释，结果缩小了（如果不是抹杀了）翻译本应该传达的（不同文化的）真实差异。在著述颇丰、影响极大的尤金·奈达提出的理论中，这种ethnocentric violence尤为明显……奈达的交际翻译理论没有充分考虑this ethnocentric violence，而这种violence本来就存在于每一个翻译过程中，尤其存在于受动态对等理论影响的翻译过程中。①

---

① Lawrence Venuti, *The Translator's Invisibility: A History of Translation*, pp. 20-21. / Lawrence Venuti, *The Translator's Invisibility: A History of Translation* (2nd Edition), pp. 16-17.

从这段论述中我们可以看出，韦努蒂之所以反对英美译者的归化翻译，是因为这种翻译用英语语言的价值观对所译原文进行"有偏向的阐释"，这种"有偏向的阐释"就是上文分析过的"不当变更"（或曰"篡改式翻译"），而这种"不当变更"或"篡改式翻译"是因英美译者的文化优越感所致，所以the ethnocentric violence of translation在这里的意思应该是"民族文化优越感导致的篡改式翻译"。说归化翻译缩小甚至抹杀了不同文化的差异，说奈达的动态对等理论"没有充分考虑民族文化优越感导致的篡改式翻译"，这是作者的学术观点，是其学术研究的结论，而且韦努蒂在《隐形》后文中也用了大量译文分析作为其论据，如格雷夫斯（Robert Graves，1895—1985）英译古罗马历史学家苏维托尼乌斯的《罗马十二帝王传》、德纳姆（Sir John Denham，1615—1669）英译古罗马诗人维吉尔的《埃涅阿斯纪》，以及菲茨杰拉德（Edward FitzGerald，1809—1883）英译波斯诗人哈亚姆的《鲁拜集》（又译《柔巴依》），等等。学术研究使用的术语当然应该在学术语境中选用其词义，非要上纲上线地说这些诗人翻译家实施了"民族中心主义暴力"，那他们只能含冤九泉了，毕竟正如巴斯内特在谈论归化策略和异化策略时指出："那些翻译家之所以遵循归化策略，对原作进行删改、重构，或用21世纪的说法'过度变更'（radically alter），皆是出于真诚的信念和善良的动机。"①而要说奈达的理论"没有充分考虑每一个翻译过程中所固有的民族中心主义暴力"②，那奈达完全可以回答说：对于"暴力"，我不是没充分考虑，而是压根儿就没考虑。

接下来我们再看看"the ethnocentric violence on the foreign text"这个说法在韦努蒂理论语境中之所指。韦努蒂在批评完奈达后紧接着说：

> 倡导用英语异化翻译，反对英美的归化翻译传统，这并非是要终结文化政治方面待讨论的议题——这种倡导本身就是一个该讨论的议题。其目的正是要促进一种能抵制强势目标语文化价值观的翻译理论及翻译实践，

---

① Susan Bassnett, "Bringing the News Back Home: Strategies of Acculturation and Foreignisation," *Language and Intercultural Communication*, Vol. 5, No. 2, 2005, p. 121.

② 张景华等译：《译者的隐身——翻译史论》，第22页。

从而彰显外来文本在语言和文化方面的差异。刘易斯（Philip Lewis）提出的"反常忠实"（abusive fidelity）概念可能会有助于异化翻译的理论建构，因为"反常忠实"承认译文和原文之间存在反常的歧义关系，避免流行的通顺翻译策略，从而在译文中模仿原文中冒犯或抵制强势文化价值观的各种特征。反常忠实把译者的注意力从原文概念上的所指转向它们所依附的能指范围，转向语音结构、句法结构和论证结构……这种翻译策略可被称为"阻抗式翻译"，这不仅因为它力图避免那种长期支配外译英的狭隘的通顺翻译，而且还因为它会挑战目标语文化，even as it enacts its own ethnocentric violence on the foreign text。①

《隐形》中译本把这段论述末尾那个方式状语从句翻译成"尽管这种阻抗可能对原文施加民族中心主义的暴力"，②这在逻辑上显然与韦努蒂的本意相悖。这整段论述不仅有理有据，而且逻辑严谨，与前文所说的"每一个翻译过程中都有民族文化优越感导致的violence（篡改、歪曲、不当变更，故意改动）"遥相呼应。既然任何翻译过程中都有ethnocentric violence，那么，就像归化翻译中有对原文的"篡改或歪曲"一样，阻抗式翻译或异化翻译中也会有对原文的"不当变更或故意改动"，所以even as it enacts its own ethnocentric violence on the foreign text说的是"恰如它本身也会因民族文化优越感而对外来文本进行故意改动"。坚持异化翻译的韦努蒂在后文就讲述了他自己如何故意改动外来文本。在《隐形》第6章，韦努蒂讲述了美国诗人焦亚（Michael Dana Gioia, 1950— ）遵循归化策略，试图把意大利诗人蒙塔莱（Eugenio Montale, 1896—1981）的诗翻译得"像英语诗歌一样流畅"（move naturally as English-language poems）；③然后他总结了自己翻译意大利诗人德安杰利斯（Milo De Angelis, 1951— ）部分诗歌的成败得失。他说：

---

① Lawrence Venuti, *The Translator's Invisibility: A History of Translation*, p. 18. / Lawrence Venuti, *The Translator's Invisibility: A History of Translation* (2nd Edition), pp. 23-24.

② 张景华等译：《译者的隐身——翻译史论》，第24页。

③ Lawrence Venuti, *The Translator's Invisibility: A History of Translation*, p. 280. / Lawrence Venuti, *The Translator's Invisibility: A History of Translation* (2nd Edition), p. 243.

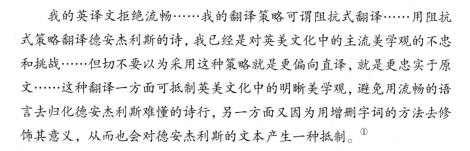

　　我的英译文拒绝流畅……我的翻译策略可谓阻抗式翻译……用阻抗
式策略翻译德安杰利斯的诗，我已经是对英美文化中的主流美学观的不忠
和挑战……但切不要以为采用这种策略就是更偏向直译，就是更忠实于原
文……这种翻译一方面可抵制英美文化中的明晰美学观，避免用流畅的语
言去归化德安杰利斯难懂的诗行，另一方面又因为用增删字词的方法去修
饰其意义，从而也会对德安杰利斯的文本产生一种抵制。①

　　值得强调的是，在整个第 6 章中，violence这个单词韦努蒂只用了 1 次，并
且是用在without too much violence（不太费工夫）这样一个短语中，与本文所讨
论的问题无涉。而在论及焦亚的归化翻译时，他先后用了alteration（改造）、addition
（增加）、reverse（颠倒）、diminishing（缩减）和efface（抹杀）；在谈自己的
异化翻译时，他用了addition（增加）、subtraction（减少）、absence（缺失）和
distort（扭曲）。由此可见，在韦努蒂的理论语境中，violence之所指就是undue
alteration of wording or sense as in editing or interpreting a text（在编辑或释译文本
的过程中对措辞或意义的不当变更），而这个"不当变更"就是这些增减、改造、
颠倒、缺失、抹杀和扭曲的总称，与所谓的"暴力"没有关系。

## 四、雨果从未把翻译与暴力等量齐观

　　为了证明翻译中有暴力，上述国内期刊文章告诉中国读者，"雨果早就指
出过翻译在接受国往往被视为暴力行为"，②甚至异口同声地说"早在 1865 年
法国作家雨果就已经把翻译与暴力等量齐观了"③。可雨果真说过这样的话吗？
雨果真把翻译与暴力等量齐观吗？认真探究后我们会发现，近年中国译学界的
一些外来概念来得多么不明不白，而这些不明不白的概念又对我们的翻译研究

---

① Lawrence Venuti, *The Translator's Invisibility: A History of Translation*, pp. 290-291. / Lawrence Venuti, *The Translator's Invisibility: A History of Translation* (2nd Edition), pp. 251-252.

② 孙艺风：《论翻译的暴力》，第 5 页。

③ 李小均：《翻译暴力与属下话语》，第 7 页。杨晖：《翻译的暴力——意识形态视角下的佛经翻译》，第 91
页；陈志耀：《权力话语下的翻译暴力问题》，第 10 页。

和翻译实践产生了多大的影响。

雨果在谈论翻译时的确用过violence这个单词。那是在他流亡期间于 1865 年为儿子弗朗索瓦–维克多·雨果翻译的法语版《莎士比亚全集》撰写的长序中的第一句话中："Une traduction est presque toujours regardée tout d'abord par le peuple à qui on la donne comme une *violence* qu'on lui fait."[1] 勒菲弗尔曾把这篇长序开篇的一小段翻译成英语，其中这句话被他英译成："When you offer a translation to a nation, that nation will almost always look on the translation as an act of violence against itself."[2] 有中国学者又据英语将这句话转译成："当你为一个国家提供一篇翻译作品时，这个国家差不多肯定会把这翻译视为针对自己的暴力行为。"[3] 这就是中国译学界有人认为"雨果把翻译与暴力等量齐观"的由来。但对雨果及其文学观稍有了解的人，尤其是读过那篇序言的人，肯定都不会赞同这种观点或说法，因为从那篇万言长序的法语原文中，你无论如何也读不出"暴力"或"暴力行为"。

翻译《莎士比亚全集》是一项经年累月的工作，所以雨果很早就动笔为儿子的法语译本写序。殊不知下笔后文思如涌，他竟以莎士比亚为中心，上论荷马、埃斯库罗斯，下评但丁、塞万提斯，洋洋洒洒地写成了《莎士比亚论》这部几百页的文艺批评专著。该书先于儿子的译著于 1864 年出版，可算作是为后来另写的那篇译序做了个铺垫。雨果在该书中说："文学乃文明之果、理想之诗……所以莎士比亚势必要被翻译到法国；所以莫里哀势必要被翻译到英国……所以全世界的诗人、哲学家、思想家，以及所有真知灼见的创造者都必然被翻译、评论、出版……并以廉价或免费的方式跨国传播，让所有人阅读。"[4] 这段文字清楚地说明，在雨果心目中，翻译是一种文化交流活动，而且是一种势在必行的活动。

然而，身为法国人，雨果当然知道法兰西民族的民族文化优越感有多

① Victor Hugo, «Préface de la Nouvelle Traduction de Shakespeare, dans *Oeuvres complètes de W. Shakespeare*, Tome XV, tra. par François-Victor Hugo, Paris: Pagnerre, Libraire-Editure, 1865, p. iii.

② André Lefevere, *Translation/ History/ Culture: A Sourcebook*, London & New York: Routledge, 1992, p. 18.

③ 王宏志：《重释"信、达、雅"——20 世纪中国翻译研究》，北京：清华大学出版社，2007 年，第 59 页。

④ Victor Hugo, *William Shakespeare* (8th Edition), trans. by Melville B. Anderson, Chicago: A. C. McClurg and Company, 1991, pp. 295-296.

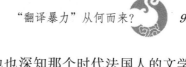

强烈；作为法国浪漫主义的先驱和领袖，他也深知那个时代法国人的文学品味，毕竟连最早把莎士比亚作品翻译成法语的伏尔泰也曾"站在古典主义和民族偏见的立场上，指责莎士比亚的趣味不雅驯"①，甚至说"莎士比亚的戏剧是一堆散落有珍珠的大粪"。②所以雨果后来重新写译序时开篇就说：

> 为一个民族奉献一部译作，起初几乎都会被该民族视为对其的一种冒犯。中产阶级的文学品味往往会抵制普适精神。/ 翻译外国诗人的作品是为本民族诗库增添收藏，这却令有些受益者感到不快。一开始会是这样，第一反应就是抵制。把一个外国习语依样移植进本国语言，本国语言会尽全力拒绝接受……谁愿意往自己的血管里揽进别人的血浆呢？……这是希腊语吗？听起来真粗俗。这是英语吗？看上去真原始。这个词太涩，那句话太酸。我们想要充实并丰富这个民族，可这个民族太聪明，竟对此感到愤慨。它讨厌这份营养。它一边吮吸一边发脾气，就像襁褓中的朱庇特吐出圣山羊奶。③

其实，我们只需把序言前三句连起来读，就可以确定第一句中的violence绝非指"暴力"。因为第二句告诉我们这是在谈文学品味，第三句中"令……感到不快"的原文是déplaît à，而其动词原形déplaire的意思是"不讨人喜欢，惹人讨厌"。可要是面对暴力，那就不是喜欢不喜欢的问题了。英语中的violence

---

① 引自施康强：《伏尔泰》，见胡乔木等：《中国大百科全书·外国文学第 1 卷》，北京/上海：中国大百科全书出版社，1982 年，第 321 页。

② Quoted from Susan Bassnett, "Bring the News Back Home," p. 121.

③ Victor Hugo, "Préface de la Nouvelle Traduction de Shakespeare," pp. iii–iv. [按] 这段法语原文是：Une traduction est presque toujours regardée tout d'abord par le peuple à qui on la donne comme une violence qu'on lui fait. Le goût bourgeois résiste à l'esprit unversel./ Traduire un poète étranger, c'est accroître la poésie nationale; cet accroissement déplaît à ceux auxquels il profite. C'est du moins le commencement; le premier mouvement est la révolte. Une langue dans laquelle on transvase de la sorte un autre idiome fait ce qu'elle peut pour refuser... Quelle idée a-t-on de venir lui mêler dans le sang cette substance des autres peuples?... Est-ce grec? C'est grossier. Est-ce anglais? C'est barbar. Apreté ici, âcreté là. Et, si intelligente que soit la nation qu'on veut enrichir, elle s'indigne. Elle hait cette nourriture. Elle boit de force, avac colère. Jupiter enfant recrachait le lait de la chèvre divine.

来自法语，在序言语境中，无论是英语版还是法语版，violence都既非指"暴力"，也不是上文说的"措辞或意义的不当变更"，而是《韦氏第三版新国际英语大词典》解释的另一个词义：irreverence to a thing, notion, or quality fitly valued or observed，《英汉大词典》将这个词义解释为"冒犯"，《法汉词典》对violence也有"粗暴，过火"的释义。雨果用襁褓中的朱庇特不喜欢喝羊奶①这个典故，一为暗示外国诗歌犹如那圣山羊奶是非喂不可，二是暗喻当时的法国人不喜欢外国诗歌是出于幼稚（或无意识的）的民族文化优越感。雨果在该篇序言结尾时说：

> 这部莎士比亚法语译本，在某种程度上是送给法兰西的英国肖像。在各民族交往之频繁堪与奥古斯都时代媲美的今天，这可以看作是一种交往行为，具有比文学事件本身更深远的意义。这是一个法国人献给祖国的礼物，一份虔诚而令人感动的礼物，我和他此刻都远离祖国，谨怀伤感的赤子之心为祖国奉上。②

明知人所不欲，但坚持要施之于人，施者虽有非施不可的理由，但对受施者而言，这却可以说是一种冒犯，不过这种冒犯无论如何也不能说是暴力。综上所述，雨果从未把翻译与暴力等量齐观，而且雨果的violence与韦努蒂的violence也风马牛不相及。

## 五、"翻译暴力"流行是翻译研究的倒退

概念反映人们对客观事物的认识结果，只有正确认识客观事物才可能得出

---

① 据古代神话传说，朱庇特之父克洛诺斯推翻其父乌拉诺斯成为第二代众神之王，唯恐自己也被后代取而代之，克洛诺斯在他们出生后就将其吞噬。其妻瑞亚生下第六个孩子（朱庇特）后，用襁褓裹石骗克洛诺斯吞下，同时悄悄把婴儿送往克里特岛，藏在伊季峰的山洞里，由神女阿玛耳忒亚用羊奶哺育。

② Victor Hugo, "Préface de la Nouvelle Traduction de Shakespeare," p. xxvii. ［按］这段法语原文是：Cette traduction de Shakespeare, c'est, en quelque sorte, le portrait de l'Angle-terre envoyé à la France. A une époque où l'on sent approcher l'heure auguste de l'embrassement des peuples, c'est presque un acte, et c'est plus qu'un fait littéraire, il y a quelque chose de pieux et de touchant dans ce don qu'un Français offre à la patrie, d'où nous sommes absents, lui et moi, par notre volonté et avec douleur.

明确的概念,而概念明确应该是学术研究的前提,因为"概念明确是正确思维的首要条件。没有明确的概念,就不会有恰当的判断,就不会有合乎逻辑的推理与论证",[1]因此也难有合乎逻辑的结论。

如前所述,近年国内学刊频频发表以"翻译暴力"为主题的文章,可这些文章似乎从不试图去明确"翻译暴力"这个概念,或者说从不给"翻译暴力"下个明确的定义。何谓"翻译暴力"?读者只能从这些文章的描述中自己去判断。但你越是认真研读这些文章,你越是会感到稀里糊涂。"翻译暴力"的内涵尚未明确,人家已开始划分其外延,于是你眼前不仅会出现翻译中的"归化式翻译暴力"[2]和"隐形暴力"[3],还会出现翻译中的"主观暴力、客观暴力、柔性暴力、危害暴力、无害暴力、事实暴力、潜在暴力、交互暴力、正面暴力、负面暴力、直接暴力、间接暴力、善意暴力、无声的暴力、自残式的暴力,以及外科手术式的暴力"[4]。且不说这些划分犯了"子项相容"和"子项不穷尽"的逻辑错误,这划分出来的概念外延本身就又会令你更加糊涂,更不用说根据这些外延去明确"翻译暴力"的内涵了。

但就是这样一个不明不白的概念,却迎合了当下中国译学界"追求玄、空、怪、涩"[5]的一种倾向,正如有学者指出:"在当今这种追求新、奇、异的年代,翻译研究领域尽管异彩纷呈,却免不了套上'后现代''女性主义''翻译暴力''赞助人''食人理论''翻译伦理'种种花枪,让你雾里看花,是非莫辨。"[6]有些人明明不知"翻译暴力"为何物,却偏偏断章取义,生搬硬套,牵强附会,对号贴标签,抄上几个译例,蒙上"翻译暴力"这张皮,就成了一篇其"创新"价值很难评估、甚至不知所云的学术论文。别人说《圣经》翻译中有violence的现象,翻译佛经的华僧梵客就一个个成了少林武僧;别人说蒲伯、庞德和德纳姆等人的译诗译文中存在"violence on the foreign text",

---

① 金岳霖:《形式逻辑》,北京:人民出版社,1979年,第24页。

② 栗长江:《文化·操纵·翻译的暴力》,第64页。

③ 李小均:《翻译暴力与属下话语》,第7页。

④ 孙艺风:《论翻译的暴力》,第5-13页。

⑤ 陈福康:《中国译学理论史稿》(修订本),上海:上海外语教育出版社,2000年,第475页。

⑥ 申连云:《现代语境下的传统资源——〈翻译的功能视角:从翻译功能到功能翻译〉评析》,《当代外语研究》2004年第2期,第73页。

严复和林纾之流也就都成了翻译暴徒。于是乎，鸠摩罗什"文约而诣、质而不野"（僧肇语）、"有天然西域之语趣"（赞宁语）的译文成了"翻译暴力的体现"[①]；安世高为了"质文允正"（僧祐语）、"义理明晰，文字允正，辩而不华，质而不野"（慧皎语）而进行的适当剪裁则成了"暴力删削"[②]。中译本《牛虻》因"《圣经》的引语和典故没有在译本中翻译出来"而成了"翻译暴力的典型"；[③]晚清译者用文言翻译外国作品和用近体诗形式翻译外国诗歌也成了"权力话语下翻译暴力"的例证。[④]霍克斯把《红楼梦》第六回中刘姥姥说的"谋事在人，成事在天"英译成"Man proposes, God disposes"被说成是"蒙着含蓄的面纱的暴力"，[⑤]而华裔美国女作家汤婷婷在小说中描写旧时中国农村逼死通奸妇女的故事，则被说成"与村民的'暴力'相比，汤婷婷的'翻译暴力'更是有过之而无不及"。[⑥]英国作家琼·里斯（Jean Rhys, 1894—1979）的小说 *Wide Sargasso Sea* 中的主人公说了半句不规范的英语"because she pretty like pretty self"，不管是王家湘《沧海茫茫》的相应译文"因为她漂亮得没法再漂亮了"，还是陈良廷《藻海无边》的相应译文"因为她是美人胎子"，都被说成是用翻译暴力抹杀了原文的颠覆能量。[⑦]美国作家桑塔格（Susan Sontag, 1933—2004）的小说《在美国》（*In America*）中的波兰裔女歌手发英语r音时偶尔会带颤音，把r音发成r-r-r，结果有次在唱歌剧《罗密欧与朱丽叶》第3幕第5场起首句"It was the nightingale, and not the lark,/ That pierced the fearful hollow of thine ear"的时候，把lark唱成了lar-r-r-k。译林出版社的中译本借用了朱生豪先生的译文"那刺进你惊恐的耳膜中的，不是云雀，是夜莺的声音"，但为了表现把lark唱成lar-r-r-k"亵渎了英语"，译林版把朱先生译的"云雀"改成了"乌鹊"，于是有学者论述道："如果缺乏莎剧良好的知识背景，从上引译文中我们能读出什么？我们是否能听到语言杀伐的

---

① 杨晖：《翻译的暴力——意识形态视角下的佛经翻译》，第92页。
② 杨晖：《翻译的暴力——意识形态视角下的佛经翻译》，第93页。
③ 陈志耀：《权力话语下的翻译暴力问题》，第10-11页。
④ 陈志耀：《权力话语下的翻译暴力问题》，第11页。
⑤ 栗长江：《文化·操纵·翻译的暴力》，第62页。
⑥ 栗长江：《文化·操纵·翻译的暴力》，第63页。
⑦ 李小均：《翻译暴力与属下话语》，第9页。

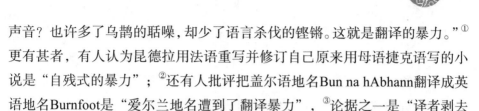

声音？也许多了乌鹊的聒噪，却少了语言杀伐的铿锵。这就是翻译的暴力。"①
更有甚者，有人认为昆德拉用法语重写并修订自己原来用母语捷克语写的小
说是"自残式的暴力"；②还有人批评把盖尔语地名Bun na hAbhann翻译成英
语地名Burnfoot是"爱尔兰地名遭到了翻译暴力"，③论据之一是"译者剥去
了外语文本的特征，首先是语音的特征"。④

　　从以上例证看，"翻译暴力"在中国译坛正大行其道，古往今来所有的翻
译活动、翻译过程和翻译现象似乎都可以用"翻译暴力"来描写和阐释。你试
图接近读者吧，那是主观暴力；你试图接近原文吧，那是客观暴力；你译错了
吧，那当然是危害性暴力；你译对了吧，那是无害性暴力；你译得圆满调和吧，
那是柔性暴力；你译得神形兼备吧，那是隐形暴力。由于"翻译暴力"这个概
念十分模糊，关于它的论述看上去往往显得高深而玄妙，可实际上这些所谓论
述却使翻译研究简单化了。一个概念就能解释所有关于翻译的问题，这是翻译
研究的一种倒退。

# 六、结　　语

　　综上所述，正如笔者多年前指出的那样："虽说西方文化有重利轻义、宣
扬暴力的倾向，但文化人（文学翻译家）在文化活动（翻译活动）中实施暴力
还是令人匪夷所思。"⑤翻译不是暴力。翻译与暴力不可等量齐观。译者并非
暴力的实施者。正常的翻译过程中没有暴力行为。中国译学界的"翻译暴力"
实际上是对韦努蒂理论术语violence误读误译的结果。"翻译暴力"是个在逻
辑上尚未明确的概念，而用不明确的概念来判断或推理，很难得出合乎逻辑的
结论，例如中国知网（CNKI）之前优先出版的一篇文章"小结"说："翻译

---

① 李小均：《翻译暴力与属下话语》，第10页。
② 孙艺风：《论翻译的暴力》，第9页。
③ 陈振娇：《解读翻译中的三种"认知暴力"》，第31页。
④ 陈振娇：《解读翻译中的三种"认知暴力"》，第30页。
⑤ 曹明伦：《当代西方翻译理论译介过程中的误读倾向》，《上海翻译》2005年第3期，第6页。

暴力不可避免……在翻译过程中，我们也会产生暴力翻译，留意其产生的愿意（原因），是否应该避免，是非常有价值的翻译问题。与此同时，在某些翻译任务中，更好地运用翻译暴力手段。"①这种结论自相矛盾，不知所云，除了给翻译研究和翻译实践添乱，没有任何学术价值和理论意义。借鉴西方翻译理论，绝不能只是囫囵吞枣地学几个新鲜术语，然后不加分析思考就随便挪用。别说对本文探析的这个概念模糊的"翻译暴力"，就是对概念非常明确的"异化翻译"，我们也不能只知其一，不知其二，譬如巴斯内特就认为韦努蒂要求译者现形的异化翻译是"以译者为中心的翻译"；②皮姆也曾指出："今天的翻译通常都是归化翻译，这与源语文化和目标语文化的相关权力无关"；③而赫曼斯在谈到"异化翻译"时则说："韦努蒂关注今天翻译中的准确原则……（但）他关于改变准确原则的观点形同虚设。"④其实韦努蒂自己也承认："异化翻译充满风险，对英语译者尤其如此。在当代英美文化中，精确原则是十分严格的……标准的合同语言要求译者严格忠实于原文……当今的许多译者都不可能再采用格雷夫斯的意译法或庞德的编译法……这些译法可能会遭到出版社和大多数英语读者的反对。"⑤

总而言之，我们借鉴西方翻译理论，最重要的是借鉴其研究方法。因此，我们也应该像韦努蒂、巴斯内特、皮姆、赫曼斯那样，自己去发现问题，分析问题，解决问题，而不能仅凭几个新鲜时髦的术语发一通自己都不甚明了的议论，比如去研究什么"更好地运用翻译暴力手段"。

（原载《中国翻译》2015 年第 3 期）

---

① 高雪：《关于翻译暴力存在必然性的研究》，《中国校外教育》，CNKI 网络出版时间：2014-06-27，http://www.cnki.net/kcms/detail/11.3173.G4.20140627.1633.019.html。

② Susan Bassnett and André Lefevere, *Constructing Cultures: Essays on Literary Translation*, Clevedon: Multilingual Matters Ltd., 1998, p. 25.

③ Quoted from Jeremy Munday, *Introducing Translation Studies: Theories and Applications*, London & New York: Routledge, 2001, p. 155.

④ Theo Hermans, *Translation in Systems: Descriptive and System-oriented Approaches Explained*, Manchester: St. Jerome Publishing, 1999, p. 3.

⑤ Lawrence Venuti, *The Translator's Invisibility: A History of Translation*, p. 310. / Lawrence Venuti, *The Translator's Invisibility: A History of Translation* (2nd Edition), p. 273.

# Translation Studies在中国的名与实
## ——兼谈翻译学的学科范围和界限问题

【内容提要】 Translation Studies在当今中国学界名实不符，名实不符造成学科概念混乱，学科概念混乱造成学术理路混乱，学术理路混乱造成翻译理论与翻译实践关系失调。二者关系之失调致使翻译实践常失去规矩方圆，翻译理论多流于清谈空论，所谓翻译研究成了一方谁都可以在里边建构理论的无界限领地。针对这种现象，本文辨析了均用Translation Studies为其能指的译介学和翻译学之差异，指出了两个学科之学科概念混淆的原因，明确了译介学和翻译学各自的学科概念，并呼吁翻译学应划定学科范围，保持学科特点，恢复翻译理论和翻译实践之间的良性互动关系。

## 一、引言：正名之必要

在2004年9月举行的欧洲翻译研究学会①年会上，一批西方学者开始关注翻译学自"文化转向"以来出现的一些问题。德里大学英语教授特里维蒂问："如今什么是翻译？或者说什么不是翻译？"②蒙特利尔大学翻译教授圣-皮埃尔随之问："翻译研究有必要越界扩张吗？如果有必要，扩到何处是头？如今的局面已很难收拾。虽说已有人试图修墙筑垒，可学科界线正在变得漏洞百出（increasingly porous）。"③约克大学翻译学院的西蒙尼教授对某些跨学科研究课题提出质疑："如今翻译学所研究的课题中，难道就没有一些更应该由其

---

① The European Society for Translation Studies（简称EST）。

② Paul St-Pierre and Prafulla C. Kar (eds.), *In Translation: Reflections, Refractions, Transformation*, Delhi: Pencraft International, 2005, p. ixy.

③ Paul St-Pierre and Prafulla C. Kar (eds.), *In Translation: Reflections, Refractions, Transformation*, p. x.

他学科训练有素的专家来研究吗？"①社会语言学家辛格教授则在向年会提交的论文中指出：现在翻译理论基本上不谈翻译家之所作所为和到底什么是翻译，翻译研究将其重点置于外围（put its center on its periphery），忽略翻译问题的核心（ignore the heart of matter）②，使理论与实践之间出现了一条鸿沟。③"翻译学者一直在努力工作，并取得了一些不错的成果，但其中有一部分实际上并不属于翻译学领域。"（Translation-scholars have been trying harder and producing some good work, though some of it may actually not belong to TS.）④"在人文社会科学领域内，翻译学看来是唯一不关注其自身理论问题的一门学科。"（TS is perhaps the only field in the human and social sciences that seems NOT to focus on theoretical questions of its own.）⑤"当代翻译理论在我看来似乎并不是一种研究翻译的理论。"（Contemporary TT seems to me not to be a theory of translation.）⑥这些质疑和说法也许有偏激之处，但提出的问题和指出的现象肯定都值得我们反思。

然而，与这些思考形成对照的是，在 2005 年 12 月举行的"全国翻译理论与教学研讨会"上，与会的中国翻译学者非但丝毫没触及上述西方学者所关心的问题，反而就翻译学的学科定位问题和翻译理论与实践的关系问题达成了两项共识。共识一认为：翻译学的学科界线是模糊的，并认为这是我国建立与发展翻译学学科所必须解决的一个思想认识问题。共识二认为：翻译研究分为纯理论研究和应用翻译研究，纯理论翻译研究的功能是通过提供智慧与对世界的看法来帮助翻译研究者更深刻地认识翻译。⑦换言之，纯理论翻译研究不仅不

---

① Paul St-Pierre and Prafulla C. Kar (eds.), *In Translation: Reflections, Refractions, Transformation*, p. ix.

② Rajendra Singh, "Unsafe at any Speed? Some Unfinished Reflections on the 'Cultural Turn' in Translation studies," in Paul St-Pierre and Prafulla C. Kar (eds.), *In Translation: Reflections, Refractions, Transformation*, p. 59.

③ Rajendra Singh, "Unsafe at any Speed? Some Unfinished Reflections on the 'Cultural Turn' in Translation studies," p.66.

④ Rajendra Singh, "Unsafe at any Speed? Some Unfinished Reflections on the 'Cultural Turn' in Translation studies," p.57.

⑤ Paul St-Pierre and Prafulla C. Kar (eds.), *In Translation: Reflections, Refractions, Transformation*, p. ix.

⑥ Rajendra Singh, "Unsafe at any Speed? Some Unfinished Reflections on the 'Cultural Turn' in Translation studies," p.65.

⑦ 邓志辉：《跨学科语境中的翻译研究——2005 年全国翻译理论与教学研讨会综述》，《中国翻译》2006 年第 1 期，第 38 页。

关注翻译实践活动，而且也不关注辛格教授所说的翻译"问题的核心"和"翻译学自身的理论问题"。

为什么在当今的全球化语境下，中国学者与西方学者对翻译研究的看法会有如此大的差异呢？笔者认为，原因就是Translation Studies这个能指，在今天的东西方学者心目中已各有所指；尤其在当今之中国，Translation Studies之所指几乎已到了言人人殊的地步，这种名实不符的情况不仅模糊了翻译学的学科范围和界线，有碍翻译学之学科建设，影响翻译教学之效果，而且会使我国的翻译实践面临危机。① 因此探究Translation Studies在中国的名与实，或者说为其正名，实乃当今译学研究的当务之急。

## 二、Translation Studies在中国学界的名与实

对Translation Studies这个外来术语，中国学者早已耳熟能详。无论是以高校外语院系所为主要基地的翻译学界还是以（中文）文学院系所为主要基地的比较文学界，在言及与翻译活动有关的理论阐述时，都将其改写为"翻译研究"，但在言及以翻译研究为内容的学科及学科建设时，翻译界将其改写为"翻译学"，比较文学界则将其改写成"译介学"。如教育部研究生工作办公室推荐的研究生用书《比较文学概论》在回顾其分支学科译介学的发展时说："美国学者霍尔摩斯于1972年提交《译介学研究的名与实》（'The Name and Nature of Translation Studies'）一文，并自造了一个新的字眼'Translation Studies'（译介学），将此作为新学科的名称。"② 教育部教学改革重点项目教材《比较文学论》在界定译介学时用括号并列了两个英文名称（Medio-Translatology 或Translation Studies），并在宣布译介学应当成为21世纪比较文学的重点分

---

① 如属于"普通高等教育十五国家级规划教材"系列的《新编英汉翻译教程》之前就把译介学的学术理念编进了教材，高等院校的翻译课堂已开始在教育我们现在和未来的翻译主体如何背叛原文。《新编英语翻译教程》第10章如是说："翻译中的叛逆行为……分为无意性叛逆和有意性叛逆。"有意性叛逆则分为四类：a.权宜性叛逆；b.策略性叛逆；c.观照性叛逆；d.创造性叛逆。权宜性叛逆"指译者由于翻译难度较大、自身能力有限……遇到自己搞不懂，或者不好译的地方，要么'跳'过去，要么做'减码'处理"云云。

② 杨乃乔：《比较文学概论》，北京：北京大学出版社，2002年，第296页。

支学科时明确指出，现在的学科名称源自巴斯内特的Translation Studies。① 北京大学中国语言文学教材《比较文学原理新编》虽未直接使用英文Translation Studies，但在谈到其学科定位时引用了巴斯内特的有关论述。②《译介学》一书则如是说："在西方比较文学界，在谈到译介学时，我们经常接触到的是一个意义相当宽泛的术语——Translation Studies或Translation Study。"③

由此可见，Translation Studies在中国变成了两个正式的学科名称，一个是翻译学界所说的"翻译学"，一个是比较文学界所说的"译介学"。那么这两者在实质上有什么异同呢？

翻译界学者在规划学科范围时都很认真，但对翻译学这个概念的阐释却不甚明确。《等效翻译探索》一书用了整整一个章节来规划"翻译学的领域"，④但全书对翻译学这个概念却未置一词。《当代翻译理论》第一章名为"翻译学的性质及学科架构"，但也只简单地说了一句"翻译学并不是封闭型而是一门开放型、综合性很强的学科"⑤。《翻译学》一书为"翻译学"这个概念下了一简一详两个定义。简者曰："翻译学（或称译学）是研究翻译的科学。"详者曰："翻译学是一门与符号学、文艺学、社会学、心理学、信息论、数控论，尤其是语言学等多种学科有着密切联系但又具有相对独立性的综合性科学。"⑥《中国翻译学的基本构架》一文总结了国内翻译界"多数学者比较一致的共识"。关于翻译学的概念，作者总结了六条，概而述之便是："中国翻译学是一门独立的学科，属于社会科学的范畴，它是在社会语言学、应用语言学、比较文学、比较文化学等多种学科的基础上发展起来的"，但它"既不是语言学的一个分支，也不是比较文学或比较文化的一个分支"。"翻译学的学科性质是综合的"，"它虽然吸收了各个有关学科的知识，但却是一门独立的学科"⑦。但实事求是地说，除了"翻译学是研究翻译的科学"之外，其他阐释都过于含

① 曹顺庆：《比较文学论》，成都：四川教育出版社，2002年，第138-139页。

② 乐黛云：《比较文学原理新编》，北京：北京大学出版社，1998年，第28-29页。

③ 谢天振：《译介学》，上海：上海外语教育出版社，1999年，第2页。

④ 金隄：《等效翻译探索》，北京：中国对外翻译出版公司，1998年，第8-12页。

⑤ 刘宓庆：《当代翻译理论》，北京：中国对外翻译出版公司，1999年，第16页。

⑥ 谭载喜：《翻译学》，武汉：湖北教育出版社，2000年，第7、12页。

⑦ 杨自俭：《译学新探》，青岛：青岛出版社，2002年，第124-125页。

混，无助于明确翻译学之概念和学科范围，我们可以用以下填空题验之：

（1）（?）并不是封闭型而是一门开放型、综合性很强的学科。

（2）（?）是一门独立的学科，属于社会科学的范畴，它是在社会语言学、应用语言学、比较文学、比较文化学等多种学科的基础上发展起来的。

（3）（?）是一门与符号学、文艺学、社会学、心理学、信息论、数控论，尤其是语言学等多种学科有着密切联系但又具有相对独立性的综合性科学。

与翻译界形成鲜明对照的是，比较文学界对译介学这个概念的阐释则相对统一，对译介学学科范围和界线的划定也清清楚楚。《比较文学概论》认为："译介学主要是指对文学翻译、翻译文学（译品）和翻译理论（译论）所进行的理论研究……中国和西方的比较文学研究都主要体现为译介学研究，它们是今日之比较文学学科的重要学术资源。"① 《比较文学论》的阐释是："译介学可以说是对那种专注于语言转换层面的传统翻译研究的颠覆，是比较文学视野下的翻译研究。它归属于比较文学中的媒介学（Mesology）范畴，是一种跨文化研究，具体研究原文在他种语言转换过程中出现的（1）文化信息的失落与变形、（2）创造性叛逆问题以及（3）翻译文学（translated literature）、（4）翻译与政治意识形态之关系等问题。"② 最近出版的研究生系列教材《比较文学学》再次强调："译介学渊源于传统的媒介学，它采用跨文化的研究视角，对文学翻译、翻译文学及相关的译学理论进行理论上的探讨。"③

比较文学界之所以能比较明确地阐释译介学之学科概念，原因之一是他们早就意识到了翻译界所说的翻译并不完全等于比较文学界所说的翻译，翻译学进行的翻译研究并不完全等于译介学进行的翻译研究，"这里存在着一种概念上的混淆：比较文学所从事的并不是一般的跨文化研究，而是跨文化的文学研究，我们所谈的翻译也不是一般的翻译，而仅指文学翻译"④。因此，译介学不是"一般意义上的翻译研究"，而是一种新的翻译研究，"这种新的翻译研究（译介学）不再纠缠于翻译技巧和翻译方法的总结，不再局限于语言转换正

① 杨乃乔：《比较文学概论》，第286页。

② 曹顺庆：《比较文学论》，第138页。

③ 曹顺庆：《比较文学学》，成都：四川大学出版社，2005年，第185页。

④ 乐黛云：《比较文学原理新编》，第29页。

确与否的限制，不再热衷于从语言层面上对译本做价值判断，也不再以建立翻译规范、指导翻译实践为最终的旨归，而是转向文学和文化研究，把研究对象放在不同文化的背景之下，审视文学交流中出现的相互融会和冲突，研究由误读、误释、误译而引发的扭曲与变形，并进一步揭示出其背后的文化渊源。这种翻译方向超越了传统翻译研究中语言转换的标准，更为重视翻译行为的结果，尊重各种既成翻译事实，聚焦于文学信息的失落、变形、增添、扩伸等变异现象，从而发掘文学传播、交流、影响和接受方面的深层问题。"[①] "它允许差异，包容讹误，认为文学翻译过程中有变异现象是必然的、不可避免的，翻译本身就是一种创造性叛逆。"[②] 谢天振教授的说明更为透彻：比较文学的翻译研究在比较文学中被称为"译介学研究"，它与传统意义上的翻译研究并不完全一样，在某些方面甚至还存在着实质性的差异。比较文学的翻译研究实际上是一种文学研究或文化研究，它与翻译学的翻译研究之区别有三：①研究角度之不同，如只关心译作的流传，不关心译作忠实与否；②研究重点之不同，如只关心两种文化的交流以及交流中出现的各种文化现象，但不对这些现象涉及的翻译问题作价值评判；③研究目的之不同，这也是最根本的不同，因为比较文学把翻译视为文学研究的对象，把任何翻译行为的结果（即译作）都作为既成事实加以接受，在此基础上对文学交流、影响、接收、传播，以及文化意向的失落和歪曲、不同文化的误解和误释等问题进行考察和分析。[③] 在以外语院系为基地的翻译学者看来，误译是他们的大敌，他们孜孜以求，竭力想减少甚至消灭误译；但在比较文学研究者眼中，误译却具有独特的研究价值。[④]

比较文学界清楚地知道，译介学进行的翻译研究是"对不同文化之彼此影响、相互作用的研究"。[⑤] 这种研究当然不会关注翻译活动本身，更不会关注

① 曹顺庆：《比较文学学》，第 194 页。
② 曹顺庆：《比较文学学》，第 189 页。
③ 谢天振：《翻译研究新视野》，青岛：青岛出版社，2003 年，第 48-51 页。
④ 谢天振：《翻译研究新视野》，第 113 页。
⑤ Susan Bassnett and André Lefevere, *Constructing Cultures: Essays on Literary Translation*, Clevedon & Philadelphia: Multilingual Matters Ltd., 1998, p. ix.

威尔斯、纽马克所说的翻译实践过程中产生的问题。但翻译界有些学者不明就里，纷纷转向跨入译介学学科，于是"到了 90 年代，翻译研究已经不知不觉地进入了文化研究的传媒研究之范畴"①。然而，虽然比较文学界有些学者未曾受过严格的双语训练或多语种训练，但由于学术传统、治学方法和文化视野之不同，他们在研究译本对目标语文化之影响方面肯定比外语院系出身的翻译界学者更具有优势。跨行可谓跨山，需要充分的学术准备，而有些跨学科研究者显然在这方面准备不足。于是就出现了这种现象，"论者并不真正接触过往的译作，但却重复前人对这些译作的评价，从而建构起似乎是宏观，但实际上完全空泛的一种论述"②。译介学者会在严复的译作中发现译者为了文化适应（acculturation）而"操纵"原作的痕迹，会在林纾的译作中发现"失落、变形、增添、扩伸等变异现象"，然后会据此去"发掘文学传播、交流、影响和接受方面的深层问题"。可从翻译学跨进译介学的学者则往往不遵守人家对译本不作价值判断的学术规定，偏要对这些痕迹和现象做出价值判断，甚至做出道德判断，并以此为论据去解构等值，解构"忠实"，解构"信达雅"，等等。这种学科概念之混淆造成了学术理路之混乱，使翻译学的学科界线变得模糊不清，从而使翻译理论与翻译实践的关系失调。

当然，造成学科概念混淆的责任也不全怪不明就里的翻译界学者。实际上有些比较文学界的学者也分不清何谓"翻译学"，何谓"译介学"，以为翻译学早已经"在学理上与比较文学的译介学契合在一起"。③ 例如《中国比较文学研究 20 年》一书在解释"翻译文学研究"这个概念时就说该研究"是'翻译学'或'译介学'的一个组成部分"。④ 的确，当你读到教材中说"卡特福德的'语篇等值'、奈达的'动态等值'和科米萨诺夫的'模糊等值'所构成的'等值模式'……是译介学语言学范式的深化"，当你看到教材把霍姆斯的 *The Name and Nature of Translation Studies* 改写成《译介学研究的名与实》，⑤ 而

① 王宁：《翻译的文化建构和文化研究的翻译学转向》，《中国翻译》2005 年第 6 期，第 7 页。

② 孔慧怡：《中国翻译研究中的几个问题》，《中国翻译》1999 年第 1 期，第 13 页。

③ 曹顺庆：《比较文学学》，第 191 页。

④ 王向远：《中国比较文学研究二十年》，南昌：江西教育出版社，2003 年，第 274 页。

⑤ 杨乃乔：《比较文学概论》，第 296 页。

你偏巧又知道卡特福德的《翻译的语言学理论》（*A Linguistic Theory of Translation*）或科米萨诺夫的《翻译语言学》（*Линеэистика переэоба*），接触过奈达博士的翻译理论，看到过霍姆斯为翻译学绘制的那幅宏伟蓝图，你对翻译学就是译介学这种现代化译学观念还会持怀疑态度吗？如果你还不甚明了，如果你还半信半疑，那么请仔细比较以下A、B两组引文（引文中之着重符号为笔者所加）。

A1：自20世纪70年代至90年代，国际学术界译论勃兴，除比较文学界外，许多语言学家、自然科学家和哲学家亦涉足这个领域，译介学自此开始经历了一场深刻的范式革命。1990年，巴斯涅与列夫维尔两人合编《翻译、历史与文化》一书充分反映了当代西方译介学研究的文化转向和理论视野。（《比较文学概论》，北京大学出版社2002年版第304页）

A2：自20世纪70至90年代，国际学术界译论勃兴，许多比较文学家、语言学家、自然科学家和哲学家亦涉足这个领域，译学研究自此开始了一场深刻的范式革命……1990年，巴斯奈特与列夫维尔两人合作编成《翻译、历史与文化》一书，即充分反映了当代西方译学研究的"文化转向"及其理论视野。（《中国翻译》2001年第5期第5-6页）

B1：纵观中国译介学史，一个明显的结论即是中国译介学真正有所成就的时期正是其学术范式渐次形成并稳定发展终而定型的时期。比如自两汉之际至元初逾1200年佛籍翻译、译论大兴之时期……历代相沿的译经传统以及译经方法都是佛籍翻译长盛不衰的内在动因，而这些动因又经过历史的整合终而形成当时译经师们共同、共通、共享的译介学范式。（《比较文学概论》第313页）

B2：纵观中国译学史或学术史，一个明显的结论即是中国学术真正有所成就的时期正是其学术范式渐次形成并稳定发展终而定型的时期。比如自两汉之际至元初逾1200年佛籍翻译、译论大兴之时期……历代相沿的译经传统以及译经方法都是佛籍翻译长盛不衰的内在动因，而这些动因又经过历史的整合终而形成当时译经师们共同、共通、共享的译学范式。（《中

国翻译》2001 年第 5 期第 11 页）

　　笔者以为，正是这种号称基本概念准确、学理气脉贯通（《比较文学概论·序》）、实则思路不清、逻辑混乱的理论，造成了今日中国翻译学和比较文学两个学科的学科概念混淆，从而造成了翻译理论和译介理论学术理路的混乱，同时也造成了翻译理论和翻译实践关系失调。

## 三、翻译学应明确学科概念，划定学科范围，保持学科特点

　　在为《文化构建：文学翻译论集》一书所作的序言中，根茨勒表扬二位作者 "在过去的 20 年中坚持不懈地建起了一座座连接翻译研究与其他学科的桥梁" [1]。的确，这些桥梁使不同的学科多元交叉，从而拓宽了翻译研究的视野，增加了翻译研究的对象，丰富了翻译研究的方法，使翻译研究呈现出一派欣欣向荣的气象。但多元交叉往往是共时平行交叉，容易使人忽略各个学科本身的历史传承，从而忽略本学科的基本学问和核心问题。借用根茨勒关于桥的比喻，共时平行交叉还容易使人忽略曾经连接翻译研究与其他学科的旧桥。因为在 "文化转向" 之前，历代译论家已为我们建起了连接哲学、文艺学、语言学、美学和阐释学的桥梁。这些桥梁虽少，但却是翻译活动和翻译研究的基本通道。而从 20 世纪中期开始，受索绪尔和乔姆斯基语言理论的启发，雅各布森、尤金·奈达、卡特福德、费道罗夫、巴尔胡达罗夫、科米萨罗夫、纽马克、威尔斯等一批西方学者又开始运用现代语言学研究翻译，提出了较之以往更为严谨的翻译策略和更为系统的翻译理论，使翻译研究的学理基础更加坚实，学术脉络更加清晰，学术视野更加开阔，与翻译实践的联系也更加紧密。他们不仅架起了连接翻译学与现代语言学、符号学、交际学等学科的桥梁，更重要的是架起了现代翻译理论与翻译实践之间的桥梁。毕竟斯坦纳用厚厚的一部《巴别塔之后》证明了 "翻

---

① Susan Bassnett and André Lefevere, *Constructing Cultures: Essays on Literary Translation*, p. ix.

译研究是一种语言研究"。①

　　中国翻译理论随翻译学之转向而转向，西方的文化转向理论是其客观契机，而其主观原因则是当时中国学者发现翻译研究的路子太窄，语言层面上的微观研究太多，文化层面上的宏观研究不足，于是有人喊出了"走出死胡同"的口号。②走出胡同是为了踏上西方文化学派架设的新桥，从而"扩大研究范围"，"开放翻译理论"③，以便进行多角度、跨学科、跨文化的翻译研究。《死胡同》一文明确指出其关键词是对霍姆斯和斯内尔-霍恩比所用的"dead end"之改写，因此对"语言学派的翻译研究已经走进了死胡同"这一说法应该结合其语篇语境来阐释。霍姆斯笔尖所向者，乃 20 世纪五六十年代那些脱离语境（out of context），而只顾为单词、词组和句子贴等值标签的语言学家。④斯内尔-霍恩比矛头所指者，则主要是当时在欧洲影响极大的两个学派——莱比锡学派和伦敦学派，具体所指仍然是等值理论。⑤可一些响应口号走出胡同踏上新桥去跨文化的中国学者，也像霍姆斯批评的那些语言学家一样犯了out of context的毛病，以为把翻译研究引进死胡同的是整个语言学，是所有语言学家，于是一上新桥就把旧桥废弃，甚至对其加以解构，异口同声地说什么"从语言学角度来研究翻译理论已经使翻译理论的研究走进了死胡同，因为翻译与语言除有密切关系的一方面，还有毫无关系的一面"，"翻译过程绝不是单纯的语言活动"，等等。⑥可问题是：难道新桥所连接的社会学、心理学、人类学、文化学、传播学、信息学、认知科学及比较文学就没有与翻译毫无关系的一面？难道翻译过程就是单纯的社会活动、心理活动、文化活动、传播活动、信息活

① George Steiner, *After Babel: Aspects of Language and Translation*, Shanghai: Shanghai Foreign Language Education Press, 2001, p.49.

② 张南峰：《走出死胡同，建立翻译学》，《中国翻译》1995 年第 4 期，第 15 页。

③ 张南峰：《走出死胡同，建立翻译学》，第 16-17 页。

④ James Holmes, *Translated! Papers on Literary Translation and Translation Studies*, Amsterdam: Rodopi, 1988, p.100.

⑤ Mary Snell-Hornby, *Translation Studies: An Integrated Approach*, Shanghai: Shanghai Foreign Language Education Press, 2001, pp.14-15.

⑥ 郭建中：《当代美国翻译理论》，武汉：湖北教育出版社，2000 年，第 107 页；刘四龙：《重新认识翻译理论的作用——对奈达翻译思想转变的反思》，《中国翻译》2001 年第 2 期，第 10 页。

动或认知活动？等值理论固然有其局限，可对等值理论的批评和检讨发展成为对"注重语言转换层面的传统翻译研究之颠覆"，这怎么说也是因噎废食，怎么说也像是把自己的孩子和洗澡水一块儿倒掉。（Translation theory seems to have thrown its very own baby with the bath-water.）[①]

笔者在此并非要否定新桥的作用，但我们必须认识到，这些新桥的作用说到底是帮助我们实现跨文化交流。虽说跨文化交流不是单纯的语言活动，可离开了文化信息所依附的语言，不同的文化之间又如何交流呢？由此看来，建设新桥绝对必要，但颠覆旧桥却万万不可。在这个全球化的时代，在当今全球化语境下，新桥旧桥共存才是真正多元交叉的立交大桥，新桥旧桥并用才是真正意义上最全面、最综合的格式塔（gestalt）研究范式。我们还必须澄清的问题是，对于新桥旧桥对面的其他学科，我们只能吸收其学术成果，借鉴其研究方法，受其相关理论的启发，而不能像某些翻译学家所规划的那样，将其一股脑儿纳入翻译研究的领域，不然"翻译研究的领域看似不断扩大，但在翻译从边缘走向中心的路途中，却潜伏着又一步步失去自己的位置的危险"[②]。我们必须清醒地认识到：把其他学科引入翻译研究并不是要把翻译学变成其他学科，把翻译置于任何视域下审视翻译也依然是翻译，而把翻译视为（或作为）任何现象来研究都并不排除把翻译视为（或作为）翻译来研究。总而言之，探索翻译在人类文化中的地位与作用，并不等于不再关注翻译本身，如果没有把翻译作为翻译来研究的这个根基，翻译研究将变成一种宽泛的文化研究，翻译理论将变成一种宽泛的文化理论，翻译学将名不副实甚至不复存在。

因此我们必须保持清醒的学术头脑，保持求实的学风，从而保持翻译学的学科特点。要保持求实的学风，就要避免那种"以追求玄、空、怪、涩为时髦"[③]的浮夸学风，避免那种"故弄玄虚，浅尝辄止，避实就虚，明显在绕道走，但显然又不在另辟蹊径，无非是领着读者在'理论'的迷宫里打转"[④]的翻译理

---

[①] Rajendra Singh, "Unsafe at any Speed? Some Unfinished Reflections on the 'Cultural Turn' in Translation studies," p. 60.

[②] 许钧：《翻译论》，武汉：湖北教育出版社，2003 年，第 56 页。

[③] 陈福康：《中国译学理论史稿》（修订本），上海：上海外语教育出版社，2000 年，第 475 页。

[④] 孙艺风：《理论 经验 实践——再谈翻译理论研究》，《中国翻译》2002 年第 6 期，第 7 页。

论。要保持翻译学的学科特点，就必须以翻译研究为主，文化研究为辅，因为我们研究文化的目的是为了促进翻译研究，深化翻译研究，而不是以文化研究取代翻译研究。如果什么研究都是翻译研究，那翻译研究就会变得什么也不是；如果什么理论都是翻译理论，那翻译理论就会与翻译实践完全脱离；这样翻译学也将在无限的研究领域中失去其学科特点，从而失去自我。因此我们应该进一步明确翻译学的学科概念，实事求是地规划翻译学的学科范畴，为翻译理论定性定位，使两千年来的内向型本体研究和二十年来的外向型综合研究交叉进行，从而使翻译理论和翻译实践之间的良性互动关系得以恢复。

（原载《上海翻译》2006 年第 3 期）

# 当代西方翻译理论引介过程中的误读倾向

【内容提要】 在我国引介当代西方翻译理论的过程中，出现了一种误读西方学者观点、翻译学关键术语以及书名和标题的倾向。本文指出并描述了这种倾向，呼吁国内翻译界对此现象加以必要的重视，以期在借鉴国外翻译理论时尽量避免以讹传讹。

近年我们引进了不少当代西方翻译理论。这种引进极大地拓展了我们的视野，有力地促进了我国的翻译理论研究，使我国的翻译事业出现了一个十分可喜的局面。但笔者发现，我们在引介西方翻译理论的过程中有一种误读倾向，虽然这种倾向还只是一个苗头，可已经给我们的借鉴造成了一定的负面影响。所以笔者认为有必要对此加以重视。这种误读倾向大致表现在四个方面，即对学者观点的误读，对关键术语的误读，以及对书名和标题的误读。下面笔者就从这几个方面取若干典型实例加以评述。

## 一、对学者观点的误读

一篇题为《当代西方翻译研究概况——兼谈Maria Tymoczko的翻译观》的文章在"Tymoczko的翻译观"这个小标题下如是说："Tymoczko认为给翻译下一个严格的定义是不可能的，但是如果勉强给翻译一个定义的话，她认为以色列学者Gideon Toury给出的翻译定义最为可取，因为该翻译概念比较宽泛。Toury认为'翻译是在译语系统中，不论由于何种原因，作为或者是被人视为是翻译的所有译语文本。'（A translation will be any target language text which is presented or regarded as such within the target system itself, on whatever

grounds.）。"①

另一篇题为《翻译研究：从规范走向描写》的文章介绍说："相对于规范性的翻译理论，描写性翻译理论的一个最大的特点是它的宽容。正如描写学派代表人物图里（Gideon Toury）指出的：什么是翻译？'翻译就是在目的系统当中，表现为翻译或者被认为是翻译的任何一段目的语文本，不管所根据的理由是什么。'"②

以上二文对图里这句话的解读基本相同，而且两位引用者都认为这句话是图里为翻译下的定义。可"翻译是……翻译的所有译语文本"或"翻译就是……翻译的任何一段目的语文本"都令人费解，而"不论由于何种原因"或"不管所根据的理由是什么"更是令人不知所云。这真是图里教授为翻译下的定义吗？提莫志克（Maria Tymoczko）教授真会用这样的定义来说明她的翻译观吗？若果真这样，那我们对描写学派之描写（description）、对所谓"操纵"学派之"操纵"（manipulation）就得重新解读了。带着这些问题，笔者对上述引文进行了一番查证。结果发现《当代西方翻译研究概况——兼谈Maria Tymoczko的翻译观》和《翻译描写：从规范走向描写》都误读了图里这句话，而且《当代西方翻译研究概况——兼谈Maria Tymoczko的翻译观》一文还误读了提莫志克教授的学术观点。

《翻译描写：从规范走向描写》注释说明其引文之原文出自图里本人的《描写翻译学基本原理》③一文。该文载于勒菲弗尔等人编的《翻译艺术与科学》1982 年特刊，笔者无从查阅。但《当代西方翻译研究概况——兼谈Maria Tymoczko的翻译观》表明其引文原文转引自提莫志克教授的《后殖民语境中的翻译——爱尔兰早期文学英译》一书。按图索骥，笔者找到了提莫志克教授引用图里那句话的段落，现摘录如下。

在以下的研究中，我会考查一些也许会被许多人更恰当地认为是"改

---

① 马会娟：《当代西方翻译研究概况——兼谈 Maria Tymoczko 的翻译观》，《中国翻译》2001 年第 2 期，第 63 页。

② 林克难：《翻译研究：从规范走向描写》，《中国翻译》2001 年第 6 期，第 43 页。

③ Gideon Toury, "A Rationale for Descriptive Translation Studies," in André Lefevere and Kenneth David Jackson (eds.), *The Art and Science of Translation*, Disposition 7, 1982, special issue, pp. 22-39.

写"或"仿造"的目的语文本，例如包括在奥格雷迪①两卷本《爱尔兰史》中的《乌尔斯特传奇组诗》的文本，或是格雷戈里夫人②《缪尔敦的库丘林》中的文本。在挑选翻译文本时，我总是遵照图里为译本下的那个相当宽泛的定义：……( In the studies below I consider a number of target texts that many would consider more properly "adaptations" or "imitations", such as, for example, Standish O'Grady's versions of the Ulster Cycle tales contained in his two volume work, *History of Ireland*, or Augusta Gregory's versions in *Cuchulain of Muirthemne*. In my selection of translated texts I am following Gideon Toury's very broad definition of a translation: "a translation will be any target language text which is presented or regarded as such within the target system itself, on whatever grounds." ) ③

从提莫志克提供的语境我们可以看出，图里这个"定义"中的被定义项是"译本"（a translation），而不是"翻译"（translation）。《当代西方翻译研究概况——兼谈Maria Tymoczko的翻译观》《翻译研究：从规范走向描写》二文都把a translation误读成了translation。

至于这个"定义"中的定义联项为何不用"is"而用"will be"，也许威尔斯的一句话可以做出解释。威尔斯的《翻译学——问题与方法》中有这样一句话：

　　无论是奈达那个谨慎的书名《翻译科学探索》还是 16 年后图里那个同样谨慎的书名《翻译理论探索》，都应该被理解为是精心挑选的确切表述，用以体现按正在形成的一套方法所取得的成果之试验性质。( The cautious title of Nida's book *Toward a Science of Translation*...or, sixteen

---

① 斯坦迪什·奥格雷迪（Standish O'Grady, 1846—1928），爱尔兰历史学家，被称为"爱尔兰文艺复兴之父"（Father of the Irish Renaissance）。它的两卷本《爱尔兰史》分别出版于 1878 年和 1880 年。

② 格雷戈里夫人（Gregory, Lady Augusta, 1852—1932），爱尔兰剧作家，她以爱尔兰吟游歌谣和传奇故事为素材用散文体改写的《缪尔敦的库丘林》讲述了爱尔兰传说中的民族英雄库丘林的一生。该书由叶芝作序，于 1902 年出版。

③ Maria Tymoczko, *Translation in a Postcolonial Context: Early Irish Literature in English Translation*, Shanghai: Shanghai Foreign Language Education Press, 2004, p. 35.

years later, the equally cautious title of Toury's book *In Search of Theory of Translation* must be understood as carefully chosen formulations meant to express the tentative nature of results achieved in deriving and substantiating methodology.）①

既然是探索试验，当然得字斟句酌，用will be而不用is表明了作者的严谨。

至于原文句末那个状语短语on whatever grounds该如何解读，根茨勒可谓一言以蔽之。他在《当代翻译理论》中论及图里时用了《吉迪恩·图里：翻译之目的语文本理论探索》（Gideon Toury: Toward a Target-text Theory of Translation）这样一个小标题，并在该节中说：

> 凭借不对译本的正确与否做出判断，只管译本（在目的语文化中）的可接受性，图里的理论规划得以统一。（Toury's theoretical project is unified by the acceptance of translated texts without a judgment of their solutions as correct or incorrect.）②

由此可见，on whatever grounds（不管在什么情况下）指的就是"不管译文文本的正确与否"。当然，图里本人也许不会同意这种说法，因为他的研究结果表明的是译本不论忠实（faithfulness）与否（而非正确与否）都可以被目的语文化接受，因为不忠实于原作的译本是为了实现在目的语文化中被接受的目的，而这种选择往往是由译者的意识形态或诗学形态所决定。

图里的描写翻译理论最关注的重点之一是译本在目的语文化中的可接受性，或者说是译本在目的语文化中的功能。从以上查证我们可以看出，《当代西方翻译研究概况——兼谈Maria Tymoczko的翻译观》和《翻译研究：从规范走向描写》之所以误读图里这句话，一是因为忽略了图里翻译理论所关注的重点，二是忽略了这句话中关键能指之所指，但更重要的还是忽略了这句话的语境。在《当代西方翻译研究概况——兼谈Maria Tymoczko的翻译观》转引的图

---

① Wolfram Wilss, *The Science of Translation: Problems and Methods*, Shanghai: Shanghai Foreign Language Education Press, 2001, pp. 51-52.

② Edwin Gentzler, *Contemporary Translation Theories* (Revised Second Edition), Shanghai: Shanghai Foreign Language Education Press, 2004, p. 126.

里原文后边，提莫志克教授不仅注明了引文出处，还特别提醒读者参阅图里1980 年版《翻译理论探索》①的有关章节。而在那些章节中，图里详细讨论了原文文本（the source text）与译文文本的关系，以及译文文本在目的语文化系统中的可接受性。在指代清楚的前提下，图里在谈到译本或译文文本时，交叉使用了translated texts、a target text、the texts、translations和a translation；谈到目的语文化系统时，分别使用了target culture和that system②。如果不忽略上述三个方面，引用者就会意识到原句中的a translation意为a target text或a translated text，而the target system则意为the target culture，从而把这句话解读为："不管在什么情况下，译本都可以是一种目的语文本，一种在目的语文化系统内被表现为或被视为目的语文本的文本。"

我们还可以为这种解读提供一个佐证。《翻译学辞典》告诉我们，图里的《描写翻译学基本原理》三年后又被收入赫曼斯编的 *The Manipulation of Literature: Studies in Literary Translation*③一书，而此时图里已把上述那句话中的"any target language text"改成了"any target language utterance"，把"the target system itself"改成了"the target culture"。④

严格说来，图里这句话算不上一个定义，他只是想说明译本应该是些什么样的文本，或什么样的文本可被视为译本。赫曼斯在他的《系统中的翻译——描写和系统理论解说》一书中就把图里这句话简化成"译本就是被视为译本的文本"（a translation is what is regarded as a translation），并嘲讽说这就等于一个父亲对他 4 岁的女儿说"斑马就是被我们叫作斑马的动物"。⑤赫曼斯此言不无道理，因为真要把图里这句话读作一个定义，那他首先就违反了第一条定义规则，犯了循环定义的错误，因为定义项中不能直接地或间接地包括被定义项。

---

① Gideon Toury, *In Search of a Theory of Translation*, Tel Aviv: Porter Institute for Poetics and Semiotics, 1980.

② 图里的描写翻译理论源自埃文-佐哈尔的"多元系统论"，故他把文化视为一个系统乃理所当然。

③ Theo Hermans, *The Manipulation of Literature: Studies in Literary Translation*, London: Croom Helm, 1985, pp. 16-41.

④ Mark Shuttleworth and Moira Cowie, *Dictionary of Translation Studies*, Shanghai: Shanghai Foreign Language Education Press, 2004, p. 39.

⑤ Theo Hermans, *Translation in Systems: Descriptive and Systemic Approaches Explained*, Shanghai: Shanghai Foreign Language Education Press, 2004, p. 49.

以上考查说明，解读当代国外翻译理论也要注重语境分析，因为"在交际过程中，语言的意义通常是根据语境来确定的。同一个语言单位在不同的语境中有不同的意义"。①

## 二、对关键术语的误读

"翻译暴力"这个外来术语对当今中国翻译界来说已不陌生。如有篇在韦努蒂亲自指导下写成的文章就说："韦努蒂认为文学翻译家在翻译时总是在做选择，这种选择关系到译者在翻译中采取暴力的程度和方向。"②虽说西方文化有重利轻义、宣扬暴力的倾向，但文化人（文学翻译家）在文化活动（翻译活动）中采用暴力还是令人匪夷所思。有人解释说这是国外译论家的比喻说法，其实这完全是因为我们误读而杜撰的一个"术语"。认真读过《译者之隐形》第1章第2节的读者都会发现，韦努蒂原话的意思是：

> 自由文学翻译家在翻译任何作品时都会进行一种选择，而这种选择关系到对原文故意改动的程度和趋向。（...the freelance literary translator always exercises a choice concerning the degree and direction of the violence at work in any translating.）③

这里的"一种选择"（a choice）是指选择韦努蒂下文紧接着说的归化策略（domesticating method）或异化策略（foreignizing method），而"自由文学翻译家"（the freelance literary translator）则指那些没有"赞助人""赞助"（或不是由出版商邀约的）的文学翻译家。从这句话我们再次看出语境分析的重要性，因为韦努蒂在《译者之隐形》中使用violence 不是取该词"furious action, force or feeling"之义，而是指undue alteration of wording or sense as in editing or

---

① 张美芳、黄国文：《语篇语言学与翻译研究》，《中国翻译》2002年第3期，第5页。

② 参见马嘉：《当代中西异化论的差异性》，中国翻译研究网 http://tscn.tongtu.net/（2003-11-12）。

③ Lawrence Venuti, *The Translator's Invisibility: A History of Translation*, London & New York: Routledge, 1995, p. 19.

interpreting a text。这后一个意思应该解读成我们汉语中的"篡改"或"歪曲"。若是将《译者之隐形》第 1 章第 2 节译成中文，凡遇violence针对"归化翻译"而言，我们都可以将其译为"篡改"或"歪曲"，因为韦努蒂反对将外国语言译成英语时的"归化翻译"；但在上面提到的这个句子中，"violence的程度和趋向"既涉及韦努蒂反对的"归化翻译"，又涉及他主张的"异化翻译"，所以用"歪曲"这种百分之百的贬义词也明显不妥。在现代汉语中，"歪曲"的释义是"故意改动"，而"故意改动"比较中性，所以笔者建议在上述语境中采用这个释义。

　　除上述明显的误读外，还有一种对术语的隐形误读。比如韦努蒂总是在同一语境下交替使用foreignizing translation（异化翻译）和foreignizing translation in English（用英语异化翻译），如下文所示。

> …*foreignizing translation* seeks to restrain the ethnocentric violence of translation, it is highly desirable today, a strategic cultural intervention in the current state of world affairs, pitched against the hegemonic English-language nations and the unequal cultural exchanges in which they engage their global others. *Foreignizing translation in English* can be a form of resistance against ethnocentrism and racism, culture narcissism and imperialism…[1]

　　而在他的辞典中，dominant culture（强势文化）就等于Anglo-American culture（英美文化）。据笔者统计，在《译者之隐形》第 1 章中，Anglo-American culture共出现 15 次，其中 4 次加了限制词contemporary（即contemporary Anglo-American culture），1 次出现的形式是"the global domination of Anglo-American culture"[2]，此后不久就出现dominant culture[3]；dominant culture在第 1 章中只出现 1 次，而此前Anglo-American culture已出现 9 次。因此原文读者很容易看出这两对术语各自的同一性。换言之，韦努蒂所说的"强势文化"

---

① Lawrence Venuti, *The Translator's Invisibility: A History of Translation*, p. 20.

② Lawrence Venuti, *The Translator's Invisibility: A History of Translation*, p. 17.

③ Lawrence Venuti, *The Translator's Invisibility: A History of Translation*, p. 24.

就是"英美文化"，①Anglo-American 是对"强势文化"的限制；而他的"异化翻译"指的就是"用英语异化翻译"，in English 是对"异化翻译"的限制。然而一些中国学者在引进"强势文化"和"异化翻译"这两个术语时却忽略了文本语境及其文化语境，没有对其加以必要的诠注，从而取消了对这两个概念的限制，使这两个概念的外延增多。这也许就是 21 世纪初中国译界展开的那场"归化异化大讨论"的原因。

# 三、对书名的误读

对书名误读之典型当数上海外语教育出版社引进的西方翻译研究学派（Translation Studies Group）②之代表人物勒菲弗尔的代表作 *Translation, Rewriting and the Manipulation of Literary Fame*。引进者为该书配的中文书名是《翻译、改写以及对文学名声的制控》，另一位介绍者将其解读为《翻译、重写和文学名声的操纵》。③可不论是"对文学名声的制控"还是"文学名声的操纵"，都令不少同行和翻译专业的学生感到疑惑。笔者确信，翻译研究学派也不会认可这个书名的中文文本，因为这个文本之"重写"遵循的是他们反对的语言学派的"刻意等值"（intended equivalence）标准，而不是他们研究学派认可的"允许调整"（admitted manipulation）策略，④因此这个文本没有达到他们所要求的在目的语文化中的可接受性（acceptability）。更重要的是，包括勒菲弗尔这本书在内的翻译研究学派的理论著作极大地提高了翻译在文化

① 韦努蒂在同一章的上文中提供的一组数据可证实这种解读。20 世纪 90 年代初，英美出版的书籍中从外语译成英语的翻译作品分别只有 2.4% 和 2.96%。但同期法国出版的书籍中翻译作品占 10%，其中译自英语的占七成；德国出版的书籍中翻译作品占 14.4%，其中译自英语的占六成半；意大利出版物中的翻译作品则高达 25.4%，其中大部分也是译自英语。参见 Lawrence Venuti, *The Translator's Invisibility: A History of Translation*, p. 12.

② 西方翻译研究学派（Translation Studies Group）又称"低地国家学派"（Low Countries Group）、"描写学派"（Descriptive School）、"经验主义学派"（Empirical School）、"系统学派"（Systemic School）和 Manipulation School。参见 Mark Shuttleworth and Moira Cowie, *Dictionary of Translation Studies*, p. 101.

③ 潘文国：《当代西方的翻译学研究——兼谈"翻译学"的学科性问题》，《中国翻译》2002 年第 2 期，第 36 页。

④ Mary Snell-Hornby, *Translation Studies: An Integrated Approach*, Shanghai: Shanghai Foreign Language Education Press, 2001, p. 22.

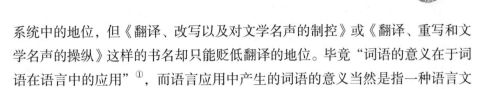

系统中的地位，但《翻译、改写以及对文学名声的制控》或《翻译、重写和文学名声的操纵》这样的书名却只能贬低翻译的地位。毕竟"词语的意义在于词语在语言中的应用"①，而语言应用中产生的词语的意义当然是指一种语言文化对该语言文化中应用的词语之语意共识。

在现代汉语中，"制控"是个生造词，而"操纵"之对象若非机械仪器，则只有"用不正当的手段支配、控制"的意思。与之相反，在现代英语中，manipulate（manipulation）却具有非常丰富的词义，据*Merriam-Webster Online Dictionary*，其基本意思有：1.to treat or operate with the hands or by mechanical means especially in a skillful manner；2.to manage or utilize skillfully；3.to control or play upon by artful, unfair, or insidious means especially to one's own advantage；4.to change by artful or unfair means so as to serve one's purpose。用汉语"重写"这些词义可得到如下文本：（尤指熟练地）使用机械或用手处理或操作；熟练地处置或使用；（尤指为了私利）用巧妙的、不正当的或狡诈的手段控制（操纵）或利用；（为达到某人的目的而）用巧妙或不正当的手段加以改变。

那么勒菲弗尔或研究学派到底是用的上列哪个词义呢？其实在*Translation, Rewriting and the Manipulation of Literary Fame*一书的"总编辑序"（General editors' preface）中，苏珊·巴斯内特和勒菲弗尔已经做出了明确回答：Rewriting is manipulation。该书中有这么一句话：rewriters adapt, manipulate the originals they work with to some extent, usually to make them fit in with the dominant, or one of dominant ideological and poetological currents of their time。②由此可见，勒菲弗尔用的是上列词义第 3 和第 4 项中的非贬义部分，换句话说，manipulate（manipulation）在研究学派的辞典中绝无贬义，因为改写者们为适应其所处时代意识形态和诗学形态的主流，对他们处理的原作进行adapt和manipulate，其目的和手段都不可谓不正当。*Translation, Rewriting and the*

① Ludwig Wittgenstein, *Philosophical Investigations* (Eng. trans. by G. E .M. Anscombe), Oxford: Basil Blackwell, 1967, p. 20e.

② André Lefevere, *Translation, Rewriting and the Manipulation of Literary Fame*, Shanghai: Shanghai Foreign Language Education Press, 2004, p. 8.

*Manipulation of Literary Fame*这本书是一部与翻译实践紧密结合的理论著作，该书以多种语言的文学名著为实例，分析了这些名著在不同时期、不同社会形态下被翻译、被重写或被删改的过程。不论是出于诗学形态的需要把阿里斯托芬的《吕西丝特拉忒》"翻译"得五花八门的各国历代译者（第4章），还是由于意识形态的限制对毕希纳的《丹东之死》进行外科手术式删改的那些编辑（第12章），他们的目的都值得称道，他们的手段都值得肯定。这也是研究学派或描写学派的翻译理论之意义所在。

鉴于此，笔者建议，对翻译研究学派使用的manipulate（manipulation），从宏观的角度可解读为"调控"（如"调控学派"），从微观的角度可解读为"调整"（如"对原作进行改编和调整"）。调者，改变原有状态，使之适应客观环境和要求也；控者，使之处于自己的影响之下也。

翻译是对原文的一种重写( Translation is, of course, a rewriting of an original text )[1]，而重写就是（对原文的）调控( Rewriting is manipulation )[2]。这样概括也许可以印证林克难教授说过的一句话："正确地理解了一个（翻译）术语，等于掌握了一种翻译理论。"[3]此话虽略显夸张，但却不无道理。

上述书名中的fame一词在解读时也需要manipulation。根据该书语境，fame不仅有reputation和renown的意思，还可以指famous or illustrious individual。根据全书内容，fame在书名中显然是两个意思兼而有之。但在汉语文化中，"对文学名家的调控（调整）"和"对文学名声的制控（操纵）"一样缺乏可接受性。

维特根斯坦在其《哲学研究》116节中说："当哲学家使用一个词（如知识、存在、对象、我、命题、名称）并试图把握事物的本质时，必须经常自问，这个词在它老家的语言游戏中真是以这种方式来使用的吗？……哲学家必须把词语从其形而上学的用法中带回到日常用法中来( The philosopher must bring words back from their metaphysical usage to their everyday usage. )[4]。"我们同样

---

[1] André Lefevere, *Translation / History / Culture: A Sourcebook*, London & New York: Routledge, 1992, p. xi.

[2] André Lefevere, *Translation / History / Culture: A Sourcebook*, p. xi.

[3] 林克难：《为翻译术语正名》，《中国翻译》2001年第1期，第15页。

[4] Ludwig Wittgenstein, *Philosophical Investigations* (English trans. by G. E .M. Anscombe), pp. 48e-49e.

可以说：当翻译家使用目的语中的一个词，试图表现源语中与之对应的词之固有概念时，必须经常自问，这个词在目的语语言游戏中真是以这种方式来使用的吗？笔者相信，任何以汉语为母语、并接受过汉语言基本教育的当代中国人都会得出结论："对文学名声的制控（操纵）"或"对文学名家的调控（调整）"都不符合现代汉语的语言游戏规则。另外，虽然勒菲弗尔在其书中描写了翻译、改编、重写、删节和调整对作家形象（image of the writer）的重构，也描写了这些行为对作家名声（author's fame）的影响，但其描写的实体却是作品，如阿里斯托芬的《吕西丝特拉忒》、不同版本的《安妮日记》，卡图卢斯《抒情诗集》之第 2 首，以及因被删改或肢解（mutilation）才获得拯救的毕希纳的《丹东之死》。至于勒菲弗尔在该书第 1 章提到的各种版本的《圣经》，在第 6 章中提到的《一千零一夜》，以及出自rewriters之手的"无原稿版本"（editions of non-existing manuscripts）①，就更谈不上作家的形象或名声了。

综上所述，笔者建议将Translation, Rewriting and the Manipulation of Literary Fame这个书名改写为《文学名著之翻译、重写及其调控》。至少"调控学派"为我们提供了"调整"（manipulate）这个书名的理论依据，那就是要让这个书名之目的语文本在目的语文化中具有可接受性。

# 四、对标题的误读

如果说对书名的误读还只是一种苗头，那么对标题的误读则已呈现为一种趋势，而且这种趋势已造成了较为广泛的负面影响。

提莫志克《后殖民语境中的翻译——爱尔兰早期文学英译》（Translation in a Postcolonial Context: Early Irish Literature in English Translation）第一章标题"The Metonymies of Translation"被引进者在"出版前言"中解读成"翻译是一种转喻"。可该标题下的题解和该章的内容都告诉我们，提莫志克教授说的是"翻译中的转喻"。题解前两句说：

---

① André Lefevere, *Translation, Rewriting and the Manipulation of Literary Fame*, p. 8.

　　所有文学作品都会以转喻的方式使产生它们的文学背景和文化背景重现得更为广阔。产生于后殖民文化的文本翻译引起的结果往往使翻译中的转喻凸显，这就向基于二元分类①的翻译理论研究提出了挑战。（All literary texts evoke metonymically the larger literary and cultural contexts from which they emerge. Issues raised by the translation of texts from postcolonial cultures set in high relief the metonymies of translation, thus challenging theoretical approaches to translation based on binary classification.）②

　　巴斯内特的一句话可印证上述观点。她在《文化学的翻译转向》一文中说：

　　要是翻译学越来越关注单个的文本与它们产生于其中并在其中被阅读的那个更为广阔的文化系统之间的关系，那么我们就不会惊于在文化学范畴内，尤其是在后殖民理论中，翻译越来越被看作既是真实的经验又是隐喻。（And if translation studies has been increasingly concerned with the relationship between individual texts and the wider cultural system within which those texts are produced and read, it is therefore not surprising that within cultural studies, and in post-colonial theory in particular, translation is increasingly being seen both as actual practice and as metaphor.）③

　　虽然提莫志克和巴斯内特分别用了"转喻"和"隐喻"，但她们说的是同一种现象。无论是"翻译中的转喻"还是"被看作隐喻的翻译"都仅仅是个概念，但"翻译是一种转喻"却是个判断或命题。

　　标题的误读更多的是见于西方翻译学者爱用的"n. as n."式短语结构，诸如斯内尔-霍恩比的"Translation as a cross-culture event"④、诺德的"Translation

---

① 指直译/意译、归化/异化、形式对等/动态对等、流畅式/抵抗式等。

② Maria Tymoczko, *Translation in a Postcolonial Context: Early Irish Literature in English Translation*, p. 5.

③ Susan Bassnett, "The Translation Turn in Cultural Studies," in Susan Bassnett and André Lefevere, *Constructing Cultures: Essays on Literary Translation*, Shanghai: Shanghai Foreign Language Education Press, 2001, p. 137.

④ Mary Snell-Hornby, *Translation Studies: An Integrated Approach*, p. 39.

as a purposeful activity"①、图里的"Translation as cultural facts"②、威尔斯的
"Translation as a modern means of communication"③、赫曼斯的"Translation as
a social system"④以及格特的"Translation as communication"⑤，等等。同本节
所举的第一例一样，国内学者通常把这些短语也解读为命题式语句，于是我们
经常读到"翻译是一种社会系统""翻译是一种交际行为"之类的命题，从而
模糊了翻译的本质。

更值得注意的是，国内一些学者也开始用这种命题式语句作为自己文章的
题目或标题，如《翻译就是征服》《翻译是互文意境中的篇章连贯重构》及《翻
译：一种文化政治行为》⑥等。直接借鉴者还把其标题英译为Translation as
conquest、Translating as reconstruction of textual coherence in an inter-textual
context，可间接借鉴者则干脆译作Translation：A cultural political act。

其实上列西方学者在其"n. as n."式标题下的正文中一般都提供了解读其
标题的语境。如赫曼斯在Translation as a social system这个标题下就紧接着说：
"我们可以把翻译看成一种公认的社会现象。"（We can look upon translation
as a recognized social phenomenon.）⑦；格特在Translation as communication这个
标题下也紧接着说："在更详尽地介绍关联理论之前，我们有必要指出，关联
理论之应用须把翻译视为交际的一部分。"（Before introducing relevance theory
in more details, it is worth pointing out that the application of relevance theory
entails that translation is being looked at as part of communication.）⑧由此可见，
"n. as n."式标题应该被解读为"被视为n.的n."或"作为n.的n."，而不应该

---

① Christiane Nord, *Translation as a Purposeful Activity: Functionalist Approaches Explained*, Shanghai: Shanghai Foreign Language Education Press, 2001.

② Gideon Toury, *Descriptive Translation Studies and Beyond*, Shanghai: Shanghai Foreign Language Education Press, 2001, p. 26.

③ Wolfram Wilss, *The Science of Translation: Problems and Methods*, p. 17.

④ Theo Hermans, *Translation in Systems: Descriptive and Systemic Approaches Explained*, p. 141.

⑤ Ernst-August Gutt, *Translation and Relevance: Cognition and Context*, Shanghai: Shanghai Foreign Language Education Press, 2004, p. 22.

⑥ 参见《中国翻译》2001年第1期第21页，2004年第2期第14页；《中国比较文学》2005年第1期第116页。

⑦ Theo Hermans, *Translation in Systems: Descriptive and Systemic Approaches Explained*, p. 141.

⑧ Ernst-August Gutt, *Translation and Relevance: Cognition and Context*, p. 22.

解读为"n. is n."。"作为n.的n."意味着"翻译在某种特定条件下具有某种性质",从而拓展我们研究翻译的视野;而"n. is n."却断言"翻译就是什么,或翻译具有什么性质",不利于我们对翻译本质的全面把握。

"翻译暴力""操纵学派""操控权""翻译就是文本""翻译是一种政治行为",这些因误读而被"改写"出来的术语和定义使那批治学严谨且温文尔雅的当代西方翻译理论家在不究其详的中国读者心目中显得偏颇激进,这大概就是许多翻译家(甚至连一些翻译专业的学生)对当代西方翻译理论敬而远之的原因之一。要消除这种负面影响,我们需要做的就是不仅要借鉴当代西方的理论,还要借鉴当代西方学者那种严谨的治学态度和治学方法。

他山之石,可以攻玉。但他山石的采集者一定要全面了解并如实介绍所采之石的品质特性,从而尽量避免在中国译学这块正在琢磨的美玉上留下瑕疵。

(原载《上海翻译》2005 年第 3 期)

# 翻译研究也需要翻译

## ——再谈西方翻译理论引介过程中的误读误译问题

【内容提要】 在我国引介和借鉴西方翻译理论的过程中，一直存在着笔者曾指出过的误读误译西方翻译学者学术观点的问题。本文用几个流传甚广且影响极大的典型实例再次揭示这种误读误译现象，指出研究国外翻译理论需要正确的理解，引介和借鉴国外翻译理论也需要正确的翻译。

## 一、引　言

英国学者赫曼斯在谈及自己对描述理论和系统理论研究的局限时说："因为我只能应付几门西方语言，所以许多本该考虑的材料都超越了我所能考虑的范围。这尤其指用希伯来语出版的材料，但肯定也包括其他许多用我懂得的语言出版的相关研究材料。从多重意义上讲，翻译研究也需要翻译。"[①]这段话不仅是一名翻译理论家的有感而发，而且也是他的经验之谈。遗憾的是，鲜见有中国翻译学者表达这种感受，而且赫曼斯这番肺腑之言似乎也很少引起中国学者的重视，于是在我们引介国外翻译理论的过程中，对西方学者学术观点的误读误译现象屡见不鲜，甚至有些被指正过的显而易见的误译也照样流传。鉴于此，笔者认为有必要再谈谈这个问题。希望以下讨论的几个流传甚广且影响极大的典型误读误译实例能引起我们更多的思考和反省。

---

① Theo Hermans, *Translation in Systems: Descriptive and Systemic Approaches Explained*, Manchester: St. Jerome Publishing, 1999, p. i.

# 二、图里是在为"翻译"下定义吗？

在论及"翻译概念及其依附的语词"时，笔者曾提醒说以色列学者图里（Gideon Toury）为Translation下的那个"定义"之被定义项并不是"翻译"，而是"译本"。①可最近又有中国学者撰文说："近年来，随着翻译学科逐渐向宏观文化语境的拓展，新的翻译定义不断涌现。例如，以色列著名翻译学者图里曾建议采用比传统更为广泛开放的翻译定义，认为'只要译语多元系统认为是翻译的语篇就是翻译'②。"③该学者标注的文献是图里 1980 年出版的*In Search of a Theory of Translation*一书，其夹注告诉我们其引文中的所谓"定义"引自该书第 73 页，所以我们就先来看看图里在该书中到底是怎么说的。在该书第 73 页，与引文"定义"沾得上边的一段文字如下：

> On several occasions... I claimed that the most suitable starting point for a descriptive study of translations and translational relationships④ as empirical phenomenon in their environment is TT-oriented — and non-normative in nature. As opposed to the "traditional" ST/SL-oriented theories of potential translatability, the initial question of such a theory is not whether a certain text is a translation, according to some pre-conceived criteria which may well be extrinsic to the systems⑤ in which the text in question is, or is to be integrated, but whether it is ***regarded as a translation*** from the intrinsic point of view of the target system.（我曾多次指出，描述性研究把译文文本和译文与原文之

---

① 曹明伦：《翻译之道》，保定：河北大学出版社，2007 年，第 121 页。

② Gideon Toury, *In Search of a Theory of Translation*, Tel Aviv: Porter Institute for Poetics and Semiotics, 1980, p. 73.

③ 李红满：《当代美洲翻译理论研究的新方向——根茨勒新著〈美洲的翻译与身份认同：翻译理论的新方向〉评介》，《中国翻译》2010 年第 1 期，第 38 页。

④ "translational relationships" 在该书上文（包括第 73 页第 12-13 行）被表述为 "relationship (or class of relationships) between TT and ST, or even between the entire corresponding linguistic systems"，在该书同页下文（倒数第 3 行）的表述中则为 "TT-ST relationships"。

⑤ "the systems" 在该书上文（包括第 73 页第 4 行）的表述中为 "the social, cultural and linguistic systems"。

间的关系视为其所处环境中的经验现象，因此描述性研究最合适的出发点是以目标语文本为导向，而且在本质上是非规定性的。这样一种理论与那些以源语或源语文本为导向、关注潜在可译性的"传统"理论相对。看某个文本是否是译本，"传统"理论依据的是某些预设的标准——某些很可能并非该文本在其中被融合或将被融合的语言文化系统所固有的标准；但描述性翻译理论与之不同，它首先关注的问题是：从目标语文化系统固有的观点来看，该文本是否被认为是一种译本。）①

这段话是图里描述性翻译理论的精髓所在，我们从中无论如何也看不出他为翻译下了什么新的定义。上述中国学者把"it is *regarded as a translation* from the intrinsic point of view of the target system"翻译成"只要译语多元系统认为是翻译的语篇就是翻译"，并认为这是图里为翻译下的新的定义，这实在是对图里描述翻译理论的误读误译，而这种误读误译在中国译坛已由来已久。

十年前，一篇文章在"Tymoczko的翻译观"这个小标题下如是说："Tymoczko认为给翻译下一个严格的定义是不可能的，但是如果勉强给翻译一个定义的话，她认为以色列学者Gideon Toury给出的翻译定义最为可取，因为该翻译概念比较宽泛。Toury认为'翻译是在译语系统中，不论由于何种原因，作为或者是被人视为是翻译的所有译语文本。'"②同年另一篇题为《翻译研究：从规范走向描写》的文章也介绍说："相对于规范性的翻译理论，描写性翻译理论的一个最大的特点是它的宽容。正如描写学派代表人物图里（Gideon Toury）指出的：什么是翻译？'翻译就是在目的系统当中，表现为翻译或者被认为是翻译的任何一段目的语文本，不管所根据的理由是什么。'"③这两篇文章在其所认为的"翻译定义"后所附的英文原文都是A translation will be any target language text which *is presented or regarded as* such within the target system itself, on whatever grounds。沙特尔沃斯和考伊编著的那本*Dictionary of Translation Studies*在Translation这个词条中，也在卡特福德、雅各布森和奈达等人为

① Gideon Toury, *In Search of a Theory of Translation*, p. 73.
② 马会娟：《当代西方翻译研究概况——兼谈Maria Tymoczko的翻译观》，《中国翻译》2001年第2期，第63页。
③ 林克难：《翻译研究：从规范走向描写》，《中国翻译》2001年第6期，第43页。

"translation"下的定义之后列出了图里为"a translation"下的定义，其措辞与上述二文所附英文原文稍有不同，为"a translation is 'taken to be any target-language utterance which *is presented or regarded as* such within the target culture, on whatever grounds'"。①中文译本《翻译研究辞典》将其翻译成了"翻译是指'在目标语文化中被视为翻译的任何一种目标话语，不论其理由如何'"。②

上列汉语译文"认为是翻译的语篇就是翻译""翻译是……所有译语文本""翻译就是……任何一段目的语文本"以及"翻译是指……任何一种目标话语"都令人费解，而"不论由于何种原因""不管所根据的理由是什么"以及"不论其理由如何"更是令人不知所云。这真是图里为翻译下的定义吗？提莫志克（Maria Tymoczko）真会用这样的定义来说明她的翻译观吗？上述谈"Tymoczko的翻译观"那篇文章说明其引文原文转引自提莫志克教授的《后殖民语境中的翻译——爱尔兰早期文学英译》一书。那我们就再来看看提莫志克引用图里那句话的段落：

> In the studies below I consider a number of target texts that many would consider more properly "adaptations" or "imitations", such as, for example, Standish O'Grady's versions of the Ulster Cycle tales contained in his two volume work, *History of Ireland*, or Augusta Gregory's versions in *Cuchulain of Muirthemne*. In my selection of translated texts I am following Gideon Toury's very broad definition of a translation: "*a translation will be any target language text which is presented or regarded as such within the target system itself, on whatever grounds.*"（在以下的研究中，我会考查一些也许会被许多人更恰当地认为是"改写"或"仿造"的目标语文本，例如包括在奥格雷迪③两卷本《爱尔兰史》中的《乌尔斯特传奇组诗》的文本，或

---

① Mark Shuttleworth and Moira Cowie, *Dictionary of Translation Studies*, Shanghai: Shanghai Foreign Language Education Press, 2004, p. 182.

② 谭载喜（主译）：《翻译研究词典》，北京：外语教学与研究出版社，2005年，第248页。

③ 斯坦迪什·奥格雷迪（Standish O'Grady, 1846—1928），爱尔兰历史学家，被称为"爱尔兰文艺复兴之父"。他的两卷本《爱尔兰史》分别出版于1878年和1880年。

是格雷戈里夫人①《缪尔敦的库丘林》中的文本。在挑选翻译文本时，我总是遵照图里为译本下的那个相当宽泛的定义：……) ②

从以上引文我们可以清楚地看出，图里这个"定义"中的被定义项是"译本"（a translation），而不是"翻译"（translation）。上述四位中国学者都把 a translation误读成了translation，结果歪曲了图里和提莫志克的翻译观，甚至歪曲了西方描述翻译学派的学术思想。

至于这个"定义"中的定义联项为何不用"is"而用"will be"或"is taken to be"，也许威尔斯的一句话可以做出解释。威尔斯在其《翻译学——问题与方法》中说："无论是奈达那个谨慎的书名《翻译科学探索》……还是16 年后图里那个同样谨慎的书名《翻译理论探索》，都应该被理解为是精心挑选的确切表述，用以体现按正在形成的一套方法所取得的成果之试验性质。"③既然是探索试验，当然得字斟句酌，用will be或is taken to be表明了作者的严谨。

至于原文句末那个状语短语on whatever grounds该如何解读，根茨勒也做出了解释。他在《当代翻译理论》第五章中用了"吉迪恩·图里：翻译之目标语文本理论探索"（"Gideon Toury: Toward a Target-text Theory of Translation"）这样一个小标题，并在该节中说："凭借不对译本的正确与否做出判断，只管译本（在目标语文化中）的可接受性，图里的理论规划得以统一。"④由此可见，on whatever grounds（不管在什么情况下）指的就是"不管译文文本正确与否"。

图里的描写翻译理论所关注的重点之一是译本在目标语文化中的可接受性，或者说是译本在目标语文化中的功能。从以上考证我们可以看出，上述

---

① 格雷戈里夫人（Gregory, Lady Augusta, 1852—1932），爱尔兰剧作家，她以爱尔兰吟游歌谣和传奇故事为素材用散文体改写的《缪尔敦的库丘林》讲述了爱尔兰传说中的民族英雄库丘林的一生。该书由叶芝作序，1902 年出版。

② Maria Tymoczko, *Translation in a Postcolonial Context: Early Irish Literature in English Translation*，Shanghai: Shanghai Foreign Language Education Press, 2004, p. 35.

③ Wolfram Wilss, *The Science of Translation: Problems and Methods*, Shanghai: Shanghai Foreign Language Education Press, 2001, pp. 51-52.

④ Edwin Gentzler, *Contemporary Translation Theories*, London & New York: Routledge / Shanghai: Shanghai Foreign Language Education Press, 1993 / 2004, p. 128 / 126.

四位中国学者之所以误读图里这句话，一是因为忽略了图里翻译理论所关注的重点，二是忽略了这句话中关键能指之所指，但更重要的还是忽略了这句话的语境。在马会娟转引的英文原文后边，提莫志克不仅注明了引文出处，还特别提醒读者参阅图里 1980 年版《翻译理论探索》的有关章节。而在那些章节中，图里详细讨论了原文文本与译文文本的关系，以及译文文本在目标语文化系统中的可接受性。在指代清楚的前提下，图里在谈到译本或目标语文本时，交替使用了translated texts、a target text、the texts、translations和a translation；谈到目标语文化系统时，分别使用了"the target social, cultural and linguistic systems"、the target system和the systems。如果不忽略上述三个方面，引用者就会意识到原句中的a translation意为a target text或a translated text，而the target system则意为"the target social, cultural and linguistic systems"，从而明白上述引文说的是："不管在什么情况下（不管译本正确与否），译本都可以是一种目标语文本，一种在目标语社会文化系统内被表现为或被视为目标语文本的文本。"由此可见，图里并非是在为"翻译"下定义，而是在为"译本"或曰"目标语文本"下定义。

不过严格说来，图里这句话算不上一个定义，他只是想说明译本可以是些什么样的文本，或什么样的文本可被视为或接受为译本。赫曼斯在其《系统中的翻译——描写和系统理论解说》一书中就把图里这句话简化成a translation is what is regarded as a translation（译本就是被视为译本的文本），并嘲讽说这就等于一个父亲对他 4 岁的女儿说"斑马就是被我们叫作斑马的动物"。[1]赫曼斯此言不无道理，因为真要说图里这句话是个定义，那他首先就违反了第一条定义规则，犯了循环定义的错误，因为定义项中不能直接地或间接地包括被定义项。

图里提出其描述翻译理论已整整 30 年了，但愿中国译学界能尽快领悟其理论的真谛。

---

[1] Theo Hermans, *Translation in Systems: Descriptive and Systemic Approaches Explained*, p. 49.

# 三、德里达的Il n'y a pas de hors-texte = 文本之外别无他物？

德里达在《写作学》中解读卢梭作品时说过这么一句话"Il n'y a pas de hors-texte."[1]。略懂法语者也会将这句话翻译成"这里没有插图。"。然而，智者千虑，必有一失，精通法语的斯皮瓦克在英译《写作学》时就偏偏把法语名词"hors-texte"（单页插图）中间的连字符看漏，将这个名词一分为二成介词"hors"（在……之外）和名词"texte"（文本），从而将法语原句理解为"Il n'y a pas de chose hors texte"，于是便有了相应的英译文"There is nothing outside of the text."[2]，随后中国学者又据此翻译出了"文本之外别无他物。"。这句话的中英文本都被大量引用，广为流传，成了德里达的一句名言，可"There is nothing outside of the text."看上去与"The text exists as a text on a page."[3]如出一辙，"文本之外别无他物。"听起来与"文本就作为文本存在于书页之间。"也酷肖绝似，但"文本就作为文本存在于书页之间。"（The text exists as a text on a page.）毕竟是新批评理论的核心概念。于是读者在阅读那些研究德里达且引用有他这句名言的中英文文本时，不免会感到上下文逻辑混乱，自相矛盾。不信我们就先来读一段英文：

> Derrida's most famous (or infamous) phrase is perhaps *Il n'y a pas de hors-texte*, which is usually translated as "There is nothing outside of the text"…this statement makes the point that meaning — not only the meaning of what we speak, read and write, but any meaning at all — is a contextual event; meaning cannot be extracted from, and cannot exist before or outside of a

---

[1] Jacques Derrida, *Of Grammatology*, Eng. trans. by Gayatri Chakravorty Spivak, Baltimore & London: The Johns Hopkins University Press, 1976, p. 158.

[2] Jacques Derrida, *Of Grammatology*, p. 158.

[3] Margaret Drabble, *The Oxford Companion to English Literature*, Oxford: Oxford University Press, 1985, p. 693.

specific context. <sup>①</sup>

这段文字令人费解的是，既然说"文本之外别无他物"，又说"任何意义都与语境有关；意义不可能与语境分离，不可能存在于某特定语境之前或者之外"，那么，这里所说的"语境"是在文本之内还是在文本之外呢？回答这个问题之前让我们再来读一段中文：

上海外语教育出版社 2004 年引进出版的 *Deconstruction and Translation* 一书的中文"出版前言"也说："德里达最著名的一句话也许是'文本之外别无他物'"，但"出版前言"同时又告诉我们："如果我们用解构的方式阅读原文本，就会发现原有文本的界限已不复存在，而成为向我们，也向其他文本无限开放的东西。里面的东西不断溢出，外面的东西不断加入，进行增补。"

相信认真读过"出版前言"的读者都会真切地体会到什么叫百思不得其解。既然"原有文本的界限已不复存在"，那么何来内外之别？既然已经没有了界限，文本里面的东西又溢向何处？既然"文本之外别无他物"，那么"文本外面的东西"又是何物？

或许正是这些质疑使德里达这句名言"声名狼藉"（infamous），于是他不得不出面对 *Il n'y a pas de hors-texte* 这句话进行解释：

That does not mean that all referents are suspended, denied, or enclosed in a book, as people have claimed, or have been naïve enough to believe and to have accused me of believing. But it does mean that every referent, all reality has the structure of a differential trace, and that one cannot refer to this 'real' except in an interpretive experience. （有些人一直以为我这句话的意思是全部所指对象都被悬隔，都被否定，或都被包含在书中，他们不仅天真地自己这么认为，而且还指责说我也这么认为。可我这句话的意思是：每一个所指对象，整体的真实，都具有由不同语迹构成的结构，如果你不具有一

---

① Kathleen Davis, *Deconstruction and Translation*, Shanghai: Shanghai Foreign Language Education Press, 2004, p. 9.

种解读经验，你就不可能看到这个'真实'。）①

这段话末句中那个假言推理似乎在暗示我们，只要你具有解读经验，就可能看到文本中的真实。其实Il n'y a pas de hors-texte似乎还有一个暗示：文本内没有插图，文本外也没有？正如戴维斯在阐释德里达的解构学说时所说："不管是源语文本还是目标语文本，每个文本的每个部分都会产生意义，但在这一过程中，意义不仅来自语言的其他元素，还来自这个无限开放的编织物的所有元素。因此，能指链（chain of signifiers）中的差异运动并不局限于语言学意义上的能指，而总是包括'真实能指''经济能指''历史能指''社会习俗能指'等。"②德里达自己就是这样解读（或曰解构）文本的。例如，在他那篇为解读《斐德若篇》而写的《柏拉图的药》③中，"他研究了柏拉图在精细的诡辩语境中对pharmakon（πηαρμακοω，药物）一词的用法，研究了古代犹太祭司用羊替人赎罪的仪式，还研究了古希腊神话和古埃及神话。"④由此可见，文本之外还真是别有他物。尽管后来德里达针对人们对这句名言的质疑，在解释中把上述"真实能指""经济能指""历史能指""社会习俗能指"统统纳入"文本"，⑤但那毕竟是一个哲学家形而上的思考，Il n'y a pas de hors-texte这句话的意思依然没变，还是应该翻译成"这里（文本里）没有插图"，这不仅符合这句法语的语法意义，也符合德里达爱用隐喻的习惯。更重要的是，"这里（文本里）没有插图"既能给予我们应有的启示，又不会与新批评理论相混淆，从而造成众多郢书燕说式的所谓阐释。

---

① Quoted from Kathleen Davis, *Deconstruction and Translation*, p. 24.

② Quoted from Kathleen Davis, *Deconstruction and Translation*, p. 24.

③《柏拉图的药》（Plato's Pharmacy）一文最初于1968年发表在法语杂志《如此》（*Tel Quel*）上，后收入其论文集《撒播》（*Dissemination*，1972）。

④ Kathleen Davis, *Deconstruction and Translation*, p. 3.

⑤ Kathleen Davis, *Deconstruction and Translation*, p. 24.

## 四、*Deconstruction and Translation* =《解构主义与翻译》?

上文既然说到*Deconstruction and Translation*这本书的引进版，那就顺便再说说该书书名的翻译。引进版封面上的中文书名是《解构主义与翻译》，笔者曾屡次让翻译方向的研究生把这个中文书名回译成英语，结果百分之百都译成了*Deconstructionism and Translation*。由此可见，引进版中文书名值得商榷，毕竟原作者用Deconstruction而不用Deconstructionism自有其讲究。

在西方学者针对意义问题和文本解读的话语中，德里达的Deconstruction往往是一种解读文本的行为或策略，如 "Deconstruction is therefore an activity of reading which remains closely tied to the texts it interrogate, and which can never set up independently as a method or system of operative concepts." [1]，又如 "I think Deconstruction is best understood as a *textual strategy*." [2]，再如 "He elaborates a way of reading texts, a strategy of *déconstruction* (he prefers to call it a strategy rather than a method) which enables him to identify metaphysical assumptions..." [3]。*Deconstruction and Translation*一书的作者在该书序言中也提醒读者，她将研究范围尽量集中在德里达关注意义问题（issues of signification）的早期文本，因为"哲学导向的Deconstruction往往会使习惯于不同领域研究并习惯于使用不同术语的学者产生误读"。[4]由此可见，该书所说的Deconstruction与翻译相关，实际上是指德里达精心制定（elaborate）的文本解读策略。

然而，在中国翻译学者的话语中，德里达的Deconstruction却每每成了一种

---

[1] Christopher Norris, *Deconstruction: Theory and Practice*, London & New York: Routledge, 1991, p. 31.

[2] Warren Hedge, "Derrida & Deconstruction: Key Points," 2007, (2007-02-04), http://docentes2.uacj.mx/ museodigital/ teoria/ensyos_Varios/usa%20deconstruction%20to%20astonish.htm.[2012-01-27] .

[3] Margaret Whitford, "Jacques Derrida: French Philosopher," in Justin Wintle (ed.), *Dictionary of Modern Culture, London*, Boston & Melbourne: Routledge & Kegan Paul Ltd., 1984, p. 130.

[4] Kathleen Davis, *Deconstruction and Translation*, pp. 1-2.

主义，即所谓"解构主义"[①]，对德里达探讨的意义问题和翻译策略，我们有些并不擅长哲学研究的翻译学者总喜欢"从德里达一贯的哲学思想来看"[②]。由于"解构主义对于翻译问题的兴趣多是出于哲学方面的考虑"[③]，于是我们的一些翻译学者一谈到德里达就往往陷入哲学思考，写出一些貌似深奥但却完全偏离翻译研究的文字。

　　不错，"解构主义对于翻译问题的兴趣多是出于哲学方面的考虑"，因为哲学家们研究意义问题、语言问题或翻译问题都是为了解决哲学上的问题，如维特根斯坦虽然在《哲学研究》（*Philosophical Investigations*，1953）中详尽地描写了语言多变而复杂的"日常应用"，但他只是借此来探究"语言的本质和哲学本身的功能（the nature of language and the function of philosophy itself）"[④]；福柯虽然在《词与物》（*Les Mots et les Choses*，1966）中描写了"能指"和"所指"可变的表达方式，可他据此要展示的却是"一部人文科学中各种代表性预测的变化史（a history of the variation in the representational presuppositions in the human sciences）"[⑤]；奎因虽然在《词与物》（*Word and Object*，1960）中辟专章谈论翻译并提出了radical translation这个概念，但"他的目的并非要介绍一种特别的翻译程序（Quine's aim is not to recommend a specific translation procedure.）"[⑥]，而是要"描绘形式逻辑与语言转化模式之间的关系（to map the relation between formal logic and models of linguistic transfer）"[⑦]。我们的翻译研究考察这些哲学家关于语言意义的探讨，是要借

① 王东风：《解构"忠实"——翻译神话的终结》，《中国翻译》2004 年第 6 期，第 6 页；刘全福：《当"信"与"化境"被消解时——解构主义翻译观质疑》，《中国翻译》2005 年第 4 期，第 16 页；刘军平：《德里达解构主义翻译理论的六个维度及其特点》，《法国研究》2009 年第 3 期，第 1 页。

② 王颖冲：《再论德里达的"relevant" translation》，《中国翻译》2011 年第 5 期，第 16 页。

③ 刘全福：《当"信"与"化境"被消解时——解构主义翻译观质疑》，第 19 页。

④ John Cottingham, "Ludwig Wittgenstein: Austrian/British Philosopher," in Wintle, *Dictionary of Modern Culture*, p. 442.

⑤ Karel Williams, "Michel Foucault: French Social Historian," in Justin Wintle, *Dictionary of Modern Culture*, London, Boston & Melbourne：Routledge & Kegan Paul Ltd., 1984, p. 123.

⑥ Mark Shuttleworth and Moira Cowie, *Dictionary of Translation Studies*, p. 137.

⑦ George Steiner, *After Babel: Aspects of Language and Translation*, Shanghai: Shanghai Foreign Language Education Press, 2001, p. 249.

鉴他们探究语言意义时所用的方法和策略，而不是像他们一样是为了解决哲学上的问题。所以笔者认为我们应该把哲学问题尽量留给在哲学方面训练有素的学者去思考，多考虑并解决一些翻译和翻译研究本身的问题，比如，不再把德里达用的trace译成"踪迹""痕迹""印记"①，而像上文那样译成"语迹"，因为斯皮瓦克曾提醒我们，德里达的trace衍生于索绪尔的trace-structure，②这样我们就不会觉得这个概念模糊，就不会觉得从德里达那里"看到的不过是诸如'延异'（différance）、'撒播'（dissemination）、'踪迹'（trace）、'增补'（supplement）、'债务'（debt）、'救赎'（redeem）等种种神秘概念或隐喻的能指游戏"③，因为虽说德里达喜欢玩文字游戏，但他关注文本意义的解构策略却并不神秘，毕竟他就是用这种策略来解读柏拉图、索绪尔、弗洛伊德，解构卢梭、尼采、黑格尔和海德格尔的。

其实戴维斯提醒过我们，要注意德里达文本语境中"语迹"（trace）一词和"能指"互用的情况。"德里达经常用'语迹'一词，其使用频率甚至高于用'能指'，这在一定程度上可使我们从'语迹'想到'痕迹'，甚至想到'足迹'（Derrida usually speaks of the trace, rather than the signifier, partly to recall its sense of a 'track' or even a 'spoor'.）。"④既然德里达的"语迹"和"能指"能够互指，那我们也不妨把他的那条"能指链"（chain of signifiers）称为"语迹链"，照这样考究他那套解构术语，我们或许会发现那正是一条让我们了解其解构策略的语迹链，其连接方式是：发现语迹→构成语迹链→循语迹链追寻，接近甚至进入意义发生时的语境，即芒迪阐释"延异"时所说的"差异和延迟之间某个不定的时空点"⑤→让因语迹模糊而缺席的意义重新在场。下面就让

① 分别参见《中国翻译》2003 年第 4 期第 13 页、2004 年第 6 期第 7 页、2005 年第 4 期第 19 页、2005 年第 6 期第 16 页；《外国文学研究》2005 年第 1 期第 2 页；北京大学出版社 2007 年版《从解构到全球化批判：斯皮瓦克读本》第 10-13 页；武汉大学出版社 2009 年版《西方翻译理论通史》第 269-270 页。

② G. C. Spivak, "Translator's Preface," in Jacques Derrida, *Of Grammatology*, Baltimore & London: The Johns Hopkins University Press, 1976, xvii.

③ 刘全福：《当"信"与"化境"被消解时——解构主义翻译观质疑》，第 19 页。

④ Kathleen Davis, *Deconstruction and Translation*, p. 15.

⑤ Jeremy Munday, *Introducing Translation Studies: Theories and Applications*, London & New York: Routledge, 2001, p. 171.

我们来看一个用解构策略解读文本的实例，尽管那位解构者在解构文本时或许压根儿没想到过"解构"或"解构主义"。

流传两千多年的《道德经》第 80 章因语迹模糊而处于延异状态，给今人留下诸多困惑。尽管有学者说该章描绘的"是小农国家的一幅田园画"[①]，"反映了老子'小国寡民'的思想，他主张毁掉一切文明，回到原始共产社会中去"，[②]可喜欢探寻文本意义的读者仍不断质询：在群雄争霸的春秋战国时期，老子为何提倡"小国寡民"？在已经有了筹算法的年代，为什么要让人民重新使用结绳记事的方法？为何要让人们"老死不相往来"？"解构者"沈善增根据所发现的模糊语迹靠近了《道德经》意义发生的那个遥远的时空点，从《墨子·辞过》觅到了"什伯之器"之所指乃先秦领主用膳之排场：大国累百器，小国累十器（"什伯"乃"十百"之通假）；从《周易·系辞下》找到了"复结绳而用之"之本意：结绳而为罔罟，以佃以渔；又从《韩诗外传》和《说文解字》发现了"民至老死，不相往来"之"往来"乃"迁徙"之意。[③]当"什伯之器""复结绳""不相往来"这些因"延异"而模糊的关键能指（语迹）因得到"增补"（supplement）或"弥补"（redemption）[④]而变得清晰之后，《道德经》第 80 章亦可重新"在场"（presence）并"传播"（disseminate）如下："即使国小民寡，若国君用膳不讲排场，人民则不会冒死远徙；若国君不乘华丽车马，不陈庞大军队，人民就可以重新从事渔猎生产，过上甘其食，美其服，安其居，乐其俗的生活。即使与邻国相近，听得见鸡鸣犬吠，但一生都不想出国打工拿绿卡。"

经过这番解构，我们知道德里达的 Deconstruction 的确是一种行之有效的解构文本的策略。以上实例又正好印证了 deconstruction 的本意："解构，文学批

---

① 冯友兰：《中国哲学简史》，北京：北京大学出版社，1996 年，第 18 页。

② 王力：《古代汉语》（校订重排版第二册），北京：中华书局，1999 年，第 377 页。

③ 沈善增：《〈老子〉与"艰苦奋斗"》，《文汇读书周报》2003 年 3 月 7 日，第 9 版。

④ 不可一见 redeem 就译"救赎"，若将德里达说的 "Egotism is redeemed by a culpability"（Derrida 1976:156）翻译成"自负感被一种负罪感救赎"，译文当然会显得神秘，但若译成"自负感被一种负罪感抵消"，那译者和译文读者就得救了，正如耶稣对其门徒说："天国的奥秘只对你们明言，对外人讲则只用隐喻；让他们看，但却看不明，让他们听，但却听不清……这样他们就难以得到救赎。"（《新约·马可福音》第 4 章第 11-12 节。）

评用语，指找出文本中自身逻辑矛盾或自我拆解因素，从而颠覆文本在人们心目中的传统建构。"①

综上所述，Deconstruction and Translation这个书名似宜译为《解构策略与翻译》。

## 五、Translating as a Purposeful Activity＝"目的性行为"？

随着翻译研究中的文化转向之深入，翻译学的研究范围越来越广，研究视角越来越多，人们更多地把翻译视为或作为除"文本行为"（translation *as a textual act*）②之外的其他各种行为和现象来研究，包括德国功能派翻译理论家把翻译作为一种有目的的行为来研究。"把翻译作为一种有目的的行为"或"作为一种有目的的行为的翻译"之英文表述就是Translating as a Purposeful Activity，而这正是上海外语教育出版社引进的"国外翻译研究丛书"第 3 册的主书名。该书全名为*Translating as a Purposeful Activity: Functionalist Approaches Explained*，引进者为该书配的中文译名是《目的性行为——析功能翻译理论》，后来出版的中文译本则名为《译有所为——功能翻译理论阐释》③。

前一个译名之不妥显而易见，后一个译名之"不尽人意之处"连该书译者似乎也有所意识。④但"不妥"和"不尽如人意"还不是这两个译名的主要失误，这两个译名的关键失误在于没有反映出西方翻译研究中的文化转向（the "cultural turn" in Translation Studies），因为所谓的"文化转向"，就是研究者不再把翻译仅仅作为"文本行为"或语言文学现象来探讨，而是更多地将其作为其他各种文化现象（或行为）来研究，如斯皮瓦克的"Translation *as* Culture"⑤、图里的"Translation *as* Cultural

① 陆谷孙：《英汉大辞典》（第 2 版），上海：上海译文出版社，2007 年，第 477 页。

② Susan Bassnett, *Translation Studies* (Revised Edition), London & New York: Routledge, 1991, p. xiii.

③ 此中文译本由十余人合作翻译，由香港理工大学翻译研究中心编，外语教学与研究出版社 2005 年出版。

④ 参见《译有所为——功能翻译理论阐释》译后记。

⑤ G. C. Spivak, "Translation as Culture," in Paul St-Pierre and Prafulla C. Kar, *In Translation: Reflections, Refractions, Transformation*, Delhi: Pencraft International, 2005, p. 238.

Facts"①、列维的"Translation *as* a Decision Process"②、赫曼斯的"Translation *as* a Social System"③、斯内尔-霍恩比的"Translation *as* manipulation"④，甚至尼兰贾娜的"Translation *as* Disruption"⑤和库布昌达尼的"Translation *as* a Culture Filter"⑥，以及这里讨论的*Translating as a Purposeful Activity*⑦。

从上述英文书名和标题我们可以看出，用英语表述"把翻译作为什么现象或行为来研究"，西方翻译学者常用的是"n. as n."这个短语结构。但令人遗憾的是，不少中国翻译学者都把"n. as n."误读成了"n. is n."，于是我们经常读到"翻译就是征服""翻译自始至终是个政治行为""翻译：一种政治文化行为""翻译就是向本土文化意识形态输入异域文化的意识形态""翻译是各种社会力量用来'操纵'特定社会、建设所需文化的主要文学手段"⑧之类的定义式语句。这些定义式语句使翻译这个概念变得模糊，因为在逻辑学尚未转向的今天，我们至少还可以断定这些定义是不合逻辑的，因为其定义项之外延都多于被定义项（翻译）的外延，犯了定义太宽的错误。

其实西方学者在其"n. as n."式标题下的正文中一般都提供了解读其标题的语境。如赫曼斯在"Translation as a Social System"这个标题下就紧接着说："We can look upon translation as a recognized social phenomenon.（我们可以把

① Gideon Toury, *Descriptive Translation Studies and Beyond*, Amsterdam & Philadelphia: John Benjamins Publishing Co., 1995, p. 26.
② Jiří Levý, "Translation as a Decision Process," in Lawrence Venuti, *The Translation Studies Reader*, London & New York: Routledge, 1967/2000, p. 148.
③ Theo Hermans, *Translation in Systems: Descriptive and Systemic Approaches Explained*, p. 141.
④ Mary Snell-Hornby, *Translation Studies: An Integrated Approach*, Shanghai: Shanghai Foreign Language Education Press, 2001, p. 22.
⑤ Tejaswini Niranjana, *Siting Translation: History, Post-Structuralism, and the Colonial Context*, Berkeley & Los Angles: University of California Press, 1992, p. 163.
⑥ Lachman M. Khubchandani, "Sources and Targets: Translation as a Culture Filter," in Rukmini Bhaya Nair, *Translation, Text and Theory: The Paradigm of India*, New Delhi & London: Sage Publications, 2002, p. 46.
⑦ Christiane Nord, *Translation as a Purposeful Activity: Functionalist Approaches Explained*, Shanghai: Shanghai Foreign Language Education Press, 2001.
⑧ 分别参见《中国翻译》2001年第1期第21页、2002年第3期第20页、2003年第5期第17页、2002年第2期第36页，《中国比较文学》2005年第1期第116页。

翻译看成一种公认的社会现象）"①；又如格特在"Translation as communication"
这个标题下也紧接着说："Before introducing relevance theory in more detail, it is
worth pointing out that the application of relevance theory entails that translation is
being looked at as part of communication.（在更详尽地介绍关联理论之前，我们
有必要指出，关联理论之应用须把翻译视为交际的一部分）"②；再如斯内尔-
霍恩比在以"Translation *as* manipulation"为标题的那个章节中，首先强调了
Manipulation School "把翻译研究视为比较文学的一个分支"（The second major
school of thought in Europe views translation studies as a branch of Comparative
Literature.），接着引用了赫曼斯的一段话"从目标语文学的视角来看，为了达
到某种目的，所有译本都必然包含对源语文本的一定程度上的调控"（From the
point of view of the target literature, all translation implies a degree of manipulation
of the source text for a certain purpose.），然后说"因此他们的出发点与上文论
及的那个以语言学为导向的学派的出发点正好对立，语言学派主张刻意等效，
而他们主张允许调控"（Hence their starting-point is the exact opposite of that
represented by the linguistically oriented school as discussed above: not intented
equivalence but admitted manipulation.）。③至于尼采所说的"Translation *as*
Conquest"，据沃尔特·考夫曼（Walter Kaufmann）的英译文提供的语境，那
也仅仅是对古代翻译现象的一种比喻。17世纪和18世纪的法国人曾通过翻译
将罗马古籍据为己有，而就像贺拉斯翻译阿尔凯奥斯、普洛佩提乌斯翻译卡利
马科斯一样，"作为罗马人，他们也曾把古希腊作品看成是对一名罗马征服者
的奖赏。的确，翻译曾经是一种征服形式（...being Romans, they saw it as an
incentive for a Roman conquest. Indeed, translation was a form of conquest.），不
过也正如尼采所说，那也是"一种我们可能不再有足够勇气采用的形式"（...
a way for which we would no longer have courage enough）。④

① Theo Hermans, *Translation in Systems: Descriptive and Systemic Approaches Explained*, p. 141.

② Ernst-August Gutt, *Translation and Relevance: Cognition and Context*, Shanghai: Shanghai Foreign Language Education Press, 2004, p.22.

③ Mary Snell-Hornby, *Translation Studies: An Integrated Approach*, p. 22.

④ Quoted from Douglas Robinson, *Western Translation Theory: From Herodotus to Nietzsche*, Beijing: Foreign Language Teaching and Research Press, 2006, p. 262.

由此可见，"n. as n."式标题应该被解读为"被视为n.的n."或"作为n.的n."，而不应该被解读为"n.是n."。"作为n.的n."意味着"翻译在某种特定条件下具有某种性质"，从而拓展我们研究翻译的视野；而"n.是n."却断言"翻译就是什么，或翻译无条件地具有什么性质"，这不利于我们把握翻译的本质属性。

综上所述，*Translating as a Purposeful Activity: Functionalist Approaches Explained* 更适合翻译成《作为一种有目的之行为的翻译——功能翻译理论阐释》。

# 六、结　　语

近年来我们引进了不少西方翻译理论。这种引进极大地拓展了我们的视野，有力地促进了我国的翻译理论研究，使我国的翻译事业出现了一个十分可喜的局面。但上述流传甚广且影响极大的误读误译给我们的借鉴造成了一定的负面影响，值得引起我们的重视。

本文开篇曾引赫曼斯的一句话："翻译研究也需要翻译。"其实赫曼斯几年后还说过一段对从事翻译研究的人颇有启发的话：

> When we study translation as it occurs in other cultures, we have no option but to translate into our terms those practices and concepts of 'translation'. In describing translation we are also translating translation, i.e. we are performing the very operations we are attempting to describe. （当研究发生在其他文化中的翻译时，我们不得不将其中那些策略和概念翻译成我们自己的术语。在描述翻译的过程中我们也在翻译翻译，这也就是说，我们是在进行我们正试图描述的那种活动。）[1]

这段话值得我们做翻译研究的人深思，更值得那些声称只做描述性翻译研究的人反省。

（原载《外语研究》2012 年第 3 期）

---

[1] Theo Hermans, "Paradoxes and Aporias in Translation and Translation Studies," in Gu, Zhengkun (ed.), *Studies in World Literature and Translation*, Beijing: PKU Society for Culture and Translation Studies, 2004, pp. 56-57.

# 翻译理论与实践的关系及其结合的方式

**【内容提要】** 鉴于不少人认为理论与实践相结合只有"指导"这一种方式，加之有人混淆了纯理论和纯翻译理论，我国翻译界曾先后出现 "翻译无理论"之说和"翻译理论无用"之说，而且持后一种观点者迄今仍大有人在。针对出现这种情况的原因，本文辨析了纯理论和纯翻译理论的区别，分析了纯理论和纯翻译理论与翻译实践的关系，指出翻译理论与实践相结合的方式是规范和指导实践、描写和阐释实践、启发和预测实践。

许钧撰文指出，30 多年来，中国的翻译理论研究虽然成绩斐然，但也充满艰辛，先后遭遇了"翻译无理论说"和"翻译理论无用说"，"有不少翻译名家也常常持如此的观点"[①]。其实"翻译无理论"之说不值一驳，因为我们都知道人类的任何社会实践活动发展到一定阶段后，都必然产生与之相适应的理论，作为人类一项长期实践活动的翻译自然不会例外。然而，尽管我们也知道理论来自于实践又反过来作用于实践，可"翻译理论无用说"多年来在中国翻译界却大有市场，并因此导致翻译理论与实践的严重脱节。劳陇早在 20 世纪 90 年代就指出："当前翻译界最严重的问题就是理论与实践脱节的问题"[②]；金圣华在 21 世纪初也指出： "目前翻译界……做翻译的讨厌理论，谈理论的不懂翻译的局面，互相排斥，彼此敌视，甚至到了水火不容的地步"[③]；孙艺风则指出："理论与实践的关系历来就不大和睦，翻译理论与翻译实践之间的'过节'就更多了，乃至呈分道扬镳之势"[④]。还有翻译学者认为："理论不

---

① 许钧：《翻译研究之用及其可能的出路》，《中国翻译》2012 年第 1 期，第 5 页。

② 劳陇：《翻译教学的出路——理论与实践相结合》，《中国翻译》1990 年第 6 期，第 38 页。

③ 金圣华：《认识翻译的真面目》，香港：天地图书有限公司，2002 年，第 8 页。

④ 孙艺风：《理论、经验、实践——再论翻译理论研究》，《中国翻译》2002 年第 6 期，第 4 页。

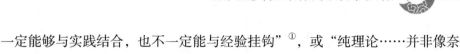

一定能够与实践结合，也不一定能与经验挂钩"①，或"纯理论……并非像奈达认为的那样，直接用来指导翻译实践"②。

笔者认为，"翻译理论无用说"之所以还有市场，理论与实践脱节之所以还成为问题，其原因主要有三点：一是长期以来人们过于强调理论对实践的指导作用，以至不少人以为"指导与被指导"是理论与实践相结合的唯一方式；二是有学者对"纯理论"这个概念不甚明了，从而把纯理论与应用理论二元对立，认为纯理论对翻译实践无用；三是有人混淆了纯理论和纯翻译理论，从而为"翻译理论无用说"提供了似是而非的论据。本文拟针对这些情况作一番探究和分析，以期翻译界同仁（尤其是高校翻译方向的学生）对翻译理论与实践的关系及其结合方式有一个更清楚的认识。

<h2 style="text-align:center">一</h2>

笔者曾指出："翻译理论（包括纯翻译理论）与实践绝非没有关系，也不可能真正脱离关系，但其关系不仅仅是'指导与被指导的关系'，二者相结合的方法和途径不止于此。翻译理论指导和规范实践是与实践相结合，描写和解释实践是与实践相结合，启发和预测实践也是与实践相结合。"③有人之所以断言"理论不一定能够与实践结合"，原因多半就在于断言者认为理论与实践相结合只有"指导与被指导"这一种途径。实际上，连一些坚持翻译理论必须（或能够）与实践相结合的学者也以为"指导与被指导"是二者结合的唯一方式，如有学者质问："有谁的翻译活动没有任何理论性的指导呢？……认为翻译理论无用的人，且不说他们的'理论无用论'本身就是一种理论，更重要的是，他们自己的翻译实践难道真是毫无理论指导的盲目行为？"④再如有学者认为："目前所说的翻译理论（或是纯理论）是通过对翻译实践活动经验的总结而提炼出来的……翻译理

---

① 张佩瑶：《对中国译学理论建设的几点意见》，《中国翻译》2004 年第 5 期，第 3 页。
② 刘四龙：《重新认识翻译理论的作用——对奈达翻译思想转变的反思》，《中国翻译》2001 年第 2 期，第 10 页。
③ 曹明伦：《翻译之道：理论与实践》（修订版），上海：上海外语教育出版社，2013 年，第 9 页。
④ 黄振定：《翻译理论与实践的辩证关系》，《上海科技翻译》2003 年第 1 期，第 5 页。

论直接作用于应用理论，进而通过应用理论来指导具体的翻译实践活动。"[①]此外还有国内翻译学者前几年就翻译理论与实践的关系问题达成的三点共识（下文简称"共识"）：①"翻译研究分为纯理论研究和应用翻译研究，纯理论翻译研究又分为描述性翻译研究和理论性翻译研究……持理论与实践之'结合'论者与'脱离'论者都必须回答一个问题，即：大家指的是什么性质的理论？"②"理论研究者在享有自由思考权利的同时，应以崇敬之心来观察实践；实践者在不受束缚地追求灵感之时也应对理论怀有一份欣赏和敬意"；③"有些纯理论的最终目的乃是为了深刻地认识对象。比如语言哲学对翻译的关怀就不在于为翻译实践提供技巧指导，而是通过提供智慧与对世界的看法来帮助翻译研究者更深刻地认识翻译这一中心对象。"[②]

上述学者显然都认为翻译理论必须（至少是能够）与翻译实践相结合，但其论述中的四个"指导"还是把理论与实践的关系简单化了，从而为"理论不一定能够与实践结合"或"纯理论对翻译实践无用"的论调留下了余地。我们说翻译理论与实践绝非没有关系，这"理论与实践"中的理论当然包括纯理论和纯翻译理论；而我们说理论与实践结合的方式包括规范、指导、描写、阐释、启发和预测，却并非说某一类理论只能以某一种途径与实践相结合。实际上，包括纯理论在内的理论与实践结合的途径不仅有多种，而且其结合的方式也是多元的。

在进一步讨论其结合方式之前，我们有必要大致界定一下"纯理论"和"纯翻译理论"这两个概念。纯理论之"纯"是一个哲学概念，本意是"不依赖于任何经验内容的"，英语pure theory之"pure"就是"free of empirical elements"的意思，时下人们把不完全依赖于经验的理论也看作纯理论（如上述共识之三即把语言哲学理论归于此类）。"纯翻译理论"之"纯"也应当这么解释，在图里根据霍姆斯的设想描绘的那幅"翻译学学科蓝图"[③]中，纯（pure）是与

---

① 刘四龙：《重新认识翻译理论的作用——对奈达翻译思想转变的反思》，第10-11页。

② 邓志辉：《跨学科语境中的翻译研究——2005年全国翻译理论与教学研讨会综述》，《中国翻译》2006年第1期，第38页。

③ Gideon Toury, *Descriptive Translation Studies and Beyond*, Shanghai: Shanghai Foreign Language Education Press, 2001, p. 10.

应用（applied）相对的，而应用性翻译理论显然会更加依赖经验内容。上述学者中有人把翻译理论分为纯翻译理论和应用（性）翻译理论，应该说也是受到了霍姆斯那幅"学科蓝图"的启发。不过笔者以为，对"纯理论"和"纯翻译理论"这两个概念，尚需我们更深入地加以探讨，更科学地加以界定。希望以下的讨论能有助于我们对这两个概念进一步达成共识。

二

上文引述了国内翻译学者就翻译理论与实践的关系问题达成的三点共识。笔者基本上赞同这三点共识，但却不赞同"共识"所得出的"有关纯理论的功能问题就此得到了解决"[①]的结论，因为"共识"尚未明确区分"纯理论"和"纯翻译理论"。而"纯理论"和"纯翻译理论"显然是两个概念，不对这两个概念加以区分，翻译理论与翻译实践的关系仍有可能模糊。因为没有明确的概念，就不会有恰当的判断，而没有恰当的判断，就不会有合乎逻辑的推理与论证，当然也就不可能得出正确的结论。鉴于上述"共识"之二完全务虚，没涉及任何具体问题（只是号召理论工作者和实践工作者互相尊重），所以下面我们仅以"共识"之一和之三为例加以分析。

共识一说："翻译研究分为纯理论研究和应用翻译研究……持理论与实践之'结合'论者与'脱离'论者都必须回答一个问题，即：大家指的是什么性质的理论？"[②]

分析之前我们再明确一下，这"共识"是就翻译理论与翻译实践的关系问题而达成的，并且"共识"中的"纯理论研究"和"应用翻译研究"是从"翻译研究"划分而出，故引文中的"纯理论"当指"纯翻译理论"，因为共识者尚不至于把维特根斯坦的《哲学研究》或福柯的《词与物》等哲学或社会学理论归入"翻译研究"，这点从下文对"共识三"的讨论中即可看出。若此解读不谬，那么"共识一"的结论就是：如果你回答你指的理论是具有应用翻译研

---

① 邓志辉：《跨学科语境中的翻译研究——2005 年全国翻译理论与教学研讨会综述》，第 38 页。

② 邓志辉：《跨学科语境中的翻译研究——2005 年全国翻译理论与教学研讨会综述》，第 38 页。

究性质的理论，那这种理论就可以与实践结合，如果你回答你指的理论是具有纯翻译理论研究性质的理论，那这种理论就可以与实践脱离，这显然并非"共识"达成者的本意。可为什么这"共识"会产生歧义呢？答曰：因"共识"达成者未能明确区分"纯理论"和"纯翻译理论"这两个概念。

共识三说："有些纯理论的最终目的乃是为了深刻地认识对象。比如语言哲学对翻译的关怀就不在于为翻译实践提供技巧指导，而是通过提供智慧与对世界的看法来帮助翻译研究者更深刻地认识翻译这一中心对象。"①

分析之前我们也再明确一下，"共识三"也是就翻译理论与翻译实践的关系问题而达成的。然而，这里的"纯理论"显然不是指"纯翻译理论"，因为它明确提到了语言哲学，而且认为这类理论的功用是向翻译研究者提供智慧和对世界的看法。然而，要说向翻译研究者提供智慧和对世界的看法，那就不仅仅是"有些纯理论"的功用了。试问：哲学、史学、美学、数学、文艺学、语言学，乃至逻辑学、政治学、社会学，心理学，哪一科不能向翻译研究者提供智慧？经、史、子、集，玄理、禅论，乃至相对论和天体物理学，哪一门不能向翻译研究者提供对世界的看法？获取智慧和对世界的看法可谓明道，然此道乃大学之道，非翻译之道。由此可见，中国翻译界近年常说的纯理论，其实并非全是纯翻译理论。换言之，有些翻译学者实际上是混淆了纯翻译理论和纯理论。这种混淆不利于明确翻译理论与翻译实践的关系。因此，我们除了区别"纯翻译理论"和"应用翻译理论"之外，还有必要对"纯理论"和"纯翻译理论"加以区分。

纯理论包括纯翻译理论，但并非所有纯理论都是纯翻译理论。此乃自明之理，不赘。

纯翻译理论肯定要观察和描写翻译活动、翻译行为和翻译现象，但并非所有观察和描写翻译活动、翻译行为和翻译现象的纯理论都是纯翻译理论，如奎因的《词与物》（*Word and Object*，1960）虽然辟专章对翻译活动进行描述，但他关注的焦点是"形式逻辑与语言转化模式之间的关系（to map the relation

---

① 邓志辉：《跨学科语境中的翻译研究——2005 年全国翻译理论与教学研讨会综述》，第 38 页。

between formal logic and models of linguistic transfer )"①，他最终要证明的是"语言的复杂性和不确定性（to demonstrate the complexity and indeterminacy of language )"②，因此，我们虽然可以从奎因的理论中受到启发，但却并不认为他的理论是翻译理论。与此相反，虽然斯坦纳的《通天塔之后》( After Babel, 1998 ) "至少有一半内容是对语言和文化的思考，然而通读全书则不难发现，作者就自然语言在诗学、文学批评、文化史等诸多方面所做的研究，最终都服务于对翻译行为的阐释"③，或者说他虽然"把诗学、哲学、语言学、文学批评和文化史学的理论运用于对语言的阐释"，但"阐述的重点始终落在翻译这个中心问题上"④。所以，尽管凯利把斯坦纳的理论与本雅明和海德格尔的理论相提并论，认为不足以称为"完全的翻译理论（not adequate as a full theory of translation )"⑤，但笔者以为，这"不完全的翻译理论"却是地地道道的纯翻译理论。

由此我们可得知，一种理论是不是纯翻译理论，关键是看该理论关注的焦点是不是翻译活动或翻译现象，而不是看他是否对翻译活动或现象进行了描写，不是看他是否对翻译或翻译研究有所启示。以此而论，埃文-佐哈尔的《多元系统论》( Polysystem Theory，1979，1990，1997 ) 虽然提到了翻译文学，但只是一种文学理论或普通文化理论，因其关注的焦点是"文学系统的变化与发展（to account for the behaviour and evolution of literary system )"⑥，或"某一文化中各种文学作品的作用（to explain the function of all kinds of writing within a given culture )"⑦；而他那篇《翻译文学在文学多元系统中的位置》( The Position of Translated Literature Within the Literary Polysystem, 1978,

---

① George Steiner, *After Babel: Aspects of Language and Translation*, Shanghai: Shanghai Foreign Language Education Press, 2001, p. 249.

② Edwin Gentzler, *Contemporary Translation Theories*, Shanghai: Shanghai Foreign Language Education Press, 2004, p. 12.

③ George Steiner, *After Babel: Aspects of Language and Translation*, p. iii.

④ 谭载喜：《西方翻译简史》（增订版），北京：商务印书馆，2004 年，第 217 页。

⑤ L. G. Kelly, *The True Interpreter: A History of Translation*, Oxford: Basil Blackwell, 1979, p. 31.

⑥ Mark Shuttleworth and Moira Cowie, *Dictionary of Translation Studies*, Shanghai: Shanghai Foreign Language Education Press, 2004, p. 127.

⑦ Edwin Gentzler, *Contemporary Translation Theories*, p. 114.

1990）则可被视为纯翻译理论，因为它关注的焦点毕竟是一种翻译现象。

同理，虽然《翻译标准多元互补论》和"Metatranslatology"（《玄理翻译学》）的作者坦言，说此二文之前者"是一篇哲学方法论文，其标题应该是'真理标准多元互补论'"，而后者的"核心部分其实就包含翻译标准多元互补论的思想"，"亦可译作《哲学翻译学》或《翻译哲学》"①，但这两篇文章关注的焦点都是翻译标准等翻译理论的核心问题，所以此二文均属纯翻译理论。反之，该作者的《互构语言文化学原理》虽也能给翻译研究者不少启示，尤其是作者对中西语文之基本差别的分析，但该书关注的焦点是"文化发展演变的规律"②，所以它是一部文化理论著作。

《哲学研究》第124节说："哲学不应以任何方式干涉语言之实际应用；它最终只能是对语言之实际应用进行描写。"③许多当代翻译理论家"寻求描述、阐释和理解翻译家实际之所作所为，而不试图去规定翻译家应该怎么做"④。大致说来，对研究对象只进行描述和阐释而不进行规范的理论都可谓纯理论，但只有把翻译作为其关注焦点的纯理论才是纯翻译理论。对当前翻译学科的建设而言，区分"纯理论"和"纯翻译理论"，对界定学科范围、保持学科特点，尤其对明确翻译理论与翻译实践之间的关系，都具有十分重要的意义。

三

接下来的问题是：纯理论真像上述某些学者所说的那样，只能通过应用理论才能与实践相结合吗？纯理论的作用只是向理论研究者提供智慧和对世界的看法吗？马克思说："人的思维是否具有客观的真理性，这并不是一个理论

---

① 辜正坤：《互构语言文化学原理》，北京：清华大学出版社，2004年，第279页。

② 辜正坤：《互构语言文化学原理》，第1页。

③ Ludwig Wittgenstein, *Philosophical Investigations*, Eng. trans. by G. E. M. Anscombe, Oxford: Basil Blackwell, 1953, p. 49e.

④ Andrew Chesterman and Emma Wagner, *Can Theory Help Translation?* Manchester UK & Northampton MA: St. Jerome Publishing, 2002, p. 2.

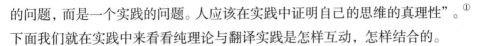

的问题，而是一个实践的问题。人应该在实践中证明自己的思维的真理性"。①
下面我们就在实践中来看看纯理论与翻译实践是怎样互动，怎样结合的。

维特根斯坦的《哲学研究》旨在通过对语言多变而复杂的实际作用进行一番详尽的考察，从而探究语言的本质和哲学本身的作用②。这样的语言哲学理论可谓纯理论，这种纯理论不仅如"共识"所说的能为我们提供智慧，实际上也能给予我们以明确的启示和具体的指导。比如当读到维特根斯坦问："你研究哲学的目的是什么？"③我们很可能会去思索：我们研究翻译的目的是什么呢？而当读到维特根斯坦说："当哲学家使用一个词（如知识、存在、对象、我、命题、名称）并试图把握事物的本质时，必须经常自问，这个词在它老家的语言游戏中真是以这种方式来使用的吗？"④我们也很可能会自问：当译者和翻译理论家使用目标语中的一个词，试图表现源语中与之对应的词之固有概念时，必须经常自问，这个词在目标语语言游戏中真是以这种方式来使用的吗？"说到"语言游戏"，我们不妨来看一场翻译中具体的"语言游戏"。

众所周知，The most famous concept Wittgenstein employs in presenting his new view of language is that of the *Sprachspiel* or *language-game*⑤。恐怕不少中国学者都会将这句英文译成：维特根斯坦用来表达其新语言观的最著名的概念，就是"语言游戏"这个概念。在这个句子中，把 game 翻译成"游戏"应该说是无可厚非。但要是把这个 game 放回《哲学研究》第 66 节，我们再玩这场游戏就得费点心思了。以下是《哲学研究》第 66 节前三行的德语原文、英语译文和汉语译文：

德语原文：Betrachte z.B. einmal die Vorgänge; die wir "Spiele" nennen. Ich meine Brettspiele, Kartenspiele, Ballspiele, Kampfspiele, u.s.w.. Was ist allen

① 马克思：《关于费尔巴哈的提纲》，见马克思、恩格斯：《马克思恩格斯选集》（第 1 卷），北京：人民出版社，1972 年，第 16 页。

② John Cottingham, "Ludwig Wittgenstein: Austrian/British Philosopher," in Justin Wintle (ed.), *Dictionary of Modern Culture*, London, Boston & Melbourne: Routledge & Kegan Paul Ltd., 1984, pp. 441-442.

③ Ludwig Wittgenstein, *Philosophical Investigations*, p. 103e.

④ Ludwig Wittgenstein, *Philosophical Investigations*, p. 48e.

⑤ John Cottingham, "Ludwig Wittgenstein: Austrian/British Philosopher," p. 441.

diesen gemeinsam?①

英语译文：Consider for example the proceedings that we call games, I mean board-games, card-games, ball-games, Olympic games, and so on. What is common to them all?②

汉语译文：例如，试考虑下面这些我们称之为"游戏"的事情吧，我指的是棋类游戏，纸牌游戏，球类游戏，奥林匹克游戏，等等。对所有这一切，什么是共同的呢？③

通过对比我们会发现，一方面，英文译者观照了原文字词在其老家的游戏规则，考虑到Brettspiele、Ballspiele在德文中都是一个单词，所以便用连字符把board games和ball games分别连为一体；另一方面，他也观照了目标语的游戏规则，因为card-games在英语中本来就用连字符，译文现在把board-games、card-games、ball-games并列在一起，可谓辞达意晓。当然，英文译者左右逢源并非难事，因为作为能指，英语词game之所指几乎与德语词spiel一样多，二者均可指玩耍、娱乐、游戏、正式比赛（项目）和（体育）运动等，而且其复数形式均可表示"运动会"。

然而，汉语译者玩这场翻译游戏就困难多了，因为汉语中没有一个与spiel或game完全相当的词。汉语"游戏"一词除指玩耍、娱乐之外，只可指"某些非正式比赛项目的体育活动，如康乐球等"（见《现代汉语词典》（第6版）），结果中译文"棋类游戏，纸牌游戏，球类游戏，奥林匹克游戏"显然未能完全达意，至少会有读者对"奥林匹克游戏"提出质疑。为什么呢？这就涉及上引第66节中那个问题。维特根斯坦问："它们（所有那些spiele或games）有什么共性呢？"回答应该是"spiel或game是按一定规则进行的"④，因此"要使词语具有意义，必须在应用中遵守公共规则"⑤。那么用汉语表达Kampfspiele和Olympic games的"公共规则"是什么呢？当然只能是"奥林匹克运动会"，或其简称

① Ludwig Wittgenstein, *Philosophical Investigations*, p. 31.

② Ludwig Wittgenstein, *Philosophical Investigations*, p. 31e.

③ 维特根斯坦：《哲学研究》，李步楼译，北京：商务印书馆，1996年，第47页。

④ Ludwig Wittgenstein, *Philosophical Investigations*, p. 26e.

⑤ John Cottingham, "Ludwig Wittgenstein: Austrian/British Philosopher," p. 441.

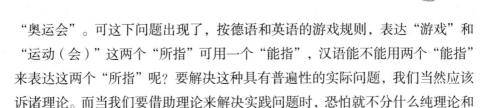

"奥运会"。可这下问题出现了，按德语和英语的游戏规则，表达"游戏"和"运动（会）"这两个"所指"可用一个"能指"，汉语能不能用两个"能指"来表达这两个"所指"呢？要解决这种具有普遍性的实际问题，我们当然应该诉诸理论。而当我们要借助理论来解决实践问题时，恐怕就不分什么纯理论和应用理论了。

若译者知道西塞罗从其翻译实践中总结出的那条翻译原则："当没法用一个（拉丁）词译一个（希腊）词时，就用几个（拉丁）词去翻译"①，这问题也许就会迎刃而解。既然古罗马人可以用几个拉丁词去翻译一个希腊词，那中国人为何不能用两个汉语词语去翻译game这个英语单词呢？但要是译者碰巧不知西塞罗这条原则，而却知道《形式逻辑》曾提醒我们："同一个概念可以用不同的语词来表达，同时，同一个语词也可以表达不同的概念"②，或知道《哲学研究》曾告诫人们：当哲学家使用一个词，并试图把握事物的本质时，他必须经常自问，这个词在它老家的语言游戏中真是以这种方式来使用的吗？③译者也可以从中受到启发并找到依据，从而自己确定"一词二译"的翻译策略。因既然games这个英语词语在此句中表达了"游戏"和"运动"这两个中文概念，我们为何不能同时用"游戏"和"运动"去翻译games呢？既然现在要把此句中的games译成汉语，那么我们就该按汉语的游戏规则来翻译。于是这段汉语译文可表述如下：请想想被我们称之为游戏或运动的那些活动吧，我是说棋类游戏、纸牌游戏、球类运动、奥林匹克运动等。所有这些游戏和运动有什么共性呢？

我们知道，《形式逻辑》旨在探究人的思维形式及其规律，《哲学研究》旨在探究语言的本质和哲学本身的作用，二者阐释的理论都可谓纯理论。由此可见，译者决定其翻译策略不仅要依据自身的经验，接受应用理论的指导，往往也会把纯理论的启发作为自己决策的理据。从这个意义上讲，纯理论有时也可以直接作用于实践，而不一定非得以应用理论为桥梁；纯理论有时也可以直

① André Lefevere, *Translation/History/Culture: A Sourcebook*, London & New York: Routledge, 1992, p. 47.

② 金岳霖:《形式逻辑》，北京：人民出版社，1979 年，第 21 页。

③ 维特根斯坦:《哲学研究》，第 48 页。

接规范实践，而不仅仅限于向研究者提供智慧。

## 四

上面这场具体的"翻译游戏"也许可以让我们认识到以下两点：（1）对翻译活动而言，有些纯理论不仅能为翻译活动的研究者提供智慧，而且能为翻译行为的实施者提供策略，尽管这并非纯理论的主要功能。（2）包括纯理论在内的理论与实践的互动关系不仅仅是"指导与被指导"的单纯关系，实际上，纯理论、应用理论和实践之间的关系也是互动的。纯理论有时可通过应用理论作用于实践，有时亦会直接作用于实践；应用理论不仅可以直接作用于实践，有时亦可作用于纯理论；[①]而实践活动本身不仅是应用理论的研究对象，也是纯理论的描写对象。例如：

虽然维特根斯坦的《哲学研究》是要探究"语言的本质和哲学本身的作用（the nature of language and the function of philosophy itself）"[②]，但其探究途径却是详尽地描写语言多变而复杂的"日常应用"（everyday usage）。虽然奎因的《词与物》（*Word and Object*，1960）是为了"说明形式逻辑与语言转化模式之间的关系"（to map the relation between formal logic and models of linguistic transfer）"[③]，但他毕竟辟专章描写翻译并提出"原本翻译"（radical translation）这个概念；虽然他描写的翻译活动和语言环境是出自他的虚构[④]，但其虚构的摹本却是活生生的语言现实。虽然福柯的《词与物》（Les Mots et les Choses，

① 如西塞罗那条翻译原则在翻译活动中早就成了一条"游戏规则"，而这样的规则显然逃不脱要对实际语言应用进行探究的语言哲学的观察。

② John Cottingham, "Ludwig Wittgenstein: Austrian/British Philosopher," p. 442.

③ George Steiner, *After Babel: Aspects of Language and Translation*, p. 249.

④ 奎因在其《词与物》第二章"翻译与意义"（Translation and Meaning）中虚构了一个用英语翻译一种从未接触过的民族语言（the language of a hitherto untouched people）的场景。因为奎因认为，文化传统相近的两种语言之间的翻译，往往会使人们产生一种错觉，以为不同语言中的字词或语句似乎是一个同一性命题或意义的多样性体现，语句意义的确定、同义词的选择似乎是不成为问题的。奎因认为要克服这种错觉，最好设计一种理想实验，即考虑从一种从未接触的土著语言向英语翻译的情况。这个理想实验被奎因命名为"原本翻译"（radical translation）。

1966）描绘了"一部人类科学中各种代表性预测的变化史（a history of the variation in the representational presuppositions in the human sciences），可同时也描写了'能指'和'所指'可变的联结方式（in terms of the variable articulation of signifier and signified）"。①

简而言之，虽然这些纯理论的终极目标并非翻译问题，但它们都把语言分析作为解决哲学问题或社会问题的方法，而由于语言和翻译都是人类交际的工具，故语言研究和翻译研究在一定程度上具有共性，因此这些纯理论对翻译研究乃至翻译活动都不无启示。纯理论尚且如此，那么专门关注翻译活动和翻译现象的纯翻译理论与翻译实践的关系也就不言而喻了。

纯翻译理论研究的问题是翻译的本质和原理、翻译的标准和原则、翻译的目的和任务、翻译的作用和过程，等等。就像哲学家们要研究语言的本质，往往会认真观察并详细描写实际的语言应用和语言现象一样，翻译学者要研究上述翻译问题，往往会认真观察并详细描写实际的翻译活动和翻译现象，而纯翻译理论对实际的翻译活动和翻译现象之观察和描写，实际上也是二者的结合。在翻译活动之内容和类别不断增多、范围和规模不断扩大的全球化时代，翻译理论的视域当然会扩大，其观点和方法也会增多，但只有真正把翻译作为其关注焦点的理论才是翻译理论，而翻译理论永远都不会与翻译实践脱离。

综上所述，我们可以得出如下结论：翻译理论（包括纯翻译理论和应用性翻译理论）是从翻译实践中概括出来的对翻译活动全面的、系统化的理性认识。任何翻译理论都能与翻译实践相结合，其结合的方式包括规范和指导实践、描写和阐释实践、启发和预测实践。

［原载《西南民族大学学报》（人文社会科学版）2014 年 11 期］

---

① Karel Williams, "Michel Foucault: French Social Historian," in Justin Wintle (ed.), *Dictionary of Modern Culture*, p. 123.

# 以所有译其所无，以归化引进异质
## ——对新世纪中国译坛异化归化大讨论的回顾与反思

【内容提要】　本文回顾了 21 世纪初中国翻译理论界关于异化翻译的那场大讨论，反思了那场讨论的参与者在对西方理论借鉴和引用中出现的一些偏向，建议对西方翻译理论不要照单全收，而应该批判性地借鉴，指出只有"以所有译其所无"方能保证不谙源语的目标语读者用熟悉（归化）的语言去接受陌生（异质）的概念。

国内翻译学者多认为"异化翻译"是韦努蒂于 1995 年在其《译者的隐形——翻译史论》（*The Translator's Invisibility: A History of Translation*）中提出来的，[①]其实正如巴斯内特指出的那样，即便在欧美，"归化异化之争论伴随我们已数百年了"[②]。不过韦努蒂的异化翻译理论于 20 世纪末被介绍到中国，立刻就引起了中国译坛上一场关于异化翻译的大讨论。孙致礼教授预言"21世纪的中国文学翻译将进一步趋向异化译法"[③]，田雨先生在回顾 2002 年的中国译坛时则总结说："对归化与异化的讨论是 2002 年翻译研究的热点之一。"[④]这个热点随后变成了一阵持续数年的热潮，据相关学者的不完全统计，从 2000年到 2005 年，我国学术刊物上讨论归化与异化的论文多达 300 余篇。[⑤]这些论文的观点大致可分为两类：一类认为归化与异化之争是直译与意译之争从语言层次向文化层次的延伸，因此归化与异化在我国翻译界将继续共存；另一类则认为归化与异化之争是弱势文化和强势文化之间的对抗，所以我国主要采用甚

---

① 蒋晓华、张景华：《重新解读韦努蒂的异化翻译理论》，《中国翻译》2007 年第 3 期，第 39 页。

② Susan Bassnett, "Bringing the News Back Home: Strategies of Acculturation and Foreignisation," *Language and Intercultural Communication*, Vol. 5, No. 2, 2005, p. 120.

③ 孙致礼：《中国的文学翻译：从归化趋向异化》，《中国翻译》2002 年第 1 期，第 40 页。

④ 田雨：《稳步发展中的翻译研究——中国译坛 2002》，《中国翻译》2003 年第 2 期，第 33 页。

⑤ 蒋晓华、张景华：《重新解读韦努蒂的异化翻译理论》，第 39 页。

至完全采用异化翻译是大势所趋。前者多从经验主义出发并结合其翻译实践讨论，对西方异化派理论的介绍比较客观，因此得出的结论比较中庸；后者则纷纷从萨义德的"东方主义"和韦努蒂的"后殖民翻译学说"中为"异化预言"找出理论佐证和历史根据，坚持"归化翻译是翻译之歧路"[①]的观点，认为"当前的国际发展趋势以及我国的国情、国策都为异化翻译创造了良好的条件"[②]，"国内懂外语（尤其是英语）的读者群不断扩大，有了一定的外语基础和对外国文化的了解，他们就不会只满足于译文的顺畅，而是要更多了解异域风情，这是 21 世纪异化翻译成为主流的主要原因"[③]。如果把上述论者分成所谓的"异化派"和"归化派"，那异化派在当时的中国译论坛占了绝对的上风。但随着韦努蒂在《译者的隐形》第二版（2008）中对自己观点的解释，许多人开始认识到"异化和归化并非一组二元对立的翻译策略"[④]，"在一定程度上来说，异化翻译也是归化，两者之间没有绝对的分界线……归化的翻译不是异化，但异化的翻译只能用归化的语言"[⑤]，如今这场讨论已经式微，但对其进行一番回顾却恰逢其时。反思一下异化论者在那场大讨论中出现的一些偏向，对我们今后的译学建设应该不无裨益。

一

西方学者谈"异化翻译"必谈"强势文化"，并提倡用"异化翻译"来抵抗"强势文化"的归化翻译策略。那么，西方学者心目中的"强势文化"到底指哪种文化呢？萨义德（Edward W. Said，又译赛义德）曾感叹千千万万操各

① 刘英凯：《归化——翻译的歧路》，见杨自俭、刘学云：《翻译新论》，武汉：湖北教育出版社，1994 年，第 269 页。

② 孙致礼：《再谈文学翻译的策略问题》，《中国翻译》2003 年第 1 期，第 49 页。

③ 刘艳丽、杨自俭：《也谈"归化"与"异化"》，《中国翻译》2002 年第 6 期，第 24 页。

④ 郭建中：《异化与归化：道德态度与话语策略——韦努蒂〈译者的隐形〉第二版评述》，《中国翻译》2009 年第 2 期，第 34 页。

⑤ 郭建中：《异化与归化：道德态度与话语策略——韦努蒂〈译者的隐形〉第二版评述》，第 35 页。

种语言的人阅读莎士比亚作品，而这种文化特权却很少奏效于东方[1]，韦努蒂则悲叹在 20 世纪 90 年代初，英美出版的书籍中翻译作品分别只有 2.4%和 2.96%，但同期法国出版的书籍中翻译作品占 10%（其中七成译自英语），德国出版的书籍中翻译作品占 14.4%（其中六成半译自英语），意大利出版物中的翻译作品则高达 25.4%，其中大部分也是译自英语。[2]由此可见，西方学者心目中的"强势文化"是以英语为其载体的英美文化，或者说"强势文化"（dominant culture）的完整概念实际上是"英美强势文化"（Anglo-American culture）。韦努蒂在《译者的隐形》一书中对这个概念表达得特别清楚。据笔者统计，在该书第 1 章中，Anglo-American culture共出现 15 次，其中 4 次加了限制词contemporary（contemporary Anglo-American culture），1 次出现的形式是the global domination of Anglo-American culture[3]，此后不久就出现dominant culture[4]；dominant culture在第 1 章中只出现 1 次，而此前Anglo-American culture已出现 9 次，因此英文读者很容易看出这两个措辞表示的是同一个概念。然而中国异化论者在使用"强势文化"这个概念时，却取消了西方学者对这个概念的限制，使这个概念的外延扩大，从而使人误以为"强势文化"也包括中国文化，例如，当时有位持异化论观点的学者就批评说："在非西方的翻译界，尤其是在一些有着悠久文化传统、特别是曾有过帝国历史的民族和国家，如中国和印度，民族主义的归化翻译观也十分流行。"[5]结果有人便"顺理成章"地把中国文化等同于萨义德和韦努蒂所说的那种对弱势文化进行文化掠夺和精神控制的强势文化，进而"理直气壮"地预言异化翻译在中国是大势所趋。

同"强势文化"的完整概念是"英美强势文化"一样，在西方学者的语境中，"异化翻译"的完整概念也应该是"用英语异化翻译"。在《译者的隐形》

---

① 赛义德：《东方主义的再思考》，见巴特·穆尔-吉尔伯特等：《后殖民批评》，杨乃乔等译，北京：北京大学出版社，2001 年，第 200 页。

② Lawrence Venuti, *The Translator's Invisibility: A History of Translation*, London & New York: Routledge, 1995, p. 12.

③ Lawrence Venuti, *The Translator's Invisibility: A History of Translation*, p. 17.

④ Lawrence Venuti, *The Translator's Invisibility: A History of Translation*, p. 24.

⑤ 王东风：《翻译研究的后殖民视角》，《中国翻译》2003 年第 4 期，第 7 页。

这本书中，韦努蒂就总是在同一语境下交替使用foreignizing translation（异化翻译）和foreignizing translation in English（用英语异化翻译），如下文所示。

> *I want to suggest that insofar as <u>foreignizing translation</u> seeks to restrain the ethnocentric violence of translation, it is highly desirable today, a strategic cultural intervention in the current state of world affairs, pitched against the hegemonic English-language nations and the unequal cultural exchanges in which they engage their global others. <u>Foreignizing translation in English</u> can be a form of resistance against ethnocentrism and racism, culture narcissism and imperialism.* （我想指出，在试图遏制种族中心主义的篡改式翻译这个层面上，异化翻译在当今的国际事务中非常值得作为一种战略上的文化干涉，用来反对拥有霸权的英语国家，反对它们使世界上其他国家卷入其中的不平等文化交流。用英语异化翻译可成为抵抗民族优越感、种族主义、帝国主义以及文化自恋的一种形式，以有利于民主的地缘政治关系）。[1]

从这段引文我们可清楚地看到，他的"异化翻译"指的就是"用英语异化翻译"，in English这个介词短语是对foreignizing translation的限制。但当年借用"异化翻译"这个概念来证明"异化翻译在中国是大势所趋"的中国学者却完全取消了这个限制。

由于对"异化翻译"和"强势文化"这两个概念不甚明了，当年那场大讨论中还出现了一个有趣的现象，即同一个结论却出自两个截然相反的论据。有人在谈完归化与异化的发展趋势后补充说："我国正处在改革开放时期，是向国外学习的时期，这样，异化的翻译策略会更加适应这一需求，这也是弱势文化向强势文化学习借鉴时通常采用的策略。"[2]有人在批评归化翻译观在中国十分流行时说："从历史的角度看，这种归化意识从某种意义上讲其实正是帝国诗学观的延续，体现了归化派译者下意识里对昔日本土文化煌煌帝国的怀旧

---

① Lawrence Venuti, *The Translator's Invisibility: A History of Translation*, p. 20.

② 刘艳丽、杨自俭：《也谈"归化"与"异化"》，第24页。

情绪。"①这两位论者都提倡异化翻译，而且都从"东方主义"或"后殖民主义"理论中借用了"强势文化"和"弱势文化"这对术语，可奇怪的是，前者认为当今中国文化属于那种落后、愚昧、边缘的"弱势文化"，而后者则认为它属于那种不尊重甚至压制他国文化的"强势文化"。由此可见，国内异化论者在借用"异化翻译"和"强势文化"时只是在对号入座，并未对其历史背景、理论依据及适用范畴加以认真研究。今天我们对其进行反思，目的是要引以为戒。

## 二

当年那场大讨论中还有个值得我们注意的现象，或者说倾向。读原著的人都知道，韦努蒂的异化翻译理论有其明确的批评对象，但当时主张异化翻译的中国学者都把这个具体对象给隐讳了。这隐讳的原因也值得我们今天反思，不过我们先从下面这段当年被国内异化论者利用得最多但却无人整句引用过的原话中看看韦努蒂批评的对象是谁。韦努蒂在强调了"用英语异化翻译"可作为"反对拥有霸权的英语国家，反对它们使世界上其他国家卷入其中的不平等文化交流"的策略之后紧接着说：

Anglo-American culture, in contrast, has long been dominated by domesticating theories that recommend fluent translating. By producing the illusion of transparency, a fluent translation masquerades as true semantic equivalence when it in fact inscribes the foreign text with a partial interpretation, partial to English-language values, reducing if not simply excluding the very difference that translation is called on to convey. This ethnocentric violence is evident in the translation theories put forth by prolific and influential Eugene Nida. (与此相反，长期以来，英美文化一直被提倡流畅翻译的归化理论所支配。凭借炮制出清晰透明的幻象，流畅翻译会装

---

① 王东风:《翻译研究的后殖民视角》，第7页。

扮成真正的语义等值翻译，可这时它实际上却会在外国文本上刻下一种有偏向的阐释，一种偏向英语价值观念的阐释，从而缩小翻译有责任传达的真实差异，如果不是完全排除这种差异的话。在那位著述颇丰、影响极大的尤金·奈达提出的翻译理论中，这种种族中心主义的歪曲翻译就很明显。）[1]

在这段话之后，韦努蒂用了相当篇幅对奈达的"动态对等"和"功能等值"进行批判。直到最近他还明确表示："我真的无法相信奈达的理论——他的关于对等的概念——关于译文读者阅读原文所作出的反应与原文读者阅读原文所作出的反应相同或相似的观点。[2]我认为这是不可能的。"[3]原来韦努蒂异化理论上的对立面是尤金·奈达。可在那场大讨论前的十余年间，中国的翻译理论家们开口就是这位尤金·奈达，闭口就是他的动态翻译。这大概就是中国异化论者在借用韦努蒂的异化论时要么压根儿不提奈达，要么闪烁其词的原因。这里当然还有另一个原因，那就是在当今中国译坛，有一个引进西方译论只扬不贬的惯例，正如辜正坤先生指出的那样，有些人"无形中总认为西方的理论、至少某些西方的理论是放之四海而皆准的理论"。[4]其实韦努蒂对奈达的批评正好告诉我们，西方的翻译理论也有其缺陷，也是在批评中发展的，芒迪就曾批评德国功能派理论家霍尔茨-曼塔利对"翻译行为"（translation action）的阐释"晦涩难懂，根本无法解释单个译者的实际翻译情况"[5]，赫曼斯也曾批评勒菲弗尔在强调赞助人、意识形态和诗学理念对翻译的限制时忽略了语言本身对翻译的限制，并说勒菲弗尔强调前者的重要性是以牺牲语言要素

---

① Lawrence Venuti, *The Translator's Invisibility: A History of Translation*, p. 21.

② 奈达"动态对等"（dynamic equivalence）的原始表述是：quality of a translation in which the message of the original text has been so transported into the receptor language that the RESPONSE of the RECEPTOR is essentially like that of the original receptors. See Eugene A. Nida and Charles R. Taber, *The Theory and Practice of Translation*, Shanghai: Shanghai Foreign Language Education Press, 2004, p. 202.

③ 郭建中：《韦努蒂访谈录》，《中国翻译》2008 年第 3 期，第 44 页。

④ 辜正坤：《中西诗比较鉴赏与翻译理论》，北京：清华大学出版社，2003 年，第 408 页。

⑤ Jeremy Munday, *Introducing Translation Studies: Theories and Applications*, London &New York: Routledge, 2001, p. 78.

为代价的①，他还批评图里的"译本就是被我们视为译本的文本"根本算不上一个定义，并嘲讽说这就等于"一个父亲对他 4 岁的女儿说：斑马就是被我们叫作斑马的动物"②。巴斯内特也对韦努蒂的"异化翻译"或"抵抗式翻译"提出过质疑，她认为"技术翻译、法律翻译和科学翻译都把归化作为最佳策略"③，而在新闻翻译中"异化翻译并不是什么抵抗式翻译，而是一种对原文文本的歪曲"④。

如果我们也像芒迪、赫曼斯和巴斯内特那样有一点批判精神，那我们就会意识到韦努蒂的异化理论是在后殖民主义理论视域下提出来的，针对的是某些弱势语言译入英语的情况，是把它作为一种国际政治策略，作为一种反对文化霸权的武器。而单就上面两段引文我们也可以看出，韦努蒂的"异化翻译"策略可以说是政治性多于学术性，特殊性多于普遍性。在当今国际发展趋势的主流是缓和而非对抗的形势下，我们将其作为"中国 21 世纪的翻译将趋向异化"的根据实在有盲目跟风之嫌。

## 三

异化翻译大讨论最明显的一个倾向就是与当今中国的翻译现状脱节。就在那场大讨论进行得如火如荼之时，杨武能教授曾语重心长地说："不能为理论而理论，空头理论除了孤芳自赏别无一用，空谈理论不如没有理论，因为它们只会浪费资源和生命。"⑤孙艺风教授也指出："翻译理论与翻译实践之间的'过节'就更多了，乃至呈分道扬镳之势。"⑥虽然有人大声疾呼，可翻译理论和翻译实践脱节的现象却越来越严重。这种脱节有两种表现形式：一种是"徒

---

① Theo Hermans, *Translation in Systems: Descriptive and System-oriented Approaches Explained*, Shanghai: Shanghai Foreign Language Education Press, 2004, p. 128.

② Theo Hermans, *Translation in Systems: Descriptive and System-oriented Approaches Explained*, p. 49.

③ Susan Bassnett, "Bringing the News Back Home: Strategies of Acculturation and Foreignisation," p. 123.

④ Susan Bassnett, "Bringing the News Back Home: Strategies of Acculturation and Foreignisation," p. 129.

⑤ 杨武能：《再谈文学翻译的主体性》，《中国翻译》2003 第 3 期，第 11 页。

⑥ 孙艺风：《视角·阐释·文化——文学翻译与翻译理论》，北京：清华大学出版社，2004 年，第 11 页。

以清论满纸，而无译例充陈……立言必炫逞洋腔，出语则标榜夷调"①，完全不理睬中国的翻译实践；另一种是虽与翻译实践结合，但却结合得不到位。异化理论就属于这种情况。今日中国翻译实践的现状是：一方面堆积着大量中国读者压根儿读不懂的译文章节，另一方面又有大批不合格的译作在源源不断地产生。可国内异化论者既不顾及西方异化理论的历史背景和使用范围，也不考虑中国的这种现状，就笼统地为翻译实践总结出了很具体的原则："采用异化翻译意味着译者不仅可以不受目标语言和文本习惯的限制，而且可以在适当的时候采用不流畅、不透明的语言风格……从而给译文读者以别样的阅读体验。"②

有这样的原则作依据，有人把Mencius（孟子）翻译成"孟修斯"，有人把Chiang Kai-shek（蒋介石）翻译成"常凯申"，让译文读者享受"别样的阅读体验"。与此同时，享受"别样的阅读体验"的中国读者依然读不懂《麦琪的礼物》末段中那个画龙点睛之笔，③依然纳闷为什么斯大林要说"我们共产党人是具有特殊性格的人"，④而一代又一代的中国学生在学习恩格斯《在马克思墓前的讲话》时依然不断向语文老师提出同一个疑问：既然"马克思是当代最遭忌恨和最受诬蔑的人"，既然"各国政府——无论专制或共和政府——都驱逐他；资产者——无论保守派或极端民主派——都竞相诽谤他，诅咒他"，那么恩格斯为什么还只敢揣测说"他<u>可能</u>有过许多敌人"？⑤

17世纪英国学者德莱顿曾把翻译比作"戴着脚镣跳钢丝舞"（dancing on

---

① 辜正坤：《中西诗比较鉴赏与翻译理论》，第405页。

② 王东风：《归化与异化：矛与盾的交锋》，《中国翻译》2002年第5期，第26页。

③ 该句原文是：Being wise, their gifts were no doubt wise ones, possibly bearing the privilege of exchanged in case of duplication。迄今为止，所有《麦琪的礼物》中译本对这句话的翻译都不得要领，译文读者不可能明白作者表达的意思。（参见《中国翻译》2003年第4期，第92页。）

④ 这句话见于《斯大林全集》第6卷第42页《悼列宁》一文，原文是：Мы коммунисты,— люди особого склада, 其正确意思应该是"我们共产党人是具有特殊素质的人"（参见《中国翻译》2002年第3期，第74页）。

⑤ 译文引自人民教育出版社2003年版全日制高中（必修）《语文》第1册第52页。此句原文为： Marx was the best hated and most calumniated man of his time. Governments, both absolutist and republican, deported him from their territories. Bourgeois, whether conservative or ultra-democratic, vied with one another in heaping slanders upon him…. I make bold to say that though he may have had many opponents he had hardly one personal enemy. 正确译文应该是："马克思在当时是最遭嫉恨、最受诬蔑的人。各国政府，无论专制政府或共和政府，都纷纷驱逐他；资产者，无论保守派或极端民主派，都竞相诽谤他……我敢大胆地说，他尽管有过许多敌人，但却几乎没有一个是私敌。"（详见《中国翻译》2010年第3期，第86页。）

ropes with fettered legs）①，规矩是不能去掉脚镣，要求是舞姿得按照舞谱。这下可好，"可以不受目标语言和文本习惯的限制"，这等于是可以去掉镣铐；"可以在适当的时候采用不流畅、不透明的语言风格"，这等于是舞姿可以随心所欲。于是读者就会在萨义德《东方学》中译本的扉页上读到这段题记："他们无法表述自己，他们必须被别人表述。——卡尔·马克思《路易·波拿巴的雾月十八日》。"②可要是哪位较真儿的读者真翻开《路易·波拿巴的雾月十八日》去找马克思这句话，那他读上一百遍也肯定找不到，不过他会找到"他们不能代表自己，一定要别人来代表他们"。③聪明的读者当然知道这句话与《东方学》扉页上那句话是出自同一原文，可要是你用那扉页上的译文替换掉《路易·波拿巴的雾月十八日》中相应的译文，那么整段文字肯定会显出一种不透明的语言风格。

## 四

对只关注翻译理论的学者来说，那场大讨论中还有一个容易被人忽略的倾向，这就是：从文化的层面预言 21 世纪中国翻译的趋势，却对中国文化的历史和现状缺乏审视。异化翻译的预言者坦言，他提出"异化为主"的策略"不是出于心血来潮，而是通过对世界文化发展趋势以及文学翻译本质特征的具体分析得出的结论"④。国内其他异化论者分析或审视得最多的也是"文化"，除预言者用的"世界文化"和上文论及的"弱势文化""强势文化"外，还有"文化交流""文化转向"等。从文化层面预言中国翻译的未来，以文化为根据提倡异化翻译，可预言者和提倡者的关键词中却偏偏没有"中

---

① John Dryden, "On Translation," in Rainer Schulte and John Biguenet, *Theories of Translation: An Anthology of Essays from Dryden to Derrida*, Chicago: The University of Chicago Press, 1992, p. 18.

② 萨义德：《东方学》，王宇根译，北京：生活·读书·新知三联书店，1995 年。

③ 译文引自人民出版社 1972 年版《马克思恩格斯选集》第 1 卷第 693 页。此句英译文是：They cannot represent themselves; they must be represented.（参见 http://www.marxists.org/archive/marx/works/1852/18th-brumaire/ch07.htm）

④ 孙致礼：《再谈文学翻译的策略问题》，第 49 页。

国文化"，这的确值得我们翻译学者认真反思。何谓中国文化，按梁漱溟先生《中国文化要义》述之：中国文化者，中国人生活所依靠之一切也。这种文化独自创发，非从他受；这种文化自具特征，自成体系；这种文化源远流长，迄今巍然；这种文化同化他人之力最为伟大；这种文化自身内部具有高度之妥当性与调和性；这种文化不仅惠及过东洋南洋，而且影响过西洋的文艺复兴和启蒙运动。[①]至于这种文化的未来，英国著名史学家汤因比在 20 世纪 70 年代也做过一个"预言"，他认为"21 世纪将是中国文化的时代……中国文化将是 21 世纪人类走向全球一体化、文化多元化的凝聚力和融合器"[②]。汤因比的预言是有根据的，而且似乎也被这次金融危机以来的世界格局所证明，因为他不仅审视了漫长的中国文化历史，而且分析了中国文化的现状，他看出：

> 中国似乎正在探索一条中间道路，想把前工业社会的传统生活方式和近代以来已经在西方和西方化国家生根的工业方式这二者的优点结合起来……如果共产党中国能够在社会的经济和战略选择方面开辟出一条新路，那么它也会证明自己有能力给全世界提供中国和世界都需要的礼物。这个礼物应该是现代西方的活力和传统中国的稳定二者恰当的结合体。[③]

不难看出，梁漱溟和汤因比对中国文化的审视可谓所见略同。从某种意义上说，中国所进行的经济体制改革和政治体制改革就是在开辟汤因比所说的那条新路，就是在用务实的方式弘扬科学，促进民主，健全法制。但科学之弘扬、民主之促进和法制之健全并不意味着要抛弃文化传统，经济体制和政治体制的改革也并不意味着要进行语言文字的改革（譬如使用不流畅、不透明的语言风格）。笔者以为，若是异化翻译的预言者和提倡者当时能审视一下中国文化的历史和现状，他们的结论也许就不会那么绝对了。

---

① 梁漱溟：《中国文化要义》，上海：学林出版社，1987 年，第 1-3 页。
② 辜正坤：《中西文化比较导论》，北京：北京大学出版社，2007 年，第 217 页。
③ 汤因比：《历史研究》，刘北成等译，上海：上海人民出版社，2000 年，第 394 页。

# 五

回顾那场大讨论，笔者认为最值得我们反思的一点就是：为什么这些年我们的翻译理论总是以西方的话语作为风向标呢？不错，"归化的翻译不是异化，但异化的翻译只能用归化的语言"，可这样的道理非要韦努蒂来解释我们才能领悟，才能信服吗？回顾一下我国有文字记载的两千年翻译史，难道看不出中国译界的前辈先贤一直都在阐释这个道理吗？

宋僧赞宁《译经篇》曰："译之言易也，谓以所有易所无也。譬诸枳橘焉，由易土而殖，橘化为枳。枳橘之呼虽殊，而辛芳干叶无异。又如西域尼拘律陀树，即东夏之杨柳，名虽不同，树体是一。"① "尼拘律陀"是梵语Nyag-rodha的音译，这可谓"异化"，但"尼拘律陀"四字本来就为汉语所有，再加上一个"树"字，这可谓"异化"中又有"归化"。也许有人会说，此树中土固有，说到底还是"以所有译其所有"。那我们来看看梵语nirvāña，隋僧大亮法师认为梵文nirvāña既言生又言死，"但此无密语翻彼密语，故言无翻也"②。所谓"无翻"，即玄奘所说的"不翻"，也就是译经师们当年所说的"译音"，我们今天所说的"音译"，结果nirvāña就异化成了"涅槃"。此前中土并无"生死合一"之概念和表示这个概念的语言符号，但"涅槃"二字却为汉语所固有，此可谓"以所有译其所无"，或曰"异化的翻译只能用归化的语言"。这样的译例在佛经翻译中不胜枚举，如若无鸠摩罗什在《妙法莲华经》中译出"如是妙法。诸佛如来、时乃说之，如优昙钵华，时一现耳"③，也许就不会有明僧憨山大师的"昙花一现三千年"④，就不会有我们今天张口便说的"昙花一现"。

---

① 赞宁：《宋高僧传》，北京：中华书局，1987年，第3页。

② 灌顶：《大般涅槃经玄义》，见高楠顺次郎等：《大正新修大藏经》，东京：大正一切经刊行会，1924—1932年版，第38卷，第2页。

③ 鸠摩罗什（译）：《妙法莲华经》，见高楠顺次郎等：《大正新修大藏经》，东京：大正一切经刊行会，1924—1932年版，第9卷，第7页。

④ 憨山大师：《憨山老人梦游集》，《卍新纂续藏经》，第73册第1456经. CBETA 电子佛典 V1.40 普及版，(2008-02-01)，http://www.cbeta.org/result/normal/X73/1456_048.htm. [2011-02-08]。

若如此追根溯源，我们会发现，许多归化得不能再归化的汉语成语，如"醍醐灌顶""恒河沙数""当头棒喝"，甚至"不可思议"，都是从梵语佛经"异化"来的。不过最能说明"异化的翻译只能用归化的语言"或"以所有译其所无"这个道理的事例，还得数明朝徐光启与利玛窦合作翻译的《几何原本》。

汉语中许多普通词汇所表示的概念（如点、线、面、平面、曲线、曲面、直角、钝角、锐角、垂线、平行线、对角线、三角形、四边形、多边形、圆心、外切、几何、星期等）最初都出现在《几何原本》中，虽构成这些词汇的"字"早在《几何原本》之前就为汉语所有，但它们在《几何原本》中所表示的概念此前却无，如"点"乃汉语固有之言，然在《几何原本》问世前，缺"无大小而只有位置且不可分割之图形"这一概念，"几何"亦汉语固有之辞，但此前的意思是"多少"，而无"空间关系研究"这个概念。难怪乎《几何原本》问世之初有人抱怨此书难懂，并建议徐光启使用"更透明的语言"。徐光启答曰："有初览此书者，疑奥深难通，仍谓余当显其文句。余对之：度数之理，本无隐奥，至于文句，则尔日推敲在四，显明极矣……请假旬日之功，一究其旨，即知诸篇自首迄尾，悉皆显明文句。"[1]如此看来，被人批评的"异化翻译"原来使用的是"显明极矣"的归化语言。

其实，佛经翻译家用"涅槃"译nirvāña，徐光启用"几何"译Geo（Geometry），以及后来的林纾用"蜜月"译honeymoon，无不是用所有之言译所无之概念，无不是对异质概念进行归化翻译，因为只有这样才能保证不懂外语的译文读者用熟悉（归化）的语言去接受陌生（异质）的概念。换言之，只有用归化的策略才能引进异质元素，或者说引进异化的事物和概念。

在韦努蒂于 2008 年说出"在一定程度上来说，异化翻译也是归化，两者之间没有绝对的分界线……归化的翻译不是异化，但异化的翻译只能用归化的语言"[2]这段话之后，苏珊·巴斯内特于 2009 年又强调"重要的是要记住：归化翻译可以把一种源语文本完整地引入目标语文化系统，而异质元素之保留则可提醒读者他们所读到的东西来自异域。"（It is important to remember that

---

[1] 徐光启：《几何原本杂议》，见罗新璋：《翻译论集》，北京：商务印书馆，1984 年，第 92 页。

[2] 郭建中：《异化与归化：道德态度与话语策略——韦努蒂〈译者的隐形〉第二版评述》，第 35 页。

domestication brings a text whole into the target system, while the retention of foreign elements reminds readers that what they are encountering derives from somewhere else. ) [1]，但与上述我国译界前辈对这个道理的阐述相比较，巴斯内特的强调似乎也同样了无新意。

回顾翻译历史，西方的《圣经》翻译经历了从希伯来语文本到希腊语文本，从希腊语文本到拉丁语文本，再从拉丁语文本到欧洲各民族语言文本的过程，或者说经历了从"文词艰涩、令人费解"到"只有神父牧师能解读"，再到"农人工匠也能读懂"的过程。我国的佛经翻译则经历了从东汉的"贵尚实中、不存文饰"到两晋的"质而能雅、依实出华"，再到唐时的"出语成章、圆满调和"的过程。可以这样说，无论西方和东方，在两千年的翻译活动中，归化和异化始终都是你中有我，我中有你，共生共存，互补互彰，此起彼伏，相反相成，因为二者都为了同一个目的，即"正当以不闻异言，传令知会通耳"[2]。而要达到"传令知会通耳"之目的，就不能刻意去追求"不流畅、不透明的语言风格"。如是观之，对我们之前做出的"21 世纪异化翻译将成为主流"的预言，我们不仅应该反思，而且应该反省。

（原载《西南民族大学学报》（人文社科版）2011 年第 4 期）

---

[1] Bielsa Esperança and Susan Bassnett, *Translation in Global News*, London & New York: Routledge, 2009, p. 127.
[2] 释道安：《摩诃钵罗若波罗蜜经抄序》，见释僧祐：《出三藏记集》，北京：中华书局，1995 年，第 290 页。

# 作品名翻译与重新命名之区别
## ——兼论跨文化传播的途径不仅仅是翻译

【内容提要】 跨文化交流有多种方法或形式，翻译只是其中的一种。为实现跨文化交流的目的，译者在完成翻译任务时可适当借用其他方法或形式，但从逻辑概念上讲，不可把其他方法或形式（包括为翻译作品重新命名）混同于翻译。翻译的本质属性是"言易"，故翻译活动是将一种语言的文本转换为另一种语言文本的活动，而译文（包括作品名译名）则是这种转换活动的结果。较之作品名翻译，为某些翻译作品重新命名往往更适合译文读者，从而使跨文化交流更富成效。

## 一、引　言

　　翻译好作品名（书名、剧名、片名等）的重要性无须赘言，因为我们都知道，好的作品名通常能概括作品主题，突出作品内容，暗示作品寓意，起到画龙点睛、招眼醒目的作用，能使读者对作品本身产生兴趣，如斯汤达的 *Le Rouge et le Noir*、托尔斯泰的《Война и мир》、海明威的 *The Sun also Rises* 和狄更斯的 *Oliver Twist* 等。

　　上述 4 部作品都有中文译本，其作品名即许多中国读者都耳熟能详的《红与黑》《战争与和平》《太阳照常升起》《雾都孤儿》。喜爱外国文学但又不谙外语的普通中国读者不会去考究这些小说中文书名之由来。在他们心目中，《红与黑》《战争与和平》《太阳照常升起》《雾都孤儿》当然是分别出自斯汤达、托尔斯泰、海明威和狄更斯笔下。对他们而言，这 4 个书名也概括了作品主题，突出了作品内容，暗示了作品寓意，因而都起到了跨文化交流的作用。但对稍懂法语、俄语或英语的中国读者来说，他们就可能注意到，这 4 个中文书名的前 3 个是根据原作书名翻译而来，而《雾都孤儿》这个书名却是译者抛开原作书名，根据小说的主题、内容和寓意，别开生面，重新命名的。

不少学者也注意到了这种重命名现象，并在研究之后发布了各自的观点或结论。何自然、李婕认为"重命名是由于种种不同原因导致译者采取与原语音、原意无关的另类说法"，"是一种兼顾原文、译文和译文对象（读者）三元关系的语用翻译手段"[①]；冯梅提出了"重命名翻译"这个概念，认为"重命名翻译实质上是一种基于原名而不囿于原名的言外之意的翻译，本质上属于意译"[②]；李群针对英语电影片名的"翻译"现状（如《小岛惊魂》之于*The Others*，《魔枪》之于*The Mexican*等），认为"片名翻译性属广告翻译，……只要观众满意、片商认可，必要的自由就给了五花八门、各显神通的译名"[③]；侯国金就"作品名翻译"发表专论，表示赞同上述观点，但为了能有"一个准绳使之趋于标准化"，他提出了"作品名翻译的'关联省力语效原则'"，归纳了在该原则指导下的 8 种作品名译法（直译法、意译法、增译法、省译法等），其中第 8 种为"重命名译法"，并说这种译法"即另起炉灶，无中生有"，其典型译例包括《乱世佳人》（之于*Gone with the Wind*）、《卖花女》（之于*Pygmalion*）、《蝴蝶梦》（之于*Rebecca*），以及《仁心仁术》（之于*Emergency Room*）等。[④]

以上各家观点不尽然一致，但却有一个共同点，那就是都认为，为翻译作品重命名是一种翻译行为（或翻译手段），由此产生的"不囿于原名""与原语音、原意无关""另起炉灶、无中生有"的作品名也是译名（译文）。笔者认为，这种观点模糊了翻译这个概念，从而也模糊了翻译的本质属性，从理论上讲不利于翻译标准之厘定，从实践上讲不利于翻译质量之评估。笔者同时发现，产生这种模糊的原因主要有两点：一是混淆了翻译与跨文化交流的种属关

① 何自然、李捷：《翻译还是重命名——语用翻译中的主体性》，《中国翻译》2012 年第 1 期，第 106、103 页。
② 冯梅：《重命名翻译是另类翻译法么?——兼与康志洪等商榷》，《重庆理工大学学报》（社会科学版）2013 年第 12 期，第 104 页。
③ 李群：《片名翻译对"忠实"的颠覆——电影片名翻译的现状及理论根据》，《北京第二外国语学院学报》2002 年第 5 期，第 45 页。
④ 侯国金：《作品名翻译的"关联省力语效原则"》，《解放军外国语学院学报》2016 年第 2 期，第 106、114 页。

系，或者说把翻译同跨文化交流的其他方法和形式混为了一谈；二是对为翻译作品重新命名的实际情况了解得还不够全面，以为重命名均出自译家之手。鉴于此，笔者对上述观点提出商榷，以求教于何自然、侯国金等诸位教授和学界同行。

## 二、跨文化交流·翻译·重命名

要说明为翻译作品重新命名不是翻译，而是跨文化交流（cross-cultural communication）的另一种方法或形式，首先就需要明确"跨文化交流"和"翻译"这两个概念，因为"概念明确是正确思维的首要条件。没有明确的概念，就不会有恰当的判断，就不会有合乎逻辑的推理与论证"[①]，因此也不可能产生合乎逻辑的观点和结论。

跨文化交流作为一种人类活动或行为，是指不同民族之间（或曰不同语言文化共同体的成员之间）所进行的交流。进行这种交流可采用多种方法或形式，如中央民族乐团在维也纳金色大厅和纽约卡内基音乐厅演奏《二泉映月》《春江花月夜》等中国民族音乐是进行跨文化交流，俄罗斯国家芭蕾舞团在北京展览馆剧场和上海东方艺术中心演出《天鹅湖》是进行跨文化交流，卢浮宫珍藏版画在北京马奈草地美术馆和成都蓝顶美术馆展出是进行跨文化交流，笔者于1996 年秋季在美国Spring Arbor University为不懂中文的美国大学生开课讲授"中国文明与文化"（Chinese Civilization and Culture，课程号：GEO/HIS/CCS 355，2–3 学分[②]）也是在进行跨文化交流。即便只讨论通过书面媒介（written medium）进行的跨文化交流，我们也应该承认：玄奘用汉语将其西行见闻写成《大唐西域记》是跨文化交流；柳无忌（Liu Wu-Chi, 1955）用英文著述 *Confucius: His Life and Time*（《孔子生平及其时代》）[③]是跨文化交流；江亢

---

① 金岳霖:《形式逻辑》，北京：人民出版社，1979 年，第 24 页。

② 该校规定修完该门课程且成绩及格者可获 2 学分（收费），对成绩特别优异者，授课教师有权奖励 1 学分（免费）。

③ Liu Wu-Chi, *Confucius: His Life and Time*, New York: Philosophical Library, Inc., 1955.

虎（Kiang Kang-Hu，1935）用英文撰写"Outline of Taoist Philosophy and Religion"（《道家哲学及宗教概述》）[①]是跨文化交流；郑振铎用中文编著《希腊罗马神话与传说中的恋爱故事》[②]是跨文化交流；李琳用中文为低幼儿童改写《伊索寓言》[③]是跨文化交流；甚至我们用母语对外国文学、艺术、宗教、政治、经济诸方面情况的介绍、评注、分析和批评也是跨文化交流。由此可见，跨文化交流的确可采用多种方法或形式，而翻译只是其中的一种。虽说在上述各种跨文化交流活动中往往也会借助于翻译，但我们显然不能说这些交流活动本身是翻译，更不能说其交流结果是译文。那么，到底什么是翻译呢？

其实，对翻译这种延续了几千年的跨文化交流活动，古今中外的学者早已了解其属性，明确其概念，并为之下了定义。唐人贾公彦在《周礼义疏》中就解释说："译即易，谓换易言语使相解也"[④]；宋僧法云对翻译的定义是："夫翻译者，谓翻梵天之语转成汉地之言，音虽似别，义则大同"[⑤]；卡特福德认为："翻译即用一种语言（目标语）中对应的文本材料去替换另一种语言（源语）中的文本材料"[⑥]；雅各布森认为："（语际）翻译是借助其他某种语言对源语语言符号进行解释"[⑦]韦努蒂为翻译下的定义是："翻译是译者在理解的基础上用目标语的能指链替换构成源语文本能指链的过程"[⑧]；尤利亚妮·豪斯在其新著《翻译质量评估》中，更是开宗明义地为译本（译文）和产生译本的语言文本活动（翻译活动）都下了定义，她说："译本可被定义为一种语言文本活动的结果，而这种语言文本活动就是将一种语言的文本转化成另

① Kiang Kang-Hu, "Outline of Taoist Philosophy and Religion," in Bhikshu Wai-Tao and Dwight Goddard, *Laotzu's Tao and Wu-Wei*, Santa Barbara, California: Dwight Goddard, 1935, pp. 137-149.

② 郑振铎：《希腊罗马神话与传说中的恋爱故事》，北京：外国文学出版社，1982 年。

③ 李琳：《伊索寓言》，武汉：长江文艺出版社，2014.

④ 转引自陈福康：《中国译学理论史稿》（修订本），上海：上海外语教育出版社，2000 年，第 3 页。

⑤ 法云：《翻译名义集》，见河北禅学研究所：《佛学三书》，北京：中华全国图书馆文献缩微复制中心，1995 年，第 5 页。

⑥ J. C. Catford, *A Linguistic Theory of Translation*, Oxford: Oxford University Press, 1965, p. 20.

⑦ Roman Jakobson, "On Linguistic Aspects of Translation," in Lawrence Venuti (ed.), *The Translation Studies Reader*, London & New York: Routledge, 2000, p. 114.

⑧ Lawrence Venuti, *The Translator's Invisibility: A History of Translation* (2nd Edition), London & New York: Routledge, 2008, p. 13.

一种语言文本的活动"①；笔者为翻译下的定义是："翻译是把一套语言符号或非语言符号所负载的信息用另一套语言符号或非语言符号表达出来的创造性文化活动，它包括语际翻译、语内翻译和符际翻译。"②

从以上定义可以看出，翻译本质上是一种双语活动，涉及两种语言符号的转换。当然，随着科学技术之不断进步、跨文化交流活动之日益增多、计算机翻译技术之日趋成熟，以及团队（合作）翻译规模之扩大，翻译这个概念也在发展。但正如笔者曾指出的那样，"翻译概念的发展只是其外延的增加，而非其内涵之变化。翻译概念之内涵就是'易言'，或曰'语言符号之转换'"③。在之前举行的"翻译的重新定位与定义高层论坛"④上，与会者就翻译的重新定义进行了深入而全面的思考和讨论，其中不少与会者也持与笔者相同或相似的观点。许钧认为"翻译最本质的特征，就是符号的转换性"⑤；仲伟合强调"翻译的本质就是'符号转换与意义再生'……无论我们从哪个视角对翻译进行定义，都不能忽视翻译的这个最根本的本质"⑥；蓝红军认为"翻译的本质是一种语言服务"，并从翻译之发生条件这个视角把翻译定义为"为跨语信息传播与跨文化交流过程中遭遇异语符号理解与表达障碍的人们提供的语言符号转换与阐释服务"⑦。虽说这条定义并不符合形式逻辑要求的"定义项的外延与被定义项的外延必须是全同"⑧这条定义规则，用限制语"跨语信息传播与跨文化交流"排除了语内翻译，使定义项的外延少于被定义项的外延，但这条定义仍然突出了翻译的本质属性"语言符号转换"，而且定义者的视角"翻译之发生条件"对我们讨论"重命名"有启发意义。

明确了跨文化交流和翻译这两个概念，我们可以判明以下四点：（1）跨

---

① Juliane House, *Translation Quality Assessment: Past and Present*, London & New York: Routledge, 2015, p. 2.

② 曹明伦：《翻译之道：理论与实践》（修订版），上海：上海外语教育出版社，2013 年，第 114 页。

③ 曹明伦：《翻译之道：理论与实践》（修订版），第 4 页。

④ 此高层论坛由《中国翻译》和《东方翻译》杂志发起并主办，由广东外语外贸大学承办，于 2015 年 3 月 28—29 日在广东外语外贸大学举行。

⑤ 许钧：《关于新时期翻译与翻译问题的思考》，《中国翻译》2015 年第 3 期，第 8 页。

⑥ 仲伟合：《对翻译重新定位与定义应该考虑的几个因素》，《中国翻译》2015 年第 3 期，第 10 页。

⑦ 蓝红军：《何为翻译：定义翻译的第三维思考》，《中国翻译》2015 年第 3 期，第 29 页。

⑧ 金岳霖：《形式逻辑》，第 57 页。

文化交流有多种可采用的方法或形式，而翻译只是其中的一种，因此跨文化交流与翻译的关系是属种关系；（2）翻译的本质属性是"语言符号转换"，因此凡不涉及语言符号转换的活动都不是翻译活动，其结果也不是译作、译文或译名；（3）上文提及的那些"与原语音、原意无关""不囿于原名""另起炉灶、无中生有"的作品名（如《乱世佳人》《蝴蝶梦》《小岛惊梦》《魔枪》等）并没有经过语言符号转换，因此不是译名，而是直接用目标语对翻译作品的重命名，所谓"重命名翻译""重命名译法""与原语音、原意无关的翻译手段"在概念上本身就自相矛盾；（4）为翻译作品重新命名也是跨文化交流的一种方法或形式，而正如其他各种跨文化交流活动有时会借助于翻译一样，翻译也可借助直接用目标语为翻译作品重命名这种手段，但切不可将这种手段混同于翻译。

## 三、重命名发生的条件、原因和效果

上文说"翻译之发生条件"对我们讨论"重命名"有启发意义，下面我们就用两个实例来看看"重命名"之发生条件，看看为什么要为翻译作品重新命名，重新命名是怎样发生的，以及为译作重新命名的效果如何。

通常情况下，如果能够以源语作品名为摹本，通过语符转换而生成译本作品名，而且生成的译名既能保持原作名的语言表达方式，又能概括作品主题，突出作品内容，暗示作品寓意，那么译者一般都会乐意为之。例如把《Война и мир》转换成《战争与和平》，把*Le Rouge et le Noir*转换成《红与黑》，把*The Sun also Rises*转换成《太阳照常升起》等。

然而，由于不同民族历史语境之悬隔和文化语境之差异，有些通过语符转换而生成的作品名达不到上述效果，甚至会让译文读者不知所云。以狄更斯的*Oliver Twist*为例，这部小说以雾都伦敦为主要背景，讲述了孤儿奥立弗·特威斯特坎坷而曲折的经历，揭示了社会底层劳苦大众悲惨而曲折的命运。书名中的Twist是主人公奥立弗的姓氏，但英语国家的读者都知道，Twist作为普通单词有"曲折"的意思，作者为小说主人公选这个姓氏，显然有一语双关的意味，而原文读者对此也大多能心领神会；但如果把*Oliver Twist*翻译成《奥利弗·特威斯特》，译文读者就难识其中意蕴了。正因为这个原因，中国译者为这部作品的中译本书名纠结了一个世纪。光绪三十四年（1908 年），林纾和魏易把他俩合作翻译的中文译本取名为《贼史》（商务印书馆）；民国三十七年（1948年），蒋天佐把*Oliver Twist*留名去姓，将其翻译成《奥列佛尔》（骆驼书店）；1957 年，熊友榛把她据原文简写本翻译的中译本命名为《雾都孤儿》（通俗文艺出版社）；1984 年，荣如德把书名翻译成《奥立弗·退斯特》（上海译文出版社）；1991 年，荣如德译本再版时借用了早已为中国读者接受并熟知的熊友榛译本的书名，其书名变成了《雾都孤儿/奥立弗·退斯特》；2010 年再版时，荣如德译本则完全沿用了《雾都孤儿》这个书名。从翻译（语符转换）的角度看，把*Oliver Twist*翻译成《奥立弗·退斯特》或《奥列佛尔》不可谓不忠实而准确，但从跨文化传播和交流的效果来看，《雾都孤儿》这个重命名显然比上列译名更富效益。

斯内尔–霍恩比在谈及作为一种跨文化活动的翻译（translation as a cross-cultural event）所产生的结果时，也谈到了在某些语言之间，忠实而准确的译文不能为译文读者所理解的情况，并认为"问题的关键不在原文，而在于译文对译文读者而言有何意义"①。下面我们举一个用英语为中国作品重命名的实例，进一步说明这种情况。

20 世纪 90 年代，有位画家请笔者把他一幅油画的画名《云横秦岭》翻译成英语。此画画面绝大部分是巍峨的秦岭群山和逶迤于其间的云雾，只在右下角衬着白云处点缀了两个很小的人影，一人骑在马背，一人挑担随行。如果只观画面，也许有中国观者会联想到《西游记》片头曲"你挑着担，我牵着马"，但若留意到画名，不少中国观者就可能回想起曾在中学语文课上吟诵过的名句"云横秦岭家何在？雪拥蓝关马不前"，从而领悟到该画的寓意——英雄失落之悲，报国无门之叹。然而，我们不妨设问，若将《云横秦岭》翻译成"*Clouds Traversing Tsinling Mountains*"，"*Clouds Floating over Ch'in Ling Mountains*"，

---

① Mary Snell-Hornby, *Translation Studies: An Integrated Approach*, Shanghai: Shanghai Foreign Language Education Press, 2001, p. 42.

或 "*Clouds Winding across Qin Mountains*"，英语国家的观赏者能读懂这幅画吗？用斯内尔–霍恩比的话问，What is the significance of the translated text for its readers（这译文对译文读者而言有何意义呢）？

此例再次说明，并非所有语言符号的转换都能使其负载的意义也同时被转换。原文语言符号所负载的文化意蕴与转换后的译文语言符号所负载的文化意蕴往往并不相当，因为原作者为了提高交流效率或增加审美效果，会在语言符号中隐藏某些意义（如Twist这个姓氏中隐藏有"曲折"的意思），或省略一些文化信息（如《云横秦岭》用画龙点睛之笔省略了大量与之相关的信息），这就是我们所知的文化缺省（cultural default）。不过原文读者（观者）和原作者处于同一文化认知语境，与原作者之间有一种文化默契，而被隐藏的意蕴或被省略的信息虽不显现于原文语言符号之中，但依然被这些语言符号所负载，所以原文读者可用自己的文化背景知识对隐藏的意蕴进行挖掘，对省略的信息进行补偿，或者说对原作者留在字里行间的空白进行填补，从而在阅读或欣赏过程中感受一种审美情趣，获得一种独特的审美快感。但对译文读者而言，他们与原作者之间并无这种文化默契，所以翻译有文化缺省的作品名，译者很难通过简单的语言符号转换达到文化传播和交流的目的。

然而，译者不仅是语言符号的转换者，也是跨文化交流的信息传播者。当用翻译手段无法充分实现交流目的时，为何不能适当借用其他手段呢？面对《云横秦岭》这种文化内涵极其丰富的作品名，承担对外翻译任务的中国译者时时都应该意识到，由于中华文化之博大精深、源远流长，由于近百年来中国与西方的文化交流处于进多出少的"逆差"状态，中西双方的文化默契并不平衡，往往是中国人对西方文化了解甚多，而西方人对中国文化知之甚少。譬如，即便不懂英文的中国人一读到"美即真，真即美"，多半也会想到下句"这就是一切"，甚至知道此句出自英国诗人济慈的《希腊彩瓶颂》；一听到"生存或毁灭"或"活下去还是不活"，不少人都会随口接上"这是个问题"，并且知道此话出自莎士比亚笔下的哈姆莱特之口。然而，有几多英美观赏者看到"*Clouds Traversing Tsinling Mountains*"时能想到韩愈那首《左迁至蓝关示侄孙湘》呢？恐怕他们使尽"洪荒之力"也难解此画名丰富的寓意，因为这个英文画名虽进行了语言符号转换，但却没实现意义再生，准确地说是没能再现原画之画意,而没能再现的原因就是上文所说的文化默契不平衡。考虑到这些因素,我当年就抛开了原画名而另起炉灶,根据英语国家观赏者可能涉及的认知语境,将这幅画重新命名为"*Where Is My Way to Serve My Country*?",而且还加了个副名"Han Yü's sigh after he was banished by the court"。这个画名虽然不可能让英美观赏者对画意一目了然,但至少为他们中真想探究此画意蕴者提供了认知线索,因为只需查阅《不列颠百科全书》或《新韦氏人物辞典》(*Webster's New Biographical Dictionary*),他们就可以从"Han Yü"这个词条了解到中国唐代大文豪韩愈的生平,甚至读到此画所涉及的他"一封朝奏九重天,夕贬潮阳路八千"的那段史实:"他直言谏阻皇帝恭迎所谓的佛骨,此举令他几获极刑,最后被逐出朝廷,贬谪到中国南方达一年之久"[①],从而对此画之意蕴有所领悟。

以上二例说明,译者在处理作品名时,如果用翻译手段难以充分实现跨文化交流的目的,甚至无法产生跨文化交流的效果,完全可以用目标语直接为作品重新命名。

# 四、为"重命名"正名

何自然认为重命名是译者采取与原语音、原意无关的另类说法[②],这与本文第1节所说的"重新命名不是翻译,而是跨文化交流的另一种方法或形式"几近一致,但他同时又认为重命名是一种"翻译手段","是一种比直译或意译要深刻得多的翻译行为"[③],是"翻译再创造"[④],这实际上还是把重命名和翻译混为了一谈,使"重命名"显得名之不正。所以我们有必要澄清这种混淆,为"重命名"正名。

说重命名是翻译,说重新命名的作品名是通过翻译手段(翻译行为)产生

---

① Philip W. Goetz, *The New Encyclopaedia Britannica* (15th Edition, *Micropaedia Britannica, vol. iv.*), Chicago & London: Encyclopaedia Britannica Inc., 1979, p. 896.

② 何自然、李捷:《翻译还是重命名——语用翻译中的主体性》,第106页。

③ 何自然、李捷:《翻译还是重命名——语用翻译中的主体性》,第103页。

④ 何自然、李捷:《翻译还是重命名——语用翻译中的主体性》,第105页。

的再创造结果，那我们就可以对其翻译质量进行评估。可评估翻译质量的根据是什么呢？豪斯在《翻译质量评估》中明确地告诉我们，"（原文与译文）对应既是翻译理论的一个核心概念，又是翻译质量评估的概念基础……虽有不可避免的差异，但要尽可能对应，而需要强调的是，这不可避免的差异源于两种语言不同这个普通的事实"[1]。由此可见，要评估翻译质量，首先要确定被评估的对象是不是翻译，而要确定被评估的对象是否是翻译，根据的是两种语言符号是否对应。《Война и мир》与《战争与和平》是对应的，所以把《Война и мир》转换成《战争与和平》的行为是翻译行为，其结果是译名；而*Oliver Twist*和《雾都孤儿》并不存在原文和译文的对应关系，所以《雾都孤儿》不是*Oliver Twist*的译名，而是重新命名。

有人会问，难道不可以把《雾都孤儿》之于*Oliver Twist*看成"一种比直译或意译要深刻得多的翻译"？对此问题，正确的回答是不可以，因为再"深刻的翻译"也需要原文和译文有某种程度上的对应。皮姆把不同程度的对应分为"自然对应"和"方向对应"[2]。"自然对应"指源语和目标语之间是自然的双向对应关系（一对一的对应关系），即从语言A翻译成语言B后，又能从语言B回译成语言A[3]，例如把《Война и мир》转换成《战争与和平》之后，又能把《战争与和平》转换成《Война и мир》。实际上，自然对应的作品名在各种语言中都能互相回译甚至循环翻译，比如俄语《Война и мир》→英语*Peace and War*→法语*La guerre et la paix*→汉语《战争与和平》→俄语《Война и мир》。"方向对应"则指源语和目标语之间有一对多（one-to-several）或整体对部分（one-to-part）等对应关系[4]。关于整体对部分的对应关系，皮姆例举了英语brother与汉语"兄"和"弟"之部分对应，不过更能说明问题的应该是cousin这个词，因为在特定的语境中，cousin只能对应汉语堂兄、堂弟、堂姐、堂妹、表兄、表弟、表姐、表妹或远亲中的一个。而要是在法语中，cousin（阴性作cousine）所指的关系就更复杂了，所以傅雷把*Cousine Bette*翻译成《贝姨》，

---

[1] Juliane House, *Translation Quality Assessment: Past and Present*, pp. 5-6.

[2] Anthony Pym, *Exploring Translation Theories* (2nd Edition), London & New York: Routledge, 2014, p. v.

[3] Anthony Pym, *Exploring Translation Theories* (2nd Edition), p. 7.

[4] Anthony Pym, *Exploring Translation Theories* (2nd Edition), p. 29.

真可谓"一名之立、旬月踟蹰"后的绝妙对应①。一对多的对应关系，指源语和目标语之间存在多个单向对应关系，即A对应于B1、B2、B3……。换言之，把语言A译成语言B后，就不一定能再从语言B回译到语言A了，例如美国作家杰克·伦敦的小说*The Call of the Wild*，书名中的Call和Wild在汉语中都有多个对应词，所以中文译本有不同的书名，如蒋天佐的译本是《荒野的呼唤》（1950），谷风与欧阳山合作的译本是《野性的呼声》（1950），刘大杰的译本则为《野性的呼唤》（1953）。其中《野性的呼唤》这个书名最能体现原作名的寓意，也最能概括该作品的主题（曾与人一道生活的雪橇狗巴克最终弃离人类的文明社会，响应狼群的呼唤，回归野性），但如果请一位不知《野性的呼唤》原著书名的中国译者将这个中文书名回译成英语，谁也不敢保证他或她就会选用Wild来对应"野性"，而不选用Ferity或Wildness。不过，即便把《野性的呼唤》回译成*The Call of the Ferity*，两者之间也有豪斯要求和皮姆分类的那种对应关系，英语国家的读者十之八九也能猜到这可能是指杰克·伦敦那本小说，所以《野性的呼唤》是翻译的书名。可单就书名而言，《雾都孤儿》与*Oliver Twist*之间没有任何程度上的对应关系，所以从"深刻"的角度也不能说《雾都孤儿》是意译的书名。

至于"翻译再创造"，笔者赞同翻译家傅浩的观点："翻译中的创造，严格说是一种摹仿，而非凭空的臆造。译文就像风筝，离得再远，也要与原文有关联。不顾原文的任意创造，就像断了线的风筝，就不再是翻译，而是创作了"②。由此可见，抛开原文、另起炉灶的重命名是原作的另一个作品名，而非原作品名的译名。

侯国金专论之第4节标题是"从名做起，名正言顺"③，其本意也是要为重命名正名，但其"重命名译法"本身就因言之不顺而名之不正，故其为重命名正名之意图并没有实现。明知《乱世佳人》《卖花女》之类的重命名"不囿于原名"，"与原语音、原意无关"，是"另起炉灶"，甚至"无中生有"的，

① 傅雷在其《〈贝姨〉译者弁言》中对此有详述（见傅敏编：《傅雷谈翻译》，北京：当代世界出版社，2006年，第5-6页）。
② 傅浩：《贴与离：也算一种翻译理论》，《文艺报》，2011年12月12日，第7版。
③ 侯国金：《作品名翻译的"关联省力语效原则"》，第113页。

为何这些学者仍然要将其称为"译名"呢？究其原因，一是忽略了当用翻译手段无法充分实现跨文化交流目的时，译者可以借用其他跨文化交流的手段，二是片面地以为重命名都出自译家之手。

实际上，为翻译作品重命名有两种情况，一种是译者自己所为，一种是由第三者操觚为之，例如笔者早年的一本译作就是由杂志社和出版社的编辑分别重新命名的。20 纪 80 年代，在翻译英美经典作品之余，笔者也翻译过几本英美通俗小说，如四川文艺出版社 1985 年出版的《美女的面纱》（原作名 *The Mask of the Enchantress*）、北岳文艺出版社 1986 年出版的《冷酷的吻》（原作名 *Fiesta San Antonio*）、百花文艺出版社 1986 年出版的《复活的爱》（原作名 *Fiesta San Antonio*）、四川文艺出版社 1987 年出版的《爱情与叛逆》（原作名 *Love and Treason*），以及重庆出版社 1988 年出版的《东方财团》（原作名 *The Chinese Consortium*）等。其中《冷酷的吻》和《复活的爱》的原作是同一本小说，即 *Fiesta San Antonio*。

笔者应该属于侯国金专论中论及的那种"在翻译作品标题时往往比较认真和细心，一般不会乱译、滥译或改译"①的译者。可为什么拙译书名也会与原作名大相径庭，而且一本书会有两个书名呢？实际上，笔者当初是把 *Fiesta San Antonio* 翻译成了《圣安东尼奥之夜》。笔者当然知道 Fiesta 这个西班牙语单词的意思是"节日"，也知道 Fiesta San Antonio 是美国圣安东尼奥城为纪念得克萨斯独立战争中的阿拉莫战役而每年举行一次的狂欢节，但笔者当时觉得《圣安东尼奥节》作为书名太抽象，《圣安东尼奥狂欢节》念起来又不顺口，再考虑到小说开篇就是男女主人公在"得克萨斯一个无云的夜晚"相遇的情节，于是就把书名改译成了《圣安东尼奥之夜》。这个译本最初由著名画家戴卫插图，由四川省群众艺术馆主办的文艺刊物《处女地》于 1985 年第 1 期至第 5 期连载发表。当时的责任编辑是一位不谙外语的老诗人，为了吸引读者，增加刊物发行量，他根据小说内容（男女主人公并不是因为相爱而结合）把小说重新命名为《冷酷的吻》，后来北岳文艺出版社发行的单行本沿用了这个书名，而百花文艺出版社的编辑则根据自己对小说的解读（经历了种种感情波澜之后，男

---

① 侯国金：《作品名翻译的"关联省力语效原则"》，第 111 页。

女主人公终于化冷漠为真爱），将其重新命名为《复活的爱》。连不谙外语的编辑都可以为译作重新命名，可见重新命名并不是翻译行为，重新命名的译作名也不是译名。

## 五、结　语

综上所述，我们可以得出这样的结论，翻译源语作品名和为翻译作品重命名是两种不同性质的行为，是跨文化传播和交流的两种手段，译名和重命名是两个不同的概念。具体而言，《随风而去》之于 *Gone with the Wind* 是翻译，而《乱世佳人》之于 *Gone with the Wind* 则是重命名；《吕贝卡》之于 *Rebecca* 是翻译，而《蝴蝶梦》之于 *Rebecca* 则是重命名；《皮格马利翁》之于 *Pygmalion* 是翻译，而《卖花女》之于 *Pygmalion* 则是重命名；《急诊室》之于 *Emergency Room* 是翻译，而《仁心仁术》之于 *Emergency Room* 则是重命名；《卡萨布兰卡》之于 *Casablanca* 是翻译，而《北非谍影》之于 *Casablanca* 则是重命名。

最后需要强调的是，笔者把作品名翻译与重新命名加以区分，其目的是要提醒译者（尤其是青年译者）别忘了翻译的本质属性是语言符号转换，而不是要区分两者孰优孰劣。实际上，由于不同民族语言文化的差异，为某些翻译作品重命名往往能吸引更多的译文读者，从而使跨文化传播和交流更有成效，尤其在引入异域文化的新思想、新概念或新事物的初始阶段更是如此。由是观之，当年严复把赫胥黎的 *Evolution and Ethics and Other Essays*（《进化论、伦理学及其他论说》）重新命名为《天演论》，把约翰·密尔的 *On Liberty*（《论自由》）重新命名为《群己权界论》，林纾和魏易把司各特的 *Ivanhoe*（《艾凡赫》）重新命名为《撒克逊劫后英雄略》，把斯托夫人的 *Uncle Tom's Cabin*（《汤姆叔叔的小屋》）重新命名为《黑奴吁天录》，无不是出于这样的考虑。

（原载《解放军外国语学院学报》2017 年第 3 期）

# 巴斯内特《翻译研究》(第三版)导读<sup>①</sup>

**【内容提要】** 本文详细介绍了英国沃里克大学资深教授苏珊·巴斯内特最具影响力的代表作《翻译研究》（第三版），评述了该书的研究目的、研究基点、研究视野和研究方法，为中国读者（尤其是高校翻译方向研究生）指出了该书要点，并提出了若干阅读建议。

一

苏珊·巴斯内特（Susan Bassnett, 1945— ）是英国沃里克大学（University of Warwick）资深教授，曾任该校副校长、原翻译与比较文化研究中心<sup>②</sup>主任，早年在欧洲多国接受过教育，掌握多门语言并了解多种文化，在意大利开始其学术生涯，到沃里克大学任教前曾在美国短期工作。巴斯内特教授学术兴趣广泛，从莎士比亚到西尔维亚·普拉斯，从文艺复兴时期的意大利到后殖民时期的印度，都在她的视域之内。她的研究范围包括：比较文学、翻译研究、英国文化、拉美文学、戏剧作品、女性作品和后殖民时期的翻译现象等。从 1969 年翻译出版意大利艺术评论家阿尔甘（G. C. Argan, 1909—1992）的《复兴之城》（*The Renaissance City*），到 2009 年出版与别尔萨博士合著的《全球化时代的新闻翻译》（*Translation in Global News*），巴斯内特已出版专著、编著和译著共 30 余种，其中包括翻译界熟知的《翻译研究》（*Translation Studies*, 1980）、《比较文学批评导论》（*Comparative Literature: A Critical Introduction*,

---

① 本文是应上海外语教育出版社之邀为该社引进的《翻译研究》（第三版）英文版再版而撰写的中文导读。
② 由巴斯内特教授于 20 世纪 80 年代在沃里克大学创建的"翻译与比较文化研究中心"（The Centre for Translation and Comparative Cultural Studies）于 2009 年 9 月 30 日正式撤销，中心部分研究生教育项目终止，其余项目经审查后分别并入该校德文系和英文与比较文学研究系。

1993）、《翻译、历史和文化》（*Translation, History and Culture*, 1990, 与勒菲弗尔合编）、《文化构建：文学翻译论集》（*Constructing Cultures: Essays on Literary Translations*, 1998, 与勒菲弗尔合著）、《后殖民翻译》（*Post-Colonial Translation*, 1999, 与特里维蒂合编）和《作为作者的译者》（*The Translator as Writer*, 2006, 与彼得·布什合编）等。巴斯内特教授还是位诗人，她的一本诗集《交换生命：诗集与译作》（*Exchanging Lives: Poems and Translations*）[①]于2002年出版。

　　《翻译研究》是巴斯内特的成名作，也是她最有影响力的学术著作之一。作为一门学科，翻译研究（Translation Studies）这个名称早在1972年就由霍姆斯在哥本哈根召开的第三届国际应用语言学会议上提出，当时霍姆斯向会议的翻译论坛提交了名为《翻译研究之名与实》（"The Name and Nature of Translation Studies"）的论文。该文用三分之一的篇幅为翻译学科正名，指出名称不统一是学科发展的障碍，建议用Translation Studies作为这个学术领域的统一名称，把该学科定性为一门经验性学科（empirical discipline），并为之设计了学科框架，拟定了研究范围。[②]但在其后的数年中，这门学科并没有完全成型，依然"在语言学和比较文学之间进退维谷"[③]，正如巴斯内特后来所回顾的那样，那时候的"翻译研究要么在应用语言学的屋檐下躲躲雨，要么在文学研究的墙根下避避风，在新兴的文化研究领域里根本没有涉足之地"[④]。1976年4月，来自以色列、荷兰、比利时和其他一些国家的翻译学者参加了在比利时卢万天主教大学召开的"文学与翻译"学术讨论会，勒菲弗尔在这次会议上领受了拟定翻译研究之学科目标的任务。卢万会议的论文集于1978年出版，勒菲弗尔在收入该集附录的《翻译研究：学科目标》一文中认为这门学科的目

---

①《交换生命》由巴斯内特自己写的诗和她翻译的阿根廷女诗人皮萨尼科（Alejandra Pizarnik, 1936—1972）的诗合辑而成，两位诗人的诗在诗集中形成了两位女性跨越时空的生命对话。

② James Holmes, *Translated! Papers on Literary Translation and Translation Studies*, Amsterdam: Rodopi B. V., 1988, pp. 67-71.

③ Paul St-Pierre and Prafulla C. Kar, *In Translation: Reflections, Refractions, Transformation*, Delhi: Pencraft International, 2005, p. ix.

④ Susan Bassnett and André Lefevere, *Constructing Cultures: Essays on Literary Translation*, Shanghai: Shanghai Foreign Language Education Press, 2001, p. 124.

标是"关注译本生成和译本描述过程中提出的问题……创立一套能用作译本生成之指导原则的综合理论"。①学科目标之确定，为《翻译研究》的问世奠定了基础，此书于 1980 年问世，此后分别于 1991 年和 2002 年出版修订版和第三版。这本书广为流传，成了英语国家和地区翻译研究的入门教材，被列入各国翻译研究者的必读书目。

<h2 style="text-align:center">二</h2>

第三版《翻译研究》的正文仍分为三章，正文前有作者自撰的"第三版序"和"引言"，正文后有"结语"。

当《翻译研究》于 1980 年初版时，作者还在为翻译研究的学科地位担心，还觉得她"必须为正在做的翻译方面的工作进行一番辩护"②，而当该书于 1991 年出修订版时，作者在其序言开篇就豪迈地宣称"在本书初版以来的 10 年间，翻译研究已凭借自身实力牢牢地确立了作为一门严肃学科的地位"③。作者在修订版"序"中对翻译研究不断开拓新的领域、不断迅猛向前发展并不断取得新的成就之历程进行了一番回顾，概要评述了那 10 年间陆续涌现的"多元系统论""改写调控论""女性翻译观""食人主义翻译观""后结构主义翻译理论""文本行为研究"和"翻译历史研究"等新的理论和研究领域。

该书第三版之刊行距修订版之问世又过了 11 年，故"第三版序"对翻译研究的回顾视野更为开阔，作者在该序中指出学科的发展"必然流派纷呈、趋势各异。因此我们不必惊于人们早年对翻译研究达成的共识在 20 世纪 90 年代已不复存在……随之而来的是在世界范围内延续至今且充满活力的翻译研究的多样性。早在 20 世纪 80 年代，格特的关联理论、赖斯和弗米尔的目的论，以及图里对伪译的研究就为翻译研究提供了新的方法；而在 90 年代，莫娜·贝

---

① André Lefevere, "Translation Studies: The Goal of the Discipline," in James Holmes, Jose Lambert & Raymond van den Broek, *Literature and Translation*, Louvain: ACCO, 1978, pp. 234-235.

② Susan Bassnett, *Translation Studies* (Revised Edition), London & New York: Routledge, 1991, p. xviii.

③ Susan Bassnett, *Translation Studies* (Revised Edition), p. xi.

克发起的基于语料库的翻译研究激起了人们极大的兴趣，为持续繁荣的翻译探索开辟了若干条清晰的线路。实际上，在计算机翻译研究看上去已崩溃的一段时期之后，①翻译与新科技之间关系的重要性已日渐凸现，并显示出在未来会越来越重要的种种迹象。然而，虽说研究方法和途径各不相同，但这门学科的大多数研究都有一个共同的特征，那就是强调翻译的文化方面，强调翻译赖以生存的语境"②。与"修订版序"相比，"第三版序"显然更多了几分客观和理性。虽然新"序"用较多篇幅评述了"描述翻译研究""译者主体性""后殖民主义翻译理论"及其他一些跨学科翻译研究的新视角和新方法，但作者也充分肯定了语言学派和文艺学派的翻译研究。新"序"曰：

> 当翻译研究正在形成学科的那些年，主张从文化历史视角研究翻译的学者站在与语言学派和文艺学派相对立的立场，批评语言学派没有注意到更为广阔的语境维度，而文艺学派则沉迷于不得要领的价值评判。他们认为当务之急就是让翻译研究离开比较文学或应用语言学的屋檐，因此在当时，为争取翻译研究之独立学科地位的激烈辩论非常普遍。有趣的是，这种狂热的立场似乎已过时，如今的翻译研究更为自在从容，更能从其他学科借鉴研究方法，同时向其他学科提供研究方法。一批以语言学为基础的翻译学者，如比较为人所知的莫娜·贝克、罗杰·贝尔、巴兹尔·哈蒂姆、伊恩·梅森、K.马尔姆克雅，以及赖斯、弗米尔和威尔斯等，他们的重要著作为打破学科界线起了极大的作用，使翻译研究摆脱了成为其他学科对立面的可能性。我们也不该忘了卡特福德、韩礼德、纽马克和奈达这些人物极其重要的作用，因为他们在翻译研究开始成为一门独立学科之前所做的翻译研究工作为后来的学科发展奠定了基础。③

---

① 作者在 1998 年谈及机器翻译时曾说："历史证明它自己就是那种机器中的幽灵，而随着历史的发展，那种机器已经崩溃。"见 Susan Bassnett and André Lefevere, *Constructing Cultures: Essays on Literary Translation*, p. 1.

② Susan Bassnett, *Translation Studies* (3rd Edition), Shanghai: Shanghai Foreign Language Education Press, 2004, p. 2.

③ Susan Bassnett, *Translation Studies* (3rd Edition), p. 3.

总而言之，作者在"第三版序"中认为 20 纪 80 年代是羽翼渐丰的翻译研究巩固其学科地位的 10 年，90 年代则是翻译研究最终成为一门具有自身特色的学科并向全球扩张的 10 年。如今人们对这个领域的兴趣比以往任何时候都更强烈，翻译研究正伴随着全球范围内翻译实践活动的增多而不断发展。而随着政治、地理、文化边界的更加开放，随着人们在各个领域的交往更加频繁，随着互联网的不断扩展延伸，随着电子翻译越来越复杂，翻译研究还需要进一步发展。

<h1 style="text-align:center">三</h1>

作者"序"概述了翻译研究这门学科的成因、现状和前景，为读者提供了这门学科的背景知识，而"引言"为读者提供的主要是《翻译研究》一书的要旨和纲要。"第三版引言"与"修订版引言"一字不差，作者开宗明义地宣称："本书试图勾勒出这门学科的范畴，标示出迄今为止所做的某些同类工作，并提供若干本学科进一步研究所需的指导说明。最重要的是，本书试图证明：翻译研究本身就是一门独立学科。它绝不只是比较文学的一个次要分支，也不是语言学的一个特殊支系，而是一个本身就有许多分支的广泛综合的领域。"①简而言之："本书之目的不是要呈现作者本人的理论，而是要展示翻译研究这门学科的基本问题。"②

作者在"引言"中提醒读者：

> 目前翻译研究正在探索新的领域，正在弥合这门学科与文体学、文学史、语言学、符号学以及美学之间的隔阂，但与此同时我们决不能忘记：翻译研究是一门牢牢植根于实际运用的学科。当年勒菲弗尔试图为翻译研究厘定学科目标时指出：其目标是"创立一套能用作译本生成之指导原则的综合理论"，尽管有人会质疑这个说法的具体所指，但不容争辩的是，

---

① Susan Bassnett, *Translation Studies* (3rd Edition), p. 11.

② Susan Bassnett, *Translation Studies* (3rd Edition), p. 19.

勒菲弗尔明确表达了将理论与实践相结合的意向。对翻译进行系统研究的必要性直接产生于实际翻译过程中所遇到的问题，在翻译研究这个领域中，将实践经验纳入理论探讨与将不断获得的理论认知用于文本翻译同样重要。如果像有些学科那样将理论与实践分开，让学者和译者对立，那将是一场实实在在的悲剧。①

"引言"在上述前提下简要追述了西方翻译概念的变化、译者地位的变化、翻译评价标准的差异和变化，以及翻译研究领域发生的其他变化。尽管作者宣称她并非要呈现自己的理论，但她对翻译研究的创新性思考从这篇引言就开始呈现。作者在引言中把翻译研究划分为四个范畴：①翻译史（History of Translation）；②目标语文化中的译作（Translation in TL culture）；③翻译和语言学（Translation and Linguistics）；④翻译与诗学（Translation and Poetics）。此处需要中国读者注意的是，巴斯内特对翻译研究学科范畴的划分显然不同于霍姆斯当年的划分②。由此可见，Translation Studies这个能指之所指在西方文化语境中并不尽然相同，甚至在本书作者心目中也随着时间的推移而有所变化，如作者在 2006 年发表的一篇文章中就认为："比较文学和翻译研究都不应该被视为学科，而应该被看作研究文学的方法。"③作者对她划分的四个范畴描述如下：

（1）翻译史研究是文学史研究的一个组成部分，该部分的研究范围包括不同时期的翻译理论、评论界对译作的反应、译作从授权到出版的实际过程、译作在特定历史时期所扮演的角色和发挥的作用、翻译方法的形成与发展，以及迄今为止最常见的一种研究 —— 分析单个译者的译作。

（2）研究目标语文化中的译作从研究单个的文本或作者开始向外延伸，包括文本、作者或某种文学体裁对目标语文化的影响、译作文本规范在目标语文化系统中的吸收与同化，以及在该系统中发挥作用的文本选择原则。

（3）翻译和语言学范畴的研究包括把重点放在源语文本和目标语文本之

---

① Susan Bassnett, *Translation Studies* (3rd Edition), p. 16.

② James Holmes, *Translated! Papers on Literary Translation and Translation Studies*, pp. 67-71.

③ Susan Bassnett, "Reflections on Comparative Literature in the Twenty-First Century," *Comparative Critical Studies*, Vol. iii, No. 1-2, 2006, p. 6.

语言要素（语音、词素、词汇、语段和句法层面）的排列对比研究，同时也研究语言等值问题、意义受限于语言的问题、语言之不可译问题、机器翻译问题，以及非文学文本的翻译问题。

（4）翻译与诗学的研究范畴包括从理论到实践的整个文学翻译，此范畴既可研究宏观的文学翻译，又可研究某一体裁的作品翻译，包括诗歌翻译、戏剧翻译和歌剧剧本翻译中出现的具体问题，以及影视翻译（无论是配音还是字幕）中出现的相关问题。此范畴还可研究某个翻译家的诗学理念或比较多位翻译家的诗学理念，研究诗学理念的形成问题，研究源语文本和目标语文本的相互关系问题，研究作者、译者和读者的相互关系问题。尤其重要的是，此范畴还要研究如何形成一套文学翻译理论的问题。

作者特别强调："对翻译方向的学生而言，哪怕只是在研究某个自己感兴趣的具体范畴时，也应该想到上述四个范畴，以免出现思路错乱的情况。"①在上述四个范畴外，作者接着又补述了翻译批评问题，并说明该书主要侧重于文学翻译的讨论。

引言最后宣称："本书对翻译的讨论基于这样一种信念，即翻译过程中存在一些基本原则，不论我们翻译哪种语言，都可以在'从文本到理论再到文本'这个循环过程中确定、划分并运用这些原则。"②

## 四

《翻译研究》的正文分为三章。第一章名为"主要问题"，分为七节，依次讨论了翻译研究涉及的七个主要问题：①语言与文化，②翻译类型，③解码与编码，④对等问题，⑤得失问题，⑥不可译性，⑦科学性或"次生行为"。

第一节"语言与文化"讨论了语言与文化的关系，指出：不浸润于文化语境之中，任何语言都不可能继续存在；而失去了作为其核心的自然语言结构，文化也就不成其为文化。所以译者若脱离文化语境去处理文本就

---

① Susan Bassnett, *Translation Studies* (3rd Edition), p. 17.

② Susan Bassnett, *Translation Studies* (3rd Edition), p. 20.

会担风险。

第二节"翻译类型"讨论了雅各布森区分的翻译的三种类型:语内翻译(用同一语言中的其他语言符号来解释另一些语言符号)、语际翻译(用一种语言的符号来解释另一种语言的符号)和符际翻译(用非语言符号系统的符号来解释语言符号)。

第三节"解码与编码"承续上节提出的"符号"概念,用图表展现了"源语文本→分析→转换→重构→目标语文本"这一解码和编码的过程。作者用英语、法语、德语和意大利语之间互译的实例说明,由于语言技巧、文化习俗和交际语境之不同,加之翻译关注的总是目标语的读者或听众,因此译者必须对源语文本进行处理,以确保目标语译文能与源语文本基本一致。作者指出:"试图将源语文化中的价值体系强加于目标语文化是非常危险的。有一派学者声称可凭文本自足之原则决定作者的原始意图,可译者不应该受其诱导。译者不可能成为原文作者,但作为译文的作者,译者对目标语读者具有一种明显的道义责任。"①

第四节"对等问题"以习语翻译和隐喻翻译的情况为例,说明"翻译所涉及的远远不仅是词项和语法项的替代"问题,因为两种语言之间并不存在同一性。作者通过比较波波维奇、纽伯特、奈达、霍姆斯、杜瑞森及俄国形式主义和布拉格学派的学者对"对等"问题的论述,认为"翻译中的对等不是要寻求同一性",我们可像纽伯特那样"把对等看成源语文本和目标语文本内部及其周围的符号和结构之间的一种辩证关系"。

第五节"得失问题"的讨论以第四节为前提,既然两种语言之间不存在同一性,人们就可能研究翻译过程中的得失问题。作者在此指出了人们讨论得失问题的一种倾向:花大量时间对从源语文本转换为目标语文本过程中之所失进行讨论,但往往却忽略了作为这一过程之直接结果的所得——译者对源语文本的丰富或阐明。

第六节"不可译性"综述了卡特福德、波波维奇、穆南、列维等学者分别从语言层面和文化层面对"不可译性"的论述。虽是客观综述,但从综述的内

---

① Susan Bassnett, *Translation Studies* (3rd Edition), p. 30.

容和顺序来看，作者似乎更倾向于穆南的观点，穆南认为翻译是一个只能相对成功的辩证过程，既然如此，与其花过多精力去关注不可译性，不如更多地关注实际翻译中需要处理的问题。

第七节"科学性或'次生行为'"，这个标题的原文Science or "secondary activity"容易被人误读，有中国学者以为与Science和secondary activity相对应的是同一个概念，于是把这个标题翻译成"是科学还是'次生行为'"。其实，这里的"科学性"是针对翻译研究（Translation Studies）而言，"次生行为"则针对"翻译行为"（translating）而论。这里须提醒读者的是，在中国文化语境中，此类误读并不鲜见，如有人把"A translation will be any target language text which is presented or regarded as such within the target system itself, on whatever grounds."误读成"翻译是在译语系统中，不论由于何种原因，作为或者是被人视为是翻译的所有译语文本。"①再如有人把本书"引言"第一段中的the problems raised by the production and description of translations误读成"翻译的生成与描写提出的问题"。因此，本书的中国读者（尤其是高校翻译方向的学生）应特别注意不要把translation、a translation、translations和translating都读成"翻译"，应结合语境确定其所指到底是"翻译过程""翻译行为"，还是"译本"。第七节的要点是要证明：①关于有没有一门翻译学科的讨论已经过时，翻译研究这门颇具科学性的严肃学科已经存在；②翻译行为并非一种次生行为，而是一种具有创造性的原生行为。作者为第二个结论提供的论据包括墨西哥诗人、诺贝尔文学奖获得者帕斯在其《翻译：文学与实用主义》一书中的这段话："每一个文本都是唯一的文本，同时也都是另一个文本的译本。任何文本都不是纯粹的原创，因就其本质而言，语言本身已经是一种译本：首先，语言是非语言领域的译本；其次，每一个符号和短语都是另一个符号或短语的译本。这种观点反过来说也不会失其正确性：所有的文本都是原创，因为所有的译本都各不相同。从某种程度上讲，每一个译本都是一种创造，因此它构成的是独一无二的文本。"②

① 见《中国翻译》2001年第2期第63页。

② Octavio Paz, *Traducción: literatura y literalidad*, Barcelona: Tusquets Editores, 1971, p. 9.

<h1 style="text-align:center">五</h1>

　　《翻译研究》第二章名为"翻译理论史",但正如作者所言:"对翻译理论史这样一项复杂而宏大的工作,用一整本书来描述也远远不够,更别说用这区区一章。在这有限的篇幅内,作者能做的只是对欧美文化不同时期出现的探讨翻译的基本理路进行一番回顾,并对翻译的作用和功能之变化情况进行一番思考。"①所以第二章实际上是在追述西方翻译理论的发展历程,相当于一份西方翻译理论史纲。

　　作者在本章第一节"分期研究问题"中评述了斯坦纳在其《通天塔之后》根据文献类别把西方翻译史划分为四个阶段的得失,并将其与勒菲弗尔在特定的时间框架内追溯德国翻译传统的方法进行了对比。最后作者决定按松散的年代顺序来回顾并考察西方翻译理论的历史,于是在第一节之后,本章其余 12 节依序为罗马时期、《圣经》翻译时期、语言训练与本国化时期、早期理论家、文艺复兴时期、十七世纪、十八世纪、浪漫主义时期、后浪漫主义时期、维多利亚时代、拟古时期、二十世纪。作者声称这样分节是"为了确定翻译探索的发展轨迹……而这样划分章节的目的肯定是为了提出问题,而非解答问题;是为了揭示那些可进一步研究的领域,而并非试图成就一部权威性的翻译理论史"②。

　　的确,"翻译理论史"这章只有两万字,其内容并未超出任何一部西方翻译史,但作为一份浓缩的史纲,有助于读者清晰地了解西方翻译理论的发展脉络,从而去思考并解答一些问题:为什么从古罗马时期就提出的如何界定直译和意译的问题会贯穿各个时期,直到今天仍然是争论的焦点?为什么中世纪的《圣经》翻译会演变成教派争斗和政治冲突的武器?为什么在各个时期都有人把翻译作为语言训练或提升本国语言地位的工具?为什么西方的早期翻译理论家要求"译者以学者般的严谨对源语文本进行敏锐的评价,并能预知译文在

---

① Susan Bassnett, *Translation Studies* (3rd Edition), p. 45.

② Susan Bassnett, *Translation Studies* (3rd Edition), p. 48.

目标语系统中将居于何种地位"？为什么英国文艺复兴时期有评论家认为怀亚特爵士和萨里伯爵翻译的诗歌是"改写文本"？他俩的诗歌翻译对英语诗歌形式的构建有什么影响和意义？为什么该书作者得出"从德莱顿到泰特勒，翻译理论始终关注对艺术作品之精神、灵魂或本质的再创造"之结论？菲茨杰拉德翻译的《鲁拜集》在英语世界大受欢迎，可他的文本到底是译本、改写本还是改编本？

作者希望对"翻译理论史"这章的简略概述能使读者"清楚地看到不同的历史时期流行着不同的翻译观念，而且译者的作用和角色也一直在改变。对这些变化的解释属于文化历史范畴，但在未来的很长一段时间内，翻译观念之不断变化对翻译行为本身的影响将会使研究者们鲜有暇日……翻译研究的历史应该被视为当代翻译理论家要研究的一个非常重要的领域"[1]。最后作者建议，为了避免视角的狭隘和方法的僵化，可以把意大利作家加达为系统下的那个定义用于对翻译研究史的研究。加达在其随笔集《米兰沉思录》中说："我们把每个系统都看成一个巨大的编织物，一团难以解开的乱麻，或是一张复杂的关系网。"[2]

# 六

第三章名为"文学翻译的具体问题"。作者在该章引言部分再次强调了理论与实践的紧密关系，她把重实践轻理论的译者比作只会开车却不懂汽车工作原理的驾驶员，把重理论轻实践的学者比作一辈子只研究汽车工作原理但却不会开车的机械师。所以她建议"通过仔细分析实例来对文学作品的翻译进行研究，这种研究不是要对译本做出评价，而是要说明不同译者选择不同翻译标准会怎样产生具体的翻译问题"。[3]

该章分为四节：①"结构问题"，②"诗歌翻译"，③"散文体作品翻译"，

---

① Susan Bassnett, *Translation Studies* (3rd Edition), pp. 77-78.

② Carlo Emiio Gadda, *In meditazione Milanese*, Turin: Einaudi, 1974, p. 229.

③ Susan Bassnett, *Translation Studies* (3rd Edition), p. 79.

④ "戏剧作品翻译"。

　　第一节"结构问题"提醒文学作品的译者不能只从语言层面上关注作品结构，还应该从历史文化的层面关注作品的"文学动态结构"（dynamic structures of literature）。译者首先是读者，因此其翻译过程也是其解读过程。语际翻译注定会反映出译者对源语文本的创造性解读。正如罗兰·巴特所说："不应把读者作为文本的消费者，而应作为文本的创造者。"译者对源语文本的形式、音韵、声调和语域等的重构既决定于目标语系统，又决定于源语系统，而且还决定于译本的功能。

　　第二节"诗歌翻译"首先指出"诗歌翻译研究很少不从经验实证的角度来讨论翻译方法问题，而这种类型的研究恰好是最有价值、最有必要的研究。勒菲弗尔就根据英国翻译家们译卡图卢斯《歌集》第 64 首所用的不同方法总结出了诗歌翻译的七种策略"[①]。作者接着对比分析了包括本·琼森在内的三位英国译者翻译的卡图卢斯《歌集》第 13 首，认为三种译文在形式上各不相同，甚至差异很大，但都保持了原诗的"恒定内核"（invariant core）。此后作者的论述也一直采用"经验实证的角度"，先后对比分析了庞德等人翻译的古英语诗《水手》、汤姆林森等人翻译的意大利诗人翁加雷蒂的《荒谷》，以及怀亚特爵士和萨里伯爵翻译的彼特拉克《歌集》第 140 首。

　　第三节"散文体作品翻译"首先指出：相对于对诗歌翻译的研究，西方学者对散文体作品翻译中出现的问题还研究得太少，原因是人们错误地认为小说结构比诗歌结构简单，因此更容易翻译，结果许多小说翻译家都关注目标语文本的可读性，避免因模仿源语文本的句法结构而造成的不自然，但却完全没考虑如何让单个句子成为整体结构的组成部分。作者以散文大师贝洛克为散文体作品翻译制定的六条原则为参照，用英国译者洛-波特翻译的德国作家托马斯·曼的《魔山》片断和G.大卫和E.莫斯巴赫合译的意大利作家西洛内的《丰塔玛拉》片断为例，对散文体作品的翻译进行了分析评述。该节还讨论了俄语人名和法语专用名的英译问题。最后作者重复了列维在其《论翻译的决策过程》（1967）一文中针对散文体作品译者提出的三个问题："①效用在多大程度上

---

① Susan Bassnett, *Translation Studies* (3rd Edition), p. 83.

归因于不同的文体手段以及在不同的文学类型中保存这些手段？②何谓语言学上的标准和不同文学类型之风格的相对重要性？③对不同时代以及翻译不同类型作品的译者而言，假定的读者定量分布应该是什么？"这里需要说明的是，作者的引文略去了列维对第3问的补充："对当代翻译家而言，被他们的译本证实的假定的读者定量分布可以同对读者实际偏好进行的实证分析结果进行对比。"①

第四节"戏剧作品翻译"指出：剧本翻译是最为研究者所忽略的一个领域。根据戏剧符号学，语言系统只是构成"戏剧演出"的一系列相互关联的系统中的一个，戏剧文本的潜在意义只有在演出中才能充分展示，因此译者面临的主要问题是：是把剧本翻译成纯文学文本，还是将其翻译成那个更完整的系统中的一个部分？针对这个问题，作者对比了不同时期的英语译者翻译拉辛剧作的情况：梅斯菲尔德翻译的《爱丝苔尔》和《贝蕾妮丝》说明剧本可以为纯阅读而翻译，而鲍斯韦尔翻译的《菲德拉》则说明剧本可以纯然为演出而翻译；但即便都为演出而翻译，约翰·克朗于1674年翻译的《安德洛玛刻》遭到失败，而菲利普斯30多年后的译本却大获成功。作者随后比较了英国当代诗人托尼·哈里森和美国诗人罗伯特·洛威尔翻译的《菲德拉》片断，并由此得出结论，为演出而翻译剧本和为阅读而翻译剧本之间的差别，在20世纪变得愈发明显。关于戏剧翻译，作者在《依然困于迷宫：关于戏剧翻译的再思考》一文中讨论得更为充分，该文告诉我们，布拉格派戏剧理论家费尔特拉斯基（Jiří Veltrusky）认为，并非所有的剧本都为演出而创作，而其他类型的文本则常常被搬上舞台。作者由此得出结论：译者应明确自己的任务，"别指望独自包揽一切。在有条件的情况下，译者可以和把剧本搬上舞台的剧组合作，如果没有这种理想条件，人们就不该期望译者译出基于假设的演出文本"②。

第三章关于诗歌、小说和戏剧翻译的具体问题探讨，为前两章的讨论提供了具体例证。

---

① Jiří Levý, "Translation as a Decision Process," in Lawrence Venuti, *The Translation Studies Reader*, London & New York: Routledge, 2000, p. 158.

② Susan Bassnett and André Lefevere, *Constructing Cultures: Essays on Literary Translation*, p. 106.

# 七

作者在"结语"中坦言,该书有许多问题没有论及,如机器翻译的主要发展历程、电影文本翻译及相关的字幕翻译和口译问题等,但她解释说这是为了在有限的篇幅中"让读者了解那些讨论得最为广泛的翻译问题"。作者强调"翻译研究这门学科还处在其初期,还有很长的路要走……但若要列出需进一步研究的项目,千万别忘了两个要点:一是学科本身所取得的巨大进步,二是翻译研究和实践之间依然紧密的互动关系"①。

综观全书,我们会发现如下特点:一是研究目的明确(展示翻译研究这门学科的基本问题)②;二是研究基点稳固(从直接产生于实际翻译过程中的问题出发);三是研究视野开阔(研究任何具体问题时都想到翻译研究的四大范畴);四是研究方法具体(始终结合文本、注重实证考据)。或许正是这些特点使该书一版再版,确立了它在众多翻译研究入门书中的经典地位。该书的另一特点是在书末分章罗列了 134 个注释,并为读者的延伸阅读开列了一份由290 本(篇)英文理论著作(文章)构成的书(篇)目(非英文著作的信息包括在注释中),这一方面表明了作者治学之严谨,另一方面也为读者(尤其是高校翻译方向的学生)提供了极大的便利。

上述特点可以说也是当代西方翻译研究的共同特点,当然也是其优点。我们经常说要学西方翻译理论的条分缕析、科学推理,可条分缕析得有材料,科学推理得有论据,如图里的描写理论用了对犹太翻译家们 15 年间译成的希伯来语文本进行定量分析的材料,韦努蒂的异化理论用了自己统计的各国译作出版数据作为论据,勒菲弗尔"改写论"所依据的有从阿里斯托芬的《吕西斯特拉忒》到卡图卢斯《歌集》、从各种版本的《安妮日记》到毕希纳《丹东之死》的文本考证,而巴斯内特在这本《翻译研究》中使用的材料之丰富,单从这篇

---

① Susan Bassnett, *Translation Studies* (3rd Edition), pp. 132-133.
② 巴斯内特还说过:"我翻译之目的是为了架设语言文化之间的桥梁,我研究翻译之目的是为了了解桥梁建设的过程。"( 参见 http://www.contemporarywriters.com/authors/?p=authC2D9C28A1123b1B723mUn17D7D53 )

导读提到的作家、译家及文献就可见一斑。我们学习西方翻译理论，不仅要了解其新的视角和新的观念，更重要的是要借鉴其研究方法。因此，我们也应该像图里们、韦努蒂们、勒菲弗尔们和巴斯内特们一样，自己去阅读文本，自己去发现问题，自己去调查数据，自己去积累资料，自己去采录论据，自己去进行论证，通过我们自己的努力，从而建构并完善我们自己的翻译理论。

如果我们能更清楚地认识到这点，《翻译研究》在中国的再版将会更有效地推进中国的翻译研究。

*（原载《西南民族大学学报》（人文社科版）2010 年 5 期）*

# 从教学视角看翻译理论与实践的关系①

**【内容提要】** 在当今之中国，随着已成为一门独立学科的翻译学的文化转向，翻译理论也随之转向，结果翻译理论和翻译实践的关系变得模糊不清，两者甚至呈分道扬镳之势，致使部分高校翻译课教师难以给学生解释理论如何与实践相结合。针对这种情况，本文从教学的视角回顾了翻译理论与实践的关系，回顾了"文化转向"的前因后果，探讨了翻译的根本属性，重新厘定了翻译的定义，明确了翻译是翻译学的研究对象，翻译学是研究翻译的一门科学，翻译理论是翻译学最主要的一个组成部分，从而明确了翻译理论和翻译实践的关系是一种"互构互补互彰"的关系。

## 一、简单的历史回顾和现状描写

1.简单的历史回顾：人类的任何社会实践活动发展到一定阶段后，都必将随之产生与之相适应的理论，而理论又反过来作用于实践。理论和实践的关系是一种"互构互补互彰"的关系，翻译理论与实践的关系自不例外。正如纽马克所说："翻译理论若非由翻译实践中的问题而产生，则既无意义又无效果。"②众所周知，在 20 世纪 80 年代以前，翻译理论和实践基本上是互相联系、互相结合的。西方从西塞罗的"活译原则"③到泰特勒的"三项原则"再到奈达的

---

① 本文据笔者在 2004 年暑期全国英语翻译教学高级研讨班的讲稿整理。

② Peter Newmark, *A Textbook of Translation*, Shanghai: Shanghai Foreign Language Education Press，2001, p. 9.

③ "活译原则"是笔者对西塞罗关于"解释员翻译和演说家翻译"那段话的概括。另：《西方翻译简史》及其增订版都说这段话出自西塞罗《论最优秀的演说家》第 5 卷第 14 章（参见谭载喜：《西方翻译简史》，北京：商务印书馆，1991 年/2004 年，第 23/19 页。）；此说似乎有笔误，因为这段话的实际出处是该书第 4卷第 14 章（或者说第 4 章第 14 节）。

"功能对等",中国从道安的"五失本三不易"到彦琮的"十例八备"再到严复的"信达雅",两千年来的翻译理论都来自翻译实践,从实践中总结出经验,再由经验上升为理论;所研究的内容是翻译的性质和规律,翻译的标准和原则,翻译的方法和技巧,以及翻译结果的成败优劣,等等;研究的对象则是原作、译文和译者及其相互之间的关系,等等。一言以蔽之,约两千年来,中西方翻译理论所研究的内容和对象基本上就是翻译本身。

2.简单的现状描写:但随着已成为一门独立学科的翻译学的文化转向(the cultural turn in translation studies),翻译理论也随之转向,其研究的内容和对象不再局限于翻译本身,而是转向了或多或少与之有关的整个人类文化的方方面面。但我们应该看到,与此同时翻译实践并没有转向,它仍然按照其自身规律在运动。结果翻译理论和翻译实践的关系开始显得模糊,开始变得微妙,有时甚至还真有点儿金圣华教授所说的那种"彼此排斥""水火不容"[①]的意味。于是有学者指出:当前翻译界最严重的问题就是理论与实践脱节的问题。[②]更有学者指出:理论与实践的关系历来就不大和睦,翻译理论与翻译实践之间的"过节"就更多了,乃至呈分道扬镳之势。[③]还有理论家认为:翻译的纯理论对翻译实践无用,如果以为有用则幼稚可笑。[④]不过更多的人对这个问题却保持沉默。然而,作为高校翻译课教师,我们却没法遵循"沉默是金"的古训,没法回避翻译理论与实践的关系问题。因为虽说我们的教学大纲尚未转向,但求知欲极强的当代大学生总会超越我们教学大纲所规定的内容,去接触各种各样新的理论。不过当代大学生尽管思想活跃,却偏偏最坚持"理论源于实践并指导实践"这一信条,他们提出的问题除了How to translate this, how to translate that之外,往往就是理论与实践的关系问题。一旦他们觉得某理论难与他们的实践结合,他

① 参见金圣华:《认识翻译真面目》,香港:天地图书有限公司,2002年,第8-9页。
② 劳陇:《翻译教学的出路——理论与实践相结合》,《中国翻译》1990年第6期,第36-39页。
③ 孙艺风:《理论、经验、实践——再论翻译理论研究》,《中国翻译》2002年第6期,第4页。
④ 谢天振:《论译学观念的现代化》,《外国语言文学研究》2003年第3期,第44页。

们就感到困惑，甚至抱怨。①

　　**3.正视现状提出的问题**：师者，所以传道授业解惑也。因此高校翻译课教师不能回避翻译理论和翻译实践的关系问题。而要在翻译教学中处理好理论和实践的关系，就必须了解何谓"翻译学的文化转向"，了解"文化转向"的前因后果，并正视"转向"前后所出现的一些问题：如翻译的根本属性问题，翻译概念之外延扩大的问题，翻译定义的重新厘定问题，以及翻译理论的定位定性问题，等等。

# 二、翻译学的文化转向及其前因后果

　　"翻译学的文化转向"最初是由巴斯内特和勒菲弗尔在其合编的《翻译、历史与文化》（1990）一书中提出的，但其酝酿却始于20世纪70年代。正如巴斯内特后来所回顾的那样，当时的翻译学要么在语言学的屋檐下躲躲雨，要么在文艺学的墙根下避避风，而在新兴的文化学领域里则压根儿没有涉足之地。在一个开始对文化进行解构的时代，研究翻译的学者们仍然游移在语言学和文艺学之间，仍然在谈论"最可靠"的译本（"definitive" translations），谈论准确（accuracy）、忠实（faithfulness）和对等（equivalence）。那时候参加完文学理论研讨会再去参加翻译研讨会，就像是从20世纪末返回到了20世纪30年代。翻译学者不甘心再当学术界没人看得上眼的灰姑娘，不愿意再使用同新批评语汇相比显得更加迂腐的陈词滥调。转机终于在1976年的洛文会议（Leuven seminar）出现，该研讨会把以色列、低地国家和欧洲其他一些国家的翻译学者聚到了一起。勒菲弗尔在这次会议上领受了拟定翻译学研究范畴的工作。他的工作结果于1978年公之于世：翻译学科的目标是创立一套能用作翻译文本生产之指导原则的综合理论。（The goal of the discipline is to produce a comprehensive theory which can be used as a guideline for the production of translations.）于是学者们开始研究用作翻译的原文文本是怎样挑选的，研究译者、编辑、出版商和赞助人在挑选原文文本的过程中都起了什么作用，研究决

---

① 笔者近年收到的大学生读者来信中，有相当一部分都问到翻译理论的作用以及和实践的关系问题。

定译者采用不同翻译策略的是什么标准，研究译文文本在目的语文化系统中何以能被接受。在研究中人们发现，译者在翻译过程中不仅受到文本的约束，而且还受到各种各样文本外的制约。于是这些影响文本转换的制约过程或调控过程（manipulatory processes）便成了翻译学关注的重点。为了研究这些过程，翻译学的研究范围越来越宽泛，同时其研究也越来越深入。[①]于是符号学、社会学、文化学、心理学、语用学、人类学的研究成果和研究方法更多地被用来研究翻译问题；于是翻译被置于解构主义、功能主义、女性主义、后殖民主义的视域下来加以审视；于是人们把翻译视为（或作为）一种社会现象（a social phenomenon）、社会系统（a social system）、跨文化活动（a cross-culture event）、现代交际手段（a modern means of communication）或有目的之行为（a purposeful activity）来进行研究；于是翻译学的描写理论、系统理论、功能理论、语篇理论、关联理论、重写理论纷纷面世，勒菲弗尔20多年前预想的那套综合理论呈现雏形。翻译学的文化转向拓宽了翻译研究的视野，增加了翻译研究的对象，丰富了翻译研究的方法，使翻译研究呈现出一派欣欣向荣的气象。

但翻译课教师应该了解并向学生解释的是，翻译学的文化转向只是在特定历史条件下研究重心的转移。既然是转移，它就有一个出发点，或者说中心点，而这个中心点就是翻译行为及其结果本身。如果说当今文化学派对翻译行为及其结果进行的是全面的、广泛的、外向型（转向型）的综合研究，那么当年文艺学派和语言学派对其进行的则是文学的、语言的、内向型的本体研究。眼下中西翻译理论家大多热衷于外向型综合研究，其原因除上文陈述的学科背景外，20世纪后半叶兴起的后现代批评理论和解构主义思潮也起到了推波助澜的作用，当然，部分学者迫于发表压力而借解构之名标新立异也可以说是原因之一。但不管怎么说，作为翻译课教师，我们的译学观念应该与时俱进。了解现状，正视现状，向学生描述和解释现状是我们的责任，但同时我们必须意识到：把其他学科引入翻译学研究并不是要把翻译学变成

---

① Susan Bassnett, "The Translation Turn in Cultural Studies," in Susan Bassnett and André Lefevere, *Constructing Cultures: Essays on Literary Translation*, Shanghai: Shanghai Foreign Language Education Press, 2001, pp. 123-140.

其他学科,把翻译置于任何视域下审视翻译也依然是翻译,而把翻译视为(或作为)任何现象来研究都并不排除把翻译视为(或作为)翻译来研究。总而言之,探索翻译在人类文化中的地位与作用,并不等于不再关注翻译本身,如果没有把翻译作为翻译来研究的这个根基,翻译研究将变成一种宽泛的文化研究,翻译理论将变成一种宽泛的文化理论,新兴的翻译学将名不副实甚至不复存在。

## 三、翻译的概念、性质及其定义

**1.翻译的基本概念**:杨自俭先生曾提醒我们:汉语"翻译"一词除了指"翻译行为"外,还可以指"翻译过程""翻译结果""翻译事业""翻译学科""翻译者"等,因此我们在使用"翻译"这个概念时务必说明其所指的具体意义,不然容易引起混乱。①辜正坤教授也曾指出:一个概念如果使用面太宽,就必然降低其具体的针对性。②所以作为高校翻译课教师,我们使用"翻译"这个概念时一定要准确。严格说来,汉语"翻译"二字的本意是指翻译行为及其过程,即《现代汉语词典》(第6版)所列两项词义的第一项:"把一种语言文字的意义用另一种语言文字表达出来(也指方言与民族共同语,方言与方言,古代语与现代语之间一种用另一种表达);把代表语言文字的符号或数码用语言文字表达出来。"至于该词典第二项词义"做翻译工作的人",实际上和杨自俭先生列出的其他意义一样,只是在特定的语篇和语境中对"翻译"二字的借用或者说是一种通俗简略说法。既然英语表述上列各项意思使用互不混淆的不同词汇或术语,③那我们也应该与之对应,坚持使用上列各项完整说法,毕竟"字删而意阙,则短乏而非核"(《文心雕龙·熔裁》)。而这种概念的

---

① 杨自俭:《对译学建设中几个问题的新认识》,《中国翻译》2000年第5期,第4页。
② 辜正坤:《中西诗比较鉴赏与翻译理论》,北京:清华大学出版社,2003年,第412页。
③ 虽说 translation 一词既可指"翻译行为及其过程",又可指"翻译结果",但两者使用时有可数和不可数之区别,后者用作单数往往前缀不定冠词;而前者一般不用复数,故两者不易混淆。另外在当代西方译论中,表述"翻译结果"除用 translations 和 a translation 之外,多用 translated texts、a target text、the texts 和 product (production) of translation,等等。

"意阙"和"非核"已经在我们的理论阐述中引起了语言逻辑上的混乱①。鉴于此，我们在翻译教学中不仅要坚持使用完整清晰的概念，而且要始终牢记：翻译是指翻译行为及其过程。换言之，翻译指的是翻译实践活动。

**2.翻译的性质：**翻译的性质问题乃翻译是什么的问题，也就是翻译是艺术还是科学的问题。迄今为止，不论在西方还是在中国，艺术派和科学派依然各自为营，而认为翻译既是艺术又是科学的辩证派则不断壮大。作为翻译课教师，我们当然有责任把各种观点都客观地介绍给学生，但同时我们也应该有自己明确的观点。因为翻译的性质不明确就没法给翻译学和翻译理论定位定性，而翻译理论不定位定性，就很难讲清它与翻译实践的关系。鉴于不少中外翻译理论家都对这个问题有过详尽的论述，我们对这个问题的思考已经有了一定的基础，笔者在此就只简明扼要地阐明自己的观点。

简言之，既然上文已明确了翻译是指翻译实践活动（翻译行为及其过程），明确了翻译是翻译学研究的对象，那我们就应该明确地告诉学生，翻译是艺术，而非科学。因为翻译之于翻译学，恰如语言之于语言学，文学之于文艺学。我们知道，语言是人类用以思维和交际的工具，而语言学是研究语言（的结构、运用、功能及其历史发展）的一门科学；文学是以语言文字为工具反映客观现实和作者思想情感的艺术，而文艺学是研究文学（的性质、特征及其发生、发展规律）的一门科学。换言之，文学是文艺学研究的对象，语言是语言学研究的对象。翻译文艺学派和一些文艺理论家之所以把翻译纳入文艺学范畴来研究，那是因为翻译与文学在一定程度上具有共性，即翻译活动与文学活动都是

---

① 如《中国翻译》2002 年第 1 期《当代西方的翻译学研究》一文开篇写道："翻译到底是不是一门独立的学科？……但在西方，翻译以前也同样不是一门独立学科。……直到今天，对翻译学是不是一门独立学科的意见也还并不统一。引文中前两个"翻译"显然是指"翻译学"，不然这段论述就缺乏逻辑；又如《中国翻译》1999 年第 1 期《中国译学研究：世纪末的思考》一文中写道："据不完全统计，我国的翻译著作已经出版了三百多本。"这里的"翻译著作"显然是指"翻译学著作"或"翻译理论著作"，不然即便是"据不完全统计"，"三百多本"这个数也太离谱；再如巴斯内特和勒菲弗尔在其合编并于 1990 年出版的 *Translation, History and Culture* 一书第 12 页上说："由于翻译在世界文化的发展中一直起着主要的作用，没有翻译，比较文学就无从谈起。我俩经过慎重考虑，建议颠倒现状，重新考虑比较文学的地位，把它看作是翻译学下面的一个分支而不是相反。"这句话中的"翻译"和"翻译学"如果是一个概念，则于历史事实不符；如果是两个概念，那就等于是说：没有 A 就没有 B，所以 B 应该从属于 C。

一种富有创造性的活动，而且两者都将语言作为工具（只不过翻译要同时使用两种语言）；翻译语言学派和一些语言学家之所以把翻译纳入语言学范畴来研究，那是因为翻译和语言也有共性，即翻译亦是人类交际的一种工具。而当代翻译理论家之所以创立翻译学，并能使之脱离语言学和文艺学的屋檐墙根而成为一门独立的学科，其原因除了当代翻译学者不愿再"寄人篱下"的主观愿望之外，更重要的是客观上翻译具有"语言符号转换"这一独有的特性。把翻译纳入翻译学这个专门的学科范畴，或者说把翻译作为翻译学这个专门学科的研究对象，对翻译的研究将会更加充分，更加全面。

以上论述可以引发这样一个问题：当翻译被纳入文艺学或语言学的研究范畴时，它基本上被视为一种艺术或一种工具，而当其名正言顺地作为翻译学的研究对象时，它怎么会成了一门科学呢？换一种问法：文艺学的研究对象是艺术（文学艺术），语言学的研究对象是工具（语言工具），翻译学的研究对象怎么会是科学呢？科学是对各种定量规律予以验证和公式化的知识体系，其任务是揭示事物发展的客观规律。我们可以说文艺学是这样的知识体系，其任务是揭示文学的规律；我们可以说语言学是这样的知识体系，其任务是揭示语言的规律；我们也可以说翻译学（应该）是这样的知识体系，其任务是揭示翻译的规律。但翻译并不是这样一种知识体系，其任务也不是要揭示什么规律，所以我们说翻译不是科学。

正如上文所言，中外翻译学者认为翻译是艺术者有之，认为翻译是科学者有之，认为翻译既是艺术又是科学者更是有之。但唯有斯坦纳在断言翻译的性质之前说了"逻辑性来自确凿性"这句话。他在《通天塔之后》第4章篇末说："逻辑性来自确凿性。我们正在讨论的不是一门科学，而是一门不折不扣的艺术。"[1]而在该书其后的两章中，斯坦纳用了数以百计的实例来证明翻译是艺术。例如，"天看上去像要下雨。"这句话，英语说"It looks like rain."，法语却说"Le temps est à la pluie."。[2]又如"雨把我们淋透了。"，英语说"Rain

---

① George Steiner, *After Babel: Aspects of Language and Translation*, Shanghai: Shanghai Foreign Language Education Press, 2001, p. 311.

② George Steiner, *After Babel: Aspects of Language and Translation*, p. 320.

soaks us to the skin.", 法语却说"La pluie penetrates jusqu'aux os."。[1]再如法语"Faire la pluie et le beau temps." 被译成英语是"Determine fortune in the affairs of state.", [2]而上海译文出版社 1979 年版《法汉辞典》的汉译是"称王称霸"和"作威作福", 可要让笔者来译, "呼风唤雨"很可能成为首选。这些实例至少从翻译的角度证明了索绪尔所说的"语言符号的任意性", [3]而"语言符号的任意性"决定了翻译过程是个富有创造性的过程, 译者从事的是一种艺术性的再创造活动, 因此说翻译是一种艺术。

（1）　实用文体翻译也是艺术：这里需要向学生说明的是, 我们说翻译是艺术, 说的不仅是文学翻译, 而是包括各种文体和各种形式的翻译, 如科技翻译、商务翻译、甚至机器翻译。金隄先生说："即使是很普通的科技文章, 也有一个文体和词句选择问题……而文体是否恰当主要靠艺术眼光。"[4]这段话再次说明, 明确概念的根本方法就是具有关于该概念所反映的事物的具体知识。实际上, 科技翻译、商务翻译、经贸翻译、新闻翻译、广告翻译、医学翻译、法律翻译乃至军事翻译, 不过是按行业划分出来的各种文体的翻译, 我们统称为"实用文体翻译"。从事过实用文体翻译的人都会有这样的体会, 除了需具备专业知识之外, 译者所做的仍然是语言符号转换, 各种抉择的做出基本上还是靠译者的艺术直觉。实用文体的翻译结果和文学翻译一样, "有一千个译者, 便有一千个哈姆雷特"。

（2）　机器翻译还是艺术：迄今为止, 我们所说的"机器翻译"实际上应该说是"机助翻译", 即人脑为主、电脑为辅。正如研究机器翻译的专家冯志伟所言："说到底, 机器翻译只不过是人工翻译的一种必要的补充。"[5]赵元任先生曾在"Translation Without Machine"一文中指出, 文本性质问题、语篇

① George Steiner, *After Babel: Aspects of Language and Translation*, p. 321.
② George Steiner, *After Babel: Aspects of Language and Translation*, p. 321.
③ 辜正坤教授在其《互构语言文化学原理》（清华大学出版社, 2004 年版）第 6 章从语言文化学的角度对索绪尔的"任意性原则"进行了言之有理的批判。但辜先生同时认为："每种语言……往往是在相对于他种民族语言的时候, 才最有可能被看作是具有任意性。"所以从翻译学的角度看, 索绪尔的"语言符号任意性原则"仍然具有适用性。（参见索绪尔：《普通语言学教程》, 高名凯译, 北京：商务印书馆, 1980 年）
④ 金隄：《等效翻译探索》, 北京：中国对外翻译出版公司, 1998 年, 第 7 页。
⑤ 冯志伟：《机器翻译——从梦想到现实》,《中国翻译》1999 年第 5 期, 第 55 页。

语境问题、文体风格问题、语法解构问题、文化范畴问题，以及语义和语用意义的区分问题，这些对人脑来说也是很难的，在没有解决这些问题之前，很难有成熟的机器翻译。[①]有人说有朝一日机器翻译成功了，翻译性质也就随着而起变化，就可以成为科学了。[②]对这种说法我们可以从两个方面向学生解释。第一，把机器翻译与计算机音乐做个比较。电子音乐经过其"录音带音乐""合成音乐"和"计算机音乐"三个发展阶段，可以说是"成功"了，今天的计算机音乐不仅利用计算机作曲，而且其音响材料也完全出自计算机。但计算机音乐的作者仍然只能是作曲家——精通计算机专业的作曲家，其作品仍然被视为艺术——科技含量较高的艺术。[③]第二，自然语言之丰富多彩可谓无穷无尽，而计算机的程序总有局限，我们可以肯定地说，再精细的翻译软件也译不出附着于语言符号的语气语调和风格韵味，再庞大的语料库也装不进附着于语言符号的言外之意或弦外之音，因此机器翻译之成功只能是相对而言，"机器翻译"和"计算机音乐"一样仍然是艺术。

至于"机译的完全智能化"，这超越了人类目前的认知能力。作为教师，对此我们应该遵循至圣先师的教诲：知之为知之，不知为不知，是知也。（《论语·为政》）不知者，不能言也。维特根斯坦《逻辑哲学论》最后一句话就是：凡不能言者，须处之于沉默。（Whereof one cannot speak, thereof one must be silent.）[④]

**3.翻译概念外延之扩大：**雅各布森于 1959 年划分出的三类翻译（语内翻译、语际翻译、符际翻译）如今已被广泛接受，《现代汉语词典》（第 6 版）对翻译概念的解释就包含了这三类翻译，"把一种语言文字的意义用另一种语言文字表达出来"就是"语际翻译"，"方言与民族共同语，方言与方言，古代语与现代语之间一种用另一种表达"可谓"语内翻译"，"把代表语言文字的符号或数码用语言文字表达出来"应该说包括了"符际翻译"。这三种类型的翻译实际上是客观存在，只不过大多数人从事的或研究的都是语际翻译

① 郭建中：《当代美国翻译理论》，武汉：湖北教育出版社，2000 年，第 297-280 页。

② 劳陇：《翻译活动是艺术还是科学》，《中国翻译》2000 年第 4 期，第 63 页。

③ 参见北京音乐教育网，http://www.yyjy.com/article_show.asp?articleID=3699(2004-11-14)。

④ 参见维特根斯坦：《逻辑哲学论》，贺绍甲译，北京：商务印书馆，1996 年，第 105 页。

（interlingual translation），所以长期以来，相当一部分人都认为，翻译这个概念所指的就是语际翻译，不包括语内翻译和符际翻译。这点我们从费道罗夫、巴尔胡达罗夫、威尔斯、卡特福德、尤金·奈达及诸多中国译论家为翻译下的定义就可以看出。近年国内还有人强调说，把语内翻译和符际翻译纳入翻译概念既无必要也没有意义。[①]但概念毕竟是词语的思想内容，概念的存在必须依附于词语，而词语的意义在于词语在语言中的应用[②]，应用中产生的词语意义则指一种语言文化对该语言文化中应用的词语之语意共识。"Translation is, of course, a rewriting of an original text."，这是巴斯内特和勒菲弗尔说的[③]。当然，我们不能据此就非得认为兰姆姐弟俩用散文体改写莎士比亚是一种翻译活动，就像我们不认为孩子们改写的四大名著简写本是翻译文本一样，可我们不能说把古英语文本的《贝奥武夫》转换成现代英语文本不是翻译，也不能说把老子的《道德经》转换成现代汉语文本不是翻译。"'译'是拿外国文翻成本国文，拿白话翻成文言，文言翻成白话，或是拿速记的符号翻成文字。"[④]这证明了人的认识会随事物的发展而发展、概念也会随认识的发展而发展这一真理。"文言翻成白话""速记的符号翻成文字"亦是翻译，朱自清的认识与雅各布森的看法可谓不谋而合，但却比后者早了整整 40 年[⑤]。既然如此，我们就不能把这类"非语际翻译"的翻译排除在翻译这个概念之外。我们知道，要明确一个概念，一般情形下都要明确这个概念的内涵和外延，明确概念的内涵须通过定义，而明确概念的外延则须通过划分。从这个意义上讲，《现代汉语词典》（第 6 版）对翻译概念的解释既明确了其内涵，又明确了其外延，不足之处是行文过于冗杂；而雅各布森把翻译划分成语内翻译、语际翻译和符际翻译三类，可以说是言简意赅地概括了翻译概念的外延。相对于传统的翻译概念，三种翻译类

① 黄忠廉：《翻译本质论》，武汉：华中师范大学出版社，2000 年，第 221 页。

② 参见维特根斯坦：《哲学研究》，李步楼译，北京：商务印书馆，1996 年，第 31 页。

③ André Lefevere, *Translation, Rewriting and the Manipulation of Literary Fame*, London & New York: Routledge，1992, p. 1.

④ 朱自清：《译名》，见中国翻译工作者协会：《翻译研究论文集（1894—1948）》，北京：外语教学与研究出版社，1984 年，第 39 页。

⑤ Roman Jakobson, "On Linguistic Aspects of Translation," in Reuben Brower (eds.), *On Translation*, Cambridge, Mass.: Harvard University Press, 1959, pp. 232-239.

型的划分意味着翻译概念外延之扩大。

**4.翻译定义之重新厘定：**概念是反映事物本质属性的思维形态，而定义是揭示概念之内涵的逻辑方法，因此尽管各类辞典和百科全书早就有了解释翻译的词条，尽管不少翻译理论家为翻译下的定义已被普遍接受，但新一代学者仍然没停止使翻译定义更加准确的尝试。许钧教授在其新著《翻译论》第 1 章第 5 节中罗列的新旧定义有 20 多种[①]。这一方面证明了"认识是不断发展的，概念也是不断发展的"这一客观事实，另一方面也说明了翻译这个概念的复杂性和综合性。毫无疑问，近年出现的新定义和此前那些被普遍认可的定义一样，各自都有其理论依据，能帮助我们从不同的方面去认识翻译的本质属性。但作为翻译课教师，我们面对的是学生的当面质疑，所以我们还需要一种概括力更强、更接近事物本质、更具有逻辑性，从而更经得起学生质问和事实检验的定义。在试图获得这样一个定义之前，先让我们来看三位学者为翻译重新下的定义：

（1）翻译是把一种语言文字所表达的思想内容和艺术风格正确无误地、恰如其分地转移到另一种语言文字中去的创造性活动。[②]

（2）翻译是译者将原语文化信息转换成译语文化信息并求得二者相似的思维活动和语言活动。[③]

（3）翻译是以符号转换为手段、意义再生为任务的一项跨文化的交际活动。[④]

这三个定义都是下定义者在分析比较前人的定义之后，经过深思熟虑，反复论证而提出来的，因此更加接近翻译的本质。但前两个定义对定义项限制过度，结果使其不能完全包容翻译（被定义项）这个概念的外延。第一个定义中的"正确无误""恰如其分"和第二个定义中的"求得二者相似"，其实和传统定义中的"忠实""等值"和"接近"一样，是把翻译的标准加入了定义，这样反而无助于人们认识翻译的本质，因为我们不能说并非正确无误、并非恰

---

① 许钧：《翻译论》，武汉：湖北教育出版社，2003 年。

② 彭卓吾：《翻译学——一门新兴科学的创立》，北京：北京图书馆出版社，2000 年，第 99 页。

③ 黄忠廉：《翻译本质论》，第 220 页。

④ 许钧：《翻译论》，第 75 页。

如其分或未能求得二者相似的翻译不是翻译。第三个定义可以说是对翻译本质属性的高度概括，"既定义了翻译的跨语言性，也定义了它的跨文化性；既定义了它的符号和意义转换性，也定义了它的交际性"[①]。但美中不足的是，其定义项之外延与被定义项之外延仍然不是全同（而在一个正确的真实定义中，定义项的外延与被定义项的外延必须全同）。于是我们在面对学生质问和事实检验时就会面临一种两难选择，要么我们把客观存在的"语内翻译"排除在"翻译"之外，要么我们就承认用现代英语翻译《贝尔武甫》或用现代汉语翻译四书五经也是一种"跨文化的交际活动"。

鉴于翻译这个概念的复杂性和综合性，笔者建议在翻译教学中最好用以内涵定义为主、外延定义为辅的方法来明确这个概念。这就是上文所说的那种概括力更强、更接近事物本质、更具有逻辑性，从而更经得起学生质问和事实检验的定义：**翻译是把一种语言符号或信息编码表达的意义用另一种语言符号或信息编码表达出来的富有创造性的文化活动，它包括语内翻译、语际翻译和符际翻译**。

当然，我们在教学中使用这个定义并不是要否定其他定义，正如我们说"语言是人类用以思维和交际的工具，是人区别于其他动物的本质特征之一"，但我们并不否定"语言是以语音为物质外壳、以词汇为建筑材料、以语法为结构规律而构成的体系"。而且我们也可以接受索绪尔说的"语言是一套与观念相当的符号"，甚至接受萨丕尔说的"语言是凭借符号系统来传达观念、情绪和欲望的方法"。

# 四、翻译理论的定位和定性

**1.翻译理论的定位**：国内不少学者都把翻译理论和翻译学视为（或混为）同一概念，如谭载喜先生在其《翻译学》第 23 页说："翻译学的具体研究对象首先应包括：（1）翻译的实质；（2）翻译的原则和标准；（3）翻译的方法和

---

① 伍小龙、王东风：《破解译学七大难题——评许钧教授的新作〈翻译论〉》，《中国翻译》2004 年第 4 期，第 52 页。

技巧；（4）翻译的操作过程和程序；（5）翻译过程中出现的各种矛盾……。"① 紧接着又在第 25 页认为："一套完整的翻译理论应当包括五个组成部分：（1）阐明翻译的实质；（2）描述翻译的过程；（3）厘定翻译的原则和标准；（4）描述翻译的方法；（5）说明翻译中的各种矛盾。"又如范守义教授说："翻译应该有什么样的理论呢？我们以为，把它称不称为'翻译学'倒不是很重要。"② 从以上描述我们可以看出，翻译学和翻译理论的位置被重合在了一起。

关于翻译学的学科范畴，国内有学者将其分为三个层次：翻译工程、翻译艺术、翻译学；③ 或分为三个部分：基本理论、应用技巧、多视角研究；④ 或借鉴语言学对其学科范畴的划分，将其分为三个分支：普通翻译学、特殊翻译学、应用翻译学。⑤ 笔者认为，既然上文已论证了作为翻译学研究对象的翻译是一门艺术，我们完全可以考虑借鉴文艺学对其学科范畴的划分，将翻译学的学科范畴分为"翻译理论""翻译史""翻译批评"三个部分。这样翻译理论就有了明确的位置，见图 1。

图 1 形象地明确了翻译理论的地位：它和翻译史与翻译批评一道构成翻译学的三个有机部分，而且是其中最主要的部分。它注重对翻译进行逻辑性的研究，翻译史注重对翻译进行历史的研究，而翻译批评则注重对翻译进行现实运动状态的研究。这三个部分虽有主次之分，但却密切相连、相互作用。翻译理论一方面从翻译史和翻译批评中获取研究素材和数据，从而促使自身体系的形成和发展，另一方面又为翻译史和翻译批评提供理论观点、方法和准则；翻译史运用翻译理论观点和翻译批评的研究结论梳理翻译实践和翻译理论史料，描写翻译运动发展的历史规律；翻译批评对翻译文本、翻译思潮和翻译流派等现象进行分析研究并做出评价，但它一

---

① 尽管《翻译学》还列出了 6—12 项研究对象，即（6）对比语义学；（7）对比句法学；（8）对比修辞学；（9）对比社会符号学；（10）对比文化学；（11）对比民族语言学；（12）对比心理学。但严格说来，这些学科可以为翻译学提供（或者说翻译学可以从这些学科取得）研究方法和研究途径，但不适合作为翻译学的研究对象，不然翻译学将模糊甚至失去自身的学科特点。

② 范守义：《理论构建与论文写作——关于翻译研究的 Meta 理论思考》，《中国翻译》2003 年第 2 期，第 5 页。

③ 杨自俭：《关于建立翻译学的思考》，《中国翻译》1989 年第 4 期，第 9 页。

④ 范守义：《理论构建与论文写作——关于翻译研究的 Meta 理论思考》，第 5 页。

⑤ 谭载喜：《翻译学》，武汉：湖北教育出版社，2000 年，第 21 页。

方面要接受翻译理论的指导，另一方面又要"以史为镜"。

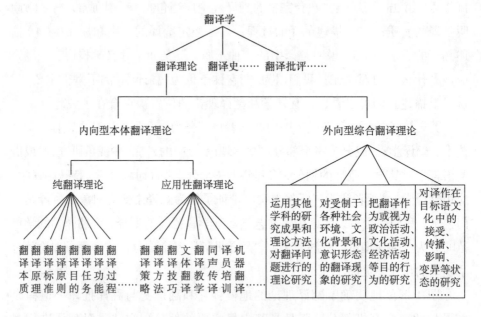

图 1　翻译理论定位图

图 1 的主要目的是为翻译理论加以定位，图中所列并非翻译理论应涉及的全部课题。

**2.翻译理论的定性**：既然理论是概念和原理的体系，是系统化了的理性认识，那么翻译理论就是从翻译实践中概括出来的对翻译活动的系统化的理性认识。这里需要说明三点：①虽然翻译理论往往会从文艺学、语言学、符号学、社会学、文化学、心理学、人类学等各种角度去研究翻译行为及其结果，但上述学科的理论并不是翻译理论的组成部分；正如文艺学、语言学、文化学等学科也会从翻译学的角度对该学科的研究对象进行研究，但翻译理论并非文学理论、语言学理论和文化理论的组成部分，这就是我们所说的跨学科研究。②翻译作为一种社会文化现象，与其他社会文化现象当然有共性，翻译理论除了认识到这种共性外，尤其要认识到翻译作为一种独特的社会文化现象所具有的特性和规律，以及其独特的功能和作用。③翻译实践总会按照其自身规律而发生发展，所以翻译理论自身也有一个发展完善的过程。

# 五、翻译理论与实践结合的方式和途径

翻译理论与实践结合的方式和途径需用实例加以说明，限于篇幅，本文不赘。但翻译课教师应该向学生指出的是：理论与实践的关系绝不仅仅是"指导关系"。翻译理论指导实践是与实践相结合，描写实践、解释实践、预测实践也是与实践相结合。理论的产生和发展由实践决定，但又具有自身的相对独立性，因此"实践和理论是互根互构互补互彰的"①。这种"互根互构互补互彰的"关系应该是翻译理论和翻译实践之间的正常关系。

以上论述也许可以从一个角度帮助高校翻译课教师在新时期的翻译教学中理清理论与实践的关系，但本文开篇提到的那种"彼此排斥""水火不容"甚至"呈分道扬镳之势"的现象毕竟不是正常现象。金圣华教授在其《认识翻译真面目》一文中说："学翻译、做翻译或研究翻译好比泛舟河上，不论从理论出发，或由实践入手，即不论从左岸登船，或由右岸乘槎，都不重要，重要的是必须从对岸相望的敌对立场，经浑然相忘的融会阶段，而进入中流相遇的和谐境界。"②而要达到这种和谐境界，从左岸上船和从右岸登舟的人须共同努力。因此笔者建议，从前不读理论的翻译实践者（尤其是中青年译者）哪怕少译两本书，也读一读当代的中西方翻译理论，只要撇开先入为主的成见，有些理论肯定会让你读得津津有味并从中受益。同时笔者也建议有兴趣的翻译理论工作者，对汉语译文文本在汉语言文化中的适应性和影响再多做一些量化的、实证性的、宏观与微观相结合的研究和描述，从而多给翻译实践者一些启示。中国翻译事业的发展，离不开翻译理论工作者的辛勤劳作，也离不开翻译实践者的努力耕耘。

（原载《天津外国语学院学报》2006 年第 2 期）

---

① 辜正坤：《中西诗比较鉴赏与翻译理论》，第 403 页。
② 金圣华：《认识翻译真面目》，香港：天地图书有限公司，2002 年，第 9 页。

# 中国当代译论对佛教典籍的失察和误读

【内容提要】 本文用典型实例揭示了当今中国翻译界在理论建构和学科建设过程中对中国佛教典籍的失察和误读问题（如真伪莫辨、引征不确、断章取义、望文生义等），剖析了出现这些问题的原因，指出了这种现象对中国当代翻译理论建构的危害，呼吁中国翻译理论工作者以更加严肃认真的态度建构中国翻译理论。

香港学者孔慧怡曾批评说："中国大陆的翻译学者大多出身于外语系，工作单位也多半是外语系，他们对古文的掌握和对古籍的知识，都不足以让他们直接大量搜寻及钻研原始材料。"① 多年前读到这则批评时，亦出身于外语系的笔者颇不以为然，但近年稍一留心，果然发现一些翻译理论工作者在论及我国古代译论或涉及古代典籍时，往往过度依赖间接资料，且在使用时又往往疏于考证，结果每每因对古代典籍的失察和误读而导致真伪莫辨、引征不确、断章取义、望文生义等错误。而出现在国家重点图书、高校重点教材和权威核心期刊中的这类错误又一再被引用，从而导致以讹传讹，恶性循环，有损于翻译理论和翻译教学的严肃性和科学性。针对这种现象，笔者在此就当代翻译理论对佛教典籍的失察和误读略举十例，希望引起译学界同仁的共同关注，以便能补漏订讹，纠偏救弊。

---

① 孔慧怡：《重写翻译史》，(2002-07-31), http://www.cuhk.edu.hk/ics/21c/supplem/essay/0111013g.htm. [2011-01-25]。[笔者按]：在香港中文大学翻译研究中心于 2005 年印制发行的《重写翻译史》（国际统一书码：962-7255-30-0）第 12 页，孔慧怡将"他们对古文的掌握和对古籍的知识，都不足以"改为了"不管主观条件还是客观考虑，都难以"。

# 一、玄奘是否提出过"既须求真，又须喻俗" 这条翻译标准？

　　1980 年出版的《英汉翻译教程》告诉学生："玄奘在翻译理论方面也是有贡献的，他提出的'既须求真，又须喻俗'的翻译标准直到今天仍然有指导意义。"①此言一出，转引者甚众，可谁都不标明此言出自何典，后来有位学者不满足于人云亦云，在其翻译研究专著中用脚注为此言标了个出处，曰："见唐道宣《高僧传》卷五'释玄奘传'。"②然而这个脚注本身又是个疏失，因为世间并不存在唐朝僧人道宣（596—667）撰写的《高僧传》，而南朝梁时僧人慧皎(497—554)所著《高僧传》又不可能记载后朝之事。读者若终于明白标注者想说的是道宣所著的《续高僧传》，也不可能从该书卷五中找到"释玄奘传"。即便有人费尽周折后在卷四中找到了"释玄奘传"，也绝不可能从中找到"既须求真，又须喻俗"这八个字。

　　其实对这个因失察而产生的讹误，早在 1993 年就有学者在《玄奘译言考辨》一文中明确指出："这八个字本非出自玄奘之口，而是出自梁任公之手。"③梁启超在《翻译文学与佛典》一文中论及道安的"五失本三不易"时说："三不易者：（一）谓既须求真，又须喻俗；（二）谓佛智悬隔，契合实难；（三）谓去古久远，无从询证。"④简而言之，"既须求真，又须喻俗"是梁启超对东晋高僧道安"删雅古以适今时"一说的现代阐释，与玄奘无涉。当然，作为佛经翻译家，"玄奘的翻译不单以量胜，又还以质胜"，⑤可谓"意思独断，出语成章，词人随写，即可披翫"。⑥我们可以说他克服了道安所说的"三不易"，达到了"既须求真，又须喻俗"这个标准。可达到标准是一回事，提出

---

① 张培基等：《英汉翻译教程》，上海：上海外语教育出版社，1980 年，第 2 页。

② 黄雨石：《英汉文学翻译探索》，西安：陕西人民出版社，1988 年，第 9 页。

③ 袁锦翔：《玄奘译言考辨》，《中国翻译》1993 年第 2 期，第 25 页。

④ 梁启超：《佛学研究十八篇》，天津：天津古籍出版社，2005 年，第 145 页。

⑤ 吕澂：《中国佛学源流略讲》，北京：中华书局，1979 年，第 339 页。

⑥ 慧皎等：《高僧传合集》，上海：上海古籍出版社，1991 年，第 135 页。

标准则是另一回事，不可混为一谈。

但时至今日，学者们仍津津乐道于玄奘提出了"既须求真，又须喻俗"这个翻译标准，学生们仍对这个子虚乌有的说法深信不疑，21 世纪出版的新编翻译教材仍然在以讹传讹，甚至我们的翻译考试还在这样考学生：要求他们选择回答提出"既须求真，又须喻俗"这个翻译标准的到底是鸠摩罗什、道安、慧远，还是玄奘。①借用隋代译经家彦琮在其《辩正论》中批评早期一些译经家"胡梵不辨"时所说的话，上述失察真可谓"莫分真伪，良可哀哉"②。

## 二、彦琮写的是《辩正论》还是《辩证论》？

说到彦琮（557—610）所著的《辩正论》，这又引出了一个问题。《中国译学理论史稿》（上海外语教育出版社 2000 年修订本）从目录、章节标题到内文，均一而再、再而三地把彦琮这篇文章称为《辩证论》，《中国传统译论经典诠释——从道安到傅雷》（湖北教育出版社 2003 年版）和《中国翻译简史》（中国对外出版公司 1998 年增订版）则忽而称《辩正论》，忽而称《辩证论》，致使一些不谙古文的中国翻译学者（尤其是高校翻译方向的研究生）联想到辩证法，误以为这篇文章是在研究世间万事万物的运动变化和普遍联系。

其实这篇文章是彦琮的一篇翻译专论。该论阐明了译经之目的，总结了前贤译经之成就，评析了历代译经之得失，归纳了译经之要例，辨析了胡语梵语之别，并首次论及了翻译主体，提出了著名的"八备"之说。所以道宣赞彦琮"著《辩正论》以垂翻译之式"③。

"辩正论"之"辩正"意为"辨物正言"（辩、辨二字在古汉语中相通）。"辨物正言"出自《易经·系辞下传》第 6 章，东晋干宝曰："辩物，类也。正言，言正义也。"南朝孔颖达疏："辨物正言者，谓辨天下之物，各以类正定言之。""辩物正言"也是彦琮之前的译经家一直关注的问题，如支谦在《法

① 全国 2005 年 7 月高等教育自学考试·英语翻译试题（课程代码：00087）[B/OL]（2016-07-07），https://kaoshi.china.com/zikao/learning/42966-1.htm.[2018-09-30]
② 慧皎等：《高僧传合集》，第 118 页。
③ 慧皎等：《高僧传合集》，第 118 页。

句经序》中感叹"天竺言语与汉异音，云其书为天书，语为天语，名物不同，传实不易"①，在《合微密持经记》中批评"一本三名……或胡或汉音殊，或随义制语，各有左右"②。由此可见，《辩正论》并非在讨论事物的发展变化规律，而是在探究名物概念的翻译问题，因此《辩正论》可谓"辨物正言论"。这篇二千余言的长论不仅"赋词弘瞻，精理通显"③，而且其篇名与福柯的《名与物》（*Les mots et les choses*，1966）和奎因的《名与物》（*Word and Object*，1960）亦有异曲同工之妙。可华夏后学窥其精妙者寡，竟至有人认为"外国也许有翻译理论，我国历史上却没有，或只有一些零星片断之说"④，甚至有人断言："严格说来，中国翻译理论开始于严复的《天演论·译例言》"⑤，"半个世纪以前……中国称得上翻译理论家的，可谓绝无仅有"。⑥惜哉！

# 三、支谦的《法句经序》作于何年？

上文碰巧说到支谦的《法句经序》，这又引出了另一个问题：支谦的《法句经序》到底作于何年？《中国译学理论史稿》在考证此序的写作年代时说："观序中记有'黄武三年'，更可知实作于三国·吴大帝时，即公元224年。"⑦这又是一个因失察和误读而产生的错误结论。支谦序中的确写道："始者维祇难出自天竺，以黄武三年来适武昌。仆从受此五百偈本，请其同道竺将炎为译。"⑧但这里只是在追述往事，所记的"黄武三年"是指维祇难携《法句经》（五百偈本）到武昌的年头，并非支谦作序的时间。要确定支谦作序的时间，首先要区分《法句经》的两个版本。

---

① 释僧祐：《出三藏记集》，北京：中华书局，1995年，第273页。

② 释僧祐：《出三藏记集》，第279页。

③ 慧皎等：《高僧传合集》，第119页。

④ 陈福康：《中国译学理论史稿》（修订本），上海：上海外语教育出版社，2000年，第ii页。

⑤ 仲伟合、钟钰：《德国的功能派翻译理论》，《中国翻译》1999年第3期，第47页。

⑥ 张南峰：《中西译学批评》，北京：清华大学出版社，2004年，第14页。

⑦ 陈福康：《中国译学理论史稿》（修订本），第7页。

⑧ 释僧祐：《出三藏记集》，第273页。

　　吕澂在《中国佛学源流略讲》中记述："支谦在黄武三年（公元 224年）曾请竺将炎译出维祇难传来的略本《法句经》（五百偈本），后来又请他根据中本（七百偈本）加以补订，其间自然也有支谦参加的意见，所以可说是支谦和竺将炎的共同译本。"[1]吕澂先生的记述可从《出三藏记集》卷二《新集撰出经律论录》中得到印证，该卷对《法句经》有两项记载，第一项为"魏文帝时，天竺沙门维祇难，以吴主孙权黄武三年赍胡本，武昌竺将炎共支谦译出"[2]，这便是竺将炎和支谦合译的版本。《出三藏记集》卷二紧接着记载的是"支谦以吴主孙权黄武初至孙亮建兴中所译出"[3]的 36 部经，其中《法句经》又赫然在列。而且这个版本绝不是与竺将炎合译的那个版本，因为《出三藏记集》卷二中的《新集条解异出经录》又载："法句经，祇难/支谦……二人异出。"[4]《异出经录》开篇曰："异出经者，谓胡本同而汉文异也。"[5]由此我们可知，《法句经》有两个版本，后一个版本是支谦独自翻译的版本。

　　其实《法句经序》本文亦说："昔传此时有所不出，会将炎来，更从谘问，受此偈等，重得十三品，并校往故，有所增定，第其品目，合为一部三十九篇，大凡偈七百五十二章。庶有补益，共广闻焉。"[6]"昔传"之版本乃支谦与人合译，"有所增订"的版本由支谦独自完成，而《法句经序》是为后一个版本而作，因此不可能作于黄武三年（224 年）。据《出三藏记集》对支谦所译众经的记载，我们现在能确定是该序作于黄武三年（224 年）之后，建兴元年（252年）之前，而据支谦独译的 36 部经之排序，《法句经序》当作于 224—252 年这段时间的前半期。

---

① 吕澂：《中国佛学源流略讲》，第 292 页。
② 释僧祐：《出三藏记集》，第 28 页。
③ 释僧祐：《出三藏记集》，第 28-31 页。
④ 释僧祐：《出三藏记集》，第 81 页。
⑤ 释僧祐：《出三藏记集》，第 65 页。
⑥ 释僧祐：《出三藏记集》，第 273-274 页。

# 四、"翻译"二字之并用始于何时？

　　这问题重要与否姑且不论。但既然有人提出此问题并对其加以考证，考证之结论就必须有理有据。20 世纪 40 年代，木曾先生曾对这个问题进行过研究。在一番考证之后他得出结论："翻译二字并用者见于宋释法云（1088—1158）之《翻译名义集》。"①木曾先生的结论发表于《北华月刊》1941 年第 2 卷第 2 期。遥想当年，敌寇侵凌，华北沦陷，学人西撤，典籍荡然。木曾先生有所失察似可原谅。

　　但 21 世纪的高校并不缺经籍典藏，可偏有学者视而不见，见而不查，如《翻译概念的流变及其反思》一文说："随着汉代的佛经翻译活动的兴起，至两晋始盛，经南北朝，再到隋、唐两代……翻译之名仍是一'译'字，以'翻译'明确指称翻译活动的现象始终没有出现。"②《翻译概念的流变及其反思》作者深知："要考察翻译概念的渊源并非易事，从严格的意义说，其真正的历史意义上的源头是不可能找到的。我们依托的只能是有记载的历史源头。"③既然知道考察不易，又知道只能依托有记载的历史源头，那就应该据典钩稽，追本穷源，可该作者所据、所依、所考、所稽者，竟是公元 2003 年问世的《中国传统译论经典诠释——从道安到傅雷》一书。作者据该书 83 页告诉我们："在赞宁《译经篇》中零星可见'翻''译'二字并用的现象，如有'二非句，即赍经三藏虽兼胡语，到此不翻译者是'的语句。"④引文中北宋高僧赞宁（919—1001）并用"翻译"二字比当年木曾先生考证到的出处早了约 150 年，于是《翻译概念的流变及其反思》作者据此下结论说："此可谓'翻''译'联袂，翻译之名诞生的第一确证。"⑤

---

① 木曾：《翻译释义》，见中国翻译工作者协会：《翻译研究论文集（1894—1948）》，北京：外语教学与研究出版社，1984 年，第 323 页。

② 李玉良：《翻译概念的流变及其反思》，《济南大学学报》2004 年第 2 期，第 57 页。

③ 李玉良：《翻译概念的流变及其反思》，第 57 页。

④ 李玉良：《翻译概念的流变及其反思》，第 58 页。

⑤ 李玉良：《翻译概念的流变及其反思》，第 58 页。

如此考证真是匪夷所思，因为即便据二手资料，《中国翻译简史》中也转引有南朝梁时慧恺言"翻译之事殊难，不可存于华绮"①。《翻译论集》中也转引有唐代道宣语"观夫翻译之功，诚远大矣"②。前者出自慧恺之《摄大乘论序》，后者原见于《续高僧传》卷四篇末之"论"。而若据赞宁《译经篇》（《宋高僧传》前三卷），"翻译"二字之并用就不是《翻译概念的流变及其反思》作者所说的"零星可见"，而是触目皆是，因为在《译经篇》三万言中，"翻译"一词共出现24遍。如"自汉至今皇宋，翻译之人多矣"③，"至五年丁巳，奉诏于菩提院翻译"④，"与玄奘法师翻译校订梵本"⑤，等等。

其实，若真去追溯"有记载的历史源头"，《翻译概念的流变及其反思》作者就会发现，"翻译"二字连用的情况在更早的典籍中也比比皆是。由近及远追溯，我们可看到在唐释道宣所撰《续高僧传》前四卷（译经篇）五万余言中，"翻译"一词共出现30遍，其中常被引用的文句除"观夫翻译之功，诚远大矣"⑥之外，还有"乃著《辩正论》以垂翻译之式"⑦和"人人共解，省翻译之劳"⑧等。在南朝梁僧慧皎所撰《高僧传》前三卷（译经篇）中，我们可读到竺法兰"少时便善汉言。惜于西域获经，即为翻译"⑨，支谦"以大教虽行，而经多梵文，未尽翻译，已妙善方言"⑩，竺佛念、竺叔兰等人"妙善梵汉之音，故能尽翻译之致"⑪等。

以上"翻""译"二字联袂的确证已比《翻译概念的流变及其反思》作者提供的确证早了400余年，但笔者以为还不能称其为"第一确证"或"最早的确证"，因为至少在《僧伽罗刹集经后记》中就有"佛图罗刹翻译，秦言未精"⑫

① 马祖毅：《中国翻译简史——"五四"以前部分》（增订版），北京：中国对外翻译出版公司，1998年，第49页。
② 罗新璋：《翻译论集》，北京：商务印书馆，1984年，第49页。
③ 赞宁：《宋高僧传》，北京：中华书局，1987年，第3页。
④ 赞宁：《宋高僧传》，北京：中华书局，1987年，第20页。
⑤ 赞宁：《宋高僧传》，北京：中华书局，1987年，第26页。
⑥ 慧皎等：《高僧传合集》，第139页。
⑦ 慧皎等：《高僧传合集》，第118页。
⑧ 慧皎等：《高僧传合集》，第119页。
⑨ 释慧皎：《高僧传》，北京：中华书局，1992年，第3页。
⑩ 释慧皎：《高僧传》，第15页。
⑪ 释慧皎：《高僧传》，第141页。
⑫ 释僧祐：《出三藏记集》，第374页。

之字样。所以，若非要考证"翻""译"二字联袂始于何时，我们可以这样说：据有文字记载的资料，早在公元 384 年（前秦建元二十年），中国人就开始用"翻译"二字来指称翻译活动了。

## 五、道宣撰有《大恩寺释玄奘传论》吗？

此乃上节引出的一个问题。笔者刚才说"观夫翻译之功，诚远大矣"见于道宣《续高僧传》卷四篇末之"论"，可《中国译学理论史稿》述及道宣时则言："他在《大恩寺释玄奘传论》中说'观夫翻译之功，诚远大矣'"①。《中国译学理论史稿》自何处引道宣此言并不重要，重要的是《中国译学理论史稿》作者在此明确告诉读者，道宣撰有《大恩寺释玄奘传论》一文或一书。然若有读者据此为线索查阅，以窥此文或此书全貌，恐查遍中国佛教史籍也找不到《大恩寺释玄奘传论》这个篇名。道宣果真撰有《大恩寺释玄奘传论》一书或一文吗？若有，为何渺无踪迹？若无，《中国译学理论史稿》中这个篇名又是怎样来的？有人会说来自罗新璋编的《翻译论集》，可罗新璋先生并没给"大恩寺释玄奘传论"加上书名号，而且在其"例言"中也说明，《翻译论集》所收文字未经校勘，仅供做进一步研究的查找线索。为了方便查找，罗先生甚至为录自同一篇文章的一前一后两段节录指示两个原始出处。若按罗先生的指示查找，我们就会发现，《中国译学理论史稿》第 36—37 页以"大恩寺释玄奘传论"为篇名所引的 800 言，实乃道宣系于《续高僧传》卷四篇末之"论曰"全文。接下来的问题是，我们能以"大恩寺释玄奘传论"作为篇名来标示此"论"吗？要回答这个问题，必须先了解诸"僧传"的体例。

概而述之，道宣《续高僧传》的体例与慧皎的《高僧传》大致相同，只是《高僧传》为 14 卷，前八科后有论有赞，而《续高僧传》为 30 卷，每科后均有论无赞。总的来说，这里的"论"是诸"僧传"作者附于每科后的评述。具体而言，《续高僧传》"译经篇"这一科共有四卷（即 1~4 卷），作者将"论"置于第四卷末是对该科内容（本传 15 人，附见 31 人）总的评述 。再具体一

---

① 陈福康：《中国译学理论史稿》（修订本），第 36 页。

点,《续高僧传》卷四只录正传二人,即《唐京师大慈恩寺释玄奘传》和《唐京师大慈恩寺梵僧那提传》。《唐京师大慈恩寺释玄奘传》只叙不论,篇末句为"年未迟暮,足得出之,无常奄及。惜哉!"①,"惜哉"后紧接《唐京师大慈恩寺梵僧那提传》,《唐京师大慈恩寺梵僧那提传》篇末仍是"斯人斯在,呜呼惜哉"②一叹,叹后便是"论曰"。由此可见,对"论曰"之内容冠以"大恩寺释玄奘传论"这个篇名极为不妥。且不说乱了前贤大作体例,单是这既"传"又"论"就不知是何文体。当然,《翻译论集》当初标示所录文字时也有不妥,然大凡创事者都难以为功,因袭者却容易为力,因此后学应尽量为前辈补阙订讹,至少不要以讹传讹,甚至讹上加讹。

## 六、大亮法师"五不可翻"出自何典?

这又是前一个问题引出的问题。《中国传统译论经典诠释——从道安到傅雷》在诠释玄奘的"五不翻"和大亮法师的"五不可翻"时说:"根据马祖毅先生《中国翻译史》(上卷)所载,在隋唐时期沙门罐顶《大般涅经玄义》中就记述了广州大亮法师曾立'五不可翻'之说,惜多有节略。今据《续高僧传·卷十九》全文引证如下……。"③然对中国佛教典籍稍有常识的读者,对诸僧传体例和内容有所了解的读者,尤其是翻阅过《续高僧传》的读者都明白,《中国传统译论经典诠释——从道安到傅雷》作者所"引证"的文字绝不可能出自《续高僧传》卷十九。第一类读者知道,中国佛教典籍分经籍、著述、史传、经录、类书等几大类,《大般涅经玄义》(全名为《大般涅槃经玄义》)属著述类,而《续高僧传》属史传类,史传文字中偶尔会引用经籍著述中的小段文字,但收入上下两卷计二万三千言的《大般涅槃经玄义》绝无可能。第二类读者知晓,《续高僧传》的内容是记述从南北朝至唐代约 700 名高僧的生平事迹,该传卷十九录本传 14 人,附见 2 人,虽其正传第十篇为"唐天台山国清寺释

---

① 慧皎等:《高僧传合集》,第 138 页。
② 慧皎等:《高僧传合集》,第 139 页。
③ 王宏印:《中国传统译论经典诠释——从道安到傅雷》,武汉:湖北教育出版社,2003 年,第 51 页。

灌顶传",但仅区区 1700 字,且附见同门智晞、弟子光英二人又占去 600 字,作者不可能从剩下的 1100 字中再分出篇幅去谈大亮法师。第三类读者则更清楚,因为《续高僧传》卷十九全文一万三千言中根本就没有《中国传统译论经典诠释——从道安到傅雷》所引的那段文字。综上所述,任何人都不可能从《续高僧传》卷十九中"引证"出大亮法师的"五不可翻"之说,《中国传统译论经典诠释——从道安到傅雷》所引这 239 字(不计标点)的出处,乃《中国翻译史》引文所据的隋天台沙门灌顶所撰《大般涅槃经玄义》,欲观《大般涅槃经玄义》全文,《大正新修大藏经》第 38 册第 1 篇(第 1765 经)就是。

"五不可翻"的出处已说清楚,但笔者还觉得意犹未尽,不妨顺便再说说存在于这个问题后面的问题,即学术引征的合理性和准确性问题。这里所说的合理性,是指引征应该以必要为限,不可为了引征而引征;而准确性不仅指引文本身之准确,还指引文出处必须准确,以方便读者核对引文。

先说合理性。《中国传统译论经典诠释——从道安到傅雷》和《中国翻译史》引用"五不可翻"的目的相同,一是说明在玄奘提出"五不翻"之前已有类似说法,二是对这两种说法所规定的内容作一比较。要达到这两个目的,《中国翻译史》(上册)150—151 页所引 100 字(不计标点)已经足够,可谓合理,因其节略掉的 139 字是"五不可翻"各条之举例。而这些实例若不结合灌顶原作之语篇语境,对引文读者不仅毫无意义,而且可能造成误导。如大亮法师认为梵文 nirvāña(涅槃)既言生又言死,"但此无密语翻彼密义,故言无翻也"[1],然灌顶法师随即又例举了认为 nirvāña 可翻者十家、认为"亦可翻亦不可翻"者和认为"非可翻非不可翻"者各一家。认为 nirvāña 可翻者就分别将其翻译成"灭""寂灭""秘藏""安乐""解脱""不生""灭度""无为"[2]等。《中国传统译论经典诠释——从道安到傅雷》惜《中国翻译史》引文多有节略,于是将其节略掉的部分添上,但对添补的引文却未做任何诠释,引用徒费笔墨,可谓不合理。至于准确性,《中国传统译论经典诠释——从道安到傅雷》在引文本身和引文出处两个方面都不准确。引文出处之不准确上文已详论,

---

① 灌顶:《大般涅槃经玄义》,见高楠顺次郎等:《大正新修大藏经》,东京:大正一切经刊行会,1924—1932 年版,第 38 卷,第 1 页。

② 灌顶:《大般涅槃经玄义》,第 2 页。

但不准确之原因还有待我们进一步反省。另外《中国传统译论经典诠释——从道安到傅雷》转引《中国翻译史》引文时将关键词"灌顶"误作"罐顶",此虽小节,然引文不确乃治学者之大忌,也值得我们反思。

## 七、真谛真的主张意译吗?

《译介学》在论及佛经翻译家真谛（499—569）时说:"从他的助手慧恺但①偏向意译（文）也可以看出,真谛主张意译。这种主张与释道安的大弟子、另一位佛经翻译家慧远（334—416）的主张一脉相承,慧远早就提出翻译时要'简繁理秽,以详其中,令质文有体,义无所越'。"②真谛主张意译,这结论似乎挺合理,因为持论者的行文俨然这样一个三段论:（1）慧恺和慧远偏向或主张意译;（2）真谛的主张与慧恺和慧远的主张相同;（3）所以,真谛主张意译。

然而这个三段论的大前提并不真实。换言之,由于持论者以二手资料为据,加之对论据缺乏考证或考证不严,从而误解了慧恺和慧远的翻译主张。慧恺在其《摄大乘论序》中说:

> 法师既妙解声论,善识方言,词有义而必彰,义无微而不畅。席间函丈,终朝靡息。恺谨笔受,随出随书,一章一句,备尽研核,释义若竟,方乃著文。然翻译事殊难,不可存于华绮,若一字参差,则理趣胡越。乃可令质而得义,不可使文而失旨。故今所翻,文质相半。③

由此可见,慧恺既不偏向意译,也不偏向直译,他的翻译主张是"文质相半",或曰文质调和。持论者还引了慧远一段话作为其大前提的论据,即慧远在其《大智论钞序》提出的"简繁理秽,以详其中,令质文有体,义无所越"。但如果我们把该论据放回其所在的语篇,再结合该论据所处的语境,

---

① 疑"但"为衍字。

② 谢天振:《译介学》,上海:上海外语教育出版社,1999年,第61页。

③ 慧恺:《摄大乘论序》,见高楠顺次郎等:《大正新修大藏经》,东京:大正一切经刊行会,1924—1932年版,第31卷,第113页。

我们就能看到这段论据刚好能推翻持论者所谓"真谛主张意译"的结论。慧远在《大智论钞序》中先发了一通直译意译"百家竞辨，九流争川"的感慨，然后说道：

> 于是静寻所由，以求其本。则知圣人依方设训，文质殊体。若以文应质，则疑者众；以质应文，则悦者寡。是以化行天竺，辞朴而义微，言近而旨远。义微则隐昧无象，旨远则幽绪莫寻。故令玩常训者，牵于近习；束名教者，惑于未闻。若开易进之路，则阶藉有由；晓渐悟之方，则始涉有津。远于是简繁理秽，以详其中，令质文有体，义无所越。①

慧远首先指出了直译意译各自之不足（以文应质，则疑者众；以质应文，则悦者寡），然后才提出"简繁理秽，以详其中，令质文有体，义无所越"的翻译主张，而他之所以要"令质文有体"，是因为他已洞悉"圣人依方设训，文质殊体"。这分明是说译文应该当文则文，当质则质，文质调和，直意兼备，怎么能说是"主张意译"呢？其实慧远在《三法度经序》中也指出过意译"文过其意"、直译"理胜其辞"的缺点，甚至夸僧伽提婆翻译的《三法度经》"依实去华，务存其本"，②若有人也据此断章取义，甚至可以说慧远主张直译了。

根据以上考证，如果说慧恺的翻译偏向可以代表真谛的主张，如果说真谛的翻译主张与慧远的主张一脉相承，那么最后的结论就应该是：真谛主张文质调和，直意兼备，而不是《译介学》所说的"主张意译"。

# 八、"阙名"是何人？

可以说这又是从上一个问题引出的问题。因为在研究我国佛经翻译中的尚文尚质、或直译意译之倾向时，学者们都喜欢引用《首楞严经后记》篇末那句

---

① 释僧祐：《出三藏记集》，第391页。
② 释僧祐：《出三藏记集》，第380页。

话："辞旨如本，不加文饰，饰近俗，质近道，文质兼唯圣有之耳"①，而且大多都转引自罗新璋先生编的《翻译论集》。罗先生当年据《全晋文》抄录，故《首楞严经后记》作者标注的是"阙名"。阙名者，缺名者也，即《出三藏记集》标注的"未详作者"，也就是英文中的Anonymous或Anon.。然有转引者未详就里，言及《首楞严经后记》作者时称"有位叫阙名的无名小僧"，言及其译学思想未得发扬时叹"也许阙名人微言轻"②。说阙名名叫"阙名"，这等于说Anonymous名叫"安罗尼莫斯"。而叹其"人微言轻"则更是不得要领。须知能为佛经译本写序作跋者皆一言九鼎之辈，如道安、僧叡、慧远、僧祐等高僧，甚至包括当朝皇帝。如《注解大品序》之作者即为梁高祖武皇帝（见中华书局 1995 年版《出三藏记集》293 页）。由于历史原因，一言九鼎者往往也会阙名。如今人皆知《法句经序》出自支谦笔下，可此序在《出三藏记集》中曾被注明"未详作者"，胡适在《白话文学史》第 9 章《佛教的翻译文学》中亦言："《法句经》有长序，不详作序者姓名。"③今人确知《法句经序》为支谦所撰，是许多学者考证的结果。考证少不了披览群书，字斟句酌，少不了探赜索隐，推敲辨析，不然失察就在所难免。吕澂先生在《中国佛学源流略讲》之《序论》中说："我们所运用的资料，正确或不正确，直接影响到研究成果的正确与否。"④这应该引起当代学人的重视。我们使用史料时，一定要辨理证义，切不可望文生义。

## 九、信达雅之"雅"是指优雅吗？

严复在《天演论·译例言》提出的"信达雅"翻译标准在 20 世纪初的遭遇是毁誉兼半。郁达夫云："信、达、雅的三个字，是翻译界的金科玉律"，⑤

① 释僧祐：《出三藏记集》，第 271 页。
② 孟凡君：《中国文化架构的演变对中国译学思想发展的影响》，《中国翻译》2002 年第 2 期，第 15 页。
③ 胡适：《白话文学史》，合肥：安徽教育出版社，1999 年，第 132 页。
④ 吕澂：《中国佛学源流略讲》，第 13 页。
⑤ 罗新璋：《翻译论集》，第 390 页。

贺麟曰："后来译书的人，总难免不受他这三个标准支配"；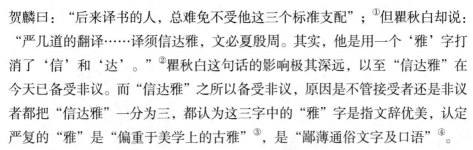但瞿秋白却说："严几道的翻译……译须信达雅，文必夏殷周。其实，他是用一个'雅'字打消了'信'和'达'。"②瞿秋白这句话的影响极其深远，以至"信达雅"在今天已备受非议。而"信达雅"之所以备受非议，原因是不管接受者还是非议者都把"信达雅"一分为三，都认为这三字中的"雅"字是指文辞优美，认定严复的"雅"是"偏重于美学上的古雅"③，是"鄙薄通俗文字及口语"④。

其实我们只要认真考辨，就会发现，"信达雅"名正言顺，无可厚非。"信达雅"是一个不容分割的整体，是一个标准之三维坐标，而非某些人所说的三条标准。这三维坐标的关系是：译文要"信"，辞必"达"意，辞要"达"意，必求"雅"正。下面笔者就对"信达雅"，尤其是对被众人所非议的"雅"字，进行一番辨析。

既然说严复"文必夏殷周"，证"信达雅"之义就不该用汉以后的引申义。而这三字在古汉语中的本义是：信者，言真也；达者，通到也；雅者，正也。⑤既然严复在《译例言》中申明："信达之外，求其尔雅"，证明"信达雅"之"雅"即"尔雅"。尔雅者，谓近于雅正也（商务印书馆 1998 年版《古代汉语词典》第 367 页）。雅正者，规范、纯正也（商务印书馆 2005 年版《现代汉语词典》第 1560 页）。此外，钱锺书说"信达雅"三字见于支谦《法句经序》⑥，鲁迅说严复为译书"曾经查过汉晋六朝翻译佛经的方法"⑦，严复在《译例言》中引鸠摩罗什语"学我者病"而自谦，这都证明他的确师法前辈译经大师，因此我们亦可从佛教典籍中去寻觅"信达雅"之由来。

关于"信"字，鉴于古代译经家以"勿失""不违""不越"为其翻译准则，佛教典籍中出现的"信"字多与翻译标准无涉，但想必严复不会失察于《法句经序》所引的"美言不信，信言不美"。关于"达"字，除《法句经序》中

① 罗新璋：《翻译论集》，第 151 页。

② 罗新璋：《翻译论集》，第 267 页。

③ 陈福康：《中国译学理论史稿》（修订本），第 108 页。

④ 马祖毅：《中国翻译简史——"五四"以前部分》（增订版），第 378 页。

⑤ 王力：《古代汉语》（四卷本），北京：中华书局，1999 年，第 226、945、1194 页。

⑥ 罗新璋：《翻译论集》，第 23 页。

⑦ 罗新璋：《翻译论集》，第 274 页。

的"今传胡义,实宜经达"[①]外,佛教典籍中与翻译准则和译文评判有涉的"达"尚有《大十二门经序》中的"时有不达"[②]和《法镜经序》中的"义壅而不达"[③],等等。而与"信""达"二字相较,与翻译准则和译文评判有涉的"雅"字在佛教典籍中可谓比比皆是,如《大十二门经序》中的"辞旨雅密,正而不艳"[④],《小品经序》中的"胡文雅质,按本译之"[⑤],《道地经序》中的"音近雅质,敦兮若扑"[⑥],《中论序》中的"虽信解深法,而辞不雅中"[⑦],《比丘大戒序》中的"与其巧便,宁守雅正"[⑧],《辩正论》中的"辩不虚起,义应雅合"[⑨],以及赞宁《译经篇》中的"雅即经籍之文"[⑩]。这些文句充分说明,佛经翻译家所说的"雅"并非"优雅",而是"雅正",而严复"信达雅"之"雅"所取当是此义。

## 十、翻译《舍利弗阿毗昙》用了多少年?

本文以香港学者对大陆学者的批评肇端,结尾不妨也说说一香港学者的疏失。上海外语教育出版社 2010 年引进出版的《中国翻译话语英译选集(上册):从最早期到佛经翻译》是一部不可多得的好书,该书于 2006 年在英国问世后便赢得海内外专家学者的高度赞誉。《中国翻译话语英译选集(上册):从最早期到佛经翻译》引进版附有一香港学者撰写的中文导读,导读洞入幽微,探深究隐,提纲挈领地评介了《中国翻译话语英译选集(上册):从最早期到佛经翻译》内容,也是一篇不可多得的好文。但文中一小小瑕疵令人感到些许遗

---

① 释僧祐:《出三藏记集》,第 273 页。
② 释僧祐:《出三藏记集》,第 254 页。
③ 释僧祐:《出三藏记集》,第 255 页。
④ 释僧祐:《出三藏记集》,第 254 页。
⑤ 释僧祐:《出三藏记集》,第 298 页。
⑥ 释僧祐:《出三藏记集》,第 367 页。
⑦ 释僧祐:《出三藏记集》,第 401 页。
⑧ 释僧祐:《出三藏记集》,第 413 页。
⑨ 慧皎等:《高僧传合集》,第 119 页。
⑩ 赞宁:《宋高僧传》,第 55 页。

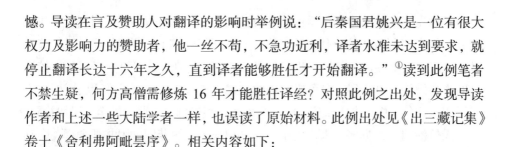

憾。导读在言及赞助人对翻译的影响时举例说："后秦国君姚兴是一位有很大权力及影响力的赞助者，他一丝不苟，不急功近利，译者水准未达到要求，就停止翻译长达十六年之久，直到译者能够胜任才开始翻译。"①读到此例笔者不禁生疑，何方高僧需修炼 16 年才能胜任译经？对照此例之出处，发现导读作者和上述一些大陆学者一样，也误读了原始材料。此例出处见《出三藏记集》卷十《舍利弗阿毗昙序》。相关内容如下：

> 会天竺沙门昙摩崛多、昙摩耶舍等义学来游，秦王既契宿心，相与辩明经理。起清言于名教之域，散众微于自无之境，超超然诚韵外之致，惜惜然覆美称之实，于是诏令传译。然承华天哲，道嗣圣躬，玄味远流，妙度渊极，特体明旨，遂赞其事。经师本虽闇诵，诚宜谨备，以秦弘始九年，命书梵文。至十年，寻应令出。但以经趣微远，非徒开言所契，苟彼此不相领悟，直委之译人者，恐津梁之要，未尽于善。停至十六年，经师渐闲秦语，令自宣译。皇储亲管理味，言意兼了，复所向尽，然后笔受。即复内呈上，讨其烦重，领其指归。故令文之者修饰，义之者缀润，并校至十七年讫。②

从原始材料可得知，《舍利弗阿毗昙》自后秦弘始九年（407）开译，弘始十年（408 年）因口授者（天竺经师）和笔录者（华僧）"彼此不相领悟"③而停，弘始十六年（414 年）因"经师渐闲秦言"又重新开译，至弘始十七年（415 年）译毕并校讫。加上因故停顿的 6 年，翻译此经前后共用 8 年，于公元 415 年完成。但若按"导读"将"停至十六年"解为"停止翻译长达十六年"，该经翻译则历时 18 年之久，应于公元 425 年才得以完成，可姚兴亡于 416 年，后秦灭于 417 年，已继位的"皇储"姚弘于当年作为晋军的俘虏被斩于建康，经师昙摩耶舍也于公元 418 年南下江陵。若该经真译毕于 425 年，那后来是由谁赞助？由谁"宣译"？又由谁来"亲管理味"的呢？

---

① 白立平：《洞入幽微，能究深隐——〈选集〉内容评介》, in Martha P. Y. Cheung, *An Anthology of Chinese Discourse on Translation, Vol. I: From Earliest Times to the Buddhist Project*, Shanghai: Shanghai Foreign Language Education Press, 2010, p. ix.

② 释僧祐：《出三藏记集》，第 373 页。

③ 赞宁在《宋高僧传》中描述过早期译经时口授者和笔录者"彼此不相领悟"的情况："初则梵客华僧，听言揣意，方圆共凿，金石难和，椀配世间，摆名三昧。咫尺千里，觌面难通。"见赞宁：《宋高僧传》，第 53 页。

吕澂先生在论及中国佛学的研究方法时说："遇到叙事性的材料，要注意阐述的内容与所叙述的时代是否一致……必须严加考订、辨别。"①对本节例举的这段"叙事性的材料"，我们若严加考订、辨别，还可以在经汤用彤校注过的《高僧传》中读到一段可资佐证的叙述："耶舍……至义熙（公元四〇五年至四一八年）中，来入长安。时姚兴借号，甚崇佛法。耶舍既至，深加礼异。会有天竺沙门昙摩掘多，来入关中。同气相求，宛然若旧。因共耶舍译《舍利弗阿毘昙》。以伪秦弘始九年（公元四〇七年）初书梵书文，至十六年（公元四一四年）翻译方竟。"②将这段记载与《出三藏记集》相关叙述互文对照，《舍利弗阿毗昙》的翻译过程则更为清晰：该经从公元 407 年开译，至 414 年译毕，于 415 年完成修饰缀润，前后一共历时 8 年，因此其间不可能"停止翻译长达 16 年"。

# 十一、结　语

论文必征于圣，窥圣必宗于经（《文心雕龙·征圣》）。论也者，弥纶群言，而研精一理者也（《文心雕龙·论说》）。虽几经西学东渐大潮之淘濯，中国治学传统之精华却并未荡然，不少中国学人仍保持着披览群书、穷原竟委、研精一理、言必有据的优良传统。不过面对认知范围扩大、认知内容增多，而上天却不"加我辈以年"的现实，吾侪终少了些十年磨剑、厚积薄发的精神，多了些贪大求洋、急功近利的志向。于是我们的一些译论中便频频出现真伪莫辨、引征不确、断章取义、望文生义的毛病。上述十例多出现在国家重点图书、高校重点教材和权威核心期刊中，其负面影响甚大，尤其是对青年学人和莘莘学子。不过上述失察者或误读者均为翻译学界卓有贡献的学者，其疏忽也都是偶尔为之，况且人非圣贤，孰能无过，所以本文之目的并非要吹毛求疵，而是希望中国的翻译理论工作者以更加严肃认真的态度建构中国的翻译理论和翻译学科。

（原载《四川大学学报》（哲学社会科学版）2011 年第 6 期）

---

① 吕澂：《中国佛学源流略讲》，第 14-15 页。
② 释慧皎：《高僧传》，第 42 页。

# 下　　编

# 翻译批评与翻译技巧

# "五失本"乃佛经翻译之指导性原则
## ——重读道安《摩诃钵罗若波罗蜜经抄序》

**【内容提要】** 我国古代译论家释道安在其《摩诃钵罗若波罗蜜经抄序》中提出了著名的"五失本三不易"之说,钱锺书先生因此将这篇译序称为我国翻译术开宗明义之首篇。但近年有学者认为"五失本"之说"既不是标准,又不是原则,也不是方法",认为它说的只是"会使译文失去本来面目的五种情况",从而使"五失本"之说的理论意义丧失殆尽。笔者认为,道安之论之所以对后世产生重大影响,是因为他对以往的翻译实践进行了细致的观察,做出了合理的解释,为当时的佛经翻译制定了具体的原则,为后来的译者指明了道路,为后世的论者树立了楷模。道安的"五失本"之说为译文语序之颠倒从语法上找到了理由,为译文句子之分合从文体上找到了依据,并规定了对原文内容删裁的范围和限度,它实际上是佛经翻译的指导性原则,对今天的译学研究仍有启发意义。

我国第一篇文本尚存的翻译理论文章当数支谦的《法句经序》。该序比道安提出"五失本"理论的《摩诃钵罗若波罗蜜经抄序》早了150年,但钱锺书先生却因道安译序中提出了"五失本三不易"之说,而将其称为我国翻译术开宗明义之首篇,梁启超在论及"五失本三不易"时亦指出:"后世谈译学者,咸征引焉。要之翻译文学程式,成为学界一问题,自安公始也。"① 由此可见,道安此序之重要性非同一般,"五失本"之说亦非一时之说也。

然近年有学者对此序产生之语境考之未详,对"五失本"所在之语篇析之欠深,因而对其之评价有薄古之嫌。或曰:"道安的意思是,翻译梵文经典,

---

① 钱、梁二先生之评说分别参见罗新璋:《翻译论集》,北京:商务印书馆,1984年,第28-29、58-60页。

有五种情况容易使译文失去原来面目。"①或曰:"'五失本'显然是指他(道安)认为不理想或不正确的五种译法,而不是赞同这些译法的。"②研究中国传统译论者一般都顺着这一基调论述或发挥,如有人在为中国传统译论分类时,将道安的"五失本三不易"一并归入"翻译的困难"一类。③有人则进一步发挥说:"'五失本'列举了五种违失原作本来面目的情况,既然将该五种情形视为违失原作本来面目,那么其背后的未出之言也就很清楚了……实际上,道安的'五失本'是他通过比较研究而总结列举出的梵汉两种语文之间的五对矛盾,既不是标准,又不是原则,也不是方法。"④鉴于这些评述使"五失本"之说的理论意义丧失殆尽,笔者以为有必要复考道安译序产生之语境,重读"五失本三不易"所在之语篇,再探其字里行间的微言大义,更求其流传千载的理论精神,以期给先贤高论一个公正的评说。

道安(约312/314—385)是东晋·前秦时高僧。他所处的时代虽战事频繁,但译经事业却日益昌盛。前秦符坚建元十五年(东晋孝武帝太元四年,公元379年),道安羁泊长安五重寺,在符坚的赞助下组织译经,当时的译场主管是朝廷官员赵政(赵文业),主要译者包括僧伽跋澄、佛图罗刹、昙摩难提、昙摩蜱、竺佛念、慧嵩、慧常、慧进、道贤等人。此后数年间,他们共译出《比丘尼大戒》《摩诃钵罗若波罗蜜经抄》《鞞婆沙》《婆须蜜经》《僧伽罗刹集》《中阿含》《增一阿含》等经论8部,凡100余卷。

道安早年已开始对佛经翻译进行研究。他曾效法支谦、支敏度,以合本⑤的

---

① 马祖毅:《中国翻译简史》(增订版),北京:中国对外翻译出版公司,1998年,第38页。

② 陈福康:《中国译学理论史稿》(修订本),上海:上海外语教育出版社,2000年,第13页。

③ 蒋童:《中国传统译论的分期与分类》,《中国翻译》1999年第6期,第11页。

④ 刘超先:《中国翻译理论的发展线索研究》,《中国翻译》1994年第4期,第3页。

⑤ 合本(或会译)是三国两晋时期出现的比较同一佛经不同译本的著作,如支谦比较《微密持经》《陀邻尼经》《总持经》之《合微密持经》;支敏度比较《维摩诘经》《异维摩诘经》《维摩诘所说法门经》之《合维摩诘经》;以及道安比较《放光般若经》和《光赞般若经》之《合放光光赞略解》等。陈寅恪在《支愍度学说考》一文中将这种版本称为"合本"(参见陈寅恪:《陈寅恪史学论文选集》,上海:上海古籍出版社,1992年,第110页。),汤用彤则将其称为"会译"。"'会译'者,盖始于集引众经,比较其文,以明其义也。"(汤用彤:《汉魏两晋南北朝佛教史》,北京:中华书局,1955年,第133页。)"集引众经,比较其文,以明其义"。这种比较同文异译的研究方法至今也未过时,如10年前许钧教授发起的那场对《红与黑》不同汉译本的对比研究。不过今天的对比研究不仅是为了提高译文质量,而且还为了对翻译理论进行检验。

方式对照研究前人的译文。但译场译经这种形式使他的研究范围不再局限于译文文本（target texts），而是扩展到了翻译活动的整个过程。他组织并参与翻译工作，积累了丰富的实践经验，听取了众多译者的见解，这使他对翻译的认识产生了一个飞跃。与此同时，大规模的译场翻译不仅对翻译理论提出了新的要求（如制定相对统一的翻译原则，确立具有普遍性的翻译标准等），而且也提供了检验新理论正确与否的场所。至此，"吾国翻译术开宗明义"之篇已到了瓜熟蒂落的时候。可以这么说，一种理论的发展程度与一种文化对该理论的需求成正比。需求越高，该理论就会越成熟。理论源于实践便是对这个命题的通俗阐释。如果说支谦的"仅发头角"①是应运而生，那么道安的"开宗明义"就是水到渠成。符秦建元十八年（382 年），昙摩蜱与竺佛念合译的《摩诃钵罗若波罗蜜经抄》问世，道安在为该经写的序言中提出了著名的"五失本三不易"理论。其论曰：

> 译胡为秦，有五失本也：一者胡语尽倒，而使从秦，一失本也。二者胡经尚质，秦人好文，传可众心，非文不合，斯二失本也。三者胡经委悉，至于叹咏，叮咛反复，或三或四，不嫌其烦。而今裁斥，三失本也。四者胡有义说，正似乱辞，寻说向语，文无以异。或千五百，刈而不存，四失本也。五者事已全成，将更傍及，反腾前辞，已乃后说。而悉除此，五失本也。然《般若经》三达之心，覆面所演，圣必因时，时俗有易，而删雅古以适今时，一不易也。愚智天隔，圣人巨阶，乃欲以千岁之上微言，传使合百王之下末俗，二不易也。阿难出经，去佛未久，尊者大迦叶令五百六通迭察迭书。今离千年，而以近意量裁。彼阿罗汉乃兢兢若此，此生死人而平平若此，岂将不知法者勇乎？斯三不易也。涉兹五失经三不易，译胡为秦，讵可不慎乎！正当以不闻异言，传令知会通耳……②

由于道安对前人的翻译有广泛而深入的研究，洞晓支谶、世高、叉罗、支越译本之得失，所以其学术视野能从局部到整体，从微观到宏观，从个别现象

---

① 钱锺书在把道安的《摩诃钵罗若波罗蜜经抄序》称为我国翻译术开宗明义之首篇的同时，说"支谦《法句经序》仅发头角"。

② 释道安：《摩诃钵罗若波罗蜜经抄序》，见释僧祐：《出三藏记集》，北京：中华书局，1995 年，第 290 页。

到普遍现象，从而把翻译该经所用的指导原则上升到普遍性的高度，使之对后世的翻译实践和理论产生了重大而深远的影响。其弟子僧睿承其衣钵，属当译任，"执笔之际。三惟亡师'五失'及'三不易'之诲"；[①]隋代译经大师彦琮在其《辩正论》开篇便完整引述了"五失本三不易"理论，并赞其"详梵典之难易，诠译人之得失，可谓洞入幽微，能究深隐"。[②]道安之论之所以对后世产生重大影响，是因为它对以往的翻译实践进行了细致的观察，做出了合理的解释，为当时的佛经翻译制定了具体的原则，为后来的译者指明了道路，为后世的论者树立了楷模。

支谦曾在《法句经序》中泛泛地指出"名物不同，传实不易"，道安则在总结前人经验的基础上具体地指出了不易之处，而指出不易之处则是要后世译者"属当译任"时格外谨慎（讵可不慎乎？且看僧睿），既要据实传达古代圣人的宏旨大义，又要认真判明目的语读者的认知语境，从而尽可能消弭求真喻俗之矛盾，尽可能缩小佛智悬隔之差距，尽可能见贤思齐，钩深极奥。由此可见，道安的"三不易"实乃对支谦"传实不易"的具体阐释和理性升华。

支敏度曾在《合维摩诘经序》中指出早期译本对语序之处置各不相同（辞句出入，先后不同）、对原文句子分合各殊（有无离合）、对原文内容删裁无度（多少各异）等问题，[③]但却没有提出解决的办法。至道安时代，支敏度指出的语序不同、删裁无度和分合各异的情况已是由来已久。此前译经者虽也有合作，但从未有过像道安主持的这样大规模的译场，因此很难就上述混乱状态制定出统一的解决办法，而且即使有办法也难以实施。长安五重寺译场为上述问题的解决提供了条件，解决这些问题的使命便历史性地降于道安肩上。于是详梵典之难易、知译人之得失的道安制定了"五失本"之法，为译文语序之颠倒从语法上找到了理由，为译文句子之分合从文体上找到了依据，并规定了对原文内容删裁的范围和限度，即允许（或提倡）裁斥"不嫌其烦"的叹咏，刈除"文无以异"的义疏，悉除"反腾前辞"的后说。换

① 释僧睿：《大品经序》，见释僧祐：《出三藏记集》，第 292 页。
② 道宣：《续高僧传·彦琮传》，见慧皎等：《高僧传合集》，上海：上海古籍出版社，1991 年，第 118 页。
③ 支敏度：《合维摩诘经序》，见释僧祐：《出三藏记集》，第 310 页。

言之，在上述情况下，译本可以在句式和文体上失（背）于原本。失者，背离也。道安"失本"之"失"乃"士穷不失义"（《孟子·尽心上》）之"失"，"失道者寡助"（《孟子·公孙丑下》）之"失"，而非当今某些学者所认为的"丧失"之"失"。

　　道安之前的佛经译家"百家竞辨，九流争川"，译者往往各行其是，翻译实践之现实已不能满足于前人总结的点滴经验。因此从前人经验升华而成的"五失本"原则实际上是历史的必然。但虽然人类的认识总在不断寻求某种突破，可当一种新主张或新理论提出时，并非人人都能认同，个个都能接受。"五失本"原则在道安自己的译场内也曾遭到抵制。如他在《鞞婆沙序》所述，在译《鞞婆沙》时，赵政对译者说："《尔雅》有《释古》、《释言》者，明古今不同也。昔来出经者，多嫌胡言方质，而改适今俗，此政所不取也。何者？传胡为秦，以不闲方言，求知辞趣耳，何嫌文质？文质是时，幸勿易之，经之巧质，有自来矣。唯传事不尽，乃译人之咎耳。"赵政这番话得到众人附和，道安酌情折衷，但依然坚持译者"时改倒句"。①竺佛念和慧常等人翻译《比丘大戒》时，道安曾命慧常删去一些"其言烦直""淡乎无味"的"丁宁反复"，慧常认为"大不宜"，声称"与其巧便，宁守雅正"，结果道安在删裁问题上做出让步，但仍然坚持了"言倒，时从顺耳"。②道安也深知"删削，所害必多"③、"从约必有所遗"④，但众人删裁无度的现状使他欲以"五失本"进行规范，即如上文所述，只能删"不嫌其烦"的叹咏，"文无以异"的义疏和"反腾前辞"的后说。作为一整套原则提出，在自己的译场当然更要贯彻实施，遇到抵制时虽有让步，但这种让步也有底线，那就是"时改倒句""言倒，时从顺"。因为道安亦深知：此"本"不失便难以"传令知会通耳"，此"本"不失便不成其为翻译，"盖失于彼乃所以得于此也"。⑤

---

① 释道安：《鞞婆沙序》，见释僧祐：《出三藏记集》，第382页。
② 释道安：《比丘大戒序》，见释僧祐：《出三藏记集》，第413页。
③ 释道安：《道行经序》，见释僧祐：《出三藏记集》，第264页。
④ 释道安：《合放光光赞随略解序》，见释僧祐：《出三藏记集》，第265页。
⑤ 此说本是钱锺书先生习惯性的调侃，可如今有人不究其详，据此认为道安的五失本"未能将道理说透"。

　　道安为汉译佛典所撰序言颇多，记述其原则遭抵制的情况仅上述二例，可见其原则基本上经受住了实践的检验。今人可从多方面得出这一结论。"欲生菩萨家，欲得童真地，欲得不离诸佛者，当学般若波罗蜜。欲以诸善根供养诸佛，恭敬尊重赞叹随意成就，当学般若波罗蜜。欲满一切众生所愿：饮食、衣服、卧具、涂香、车乘、房舍、床榻、灯烛等，当学般若波罗蜜。"（录自《摩诃钵罗若波罗蜜经抄·序品第一》）"颇有一智知一切法乎？颇有一识识一切法乎？颇有二心展转相因乎？颇有二心展转相缘乎？以何等故一人前后二心不俱生乎？若人不可得亦无前心而就后心，以何等故忆本所作？以何等故忆识强记？以何等故忆而不忆？以何等故祭祀饿鬼则得，祭余处不得？"（录自《阿毗昙·杂犍度智跋渠第二》）这种经文何等文从字顺，其中固有译者之劳，然道安之功亦不可忽视。事实上，道安制定的原则在大多数情况下都得到了贯彻执行。道安在《阿毗昙序》中就记载了他坚持要译者返工的事例。僧伽提婆和竺佛念历时整整六个月译毕《阿毗昙》，道安认为译文"颇杂义辞，龙蛇同渊，金鍮共肆"，"深谓不可，遂令更出"，结果二位译者"夙夜匪懈"，又花了 46 昼夜"而得尽定。损可损者四卷焉"。删去可删的整整四卷，以"秦语十九万五千二百五十言"译梵本"四十八万二千三百四言"，[1]如果说道安对赵政、慧常的让步显示了他贯彻原则的灵活性，那他坚持其原则的原则性在此可见一斑。对那些不肯"斥重去复"的译者（如慧常），"五失本"是一种策略，对那些"灭其繁长"无度的译者（如竺佛念），"五失本"则为一种尺度。当年在长安译场的一位同行目睹并记载下了掌握这一尺度的情况。这篇记载《僧伽罗刹集经后记》[2]全文不长，兹转录如下：

　　　　大秦建元二十年十一月三十日，罽宾比丘僧伽跋澄于长安石羊寺口诵此经及《毗婆沙》。佛图罗刹翻译，秦言未精，沙门释道安，朝贤赵文业，

---

[1] 释道安：《阿毗昙序》，见释僧祐：《出三藏记集》，第 377 页。
[2] 梁启超在《翻译文学与佛典》中提到过这篇《僧伽罗刹集经后记》，但梁先生引文不全，且出处考证不详，故有今人对此篇之真伪表示存疑（如《中国译学理论史稿》第 14 页上就有"此说如可信"之言）。其实，此《僧伽罗刹集经后记》作者虽佚名，但从公元 384 年至今，其文本从未佚闻，虽道安编的《综理众经目录》已不存，但在曾祐编纂的《出三藏记集》中，《僧伽罗刹集经后记》始终占据着卷 10 第 7 篇的位置。

研核理趣，每存妙尽，遂至留连，至二十一年二月九日方讫。且《婆须蜜经》及昙摩难提口诵《增一阿含》并《幻网经》，使佛念为译人。念乃学通内外，才辩多奇。常疑西域言繁质，谓此土好华，每存莹饰，文句减其繁长。安公赵郎之所深疾，穷校考定，务存典骨。既方俗不同，许其五失胡本，出此以外，毫不可差。五失如安公大品序所载。余既预众末，聊记卷后，使知释赵为法之至。①

好一个"许其五失胡本，出此以外，毫不可差"。据此可见，"五失本"的确是佛经翻译的指导性原则。其实，当代多位佛学大师也都持这种观点。吕澂论及"五失本"时指出："简单地说来，有五种情况是不能与原本一致的：第一，语法上应该适应中文的结构；第二，为了适合中国人好文的习惯，文字上必须作一定的修饰；第三，对于颂文的重复句子，要加以删略；第四，删掉连篇累牍的重颂；第五，已经说过了，到另说一问题时却又重复前文的部分，这也要删除。"②汤用彤亦认为："然依安公之意，梵语文轨，或有不合中文法式者，自不能胶执，全依原本译之。（一）梵语倒装，译时必须顺写。（二）梵经语质，而不能使中国人了解者，则宜易以文言。（三）原文常反复重言，多至数次，译时须省节。（四）原文中每杂以语句之解释，均行译出，亦嫌重复，并宜删去。（五）梵经中常后段复引前段，删之实不失原旨。凡此五事，虽失本文，然无害于意。"③季羡林先生在为《中国大百科全书·语言文字卷》所撰的"翻译"词条中也概括而明确地指出："'五失本'意思是，在用汉文翻译佛经时，有五种情况允许译文与原文不一致。"

综上所述，道安的"五失本"之说无疑是从翻译实践中概括出来的对翻译活动的系统的理性认识，具有高度的概括性、广泛的实用性和普遍的指导意义，在延续千年的佛经翻译活动中，它一直都是指导性的翻译原则。无怪乎彦琮赞

---

① 作者未详：《僧伽罗刹集经后记》，见释僧祐：《出三藏记集》，第374-375页。
② 吕澂：《中国佛学源流略讲》，北京：中华书局，1979年，第61页。
③ 汤用彤：《汉魏两晋南北朝佛教史》（全二册），北京：中华书局，1955年，第409页。［笔者按］：汤用彤在"则宜易以文言"后夹注曰："《正法华经》有'天见人，人见天'之句，罗什译经至此言曰，此语与西域义同，但在言过质。僧睿曰，将非谓人天交接，两得相见。什喜曰：实然。道安所言，可引此事为例。"
（此例见《高僧传》卷6正传之十一《僧睿传》（中华书局1992年版第245页）

道安法师"详梵典之难易，诠译人之得失,可谓洞入幽微，能究深隐"；无怪乎梁启超认为道安由此开译学问题之先河；无怪乎钱锺书说"五失本三不易，吾国翻译术开宗明义，首推此篇"。道安此说不仅标志着我国佛经翻译理论从此步入成熟阶段，而且使翻译理论与实践的互动关系也日益彰显。

（原载《中国翻译》2006 年第 1 期）

# 约而意显·文而不越

## ——重读支谦《法句经序》

【内容提要】 佛经翻译家支谦所撰《法句经序》是我国第一篇文本尚存的翻译理论文章。国内部分学者在阐释该序时，或对其产生之语境考之未详，或对其语篇文本析之欠细，因而对其评价还不够充分，通常都低估了这篇译序的理论价值。笔者在重读《法句经序》后认为，该序至少还有三重意义值得强调。①该序表明我国译者在公元三世纪初期就已经自觉地开始了翻译研究；②该序触及了翻译理论的核心问题，即后来纽马克所说的"翻译理论的核心是翻译问题"，而"翻译的主要问题从来就是直译意译的问题"；③该序说明直译意译从来都是共生共存、互补互彰的。《法句经序》所蕴含的理论意义值得我们进一步挖掘。

自朱士行始，我国西行求法者都抱定"誓志捐身"之决心，怀着"求取真经"之信念。然竺叔兰等人据朱士行取回的"正品梵书胡本"译出的《放光般若经》虽"言少事约""焕然易观"，但毕竟"约必有遗"，使道安这样的后世高僧也感到有遗珠之憾。由此可见，若无技巧之切磋，经验之总结，原则之制定，乃至理论之升华，纵然先贤殚思竭虑，矢志不移，译经也难得真经，取法也难得正法[①]。我国翻译理论之滥觞，如其翻译活动之发轫一样，亦是大势所趋，应运而生。

我国第一篇文本尚存的翻译理论文章当数支谦于孙吴黄武年间撰写的《法

---

[①] 朱士行是于魏甘露五年（260年）出发西行取经的。其实早在吴黄武三年（224年）已有"正品梵书"原著传入我国，如支谦《法句经序》中所说的维祇难从天竺带来的五百偈本《法句经》。可见初期佛经译本之"文句简略，意义未周"并非全因所据原本非"正品梵书"之故。

句经序》。①支谦是三国时期佛经翻译家，与他同时代的主要翻译家还有康僧会、维祇难、竺将炎、竺法护、竺叔兰、无罗叉等人。当时支谦、维祇难、竺将炎和康僧会均居建业（今江苏南京），建业②是孙吴时期佛教重镇，据唐代智昇编纂的《开元释教录》记载，孙吴时期共翻译佛经189部，417卷。其中支谦翻译了88部，118卷。③支谦的《法句经序》虽是应运而生，但也经过了相当长时间的酝酿。支谦祖籍是月氏人，但他生于中土，从小习中国书典，博览群书，又通晓六种语言。东汉末年（200年左右）为避乱随族人从洛阳南下到东吴，孙权赏识其才华，拜他为博士。他译经的时间大约是从孙权黄武元年到孙亮建兴三年（222—254年）。在翻译佛教经典的过程中，支谦特

---

① 《中国译学理论史稿》说："观序中记有'黄武三年'，更可知实作于三国·吴大帝时，即公元224年。"（参见陈福康：《中国译学理论史稿》（修订本），上海：上海外语教育出版社，2000年，第7页。）此说似可商榷。支谦序中的确写道"始者维祇难……以黄武三年来适武昌，仆从受此五百偈本"，但此言只是在追述往事，吕澂在《中国佛学源流略讲》中记述："支谦曾请竺将炎译出维祇难传来的略本《法句经》（五百偈本），后来又请他根据中本（七百偈本）加以补订，其间自然也有支谦参加的意见，所以可说是支谦和竺将炎的共同译本。"（参见吕澂：《中国佛学源流略讲》，北京：中华书局，1979年，第292页。）而《法句经序》本文亦说："昔传此时，有所不解，会将炎来，更从谘问，受此偈本。复得十三品，并校往古，有所增定，第其品目，合为一部三十九篇，大凡偈七百五十二章，庶有补益，共广问焉。"由此可见，《法句经序》是为"有所增订"的七百偈本《法句经》而作，因此其写作时间当在黄武三年（224年）之后。
　　不过上引吕澂先生的那段记述似乎也有考证不确之嫌，《法句经序》只说："昔传此时，有所不解，会将炎来，更从谘问"，并未说"复得十三品"后"并校往古，有所增定"的工作有维祇难参加；另考《出三藏记集》卷二《新集撰出经律论录》对《法句经》有两项记载，第一项为"魏文帝时，天竺沙门维祇难，以吴主孙权黄武三年赍胡本，武昌竺将炎共支谦译出"，第二项为"魏文帝时，支谦以吴主孙权黄武初至孙亮建兴中所译出"。同卷《新集异出经录》又载"法句经（祇难支谦），右一经，二人异出"。据此我们可知，"有所增订"的七百偈本《法句经》是支谦单独署名的那个版本。
② 《中国翻译简史》说"孙吴的佛教重镇是建康"（见马祖毅：《中国翻译简史——"五四"以前部分》（增订版），北京：中国对外翻译出版公司，1998年，第27页。），似不妥。六朝古都南京原名金陵，秦代称秣陵，东汉建安十七年（212年）被吴主孙权改名建业，晋太康元年（280年）吴灭后仍称秣陵，太康三年秣陵淮水以北被分出另置建邺，晋建兴元年（313年）因避愍帝司马邺讳，方改名"建康"。
③ 《中国翻译通史·古代卷》第72页；《中国大百科全书·宗教卷》第528页。支谦的译经数量，历代说法不一。除智昇考订为88部外，道安《综理众经目录》为30部，曾祐《出三藏记集》为36部，慧皎《高僧传》为49部，费长房《历代三宝记》为129部。《中国大百科全书·宗教卷》第52页；吕澂：《中国佛学源流略讲》第291页。

别注重翻译经验之总结，翻译技巧之切磋，前者如他首创"合本"或"会译"①这种体裁，后者如他在《法句经序》里记叙的他与竺将炎、维祇难等人关于翻译方法的那场讨论。《法句经序》中云：

> 夫诸经为法言。法句者，犹法言也。近世葛氏传七百偈。偈义致深，译人出之，颇使其浑漫。惟佛难值，其文难闻。又诸佛典皆在天竺。天竺言语与汉异音。云其书为天书，语为天语，名物不同，传实不易。唯昔蓝调，安候世高、都尉、佛调，译梵为秦，审得其体。斯已难继，后之传者，虽不能密，犹常贵其实，粗得大趣。始者维祇难，出自天竺，以黄武三年来适武昌，仆从受此五百偈本，请其同道竺将炎为译。将炎虽善天竺语，未备晓汉。其所传言，或得梵语，或以义出音，近于质直。仆初嫌其辞不雅。维祇难曰：佛言，依其义不用饰，取其法不以严。其传经者，当令易晓，勿失厥义，是则为善。坐中咸曰：老氏称美言不信，信言不美；仲尼亦云书不尽言，言不尽意。明圣人意，深邃无极。今传梵义，实宜经达。是以自偈受译人口，因循本旨，不加文饰。译所不解，则阙不传。故有脱失，多不出者。然此，虽辞朴而旨深，文约而义博，事钩众经，章有本故，句有义说。……昔传此时，有所不解，会将炎来，更从谘问，受此偈本。复得十三品，并校往古，有所增定，第其品目，合为一部三十九篇，大凡偈七百五十二章，庶有补益，共广问焉。②

---

① "合本"或"会译"是三国两晋时期出现的比较同一佛经不同译本的著作，如支谦比较《微密持经》《陀邻尼经》《总持经》之《合微密持经》；支敏度比较《维摩诘经》《异维摩诘经》《维摩诘所说法门经》之《合维摩诘经》；以及道安比较《放光般若经》和《光赞般若经》之《合放光光赞略解》等。陈寅恪在《支愍度学说考》一文中将这种版本称为"合本"，（参见陈寅恪：《陈寅恪史学论文选集》，上海：上海古籍出版社，1992年，第110页。）汤用彤则将其称为"会译"。"'会译'者，盖始于集引众经，比较其文，以明其义也。"（参见汤用彤：《汉魏两晋南北朝佛教史》，北京：中华书局，1955年，第133页。）"集引众经，比较其文，以明其义"，这种比较同文异译的研究方法至今也未过时，如许钧教授发起的那场对《红与黑》不同汉译本的对比研究。不过今天的对比研究不仅是为了提高译文质量，而且还为了对翻译理论进行检验。

② 本引文参考了香港妙华佛学会（www.buddhismmiufa.org.hk/buddhism/book/fa/fa_report.htm）、台湾中华佛学研究所（www.chibs.edu.tw/publication/luncong/016/）和中华电子佛典协会（http://w3.cbeta.org/data/cbeta/budaword1.htm）的电子文本，与中华书局1995年版文本，以及罗新璋《翻译论集》和陈福康《中国译学理论史稿》所节引的文本之文字标点略有出入。

对于这篇译序，不少学者都进行过深入研究。罗新璋先生认为序中提出的"因循本旨，不加文饰"可视为最初的直译说。① 钱锺书先生《管锥篇》虽考证出严复《天演论译例言》所标译事三难"信达雅"三字皆已见此，但认为若论吾国开宗明义之翻译术，此篇"仅发头角"而已。王宏印先生认为钱锺书之所以说《法句经序》"仅发头角"，原因是此篇的价值主要在于史论方面，而非在于译论方面。② 而陈福康先生则总结出了此序在中国译论史上的三大意义：一曰此序首次提出了译事之不易，二曰此序反映了早期"质派"的译学观点，三曰此序说明我国译论从一开始便深植于传统文化土壤之中。③

以上研究结论都有理有据。然天下之事，莫不有理，唯于理有未穷，故其知有不尽也。通过考证《法句经序》产生之语境，通过辨析该序之语篇文本，笔者以为支谦《法句经序》至少还有三重意义值得强调：①此序表明我国译者在公元 3 世纪初期就已经自觉地开始了翻译研究；②此序不仅是一篇翻译理论文章，而且触及了翻译理论的核心问题，即纽马克所说的"翻译理论的核心是翻译问题"④，而"翻译的主要问题从来就是直译或意译的问题"⑤；③此序说明直译意译从来都是共生共存、互补互彰的。笔者以下就简略谈谈这三重意义。

（1）研究者都很重视《法句经序》中记述的那场关于翻译方法的讨论。有人说那是"文质两派的一场争论"，⑥ 有人说那是"我国翻译史上第一次译事研讨纪要"。⑦ 但不管是文质之争还是译事研讨，这场讨论都表明当时的译者已自觉地开始了翻译研究。译序曰"唯昔蓝调，安候世高、都尉、佛调，译梵为秦，审得其体"，可见参与讨论者对前人的译本早已进行过分析。译序曰"近世葛氏传七百偈。偈义致深，译人出之，颇使其浑漫"，可见支谦之辈对前人的经验教训早已进行过总结。此外译序曰"始者维祇难，出自天竺，以黄武三年来适武昌，仆从受此五百偈本"，可见当时已有"正品梵书"可供校核。

① 罗新璋：《翻译论集》，北京：商务印书馆，1984 年。

② 王宏印：《中国传统译论经典诠释——从道安到傅雷》，武汉：湖北教育出版社，2003 年，第 11 页。

③ 陈福康：《中国译学理论史稿》（修订本），第 8-9 页。

④ Peter Newmark, *A Textbook of Translation*, Shanghai: Shanghai Foreign Language Education Press, 2001, p. 21.

⑤ Peter Newmark, *A Textbook of Translation*, p. 45.

⑥ 马祖毅：《中国翻译简史》（增订版），第 29 页。

⑦ 罗新璋：《文虽左右·旨不违中》，《中国翻译》1997 年第 6 期，第 7 页。

虽然，他们仍无可资取法之成规，仍有"译所不解"之困惑、"粗得大趣"之无奈和"传实不易"之感触。这便是他们自发地会聚同道研究翻译的原因。尤其值得指出的是，这种研究不仅颇具规模，而且具有延续性和一致性。在支谦对竺将炎的译文提起商榷、维祇难替竺将炎辩护后，在座的人又都说上一通（坐中咸曰），说明"研讨"的规模不限于支谦、维祇难和竺将炎三人。"会将炎来，更从谘问"，则是这种延续性的真实写照。支谦在同一时期还写过另一篇译序《合微密持经记》。该序中曰："此经凡有四本，三本并各二名，一本三名，备如后列。其中文句参差，或胡或汉音殊，或随义制语，各有左右。依义顺文，皆可符同。"① 《合微密持经记》记述的是支谦对《微密持经》《陀邻尼经》《总持经》三个同源译本的对比研究。此记和《法句经序》可谓异曲同工，高度一致，都提出了当时译者所面临的两大难题：一是关于译音和译义的问题，《法句经序》曰"或得梵语，或以义出音"，《合微密持经记》曰"或胡或汉音殊"；二是关于名物概念的翻译问题，《法句经序》曰"名物不同，传实不易"，《合微密持经记》曰"随义制语，各有左右"。关于前一个问题，直到 400 多年后才由玄奘确立了"五不翻"原则；而关于后一个问题，当今严肃的译者依然时与支谦之辈及 100 多年前的严复先生一样"一名之立，旬月踌躇"。可见我国译者 1700 多年前的翻译研究成果为后世学者的进一步研究做了铺垫，甚至到今天还具有现实意义。

（2）有些人承认支谦"确确实实对翻译做过研究"，但却不认为他对翻译的见解是翻译理论。有些人甚至认为我国古代压根儿就没有翻译理论，只有一些"尚未完备的译论观点和说法"。② 以至《中国翻译理论史稿》在提到《法句经序》时，也只将其称为"今存最早带有佛经翻译理论性质的文章"③，这里就涉及何谓翻译理论的问题。从概念上讲，翻译理论是从翻译实践中概括出来的对翻译活动的系统的理性认识。以实情观之，"翻译理论涉及到几个重大问题：一是翻译的实质，要回答翻译是什么；二是翻译的目的，要回答为什么翻

---

① 支恭明：《合微密持经记》，见释僧祐：《出三藏记集》，北京：中华书局，1995 年，第 279 页。

② 甚至有人断言："严格说来，中国翻译理论开始于严复的《天演论·译例言》。"（参见《中国翻译》1999 年第 3 期第 49 页）

③ 陈福康：《中国译学理论史稿》（修订本），第 6 页。

译；三是翻译的方法，要回答怎么翻译"①。不认为支谦对翻译的见解是翻译理论，或不承认《法句经序》是一篇理论文章，恐怕都是因"系统"二字之故，因为谁也无法否认支谦对翻译的见解是从翻译实践中概括出来的对翻译活动的理性认识，只是认为他的理性认识不够系统。对此我们可从两个方面来分析。英国当代文化史学家及批评家雷蒙德·威廉斯（Raymond Williams, 1921—1988）在其《关键词：文化与社会词汇》（*Keywords: A Vocabulary of Culture and Society*. London: Fontana, 1975）一书中说："理论是对实践的观察和（系统的）解释。"②威廉斯把"系统的"（systematic）放进括号显然并非一时心血来潮，而是有其客观的考虑。若要求每一点理性认识、每一个单独的论点、或每一次解释描述都成系统，那么连当今职业翻译理论家们的许多论文，恐怕也只能称为"带有文化翻译理论性质的文章"或"带有语篇翻译理论性质的文章"等。另外，"由于汉语言文字自身在表意上的综合立体性和形象简洁性"③，加之我国古代哲学和传统文论对萌芽时期的翻译理论的影响，我国早期的翻译理论往往长于简明扼要的高度概括，而非纤悉无遗的分条析缕，许多有价值的思想、观点和命题都潜藏在早期译论家们的只言片语中，需要我们使用现代汉语的后学去发掘、整理、阐释、升华。如钱锺书先生考证出严复所标的"信达雅"三字皆见于《法句经序》中，而辜正坤先生则对《法句经序》中的这三个字进行了逐一剖析，并得出结论：作为标准，"信"在我国古代的翻译实践和理论中长期被奉为圭臬，"雅"在支谦时代的中国翻译界就已经引起了争论，而"达"对当时中国的佛经翻译家而言则是一种常识一样的东西。④《法句经序》虽未将其已蕴含的"信达雅"思想进一步深化，但还是间接地提出了一种翻译标准（当令易晓，勿失厥义⑤），而且该文客观地总结了前人的翻译（译梵为秦，审得其体），明确地倡导一种翻译原则或翻译方法（因循本旨，不加文饰），实事求是地制定了一种权宜策略（译所不解，则阙不传），对译文的结构进行

① 许钧等：《文学翻译的理论与实践——翻译对话录》，南京：译林出版社，2001年，第47页。

② Raymond Williams, *Keywords: A Vocabulary of Culture and Society* (Revised Edition), New York: Oxford University Press, 1985, p. 317.

③ 辜正坤：《中西诗比较鉴赏与翻译理论》，北京：清华大学出版社，2003年，第408页。

④ 辜正坤：《中西诗比较鉴赏与翻译理论》，第409页。

⑤ "当令易晓"可谓"达"，"勿失厥义"堪称"信"；至少维祇难与座中众译人将其奉为翻译标准。

了层次上的评析（文、辞、事、章、句），此外还提出了上文引述的那两个重大问题，即译音译义问题和名物概念的翻译问题。须知"理论不仅试图解决问题，更要提出问题，作为进一步的探索对象"①。用这样的现代阐释，我们可从这篇只有 610 字（不计标点）的短文②中发掘出丰富的理论意义。因此《法句经序》不仅是翻译理论文章，而且触及了翻译理论的核心（the heart of translation theory），即 1700 多年后纽马克所认识到的："翻译理论的核心是翻译问题"，而"翻译的主要问题从来就是直译或意译的问题。"

（3）不少学者都认为《法句经序》中提出的"因循本旨，不加文饰"是最初的直译说，陈福康则在细读原文后指出："与其说是支谦，不如说是维祇难与座中众译人才是主张直译的。"他还引用了支敏度在《合首楞严经记》中对支谦译文的评论："谦以季世尚文，时好简略。故其出经，颇从文丽。"以此证明"似不能认为支谦是直译论者，他是倾向于'文'而不是'质'的"③。但不知何故，陈福康先生没有引出支敏度这段评论的转折部分，从而容易使人以为支谦提倡"意译"，反对"直译"。《合首楞严经记》只有 417 字（不计标点），其中关于支谦的那段话全句是："越才学深彻，内外备通，以季世尚文，时好简略，故其出经，颇从文丽。然其属辞析理，文而不越，约而义显，真可谓深入者也。"④"时好简略"然"约而义显"，"颇从文丽"然"文而不越"。从支敏度这段评语中，我们实难判定支谦是直译论者，还是意译论者，是倾向于"文"，还是倾向于"质"。其实从《法句经序》本文我们也难以做出判断。从直译意译来讲，序中有"当令易晓，勿失厥义"之原则，但也有"译所不解，则阙不传"之折衷；以尚"文"尚"质"而论，"不加文饰"不等于"不留文饰"，而"因循本旨"之总原则似乎应该是当文则文，当质则质。木曾先生也曾说："从'因循本旨，不加文饰；译所不解，则阙不传'等语来看……

---

① 孙艺风：《理论·经验·实践——再论翻译理论研究》，《中国翻译》2002 年第 6 期，第 7 页。
② 考虑到古代汉语之特点和书写工具之不便，传统译论之"短"也是相对而言。今日万言文章可谓长文，然 10 万言著作只能称为小书。按此比照，若五千言《道德经》堪称小书，610 字的《法句经序》则可谓长篇大论了。
③ 陈福康：《中国译学理论史稿》（修订本），第 8 页。
④ 支敏度：《合首楞严经记》，见释僧祐：《出三藏记集》，北京：中华书局，1995 年，第 270 页。

初期佛经的翻译，系采用达旨的办法，即所谓达，而不用直译之法。"①综上所述，可见支谦的翻译主张和他的翻译实践一样是文质调和。

支谦在这篇 610 字的译序中用了近四分之一的篇幅（147 字）来追述他和维祇难等人的那场"文质之争"，这说明"翻译的主要问题从来就是直译或意译的问题"；而初期译者的译风既有"辨而不华，质而不野"，又有"奕奕流便，足腾玄趣"，则说明直译意译从来都是共生共存、互补互彰的。直译意译之所以从来都共生共存、互补互彰，原因是直译意译都为了同一个目的——忠实②于原作，或曰不悖于原文。"勿失厥义"是为了忠实于原作，"则阙不传"则是为了不悖原文；"因循本旨"是为了忠实于原作，"不加文饰"则是为了不悖原文。两者并行不悖，可谓原则性与灵活性的结合。早期译者多未做到支谦在实践中初步做到的"文质调和，畅达经意"，更未做到后世译者基本做到的"质文有体，义无所越"，其原因除译者个人能力之差异外，主要还是因为在"语义两未娴洽的启蒙时代"，直译尚属"未熟的直译"，意译也是"未熟的意译"③（梁启超语）。而直译意译两种译法之所以随着翻译活动的出现而同时出现，尚文尚质两种倾向之所以千年难以调和，原因之一还在于每个译者和研究者对源语和目的语的不同认识。如道安（312—385）认为"胡经尚质，秦人好文"，鸠摩罗什（344—413）则认为"天竺国俗，甚重文藻……但改梵为秦，失其藻蔚，虽得大意，殊隔文体"。有人（如巴尔扎克）认为司汤达的《红与黑》"语言严峻而质朴"，有人（如福楼拜）则认为《红与黑》的特点是"才情高超，细腻入微"。④而且同一个人对同一译作的文质倾向在不同的

---

① 木曾：《翻译释义》，见中国翻译工作者协会：《翻译研究论文集（1894—1948）》，北京：外语教学与研究出版社，1984 年，第 332-336 页。

② 就翻译而言，西方用忠实（fidus）比喻准确始于古罗马时期，贺拉斯在其《诗艺》中说：Nec verbo verbum curabis reddere, fidus interpres (Do not worry about rendering word for word, faithful translator, but render sense for sense.)而中国古代则长期用"勿失"（勿失厥义）、"不违"（文不违旨；旨不违中）和"不越"（文而不越；义无所越）表示准确，用"信"表示准确始于严复，白话文运动之后，"忠实"二字逐渐替代"信"字。近年有学者以客观上不存在绝对忠实的译作为由，主张译者应放弃对忠实于原作的主观追求。笔者以为，这种主张一旦被接受，翻译的基础将不复存在。须知"取法乎上，仅得乎中"，而"欲达上者，必求上上"。

③ 梁启超：《佛学研究十八篇》，天津：天津古籍出版社，2005 年，第 142 页。

④ 许钧等：《文学翻译的理论与实践——翻译对话录》，第 225 页。

时候也会有不同的评价，如释道安对比同一经典之不同译本时的那种感觉就很说明问题。当他把竺叔兰等人译的《放光般若经》与支谶译的《道行般若经》进行对比时，觉得《放光般若经》删略得好，说《放光般若经》"斥重省删，务令婉便"，"传译如是，难为继矣"，并认为"支谶全本，其亦应然"。[①]可当他把竺法护译的《光赞般若经》与《放光般若经》进行对比时，又觉得较之"事事周密"的《光赞般若经》，《放光般若经》之删略不一定合适，因为"从约必有所遗"。但同时他又认为《光赞般若经》"悉则悉矣，而辞质胜文也"[②]。由此可见，尚文尚质皆有失偏颇，直译意译都各有千秋，唯有文质调和，直意兼备才是翻译的不二法门。然只有"成熟的直译"和"成熟的意译"才能"圆满调和"，或曰"成熟"是直译意译调和的必备条件。但由于个体生命之有限决定了人类个体认知能力的局限，每位个体译者对尚文尚质都有一段由表及里的认识经历，对直译意译两种方法的使用也有一个熟能生巧的训练过程，这也许就是直译意译之争成为千年之争的主要原因。在我国上千年的佛经翻译活动中，直译意译之争贯穿始终，但你中有我，我中有你，两者此起彼伏，相反而皆相成也。[③]

综上所述，作为我国第一篇文本尚存的翻译理论文章。《法句经序》所蕴含的意义值得我们进一步挖掘。而这种挖掘会让我们意识到，汉晋隋唐宋各代佛经翻译活动的参与者，多是第一流天才，他们的翻译主张、理性思辨和理论总结中不乏真知灼见。虽说时代在发展，理念在更新，但我们没有理由得鱼忘筌，放弃这笔还值得我们继续借鉴的遗产，而应该继续去发掘、整理、阐释，从而承袭其精华，推陈出新。

（原载《四川外语学院学报》2006年第5期）

---

① 释道安：《道行经序》，见释僧祐：《出三藏记集》，北京：中华书局，1995年，第264页。
② 释道安：《合放光光赞略解序》，见释僧祐：《出三藏记集》，北京：中华书局，1995年，第266页。
③ 今人洞悉此理者一言以蔽之："原语与译语的词义往往存在完全对等、部分对等、和不对等这三种关系。这也正是翻译中采用直译、意译、释译和音译的原因所在。"（参见方梦之：《翻译新论与实践》，青岛：青岛出版社，2002年，第38页。）其实主张直译者和主张意译者"在实践中也都不知不觉地将直译和意译两法综合使用"。（参见辜正坤：《中西诗比较鉴赏与翻译理论》，第372页。）

# 莎士比亚诗作译后絮语

【内容提要】 披露笔者在自己莎士比亚诗作译稿编辑出版过程中和付梓发行之后与部分编辑、读者和青年学子就莎诗翻译的通信交流内容，让公众窥视一眼翻译活动的幕后工作，了解一下译者的决策过程——剖毫析芒的考证、小心翼翼的推敲、颇费思量的取舍、殚思竭虑的修订，从而说明一次翻译活动就犹如一座冰山，读者所读到的译本仅仅是可以看见的冰山一角，而译者所做的绝大部分工作则是不为公众所见的水下部分。

## 一、引　言

应不同出版社邀约，笔者在不同时期陆续翻译了莎士比亚的全部诗作①。《十四行诗集》是于 1994 年 3 月至 7 月翻译的，由漓江出版社于 1995 年 7 月以《莎士比亚十四行诗全集》为书名出版，1996 年 3 月重印，两次共印 20 000 册（2 印时增补了李赋宁先生的序言）；2008 年 9 月，河北大学出版社以《莎士比亚十四行诗集》为书名出版了此书的修订版，首印 3000 册，2011 年 2 月重印 3000 册；2016 年 9 月，译林出版社将拙译《十四行诗集》编入其重版的《莎士比亚全集》第 12 卷出版。长诗《维纳斯与阿多尼》的翻译时间是 1994 年 8 月至 9 月，由漓江出版社于 1995 年 8 月以《维纳丝与阿多尼》为书名出版，印数为 6000 册。长诗《鲁克丽丝受辱记》译于 2010 年和 2011 年的两个

---

① 最新研究证明，曾归于莎翁名下的诗集 *The Passionate Pilgrim*（国内译作《激情漂泊者》和《爱情的礼赞》）中只有 5 首十四行诗出自莎士比亚之手（后编入《十四行诗集》），该集中的其他诗和多年来一直归于莎翁名下的长诗 *A Lover's Complaint*（《情女怨》）以及另外一些体裁杂陈的短诗都不是莎士比亚的作品。（参见 Jonathan Bate and Eric Rasmussen, "Poems and Sonnets," in Jonathan Bate and Eric Rasmussen, *William Shakespeare Complete Works*, Beijing: Foreign Language Teaching and Research Press, 2008, p. 2397.）

暑期。短诗《女王颂》<sup>①</sup>和《让声音最亮的鸟儿歌唱》<sup>②</sup>译于 2011 年 8 月中旬。除《十四行诗集》外，其余拙译莎翁诗作于 2016 年 4 月由外语教学与研究出版社编入其《莎士比亚全集》诗歌卷出版。

多年来，在拙译莎诗被编辑出版的过程中，多家出版社编辑都曾就笔者的译稿向笔者提出过一些问题和建议，而在拙译付梓发行之后，读者（包括笔者的学生）也就拙译莎诗向笔者提出过一些问题。虽然提问者和建议者的角度各不相同，但所提问题和建议都关涉到笔者翻译时的决策过程，即笔者形成最终译稿前的考证和推敲、挑选和剔除，以及修订版的润饰和改动，归结成一个问题：就是笔者为什么要这样译，而不那样译？在答复这些问题和建议时笔者常常想要是能让更多的人了解这些交流内容该有多好！因为正如纽马克所说："人们可以把翻译活动比作一座冰山，最后的译文仅仅是浮在水面的一角（即印在书页上的可见部分），译者所进行的全部活动，那十倍于冰山一角的水下部分，则往往不为读者所见。"<sup>③</sup>而对于那些想进一步了解译作的读者，对于那些要对译文进行评判的学者，尤其是对于那些欲对译者主体性进行探究、甚至想破解译者大脑这个黑匣子的探索者，要是能窥视一眼这座冰山的水下部分，或是借爱伦·坡在其《创作哲学》中用的比喻，瞥一眼正式演出前的幕后场景<sup>④</sup>，那对他们的了解、评判、探究和破解也许会有一定的启发。

鉴于此，笔者从回复上述提问者和建议者的邮件中挑出一些大家也许会关注或可能会感兴趣的内容，稍加补充，辑成"译后絮语"，供大家参考。

---

① 《女王颂》"To the Queen"直到 1972 才以手稿的形式被人发现，于 2007 年首次编入皇家版《莎士比亚全集》。

② 《让声音最亮的鸟儿歌唱》"Let the Bird of Loudest Lay"原诗无标题，通常以《凤凰和斑鸠》"Phoenix and Turtle"为人所知。

③ Peter Newmark, *A Textbook of Translation*, Shanghai: Shanghai Foreign Language Education Press, 2001, p. 12.

④ Edgar Allan Poe, "The Philosophy of Composition," in G. R. Thompson, *Edgar Allan Poe: Essays and Reviews*, New York: Literary Classics of the United States, Inc., 1984, p. 14.

# 二、莎翁诗作汉译的用韵问题

这是被问得最多的一个问题，而且若分别对比笔者的个别回复，其说辞也显得最自相矛盾。例如，曾有人问笔者，既然是翻译给中国读者读，拙译《十四行诗》为什么要步中国读者并不熟悉的原韵？笔者当时简单回答说：十四行诗是英诗中格律最为严谨的一种诗体，要是不步原韵，就名不副实了。可后来当某出版社编辑建议拙译《维纳斯与阿多尼》改步原韵，并发来其"编校尝试稿"与笔者相商时，笔者却不通商量，固执己见地回信道："拜读了先生'怀着敬畏之心打磨出的高质量译本'……先生依ABABCC原韵打磨的译稿堪称优秀，但拙译不能修改。既然译者署我的名，读者读到的就应该是我的译文……我不主张译千行以上长诗步中国读者不熟悉的英诗原韵（如《维纳斯与阿都尼》的ABABCC和《鲁克丽丝受辱记》的ABABBCC），这原因说来话长，在此不赘述。但请相信，我重构这两部长诗的韵式也是怀着敬畏之心，平斟仄酌，力求精益求精的……我翻译每部长诗都会制作一份用韵表，用以提醒自己已翻译部分的用韵情况，从而平衡使用《现代诗韵》通押的十三辙各韵部，因为我历来主张翻译长诗要讲究'用韵丰富'，借用'韵部的感情色彩'和巧用'偶通谐韵'等。"

同一名译者翻译同一个外国诗人的诗，一会儿要步原韵，一会儿要重构韵式，这的确令一般读者和研究者都感到矛盾。但正如上面那封回信所示，因时间精力有限，笔者每次回答一个具体问题都只能就事论事，点到为止，不可能对每个人都细说原委。今借"译后絮语"这个机会，就絮叨絮叨这说来话长的原因。

除翻译莎士比亚的全部诗作 5000 余行之外，笔者还翻译出版过英国伊丽莎白时代的两部十四行诗集（斯宾塞的《小爱神》和锡德尼的《爱星者与星》）共 3000 余行、司各特的 3 部长诗（《湖上夫人》《玛米恩》《最后一个吟游诗人的歌》）共 13 000 余行、弗罗斯特的 437 首诗共 16 000 余行、爱伦·坡的 63 首诗共 3000 余行，以及其他英美诗人的各类短诗 100 余首，此外还读过一些谈论英诗格律和音韵的书籍，因此对英诗诗体格律略有了解。简而言之，像我们的唐诗宋词一样，传统英诗也有严谨的格律韵律，正如有学者指出："如果不基于某种韵律规则，英语诗歌便不可能成熟。"①就莎士比亚的诗歌作品而论，《维纳斯与阿多尼》用的是六行诗体（每节 6 行），其尾韵是ABABCC。《鲁克丽丝受辱记》用的是七行诗体（每节 7 行），其尾韵是ABABBCC（这种韵式又称"皇家韵"，因苏格兰国王詹姆斯一世曾用这种韵式写诗）。同伊丽莎白时代大多数英语十四行诗一样，莎士比亚的十四行诗也是由 3 节隔行押韵的四行诗加一个叠韵的对句构成，每行 5 音步 10 音节抑扬格，其韵式是ABAB CDCD EFEF GG，这种韵式后来被称为"莎士比亚体"（不同于斯宾塞写《小爱神》用的ABAB BCBC CDCD EE，也不同于锡德尼写《爱星者与星》用得最多的ABBA ABBA CDCD EE）。《让声音最亮的鸟儿歌唱》和《女王颂》用的都是四音步扬抑格诗句，前者的尾韵是ABBA CDDC…，后者则是AABB CCDD…。

翻译外国诗歌是否应该步原韵，这历来是中国翻译家和学者探讨的一个问题。早在 1984 年，笔者在与人合作编注《英诗金库》时，就在为四川人民出版社编译室草拟并向全国一百多名译者发出的约稿信中提出了自己的译诗原则：在神似的基础上争取最大限度的形似。笔者历来认为："译介外国文学作品一方面是要为本民族读者提供读之有益的读物，另一方面则是要为本民族作家提供可资借鉴的文本。要实现这一目的，就不仅要译出原作的思想内容，同时还要译出其文体风格。"②不少中外学者和翻译家也持这种观点，如纽马克在论及文学作品的翻译时说："译者必须珍惜原作的形式……如果形式被歪曲，思想内容也会随之变形"③；奈达认为："翻译应该忠实地再现原文内容，同时也应该尽可能地再现原文形式"④；有中国学者在论及诗歌翻译时也指出：

① Robert Kimbrough, *Sir Philip Sidney: Selected Prose and Poetry*, Madison: The University of Wisconsin, 1983, p. 161.

② 曹明伦：《关于译诗和新诗的一点思考》，见吉狄马加：《现实与物质的超越——第二届青海湖国际诗歌节诗人作品集》，西宁：青海人民出版社，2009 年，第 18 页。

③ Peter Newmark, *Approaches to Translation*, Oxford & New York: Pergamon Press, 1982, p. 64.

④ Eugene A. Nida, *Language and Culture: Contexts in Translating*, Shanghai: Shanghai Foreign Language Education Press, 2001, p. 277.

"不少人认为形式不那么重要，只努力追求神似。殊不知原作的形也在'原汁原味'之中，不尊重原作的形式，岂能妄谈忠实？"①

要译出原诗的文体风格，就应该保持原诗的节数和行数，并尽可能重现原诗的节奏和韵式，因为原诗的内容和形式之间往往都具有统一和谐的美学特征，如《维纳斯与阿多尼》和《鲁克丽丝受辱记》都是浪漫叙事长诗，而"六行诗体和七行诗体都适合浪漫叙事"②。不过笔者也注意到，即便格律最为严谨的十四行诗也常有"变格"甚至"破格"，如莎士比亚十四行诗第 99 首就多出了 1 行（共 15 行），第 126 首不是莎士比亚体，而是英雄双行体；斯宾塞的《小爱神》第 8 首也不是斯宾塞体，而是莎士比亚。锡德尼《爱星者与星》中的"变格"情况更为普遍，108 首诗中有 6 首使用了六音步诗行（hexameter），而不是英国十四行诗通常的五音步诗行（pentameter）。笔者同时也注意到，这些"变格"或"破格"并非随意为之，而是因内容需要引起的形式变化。

基于上述认识，笔者主张中文译者应尽可能再现英语诗的格律韵律；但为了保证译诗语言自然流畅，笔者也反对削足适履，因韵害义，如果翻译时出现内容和形式不能兼顾的情况，笔者赞同奈达的建议，"舍弃的应该是形式，而非内容"③。所以，笔者译《维纳斯与阿多尼》和《鲁克丽丝受辱记》保持了原诗的节数和行数，基本上保持了原诗的节奏，但未囿于前者*ABABCC*和后者*ABABBCC*的韵式，因为若模仿原诗韵式，那么在短短的 6 行或 7 行译诗中就分别要用 3 韵，而且每节末行的韵脚与前两个偶行的尾字不在一个韵部，这样做的实际效果就等于没有押韵，而"韵是诗歌所以为诗歌的必备要素……用韵是将诗歌格律化的一种手段"④，译诗若舍弃诗歌的必备要素，译文读者就难以体味原诗音韵和谐、节奏鲜明的特点。所以，翻译这两部叙事诗，笔者延续了当年翻译司各特三部长诗的策略，基本上是每节（偶尔每两节）押一韵，押在偶行，对每节 7 行的《鲁克丽丝受辱记》则多韵一行。用韵基本依照《现代

① 王宝童：《也谈诗歌翻译——兼论黄杲炘先生的"三兼顾"译诗法》，《中国翻译》2005 年第 1 期，第 35 页。
② Jonathan Bate and Eric Rasmussen, "Poems and Sonnets," p. 2396.
③ Eugene A. Nida, *Language and Culture: Contexts in Translating*, p. 277.
④ 王志清：《新诗评论：怎的都不谈格律》，《文学报》2012 年 11 月 15 日，第 23 版。

诗韵》划分的 13 个韵部，而且每部长诗都根据内容精心配韵，尽可能做到用韵丰富，避免给读者造成审美疲劳。

拙译《十四行诗集》和两首短诗除保持原诗节奏外，都保持了原诗的韵式。翻译十四行诗步原韵的必要性上文已陈述。两首短诗步原韵则可谓顺其自然，《让声音最亮的鸟儿歌唱》所用的"ABBA CDDC..."韵式与中国古典诗歌中的抱韵相同，闻一多的《忘掉她》和徐志摩的《朝雾里的小草花》用的就是这种韵式。至于《女王颂》用的"AABB CCDD..."，在汉语诗歌中也古今有之，古有李煜的《虞美人》等，今则有陕北民歌"信天游"和内蒙古民歌"爬山调"等。

另外值得一说的是，某出版社编辑曾屡屡指出拙译莎诗偶行末尾用字"身"（shēn）和"称"（chēng）、"禽"（qín）和"静"（jìng）等"不押韵"。开始笔者还以"根声通韵""保持原译"简单应之，最后却不得不详细解释说："我主张译诗可押通韵（更宽的韵），而'根韵'（en、in、un、ün）与'声韵'（eng、ing）通押是最常见的通韵现象，语言学家秦似（1917—1986）在《现代诗韵》中有详论。其实，国人写诗也常押通韵，如王国维《读史·十二》'西域纵横尽百**城**，/张陈远略逊甘**英**。/千秋壮观君知否？/黑海东头望大**秦**'，其中起韵行（首行）和两个偶行的尾字'城'（chéng）、'英'（yīng）、'秦'（qín）通押；又如鲁迅《赠日本歌人》'春江好景依然**在**，/远国征人此际**行**。/莫向遥天望歌舞，/西游演了是封**神**'，其中偶行尾字'行'（xíng）和'神'（shén）通押。"

有学者在评述《维纳斯与阿多尼》的 5 个中译本时说："曹明伦的译文采用了非常严整的六行体形式来翻译莎翁的作品，而且基本上做到了偶行押韵；语言相较于之前的译本来说也更通俗易懂，具有中国现代格律体诗的形式和音乐审美特质。"[①]笔者认为，这个评价是客观公允的，因译文"基本押韵""通俗易懂"和像原文一样"具有音乐审美特质"，这些都是笔者的主观追求。

---

① 熊辉：《论莎士比亚长诗〈维纳斯和阿多尼斯〉在中国的翻译》，《广东社会科学》2014 年第 3 期，第 160 页。

# 三、莎翁诗作汉译的加注问题

针对文学作品的翻译，笔者曾提出过为译文加注的六条原则"1. 当注必注，不偷懒懈怠；2. 点到为止，不画蛇添足；3. 准确精当，不误导读者；4. 客观合理，不为注而注；5. 随文注释，方便读者；6. 标记清楚，体例统一"①。

然而，对拙译莎翁诗作所附加的译注，出版社编辑提出的要求却似乎不讲原则，有人要求笔者精简注释，有人要求笔者增加译注，有人则对笔者的个别译注提出质疑。针对这三种情况，笔者从与他们交流的信件中各取一例，再谈谈译者对译文加注的考虑。

有出版社针对笔者的莎士比亚《十四行诗集》译稿来信说："译稿中注释较多，有的版面上注释会显得太满，可能影响读者的阅读体验，注释是否可以适当精简？"笔者回信并加附件解释道："正如附件一第 33 页所言：'曹译本……增加了数十条注释，引用《圣经》和希腊罗马神话的故事和典故，帮助读者更深刻地理解原文，值得称赞'②。拙文《翻译中的历史语境和文化语境——莎士比亚十四行诗汉译疑难探究》（附件二）说明了这些注释的必要性，同时也说明了这些注释能加深读者的阅读体验。可以这样说，这些注释可谓笔者对莎翁十四行诗汉译的特殊贡献，也是拙译版本的价值所在，所以请务必保留。"

实事求是地讲，李赋宁先生所说的"值得称赞"并非谬赞，在"增加了数十条注释"的拙译出版之前，中文版莎士比亚十四行诗中的确有不少中国读者百思不得其解的地方。例如第 151 首前两行："Love is too young to know what *conscience* is, / Yet who knows not conscience is born of love?"拙译之前的中译本或译成"爱神太幼小，他不懂什么是良心……"，或译成"爱神太年轻，不懂良心是什么……"，而且都未加任何注释。读这种中译文的读者常常发问：为什么太年轻就不懂良心是什么？难道年幼就没有良心？通过认真细致的考证，笔者把这两行翻译成"爱神尚年幼，不懂**良知**是什么，/可谁不知晓**良知**

---

① 曹明伦：《谈谈译文的注释》，《中国翻译》2005 年第 1 期，第 88 页。
② 李赋宁：《甜蜜的十四行诗》，《名作欣赏》1996 年第 3 期，第 33 页。

是由爱心唤醒？"，然后加注说明：原文中的conscience 一语双关，因为伊丽莎白时代的英国文人常把它分解成con＋science，con在法语中意思是"阴户"，science来自拉丁语scientia，意思是"专门知识"（expert knowledge），故当时的英语读者很容易把conscience读成con-science（关于性的知识），这就相当于中国读者可以把"良知"读成"关于良辰春宵的知识"，从而把这两行诗解读为"爱神尚年幼，不懂性欲是什么／可谁不知晓性欲是由爱心唤醒？"有了这样的注释，藏在该诗3-4行中的隐喻也就昭然若揭，那言外之意就是"请别说我不懂conscience（良知）是什么，以免我用con-science（性知识）来证明你的风流"。由此可见，此诗不加此注，中国读者根本没法读懂。

　　笔者后来得知，那家出版社之所以要求删减注释，仅仅是美编为了其设计的版面美观，于是笔者继续沟通，据理力争，坚持形式应该为内容服务，最后双方妥协，达成协议，把原来附在每首诗后面的译注一并移至书末。对出版者而言，保证了版面美观；对笔者而言，虽有违"随文注释，方便读者"之原则，但毕竟保住了"当注必注"这条底线。

　　要求笔者增加注释的那家出版社也是针对原文中的双关和隐喻。众所周知，莎翁笔下的双关和隐喻不胜枚举，英语读者大多都能从中获得阅读乐趣和审美快感。可中国译者都知道，因语言差异和文化殊隔，很多隐喻和双关都不可能直接翻译，只有加注解释才能让译文读者了解原文的妙处，如上文所说conscience暗喻con-science(knowledge of sex)。不过加注解释犹似"嚼饭与人"，译者通常都是不得已才为之，因为对文学作品的读者而言，这等于取消了他们自己的审美体验，剥夺了他们自己的审美快感。所以只要可能，译者应尽量让译文读者自己从译文中去读出原文隐喻和双关的寓意，吟味其连珠妙语，感悟其横生妙趣，欣赏其精妙艺术。当然，要做到这点，就需要译者对译文读者的认知语境做出准确判断。概而言之，注与不注，取决于译者的这项判断是否准确。如拙译《维纳斯与阿多尼》第229行至234行是："'小傻瓜'，她说，'既然我把你／关在了这道象牙般的围栏之内，／我就是一座鹿苑，你是我的鹿：／你可上山峰吃草，或下幽谷饮水；／请先上这唇坡，但若嫌坡高地燥，／请往下进深沟，那儿涌泉甘美。'"这是爱神维纳斯把她强迫的美少年阿多尼搂入其"象牙般的"怀中后对他说的一段情话。笔者相信中国读者对诗

中的"栏""峰""谷""坡""沟""泉"等隐喻都能心领神会,都能读懂
这是"春心荡漾""意乱情迷"的爱神在诱惑那位"不谙世故""不解风情"
的少年。可有出版社编辑要求笔者对这节诗多加注释,并特别强调"尤其是一
些双关语或具多重含义的说法"。对此建议笔者回信曰:"委婉自有含蓄之妙,
其实拙译一道'唇坡'已把峰、谷、沟、泉点破。"若非要加注解释这是在用
地形地貌暗喻体形体貌,此处的"山峰"暗喻乳房,"幽谷"暗喻乳沟,"深
沟"和"涌泉"又暗喻什么什么,那可真就成了鸠摩罗什说的:"嚼饭与人,
非徒失味,乃令呕哕也。"①实际上,笔者觉得这节拙译唯一没有曲尽其妙之
处乃"你是我的鹿",因原文thou shalt be my deer中的deer(鹿)与dear(亲爱
的)发音相同,所以原文读者能读出另一层意思"你是我的爱"。故此笔者专
门为这个无法翻译的双关加了一注:"英文deer(鹿)和dear(亲爱的)发音
相同,此类双关语在本诗中使用较频繁,中译文难以传达其妙。"

　　《鲁克丽丝受辱记》第1487-1488行原文是:"Here friend by friend in bloody
channel lies, /And friend to friend gives unadvised wounds";笔者的译文是:"浸
血的壕沟里朋友们尸陈纵横,/兄弟阋墙,自相残杀,同室操刀"。这描写的
是特洛亚城被攻陷后的惨状。考虑到部分中国读者对希腊神话传说不太熟悉,
笔者加注解释说:"在延续10年的战争期间,希腊人和特洛亚人虽在战场上
以仇敌身份厮杀,休战时却往往以朋友身份交往;两军将领中有的还有血缘关
系,如赫克托耳和大埃阿斯就是亲表兄弟。参见《特洛伊罗斯与克瑞西达》皇
家版第4幕第5场第134-135行(河滨版为120-121行)。"但有编辑提醒笔
者,说拙译及其注释都与其他译本大相径庭,另有编辑则针对笔者的注释批注
说:"脚注文字有疑问"。

　　的确,在许多中国人心目中,两军对垒的希腊人和特洛亚人只能是仇敌,
所以甭说有读者和编辑对朋友相残和兄弟阋墙质疑,就连有些译者对原文中的
"friend by friend"和"friend to friend"也不太理解,如有人把这两行译成"自
己人和自己人一同辗转于血的沟渠,/自己人把自己人无意中伤害了"②;有人

---

① 释慧皎:《高僧传》,北京:中华书局,1992年,第53页。
② 见内蒙古文化出版社1995年版《莎士比亚全集》(下卷)第969页。

把这两行译成"这是朋友挨着朋友倒卧在血泊之间，/这是朋友给朋友无意中捅出的创伤"①；还有人把这两行译成"朋友偎靠着朋友，都在血泊中横躺，/朋友面对着朋友，无意中互相斫伤"，并加脚注解释说："希腊人攻破特洛亚城和此后的巷战都是在夜间进行的，混战中难分敌友。"②

然而，了解希腊神话传说的读者很可能会发现，上述脚注与其说是在解释原文背景，不如说是在为译文自圆其说。因为特洛亚这段故事从来都是这样讲的：战斗虽在深夜进行，可无数的火把和蔓延的大火把全城照得如同白昼，希腊人根本不用担心在黑暗中分不清敌我，而是专挑特洛亚人中最高贵的英雄砍杀，如阿喀琉斯的儿子涅俄普托勒摩斯为了替父报仇，刻意追杀了普里阿摩斯的四个儿子和国王本人。他们心明眼亮，甚至没误杀主张同希腊人媾和的特洛亚领袖人物安忒诺耳，而是对他和他的家人刀下留情③。至于战斗的双方既是敌人又是兄弟朋友，这至少是笔者儿时读希腊神话传说时令笔者最为着迷的地方。正如拙译脚注所释，双方休战时不仅以朋友身份交往，两军将领中有的还有血缘关系。例如，希腊英雄阿喀琉斯在杀死特洛亚守军统帅赫克托耳的前夜，还在希腊营地举行的宴会上对后者说"Tomorrow do I meet thee, fell as death; /Tonight all friends（明天我定会与你杀个你死我活，/但今晚咱们全都是朋友）"；又如赫克托耳曾在阵前对希腊将领大埃阿斯说"Thou art, great lord, my father's sister's son, /A cousin-german to great Priam's seed（将军，你是我父王的妹妹的儿子，/是伟大的普里阿摩斯的儿子的亲表兄弟）"。由此可见，不熟悉这些故事或传说，加之不知道unadvised的基本意思是鲁莽或轻率，不知道friend在当时（甚至在今天的苏格兰英语中）有kinsman（男性亲戚）的意思，的确很难理解莎翁笔下的friend to friend gives unadvised wounds（朋友相争、手足相残），而将其译成"自己人把自己人无意中伤害了""这是朋友给朋友无意中捅出的创伤"或"朋友面对着朋友，无意中互相斫伤"，一方面歪曲了原作的故事内容，另一方面则淡化了莎翁作品中的反战倾向和人文主义精神。

① 见译林出版社 2016 年版《莎士比亚全集》（第 12 卷）第 142 页。
② 见漓江出版社 1992 年版《贞女劫》第 95 页。
③ 斯威布：《希腊的神话和传说》，楚图南译，北京：人民文学出版社，1958 年，第 600-602 页。

# 四、莎翁诗作汉译的译名问题

　　笔者曾经说过：译名统一不仅是翻译家的任务，也是当代翻译理论家的责任。一般说来，翻译家都深知"一名之立，旬月踟蹰"的甘苦，故多译笔谨慎，善于继承和借鉴①。以翻译莎翁两部叙事长诗为例，《维纳斯与阿多尼》取材于希腊神话，《鲁克丽丝受辱记》则取材于古罗马诗人奥维德的《岁时纪》，所以对诗中出现的诸多希腊罗马人名，笔者都基本遵循商务印书馆 1985 版《神话辞典》翻译。这一是因为该辞典中的"神话人物专名均从希腊、拉丁原名按罗念生同志《希腊拉丁专名译音表》（1957 年）译出"②，二是因为楚图南翻译的《希腊的神话和传说》、水建馥翻译的《伊利亚特的故事》，以及黄建辛等翻译的《奥德赛的故事》等也都在译者"前记""后记""例言"中说明，其专有名的翻译也是根据罗念生《希腊拉丁专名译音表》，"与人民文学出版社已出版的古希腊神话、史诗、悲剧、戏剧等译本中的译名完全相同"③，"不致因译名歧出，而造成识别上的困难"④。

　　然而，近年有些出版社对"译名歧出，识别困难"似乎不以为然，对专有名的翻译缺乏原则，每每要求译者另起炉灶，重新译名。例如，莎翁十四行诗第 153 首第 1 行"**Cupid** laid by his brand, and fell asleep"，读者多年来读到的拙译都是"**丘比特**放下他的火炬酣然睡去"，可有家欲再版拙译的出版社在"编校建议"中建议笔者把"丘比特"改译成"丘必特"。对此笔者回信说："请保持原译。《简明不列颠百科全书》译'丘比特'，《神话辞典》译'丘比特'或'丘必德'。多年来笔者的全部译作中都统一翻译成'丘比特'。"又如，《鲁克丽丝受辱记》第 1079-1080 行原文是"By this, lamenting **Philomel** had ended/ The well-tuned warble of her nightly sorrow"，笔者将其翻译成"悲伤的菲**洛墨拉**此时强压悲忧，/止住了她夜莺般如泣如诉的歌喉"，并加注简述了希腊

---

① 曹明伦：《翻译之道：理论与实践》（修订版），上海：上海外语教育出版社，2013 年，第 186 页。
② 黄鸿森、温乃铮：《译者例言》，见鲍特文尼克等：《神话辞典》，北京：商务印书馆，1985 年，第 I 页。
③ 黄建辛、荣开珏（译）：《奥德赛的故事》，北京：中国青年出版社，1956 年，第 8 页。
④ 水建馥（译）：《伊利亚特的故事》，北京：中国青年出版社，1957 年，第 7 页。

神话中雅典公主菲洛墨拉受辱后变夜莺的故事。可有家出版社在编校稿中把"菲洛墨拉"改成了"菲洛梅尔"。对此笔者回信坚持道："请保持原译。Philomel（Φιλομήλα）应按希腊拉丁语发音译名。商务印书馆 1985 年版《神话辞典》译作'菲洛墨拉'（该辞典神话人物专名均从罗念生《希腊拉丁专名译音表》译出），'菲洛墨拉'这个译名早已为中国读者广泛接受，用此名上网检索，满目皆是这个神话故事，而用'菲洛梅尔'检索的结果则几乎与神话无涉。"

另外，有些出版社对专有名的翻译似乎又只讲原则性，毫无灵活性。例如，莎翁*Venus and Adonis*这部长诗，拙译为《维纳斯与阿多尼》，可至少有两家出版社在编校稿中把笔者的"阿多尼"改成了"阿多尼斯"。他们似乎都没感觉到笔者把*Adonis*翻译成"阿多尼"的良苦用心，没体会到这个译名是笔者经过小心翼翼的推敲和颇费思量的取舍之后的结果。笔者当然知道"阿多尼斯"是上述《神话辞典》的规范译名，但笔者也非常清楚，以中国大陆读者对莎士比亚这部长诗的认知过程来看，他们数十年来依次读到的是前辈译家曹鸿昭的《维娜丝与亚当尼》（1940）、方平的《维纳斯与阿童妮》（1952）和张谷若的《维纳斯与阿都尼》（1978），其中张译作为补充部分收入人民文学出版社根据朱生豪译本校订并完善的 1978 年版《莎士比亚全集》，在读者中的影响甚为广泛。张谷若译"阿都尼"时罗念生的《希腊拉丁专名译音表》早已发布，可人民文学出版社为何不把"阿都尼"改成"阿多尼斯"呢？笔者认为原因有三：第一个原因是从"亚当尼""阿童妮"到"阿都尼"，这个希腊美少年的中文名字已基本接近"阿多尼斯"这个规范译名，因此不会造成读者识别上的困难（不会增加中国读者的认知成本）；第二个原因是人文社编辑和三位前辈翻译家一样，都知道汉译拉丁人名不译词尾辅音"s"的情况非常普遍，如古罗马皇帝Augustus通译"奥古斯都"，Tiberius通译"提比略"，古罗马历史学家Tacitus通译"塔西佗"，Livius通译"李维"，以及朱光潜把Phaedrus译成"斐德若"等；第三个原因（也是最重要的原因）就是笔者给一家出版社回信时所说的："把Adonis译成'阿多尼'而不译成'阿多尼斯'，笔者还有一个更重要的考虑。想必当年曹鸿昭先生译'亚当尼'，方平先生译'阿童妮'，以及张谷若先生译'阿都尼'，也都和笔者的考虑一样：即译成三个汉字（三音节）而不是四个汉字（四音节）是为了长诗正文的音韵节奏（Adonis在原诗中共出现 16 次/ 分别出现在 16 行诗中）。换一种说法，若把这首长诗比作一曲长歌，曹译《维纳斯与阿多尼》是按'阿多尼'这个三音节名谱的曲，现在曲谱不变，硬往词中加字，势必破坏整体上的音韵效果。试比较曹译'阿多尼正陷在爱神的怀抱'和贵社编校修改的'阿多尼斯此刻陷入爱神的怀抱'，后一句就像笔者经常批评的那种译文，'音节单一，欠奇偶对照……连用 5 个双音节，滴答—滴答—滴答—滴答—滴答，单调得令人难受'。"①

除人名之外，译者对个别物名的精妙处理似乎也难为新一代编辑和青年学子领悟。例如，《维纳斯与阿多尼》有一段写维纳斯以为阿多尼已经死去后对死神的抱怨。原文第 941-942 行是：Thy mark is feeble age, but thy false **dart** /Mistakes that aim and cleaves an infant's heart；拙译是："你的目标本是衰老，但你的**镰刀**/却错过目标劈开了一位少年的心"；原文第 945-948 行是：The Destinies will curse thee for this stroke—/ They bid thee crop a weed, thou pluck'st a flower:/ Love's golden arrow at him should have fled,/ And not Death's ebon **dart**, to strike dead.。拙译是："命运女神会因这一刀而把你诅咒，/本叫你刈除衰草，你却割了娇花。/本来应是爱神的金箭向他射去，/而不该是死神的**镰刀**把他砍杀。"

对笔者把 dart 改写成"镰刀，一家出版社的编辑和笔者指导的一名博士研究生先后向笔者提出了质疑和询问。编辑在拙稿的前一个"镰刀"后批注问："原注：dart=arrow。为何译作'镰刀'？死神有时似乎手持'剑'"；在后一处则批注说："是否是'镰刀'？存疑。"对这两个批注，笔者都只用了"保持原译"四个字作答，没有解释原因。但对学生的询问，笔者就只能履行"解惑"之天职了。

学生来信曰："先生下午好！细读 *Venus and Adonis* 各译本时发现一个有趣的问题，即各译本对 Death's dart 这一意象的汉译。大多数译本依据原文注释'dart 即 arrow'将其译作'死神之箭'，也有方平译本将其译作'死神的标枪'，而您的漓江版、外研版均将其译成'死神的镰刀'。我认为有必要考证一下。目前我能够做的是把此诗放到英诗的神话传统中考证，将此诗放到莎士比亚诗

---

① 曹明伦：《散文体译文的音韵节奏》，《中国翻译》2004 年第 4 期，第 90 页。

歌，甚至作品这一更宽广的整体语境中考证。但我想先生译名一贯发扬'旬月踟蹰'的精神，译此名之前必定还有词源训诂的功夫在里面。只是根据我手上可用的各种工具书无法实现这一层面的考证，还望先生指点迷津。"

　　笔者回信说："莎翁在这里让死神使用dart，显然是考虑要与下一行的heart押韵……单就这个词来说，此处的dart既不是箭（arrow），亦非镰刀（scythe），而是方平先生翻译的标枪（javelin）。但在西方文化中，死神的形象乃一身披斗篷、手持沙漏和镰刀的骷髅，人一旦成熟便会被收割，所以莎翁在其十四行诗第12首中说'时间的镰刀谁也没法抵挡'（And nothing 'gainst Time's scythe can make defence），在第60首中又说'芸芸众生都难逃时间的镰刀'（And nothing stands but for his scythe to mow）。我把《维纳斯与阿多尼》第941行和948行中的dart 译成镰刀，微观上是要让'死神的镰刀'与'爱神的金箭'形成对应，使'刈衰草'和'割娇花'顺理成章（箭和标枪显然都不是割草的工具），宏观上则是要把莎士比亚的诗歌整体上作为一个有机体呈现（时间的镰刀即死神的镰刀）。波波维奇在阐释其'变换表达'（Shift of Expression）理论时曾指出：'译者变换表达方式，并不是因为想要改变原作，而是因为想尽可能地忠实于原作，想从整体上呈现作为一个有机体的原作'[①]。另：您手边的资料肯定无法实现您写论文需要做的许多考证，这就是图书馆存在的原因。不过单就某位莎诗译者为何把'Death's dart'翻译成'死神的镰刀'这类问题，除了你所说的'放到莎士比亚诗歌，甚至作品这一更宽广的整体语境中考证'之外，还有必要将其放入该译者所有的莎诗译作中去对比考证。"

# 五、结　语

　　以上絮语说明，一次翻译活动真像纽马克比喻的一座冰山，公众所读到的译本仅仅是可以看见的冰山一角，而译者所做的绝大部分工作则是不为公众所

① Anton Popovič, "The Concept 'Shift of Expression' in Translation Analysis," in James S. Holmes et al., *The Nature of Translation: Essays on the Theory and Practice of Literary Translation*, The Hague: Mouton, 1970, p. 80.

见的水下部分。由于公众对译者的翻译过程（剖毫析芒的考证、小心翼翼的推敲、颇费思量的取舍、殚思竭虑的修订）了解不多，所以我们常常见到一些主观臆测的批评、不得要领的建议，甚至弄巧成拙的"编校者改动"（见翻译家傅浩 2015 年博文《谁动了我的译文？》）。或许正因为这个原因，纽马克才提醒我们：应尝试从译者本人的角度看待译文⋯⋯了解译者的翻译目的和翻译过程，尽力弄清楚译者为什么要那样译⋯⋯有些时候，一些在外人看来与原文不相符的地方，也许是译者有意为之；[1]所以巴斯内特才提倡"要系统研究不同时期不同地域的翻译家关于翻译的陈述"，并认为这样的研究"不仅能使我们了解翻译家所遵循的翻译标准⋯⋯而且能让我们了解作为一种文本行为（a textual act）的翻译状态"[2]。笔者希望读者（尤其是批评家和译稿编辑）能重视这两位学者的提醒和提倡。同时笔者也希望，翻译家也多向公众披露自己翻译时的决策过程，让人们更多地了解翻译活动这座冰山的水下部分。

（原载《中国翻译》2017 年第 3 期）

---

[1] Peter Newmark, *A Textbook of Translation*, pp. 186-187.

[2] Susan Bassnett, *Translation Studies* (Revised Edition), London & New York: Routledge, 1991, p. xiii.

# 莎士比亚十四行诗汉译疑难探究
## ——兼谈翻译中的历史语境和文化语境

【内容提要】　指出莎翁十四行诗援经引典、据事类义、由此述彼的特点，强调历史语境和文化语境在莎士比亚十四行诗解读和翻译中的重要性，对莎士比亚十四行诗汉语译本中一些长期困扰中国读者的疑难问题进行了探究和解析。

莎翁十四行诗在中国的翻译已有半个多世纪的历史，除诸多散译外，读者常见的154首全译本有屠岸译本（上海版）、梁宗岱译本（四川版）、杨熙龄译本（内蒙古版）、曹明伦译本（漓江版）、辜正坤译本（北大版）、阮珅译本（湖北版）、梁实秋译本（广电版）、虞尔昌译本（台北版）和金发燊译本（广西版）等。平心而论，这些译本都各有所长，各具特色，从整体上讲都堪称优秀。正是因为翻译家们的辛勤工作，"我是否可以把你比喻成夏天"这样美妙的诗句才为中国读者所耳熟能详。但有研究莎诗汉译的批评家指出，莎士比亚十四行诗充满了具有神奇魅力的隐喻，在文化层面上为翻译设置了不少自然障碍和常常容易被忽视的暗礁险滩，结果使翻译家们往往"小心翼翼只拿走了诗人晾出来的一件花哨漂亮的衣服"，却忽略了"诗人最有内在价值的东西"。①笔者以为，这里所说的"漂亮的衣服"和"内在价值"实际上就是本雅明说的"果皮"和"果肉"。《译者的任务》第8段中说："原作的语言和内容像果皮和果肉一样浑然天成。"②若按本雅明这个比喻，忽略了"内在价值"的"漂亮的衣服"肯定会布满褶皱（a royal robe with ample folds），而正是这些"褶皱"让中国读者在领略莎翁文采的同时，也产生了不少困惑。譬如，

---

① 罗益民：《等效天平上的"内在语法"结构——接受美学理论与诗歌翻译的归化问题兼评莎士比亚十四行诗》，《中国翻译》2004年第3期，第29页。

② Walter Benjamin, "The Task of the Translator," in Lawrence Venuti, *The Translation Studies Reader*, London & New York: Routledge, 2000, p. 19.

诗人为什么要说他"不承认两颗真心的结合有任何障碍"？难道有谁承认真心的结合有障碍吗？又如，诗人为什么要说"爱神太年轻，不懂良心是什么"？莫非年轻人就没有良心？再如，上海版第 125 首第 7 行中的"浓油赤酱"到底指什么？真像译者说的是"指对美貌的迷恋吗"？[①]广西版第 135 首中那 7 个"主意"和 4 个"意图"又指什么？[②]中国读者真能从那分成 14 行的 168 个汉字中读出原诗寓意吗？在笔者所见的莎诗汉译本中，诸如此类的"褶皱"为数不少。由此可见，批评家的上述批评不无道理。

细究起来，一些中译本之所以取"漂亮的衣服"而弃"内在价值"，或曰取"果皮"而弃"果肉"，原因就在于多年来，译者多专注于语言层面的转换，忽略了历史层面和文化层面的跨越。近年人们对此已有所认识，正如《文化构建：文学翻译论集》（1998）一书所说：现在"我们已经意识到语境在翻译中的重要性。当然，我们说的一个是历史语境，另一个是文化语境"。[③]批评家所强调的历史语境和文化语境实乃熨平"漂亮的衣服"上"褶皱"的熨斗，是消解中国读者疑惑的关键，不过正如有莎学专家指出："翻译批评家的意见往往并没有引起莎士比亚翻译者的特别兴趣。"[④]所以尽管新译本迭出，"漂亮的衣服"上"褶皱"依然存在，中国读者的疑惑仍未消除。鉴于此，笔者不揣冒昧，旧话重提，[⑤]再次对莎诗汉译本中的一些疑难进行探究和解析，以期引起翻译家们的重视，从而使展现在中国读者眼前的这件漂亮衣裳少一些褶皱。

# 一、真心的结合会有什么障碍？

第 116 首第一句原文是："Let me not to the marriage of the true minds /

① 屠岸译：《莎士比亚十四行诗集》，上海：上海译文出版社，1981 年，第 125 页。

② 金发燊（译）：《莎士比亚十四行诗集》，桂林：广西师范大学出版社，2004 年，第 101 页。

③ Susan Bassnett and André Lefevere, *Constructing Cultures: Essays on Literary Translation*, Clevedon & Philadelphia: Multilingual Matters Ltd., 1998, p. 3.

④ 李伟民：《中国莎士比亚翻译研究五十年》，《中国翻译》2004 年第 5 期，第 52 页。

⑤ 笔者曾以《莎士比亚十四行诗翻译研究》为题对本文涉及的一些疑难问题进行过简单讨论（参见《中国翻译》1997 年第 3 期，第 11-13 页）。

Admit impediments; …" 从 20 世纪 80 年代到 2004 年出版的一批中文译本分别将其译为：

> 真心实意的结合决不允许损坏；①
> 让我承认，两颗真心的结合是阻止不了的；②
> 我绝不承认两颗真心的结合会有任何障碍；③
> 呵，我绝不让两颗真心遇到障碍；④
> 我不承认两颗真心结合会有障碍；⑤
> 我不承认两颗真心相恋会遭遇阻挠；⑥
> 二心真诚其爱应无芥蒂在；⑦
> 我不信两颗真挚心灵结合会容下任何障碍；⑧

　　毋庸置疑，从语言层面上看，上述译文不可谓不精当；但同样不可否认的是，由于历史语境和文化语境的差异，目标语读者读这句话的感受与源语读者的感受会相去甚远。目标语读者往往提出这样的疑问：莎翁凭什么这样起句？难道有谁承认真心结合会有阻碍？有谁相信真心相恋会有芥蒂？而源语读者则会从 marriage 和 impediments 联想到结婚仪式，从而明白莎翁此说的寓意，感受到字里行间的人文主义精神。在西方的结婚仪式上，主持仪式的牧师会分别对新郎新娘和参加婚礼的宾客说两段话。一曰（对新郎新娘）："最后审判日到来之时，世人心中的秘密都将暴露，所以，若你俩任何一方知晓有任何使你俩不能合法结合的障碍，请现在就承认。"（ As ye will answer at the dreadful day of judgment when the secrets of all hearts shall be disclosed,

---

① 杨熙龄（译）：《莎士比亚十四行诗集》，呼和浩特：内蒙古人民出版社，1980 年，第 116 页。
② 屠岸（译）：《莎士比亚十四行诗集》，第 116 页。
③ 梁宗岱（译）：《莎士比亚十四行诗》，成都：四川人民出版社，1983 年，第 118 页。
④ 辜正坤（译）：《莎士比亚十四行诗集》，北京：北京大学出版社，1998 年，第 223 页。
⑤ 阮珅（译）：《十四行诗集》，武汉：湖北教育出版社，2001 年，第 233 页。
⑥ 梁实秋（译）：《莎士比亚全集》（卷四十），北京：中国广播电视出版社/台北：远东出版社，2002 年，第 161 页。
⑦ 虞尔昌（译）：《莎士比亚十四行诗》，台北：世界书局，2002 年，第 233 页。
⑧ 金发燊（译）：《莎士比亚十四行诗集》，第 86 页。

that if either of you know any *impediment*, why ye may not be lawfully joined together in Matrimony, ye do now confess it.）二曰（对来宾）："我将宣布（这对新人）结为夫妻。若你们中有人知晓，按上帝的戒律或人间的法律，有任何使这对新人不能缔结神圣婚姻的障碍，请此刻就说出，不然就永远保持沉默。"（I publish the Banns of *Marriage* between … If any of you know any *impediment*, why these two persons should not be *coupled* together in holy Matrimony, *by God's law, or the laws of this Realm,* ye are to declare it, or else hereafter for ever hold thy peace.）有了这样的关联，读者便不难领悟：此处的"障碍"（impediments）专指"合法婚姻的障碍"（如未达结婚年龄或重婚等），第116首起句实际上是针对主持婚礼的牧师向"新人"提出的质询而言。牧师说："若你俩任何一方知晓有任何使你俩不能合法结合的障碍，请现在就承认"；莎翁答："我不承认两颗真诚相爱的心/会有什么阻止其结合的障碍。"①

其实西方牧师在婚礼仪式上的质询词早已为一般中国读者所熟知，或者说早已在一般中国读者的认知范围之内，第116首的中文译者只消用适当方法（比如注释）将莎翁笔下的impediments与牧师口中的impediment联系起来，目标语读者便能够用最小的认知努力获得最佳的语境关联效果。当然，要让译本读者少付出认知努力，译者就必须付出足够的认知成本；要让译本读者获得最佳的语境关联效果，译者就必须完成相应的关联。而要完成相应的关联，译者自己首先得发现marriage和impediment就是德里达所说的语迹（trace），然后追随这些语迹，通过"Let me not admit impediments to the marriage of the true minds…"这条语链（the chain of signifier），进入上文所描述的文化语境（或宗教语境、历史语境）。而只有当译者自己进入了源语文本的文化语境，才有可能把"漂亮的衣服"和衣裳所包裹的"内在价值"一并取回。

---

① 曹明伦（译）：《莎士比亚十四行诗全集》，桂林：漓江出版社，1995年，第169页。

## 二、何谓"浓油赤酱"或"繁重的装潢"？

第 125 首第 7 行原文是："For compound sweet foregoing simple savour"，上列中文译本分别将这行诗译为：

> 一味的贪肥甘，不愿尝清淡的味道；①
>
> 弃清淡入味，只追求浓油赤酱；②
>
> 厌弃淡泊而拼命去追求荤辛；③
>
> 寻求各种逸乐，弃绝纯真；④
>
> 为繁重的装潢而舍平淡的精神；⑤
>
> 为享浓馥弃纯朴；⑥
>
> 弃素食舍布衣，倾囊追求声色；⑦

实事求是地讲，一般中国读者无论怎样努力，也只会觉得这行诗莫名其妙，觉得这行诗所在的诗篇晦涩难懂。究其原因，是因为上述译者并未进入该诗所涉及的文化语境，从 20 世纪 80 年代的"肥甘""荤辛""浓油赤酱"到 21 世纪的"浓馥""声色""繁重的装潢"，历代中文译本只是在语言层面上打转，而没有发现 compound sweet 中的 sweet、simple savour 中的 savour，以及第 10 行中的 oblation（祭品）是明显的语迹，这些语迹可以把我们领入英文钦定版《圣经》，于是我们会在《出埃及记》《利未记》《民数记》中屡屡看到，sweet savour 和 oblation 是上帝让摩西晓喻以色列人如何献燔祭、素祭和平安祭的"关键词"。

---

① 杨熙龄（译）：《莎士比亚十四行诗集》，第 125 页。

② 屠岸（译）：《莎士比亚十四行诗集》，第 125 页。

③ 梁宗岱（译）：《莎士比亚十四行诗》，第 127 页。

④ 阮珅（译）：《十四行诗集》，第 251 页。

⑤ 梁实秋（译）：《莎士比亚全集》（卷四十），第 171 页。

⑥ 虞尔昌（译）：《莎士比亚十四行诗》，第 251 页。

⑦ 金发燊（译）：《莎士比亚十四行诗集》，第 93 页。

如《利未记》第 1 章第 10-13 节记载：若以绵羊或山羊为燔祭……祭司要将全羊奉在祭坛上烧烤。这是燔祭，是献给上帝为馨香的火祭。（And if his offering be of the flocks, namely, of the sheep, or of the goats, for a burnt sacrifice…the priest shall bring it all, and burn it upon the altar: it is a burnt sacrifice, an offering made by fire, of a *sweet savour* unto the Lord.）第 2 章第 4 节说：若以炉中烘烤的素祭为祭品，则应该是未经发酵的调油精面饼或未经发酵的涂油薄饼。（And if thou bring an ***oblation*** of a meat offering baken in the oven, it shall be unleavened cakes of fine flour mingled with oil, or unleavened wafers anointed with oil.）第 2 章第 12 节又说：至于收获的第一批新鲜瓜果，应该作为祭品献给上帝，但无须在祭坛上烧烤。（As for the ***oblation*** of the firstfruits, ye shall offer them unto the Lord: but they shall not be burnt on the altar for a *sweet savour*.）说到向上帝献祭，熟悉《圣经》语篇的源语读者自然会联想到《弥迦书》第 6 章第 6-8 节那段教诲："我该把什么献在上帝跟前呢？……他会喜欢堆成山的牛羊或流成河的橄榄油吗？……不！上帝只要求世人心正行端，乐善好义，谦卑地与他同行。"这段教诲告诉世人，上帝在意的并非奉献的祭品或献祭的仪式，而是献祭者真实的内心。

译者若能追随语迹进入上述语境，便会明白莎翁的 compound sweet 和 simple savour 实则化自《旧约》中反复出现的 sweet savour 一词，而他献给爱友的诗便是他的 oblation，从而明白莎翁在此是借典讽喻趋炎附势者只追求巴结形式而放弃了虔诚之心（爱心）。笔者以为，要使译文也同上述文化语境产生关联，最好是把第 7 行中 compound sweet 和 simple savour 分别翻译成"燔祭"和"素祭"，与第 10 行"请收下我菲薄但无保留的祭礼"（oblation）形成呼应，以便留下可把译文读者引入相关文化语境的语迹。

《圣经》是西方文学艺术的源泉，而对中国翻译家和读者来说，《圣经》则可谓通向西方文化语境的指南。

莎翁 154 首十四行诗中引用或化用《圣经》典故的地方比比皆是。例如：第 2 首第 4-8 行暗引《新约·马太福音》第 26 章第 14-30 节论才行赏的寓言；第 18 首第 11 行语出《旧约·诗篇》第 23 篇第 4 节"虽然我穿行于死荫之幽谷，但我不怕罹祸，因为你与我同在"；第 34 首第 12 行化用《马太

福音》第 10 章第 38 节"不背负其十字架跟随我者，不配做我的门徒"。第
59 首第 1 行借《旧约·传道书》第 1 章第 9 节中"日光之下并无新事"起
句；第 74 首第 7 行语出《传道书》第 12 章第 7 节"来自尘土，归于尘土"；
第 105 首第 1 行借用《旧约·利未记》第 19 章第 4 节"勿铸神像膜拜之，
我乃耶和华你们的神"起句；第 108 首第 8 行化用《马太福音》第 6 章第 9
节"我们的在天之父，愿世人都尊崇你的圣名"；第 112 首第 11 行语出《诗
篇》第 58 篇第 4-5 节"他们像聋聩的蝮蛇，对耍蛇人的声音充耳不闻"；
第 121 首第 9 行中的"I am that I am"语出《旧约·出埃及记》第 3 章第 14
节；第 125 首第 7 行暗引《利未记》第 1-3 章中有关向上帝献祭的记述；第
146 首最末两行化自《旧约·以赛亚书》第 25 章第 8 节"上帝将吞噬死亡，
直至永远"、《新约·哥林多前书》第 15 章第 26 节"上帝要毁灭的最后敌
人就是死亡"和《新约·启示录》第 21 章第 4 节中的"死亡将不复存在"；
第 147 首第 8 行中的"Desire is death"语出《新约·罗马书》第 8 章第 6
节"受欲望支配就是死亡，受圣灵管束便是生命和安宁"；第 149 首第 5
行化用《诗篇》第 139 篇第 21 节"上帝哟，我多么恨你之所恨"；第 154
首末行语出《旧约·雅歌》第 8 章第 6-7 节"爱之火犹如烈焰熊熊燃烧，水
不能将其浇灭，洪流也不能将其吞没"。

　　这些用典或援古证今，借题发挥，或据事类义，由此述彼，令典故所在诗
篇更加简练含蓄，意蕴深厚，能使置身于基督教文化语境中的西方读者产生丰
富的联想，从而使他们更深刻地领悟诗人借典表达的感情、观念和阐释的事理。
毕竟"意义真正的线索在于语境。语境比字词分析能为我们展示更多的意义"。①
因此，中文译者对莎诗用典应尽可能地加注诠释，尽可能地让中译本读者也了
解每首诗的历史、宗教或文化语境，以便他们感受到西方读者无须指点就能从
中感受到的深厚寓意。译者应该意识到，眼下我们还只是处于"全球化语境"
的初级阶段，若不为译文读者提供相应的文化语境，译本跨文化交流的功效就
会大打折扣。待有朝一日文化语境真的全球化了，就不再需要加注诠释了。那
时候译本读者一看见"漂亮的衣服"就知道里面的"内在价值"，一看到某个

---

① Eugene A. Nida, *Language and Culture: Contexts in Translating*, Shanghai: Shanghai Foreign Langauge
　Education Press, 2001, p. 286.

能指就知其所指,一发现某个语迹就会循之而进入其语境。比如那时的中国读者读到第 141 首最末两行,就不会纳闷为什么莎翁说"遭灾受苦也有好处",因为他们知道"因祸得福"之说源于基督教的一种观念,即认为人生过程就是受苦赎罪的过程。《新约》就屡言受苦即福,如《马太福音》第 5 章和《路加福音》第 6 章把贫穷、饥饿、悲伤及受侮辱受迫害均视为福。既然如此,诗人受苦,也就赎了罪,故曰"因祸得福"。

不过在全球化语境真正实现之前,译本读者要进入上述文化语境,多半还得靠译者指引。可以这样说,译者付出的认知成本与译文读者获得的认知效果成正比。

## 三、为什么"黑"在过去算不上美?

第 127 首第 1 行原文是: "In the old age black was not counted fair", 上列中文译本分别将其译为:

在古时候,黑的是从来不算作美,①
在往古时候,黑是算不得美的,②
在远古的时代黑并不算秀俊,③
从前,黑色绝不能与美并提,④
在骑士时代黑不算漂亮,⑤
从前黑肤色不算是标致,⑥
在昔黑色未尝以美称,⑦
在往昔的年代,黝黑不算美丽,⑧

---

① 杨熙龄(译):《莎士比亚十四行诗集》,第 127 页。
② 屠岸(译):《莎士比亚十四行诗集》,第 127 页。
③ 梁宗岱(译):《莎士比亚十四行诗》,第 129 页。
④ 辜正坤(译):《莎士比亚十四行诗集》,第 255 页。
⑤ 阮珅(译):《十四行诗集》,第 255 页。
⑥ 梁实秋(译):《莎士比亚全集》(卷四十),第 173 页。
⑦ 虞尔昌(译):《莎士比亚十四行诗》,第 255 页。
⑧ 金发燊(译):《莎士比亚十四行诗集》,第 95 页。

读莎诗的读者一般都知道，莎士比亚十四行诗第 127 首是这组诗的一个转折点，诗人在此告别了他的爱友（the fair young man），开始歌颂或抱怨他的情人（the dark beauty）。这位 dark beauty 黑眼、黑发、皮肤黝黑但却貌美，因此在诗人眼中"黑色最美"（Thy black is fairest，见第 131 首第 12 行）。可问题是，莎翁为何说"黑"在过去算不上美？实际上就曾有学生向笔者提出过这个问题。我用莎翁自己的话作了回答：因为"黑色是地狱的象征，是囚牢的幽暗，是夜晚的阴沉；而美应该使天空更加明媚"。熟悉莎作语篇语境者也许不难发现，这段引文出自《爱的徒劳》第 4 幕第 3 场第 250-252 行 "…Black is the badge of hell,/ The hue of dungeons, and the school of night;/ And beauty's crest becomes the heavens well."

阿尼克斯特在论及莎士比亚的十四行诗时说："在十四行诗所描写的复杂的感情与生活体验的世界里，也反映了对于第二时期悲剧所特具的生活矛盾的一种深刻的理解。"[①]此说不无根据，我们读莎翁的十四行诗时不仅能感受到这些诗与他第二时期悲剧的关系，而且还能发现与他其他时期剧作的关系。情动于中而形于言，同样的情感发乎同一心灵，诉之于文字当然会具有互文性（intertextuality），故读过莎剧的人读莎诗时常会觉得诗中的一些意象、观念或措辞似曾相识。这些意象、观念或措辞在诗中往往都简练含蓄，而在剧中则有较多的敷陈，而"较多的敷陈"可以说就是列维在《论翻译的决策过程》（1967）一文中所说的"更广阔的语境"（broader contexts）。列维说这"更广阔的语境"包括原作者的整本书、原作者的全部作品、甚至原作者所处时代的文学风尚等等"[②]。所以，译者若是用注释将可以互文的莎剧片段和莎诗词句加以关联，将有助于译本读者对相关诗篇或诗行的理解。笔者在翻译和研究中发现，中文译者用莎剧片段和莎诗词句互文的方法，可以较好地处理莎十四行诗中大量存在的 erotic puns（色情双关）。譬如第 151 首后 6 行中的 erotic puns 就很难处理，虽有译者用了"昂首挺胸""头脑膨胀""起伏上下"[③]这些暗

① 阿尼克斯特：《英国文学史纲》，戴镏龄等译，北京：人民文学出版社，1959 年，第 138 页。

② Jiří Levý, "Translation as a Decision Process," (1967), in Lawrence Venuti, *The Translation Studies Reader*, London & New York: Routledge, 2000, p. 151.

③ 曹明伦（译）：《莎士比亚十四行诗全集》，第 238 页。

含双关的委婉说法，但译文读者不一定都能心领神会，但若是译者用注释点出《罗密欧与朱丽叶》第 2 幕第 1 场第 23-26 行中茂丘西奥那段更为露骨了的猥辞 "…'t would anger him / To raise a spirit in his mistress' circle, / of some strange nature, letting it there stand / Still she had laid it and conjur'd it down"(译文从略)，相信更多的读者会心知其意。

除上述二例外，莎翁十四行诗中可与莎剧片断互文的诗行至少还有以下这些：

第 4 首第 7-8 行→《威尼斯商人》第 4 幕第 1 场第 373-374 行；第 68 首第 7-8 行→《威尼斯商人》第 3 幕第 2 场第 92-95 行；第 74 首第 1 行→《哈姆雷特》第 5 幕第 2 场第 336-337 行；第 98 首第 7 行→《冬天的故事》第 1 幕第 1 场第 25 行；第 119 首第 7 行→《哈姆雷特》第 1 幕第 5 场第 17 行；第 119 首第 11-12 行→《错误的喜剧》第 3 幕第 2 场第 4 行和《维洛那二绅士》第 5 幕第 4 场第 7-10 行；第 127 首第 6 行→《哈姆雷特》第 3 幕第 1 场第 145-146 行；第 133 首第 8 行→《爱的徒劳》第 5 幕第 2 场第 485-500 行；第 135 首第 10 行→《第十二夜》第 1 幕第 1 场第 9-14 行；第 142 首第 7 行→《维洛那二绅士》第 2 幕第 2 场第 7 行，《罗密欧与朱丽叶》第 5 幕第 3 场第 114-115 行以及《威尼斯商人》第 2 幕第 6 场第 6 行；第 143 首第 2 行→《爱的徒劳》第 4 幕第 1 场第 94 行；第 150 首第 8 行→《安东尼与克莉奥佩特拉》第 2 幕第 2 场第 237-239 行等等。[①]

# 四、第 135 首中的Will该如何汉译？

研究者通常把莎翁十四行诗第 135、136 和 143 首称为 "Will Sonnets"。作名词用的Will一词在第 135 首中出现 13 次；在第 136 首中出现 6 次，[②]在第 143 首中山现 1 次。Will一词在这三首诗中的运用是典型的erotic pun，有中国学者认为：Will Sonnets中的 "pun，汉译一般作'双关'，而在莎翁的

---

① 本文所列莎剧幕、场、行数均据 *The Riverside Shakespeare*, Houghton Miffing Company,1974 年版。
② 有学者统计为 7 次（参见罗益民：《等效天平上的"内在语法"结构——接受美学理论与诗歌翻译的归化问题兼评莎士比亚十四行诗》，第 128 页。)，恐是把第 5 行中用作助动词的 will 也计算在内。

十四行里，却是实实在在的多重复义。这样的结构形式，增加了诗歌的抗译性。"①正是因为这所谓的"多重复义"和"抗译性"，莎士比亚十四行诗第135首历来是中国译者的滑铁卢，大陆最新出版的译文也许可作为笔者此说的佐证。请看下文：

一三五

不管她是谁，有意愿，你，有"主意"，
"主意"有利可图，"主意"多，不胜数；
我超过需要，因而仍打扰于你，
想在你奇妙意图上有所增补。
你意图汪洋无边，难道竟不能
赐赐恩，许我心愿藏在你身上？
难道别人的意图看来很可亲，
对我的意图却显得不肯赏光？
为了大大增加它原有的储藏量，
大海一片汪洋，仍欢迎天下雨，
所以你，"主意"纵然众多，"主意"上
加进我的，你"主意"就数不胜数。
　　别让无情扼杀那合掌相求人；
　　万愿归一宗，"主意"中有我一份。②

这首新译加了一条脚注"原作是莎士比亚昵称Will的文字游戏"，并在译本附言中说明"译诗自然得吸取之前译本的各名家的佳句丽词"。③但令人遗憾的是，虽然新译把此前各家译本中的"心愿、主意、意欲、意向、意愿、意

① 罗益民：《等效天平上的"内在语法"结构——接受美学理论与诗歌翻译的归化问题兼评莎士比亚十四行诗》，第28页。
② 金发燊（译）：《莎士比亚十四行诗集》，第101页。
③ 金发燊（译）：《莎士比亚十四行诗集》，第116页。

念、意图、意志"①"愿、心愿"②"欲望、威廉"③"儿、玩儿"④改写成了"主意"和"意图",但中国读者仍然难以从这首译诗体味到莎翁这场"文字游戏"的妙处,而且与此前的某些译本相比,别说原诗的"内在价值"未能取回,连取回的"漂亮的衣服"也因"褶皱"太多而不再漂亮。

的确,要使中国读者体味到这首诗的妙处,翻译者还需付出更多的认知努力,还需探索更广阔的历史语境和文化语境,包括列维说的"原作者所处时代的文学风尚等等"(the literary conventions of the time etc.)⑤。若进一步努力探索,我们将会发现,当时广为流传的《趣谜书》(*The Book of Merry Riddle*,1629)中有这样一个字谜:My lover's will / I am content for fulfil / Within this rhyme his name is framed / Tell me then how he is named?"⑥(我情人之所欲 / 我乐意去满足 / 他名字藏此谜 / 谁能把它猜出?)。猜谜者只要把这首谜诗第一行末的will和第二行首的I am连成一词,便可得出谜底William(威廉)。William的昵称是Will,而威廉·莎士比亚一生不知说过多少遍"I am Will",第136首最末4个字就是"My name is Will"(我名叫Will)。如前所述,Will一词在此的运用是典型的erotic pun,现在我们已知道了Will一词在这个pun中所隐藏的一个意思(诗人的名字),那么它字面上的意思呢?第135首中"thy Will"之"Will"是不是字谜中"My lover's will"之"will"呢?要明确这一点,我们还得从文本外的文化语境回到文本内的语篇语境。其实诗人在第129首中就告诉我们,他与黑发女郎之间的爱已变成了折磨人的lust(性欲),并说这种性欲是"诱人下地狱的天堂"(129首第14行),是"肉体的盛宴"(141首第8行),是"罪孽"(142首第1行),是"死亡"(147首第8行)。而夏威夷大学詹姆斯博士指出:"第135、136和143这三首Will Sonnets同样是在强调性欲的折磨,will一词的意思就是性欲。"(The "Will" sonnets —135, 136, 143— place the same emphasis on the torments of lust, the term *will* meaning

---

① 屠岸(译):《莎士比亚十四行诗集》,第135页。

② 梁宗岱(译):《莎士比亚十四行诗》,第137页。

③ 梁实秋(译):《莎士比亚全集》(卷四十),第183页。

④ 虞尔昌(译):《莎士比亚十四行诗》,第271页。

⑤ Jiří Levý, "Translation as a Decision Process," p. 151.

⑥ John Kerrigen (ed.), *The Sonnets and A Lover's Complaint*, London: Penguin Books Ltd., 1986, pp. 367-368.

carnal desire.）①由此可见，第135首中的"你所欲"就是上述字谜中的"我情人之所欲"，碰巧英语中的此Will（欲）与彼Will（诗人的昵称）之拼写和读音都相同，于是诗人就可以对他的情人说：请爱我的名字吧，并爱它一辈子，/这样就是爱我，因为我名叫欲。（Make but my name thy love, and love that still,/And then thou love'st me, for my name is *Will.*）探究至此，Will这个erotic pun的字面意思"欲"（欲望、欲念、欲火、情欲）和隐藏意思（诗人之名）都已明了，译者只消用一个注释将这个双关的隐藏意思挑明，便可用 13 个"欲"字翻译原诗中的 13 个will。请看下文：

135

只要女人有所愿你就会有所欲，
且欲火难耐欲望难遂欲壑难填；
我虽然总是招你烦恼惹你生气，
却能遂你如此泛滥的甜美欲念。
欲壑这般宽宏这般幽深的你哟，
真不容我欲在你欲中躲上一遭？
难道别人所欲都那么恩多惠多，
而我的欲望却没有春晖来照耀？
大海弥弥滔滔依然容雨水汇进，
使它的万顷波涛更加浩浩汤汤；
所以请多情的你再纳我一分情，
使你奔放的情欲更加恣意汪洋。

别让无情的不字令求爱者窒息，
视万欲为一欲，我乃其中之一。②

---

① James K. Cliffs Lowers, *Notes on Shakespeare's Sonnets*, Lincoln: Cliffs Notes Inc., 1965, p. 37.
② 曹明伦（译）:《莎士比亚十四行诗全集》, 第 204。

## 五、为什么太年轻就不懂良心为何物？

　　莎翁在其十四行诗中大量运用双关这一修辞手段。有些双关因过于隐晦而不易察觉，如第 15 首第 14 行中的 engraft（接枝）之希腊语词根 γραπηιvε 意为"书写"，故"我接你于新枝"暗含"我写你进诗篇"之意。有些双关虽一目了然但却很难转换，如第 138 首第 13 行 Therefore I lie with her, and she with me，按上下文意思应为"所以我欺骗她，而她也欺骗我"，但字面意思也可读成"所以我与她同眠，而她也与我共枕"。因此有学者把这个双关也归入"色情双关"（erotic pun）。①

　　对上述难以移植的双关，有的被译者舍弃后还无伤大雅（如上例），但有的若被"割爱"，则会给读者留下难解之谜。比如第 151 首第 1-4 行的诸多汉语译文就一直令中国读者感到迷惑不解。这 4 行诗的原文是：Love is too young to know what *conscience* is,/ Yet who knows not conscience is born of love?/ Then, gentle cheater, urge not my amiss,/ Lest guilty of my faults thy sweet self prove. 上列最早的中译本把这 4 行诗译成："爱神太幼小，他不懂什么是良心，/但谁不知道，良心正是爱所产生？/你，温柔的骗子呀，别把我的过错来提，/否则我的罪过就会牵连到可爱的你。"②最新的中译文则是："爱神太年轻，不懂良心是什么；/但有谁不懂良心出自于爱心？/温柔的骗子，你别死抠我的错，/以免我的罪愆也牵连卿自身。"③

　　读这两种中译文的读者会问：为什么太年轻就不懂良心为何物？难道年幼就没有良心？既然说良心是爱所产生，那尚无爱情经历的人难道就无良心？造成读者疑惑的原因便是译者未译出原文中的双关，甚至有的译者自己也没读出这个过于隐晦的双关。说这个双关过于隐晦，是因为解读这个双关的历史语境和文化语境完全在文本之外，借用德里达的说法，Il n'y a pas de hors-texte（这

---

① James K. Cliffs Lowers, *Notes on Shakespeare's Sonnets*, p. 37.

② 杨熙龄（译）：《莎士比亚十四行诗集》，第 151 页。

③ 金发燊（译）：《莎士比亚十四行诗集》，第 113 页。

里没有插图），①可文本内没有插图，文本外也没有？列维不是说语境包括原作者所处时代的文学风尚吗？②探究一下伊丽莎白时代和詹姆斯一世时代的文学风尚，回到那个时代的文化语境，我们就会发现，原文中的conscience 一语双关，它不仅是理解第151首前4行的关键，也是体味这首十四行全诗的肯綮。原来conscience在这儿也是一个"色情双关"（erotic pun），那时的英国文人常把它分解成con + science，con在法语中意思是"阴户"，science来自拉丁语scientia，意思是"专门知识"（expert knowledge），故当时的英语读者很容易把conscience读成con-science（关于性的专门知识），这就相当于中国读者把"良知"读成"关于良辰春宵的知识"，从而把1-2行解读为"爱神尚年幼，不懂性是什么，／可谁不知晓性欲是由爱情唤醒？"有了这样的双关，藏在3-4行中的隐语也昭然若揭，那言外之意就是"请别说我缺乏conscience（良知），以免我用con-science（性知识）来证明你的风流"。当然，翻译这样的双关，只能借助于文本外的插图（hors-texte），让读者能意会也就够了。

# 六、summer到底该译成"夏天"还是"春天"？

自翻译被视为跨文化交流活动以来，人们越来越重视翻译中的文化语境，但与此同时又出现了另一种倾向，那就是有些翻译批评家在强调文化语境时对语篇语境又有所忽略。以莎诗第18首第1行Shall I compare thee to a summer's day为例，本文所提及的9种译本无一例外地将"summer's day"翻译成"夏天"（或"夏日"），但不少批评家认为这里的"summer's day"既可翻译成"夏天"，又可翻译成"春天"，因为"只有将summer替换为译语国家里合适的季节，才能达到文化功能上的对等效果"③。当年谈"直译""意译"时有人说把summer译成"夏天"是直译，译成"春天"则是"意译"；后来谈"归化"

① Jacques Derrida, *Of Grammatology*, Eng. trans. by Gayatri Chakravorty Spivak, Baltimore & London: The Johns Hopkins University Press, 1976, p. 158.

② Jiří Levý, "Translation as a Decision Process," p. 151.

③ 刘嘉：《论翻译中的对等层次》，《天津外国语学院学报》2006年第2期，第17页。

"异化"时有人说把 summer 译成"夏天"是"异化",译成"春天"则是"归化";讲Nida 的等效理论时有人说把summer 译成"春天"就是"功能对等",译成"夏天"则是不足取的"形式对等";讲格特的"关联理论"时有人说把summer译成"夏日"是"直接翻译"(direct translation),译成"春日"则是"间接翻译"(indirect translation);讲认知语境时有人说:"所谓'夏日'与'春日'之争实际上是人们对译入语读者的认知语境的不同判断和不同的交际目的所致";[①]讲文化对等时有人说:"如果不顾译语文化,直接把summer译为'夏天',可能让某国读者拂然变色。"[②]针对翻译家都把summer翻译成"夏天"的现状,有理论家批评中国翻译家不知英国的夏天像春天般温暖,或曰:"英国的夏天并不太热,所以诗人把自己的恋人比喻成夏天是理所当然的",[③]或曰:"莎翁把自己年轻时钟爱的女郎比作夏天,足见英国的夏天可爱迷人",[④]所以中国翻译家把此处的summer翻译成"夏天"是一个"有趣的毛病"。

上述批评都各有其理论根据,但在强调文化语境的同时似乎都有忽略语篇语境的倾向。比如,既然论及莎翁十四行诗第18首的汉译,就应该知道第18首既非写给"莎翁年轻时钟爱的女郎",也不是写给"诗人自己的恋人",而是写给诗人的爱友(一位贵族青年)的。又如,既然说要顾及文化语境就该把summer译成"春天",就应该考虑到第5行中的"too hot"该如何处理。再如,若把第18首中的summer译成"春天",那么当第98首中同时出现spring(第1行)和summer(第7行)时,又该如何处理呢?

如果批评家在重视文化语境的同时也重视语篇语境,就会理解翻译家们为什么坚持把第18首中的summer翻译成"夏天",就会想到翻译家们还得让这首诗的上文与下文"对等",还得让上文与下文在整个语篇中形成"关联";甚至进一步想到,一名翻译家不知要翻译多少次summer,若把summer译成"春天",那第98首的spring他们该怎么译呢?把莎诗中的summer译成"春天",

① 张春柏:《直接翻译——关联翻译理论的一个重要概念》,《中国翻译》2003 年第 4 期,第 17 页。
② 刘嘉:《论翻译中的对等层次》,第 17 页。
③ 孟建钢:《关于翻译原则二重性的最佳关联性解释》,《中国翻译》2002 年第 5 期,第 29 页。
④ 彭秋荣:《论"预设"和"移情"对翻译的影响》,《中国翻译》1995 年第 6 期,第 19 页。

那莎剧中的*A Midsummer Night's Dream*是不是该译成《仲春夜之梦》呢?

我们今天强调文化语境在翻译中的重要性,但我们别忘了列维说:"更广阔的语境包括原作者的整本书,原作者的全部作品,甚至原作者所处时代的文学风尚等等。"① "原作者的整本书"可谓语篇语境,"原作者的全部作品"堪称文本语境,而"原作者所处时代的文学风尚"就是本文着重讨论的历史语境和文化语境。在翻译莎士比亚十四行诗时,我们不能因注重语篇和文本而忽略了历史语境和文化语境;而在研究和批评莎诗汉译时,我们也不能因重视历史语境和文化语境而忽略了语篇语境和文本语境。

(原载《四川外国语学院学报》2007 年第 3 期)

---

① Jiří Levý, "Translation as a Decision Process," p. 151.

# "我是否可以把你比喻成夏天？"
## ——莎士比亚十四行诗第 18 首之汉译及其他

【内容提要】 在中国，翻译家均把莎士比亚十四行诗第 18 首中的summer解读为"夏天"，而一些评论家则批评翻译家们误读了summer这一主要意象，主张把该诗中的summer解读成"春天"。本文作者认为，在解读莎士比亚十四行诗时，翻译家不能因注重语篇语境和文本语境而忽略了历史语境和文化语境，评论家也不能因关注历史语境和文化语境而忽略了语篇语境和文本语境。莎士比亚十四行诗中四季分明，summer这个意象确指夏天。

## 一、引 言

随着文学研究的文化转向，文学评论家们越来越重视历史语境和文化语境，但与此同时又出现了另一种倾向，即某些评论家在关注历史语境和文化语境的同时，逐渐抛弃了"精读文本"这一文学批评传统，或者说越来越忽视所研究文本的语篇语境和文本语境。以莎士比亚十四行诗第 18 首为例，笔者手边的 9 种中文译本①无一例外地将第 1 行中的summer's day解读为"夏天"，但有评论家认为这里的summer's day应该解读为"春天"，或曰："英国的summer's day实际上相当于中国的春天"，中国人将其译为"夏日"是一个"有趣的毛

---

① 按出版年代，笔者手边的 9 个译本分别是：杨熙龄（译）：《莎士比亚十四行诗集》，内蒙古人民出版社，1980 年；屠岸（译）：《莎士比亚十四行诗集》，上海译文出版社，1981 年；梁宗岱（译）：《莎士比亚十四行诗》，四川人民出版社，1983 年；曹明伦（译）：《莎士比亚十四行诗全集》，漓江出版社，1995 年；辜正坤（译）：《莎士比亚十四行诗集》，北京大学出版社，1998 年；阮珅（译）：《十四行诗集》，湖北教育出版社，2001 年；梁实秋（译）：《莎士比亚全集》（卷四十），中国广播电视出版社、远东出版社，2002 年；虞尔昌（译）：《莎士比亚十四行诗》，台北世界书局，2002 年；金发燊（译）：《莎士比亚十四行诗集》，广西师范大学出版社，2004 年。

病。"①或曰："只有将summer替换为译语国家里合适的季节，才能达到文化功能上的对等效果。"②沈弘先生在《外国文学评论》2007年第1期上发表《"或许我可以将你比作春日？"——对莎士比亚第18首十四行诗的重新解读》一文，再次批评"几乎所有的中译文译者都把作品中的春天这一主要意象简单地误读成了夏天"。并为"译者们对这一传统解读深信不疑"而感到"遗憾"。《"或许我可以将你比作春日？"——对莎士比亚第18首十四行诗的重新解读》一文资料翔实，论证充分，令人信服地论述了summer这个能指在中古英语中之所指既可是"夏天"亦可是"春天"这一语言文化事实。但遗憾的是，《"或许我可以将你比作春日？"——对莎士比亚第18首十四行诗的重新解读》作者对此问题的思考仍不够全面，对莎士比亚十四行诗的研读尚不够细致，对历史语境和文化语境的探究亦稍有偏差，因而其结论似乎也有失偏颇。鉴于此，笔者谨就《"或许我可以将你比作春日？"——对莎士比亚第18首十四行诗的重新解读》一文的几个主要论据提出商榷，以求教于沈弘先生和大方之家。

## 二、莎士比亚十四行诗中"四季分明"

《"或许我可以将你比作春日？"——对莎士比亚第18首十四行诗的重新解读》一文指出："中古英语中没有专门表示'春天'和'秋天'的名词，所以summer（一般拼写为sumer或somer）一词可兼指春夏，而winter一词往往兼指秋冬。"沈弘先生是中古英语专家，以上论述令笔者获益匪浅，但沈先生据此认为summer一词在莎士比亚十四行诗中也"必须"解读成"春天"，这就有点难为读者，尤其是难为中国的翻译家了。因为细心的读者应该注意到，莎士比亚诗中的春夏秋冬"四季分明"，春天就是春天，夏日就是夏日。

在莎士比亚的154首十四行诗中，春（spring）共出现6次（见于1:10、53:9、63:8、98:1、102:5、104:4），③夏（summer）出现20次（见于包括第

---

① 彭秋荣：《论"预设"和"移情"对翻译的影响》，《中国翻译》1995年第6期，第20页。

② 刘嘉：《论翻译中的对等层次》，《天津外国语学院学报》2006年第2期，第17页。

③ 1:10表示第1首第10行，下同。

18 首的共 13 首诗中），秋（autumn）出现 2 次（见于 97:6、104:5），冬（winter）出现 10 次（见于 2、5、6、13、56、97、98 和 104 等 8 首诗中），而且多首诗中都有季节交替甚至四季更迭的描写。请见下文：

> And yet this time remov'd was summer's time,
> The teeming autumn, big with rich increase,
> Bearing the wanton burden of the prime,
> Like widowed wombs after their lords' decease:
>
> (97:5-8) ①

> 然而我俩这次分离是在夏日，
> 当丰饶的秋天正孕育着万物，
> 孕育着春天种下的风流硕果，
> 就像怀胎十月而丧夫的寡妇。
>
> (97:5-8) ②

> Our love was new and then but in the spring
> When I was wont to greet it with my lays,
> As Philomel in summer's front doth sing
> And stops her pipe in growth of riper days:
>
> (102:5-8)

> 当我俩刚互相倾慕于那个春季，
> 我曾习惯用歌为我们的爱欢呼，
> 就像夜莺在夏日之初歌唱鸣啼，
> 而随着夏天推移则把歌声停住。
>
> (102:5-8)

> … … … … … … … … …Three winters cold
> Have from the forests shook three summers' pride,
> Three beauteous springs to yellow autumn turn'd

---

① 本文所引莎诗原文均据 Houghton Mifflin 出版公司 1974 年版 *The Riverside Shakespeare*。
② 本文所引莎诗译文均据拙译《莎士比亚十四行诗全集》，漓江出版社，1995 年版。

In process of the seasons have I seen,

Three April perfumes in three hot Junes burn'd,

(104:3-7)

严冬三度从森林摇落盛夏风采，

阳春也已三度化为暮秋的枯黄，

在四季的轮回之中我三度看见

炎炎六月三次烧焦四月的芬芳，

(104:4-7)

从以上引文我们可以看出，在莎翁笔下，春夏秋冬四季的概念非常明确，一般读者（包括中文译者）都不可能把诗中的summer解读为"春天"，不然那些spring该如何解读？或如何翻译？也许《"或许我可以将你比作春日？"——对莎士比亚第 18 首十四行诗的重新解读》作者会说，summer在以上引文中可以解读为"夏天"，但在第 18 首的特定语境中必须解读为"春日"。那么就让我们再次进入第 18 首的特定语境，对这首诗再进行一次语篇分析。

## 三、"五月娇蕾"与"夏日"并不矛盾

《"或许我可以将你比作春日？"——对莎士比亚第 18 首十四行诗的重新解读》作者之所以认为必须将第 18 首中的summer解读为"春天"，是因为他认为将其解读成"夏天"有两大矛盾。一是该诗歌咏的对象是位年方 20 的贵族青年，而人们一般用春天的意象来代表青春，夏日往往被用于指代成熟男性；二是诗中与summer相提并论的还有第三行中的darling buds of May（五月的娇蕾），而与"五月"的时间和"娇蕾"的意象相对应的应该是"春天"，而非"夏日"。

我们先来看看第一个矛盾。这个矛盾中有两个主要因素，一是莎士比亚十四行诗的写作年代，二是那位贵族青年是否成熟。关于前者，笔者赞成夏威夷大学洛厄斯博士的看法，他在分析了前人的考证和结论后说："最稳妥

的说法应该是，这些诗可能写于 1585 年至 1609 年间的任何时候。"①关于后者，人们一般认为诗中那位贵族青年即莎士比亚的艺术庇护人南安普敦伯爵亨利·赖奥思利（Henry Wriothesley, 1573—1624）。笔者以为，由于这两个因素的第一因素并不确定，据此断定贵族青年"年方 20"似乎过于主观。再说那个时代的贵族青年都成熟得早（如这位南安普敦伯爵从 23 岁起就与埃塞克斯伯爵一道南征百战），"成熟男性"可谓一个相对概念，更何况还有不少莎学家认为莎士比亚的十四行诗并非献给南安普敦伯爵的。因此，《"或许我可以将你比作春日？"——对莎士比亚第 18 首十四行诗的重新解读》作者所谓的第一个矛盾其实并不存在。

至于第二个矛盾，我们可根据以下解释加以化解。

（1）据《韦氏第三版新国际英语大词典》第 2210 页和第 2289 页对spring和summer的解释，英国的春天包括 2 月、3 月和 4 月（Brit: the season comprising the months of February, March, and April），夏季则从 5 月中旬至 8 月中旬（the season comprising the part of the year extending from mid-May to mid-August）。由此可见，"五月"对应"夏日"并不龃龉。

（2）《滨河版莎士比亚全集》（*The Riverside Shakespeare*）对第 18 首第 1 行有如下注解：a summer's day: i.e. the summer season（此处夏日即夏季）。

（3）著名莎学专家、剑桥大学教授克里根在评注第 18 首时指出："在 16 世纪末，我们的历法比欧洲系统还滞后一些天数……所以莎士比亚诗中的'5 月'实际上延伸进了我们今天的 6 月，当时的 5 月是夏季月份，而非春季月份。"克里根教授同时还指出，第 1 行中的"day"表示"一段时间"，相当于"period"或"term"，对此他所用的论据是《亨利六世》（中）第 2 幕第 1 场第 2 行"I saw not better sport these seven year's day"。②

（4）与莎士比亚同时代的培根对英格兰的四季花卉有如下描述："5 月和 6 月可观赏的有各种石竹花，尤其是红石竹，有除晚开的麝香玫瑰之外的各种玫瑰，有忍冬花、林石草、牛舌花、耧斗花、万寿菊、金盏花……碎花香草

① James K. Lowers, *Cliffs Notes on Shakespeare's Sonnets*, Lincoln: Cliffs Notes Inc., 1965, p. 11.

② John Kerrigan (ed.), *William Shakespeare: The Sonnets and A Lover's Complaint*, London: Penguin Books Ltd., 1986, p. 196.

和天香百合等等。"①如此看来，英格兰的夏日也是个百花盛开、千芳含苞的季节，"五月娇蕾"对应"夏天"也不矛盾。

有了上述解释，我们再来对第 18 首进行语篇分析：Shall I compare thee to a summer's day? /Thou art more lovely and more temperate: /Rough winds do shake the darling buds of May, /And summer's lease hath all too short a date: /Sometime too hot the eye of heaven shines, /And often is his gold complexion dimm'd; /And every fair from fair sometime declines, /By chance or nature's changing course untrimm'd; /But thy eternal summer shall not fade,/ Nor lose possession of that fair thou ows't; /Nor shall Death brag thou wand'rest in his shade, /When in eternal lines to time thou grow'st. /So long as men can breathe or eyes can see, /So long lives this and this gives life to thee.

"我是否可以把你比喻成夏天？"诗人之所以这样问他的爱友，是因为他一方面希望爱友的青春像夏日一样绵长，一方面又认为他爱友"比夏天更可爱更温和"。他为什么这样认为呢？因为夏日不仅有会吹落"五月娇蕾"的狂风（Rough winds），而且夏天的日头有时也会"太热"（too hot）。总之，自然界的夏季再长也有尽头，因为"夏天拥有的时日也转瞬既过"，"千芳万艳都终将凋零飘落，/被时运天道之更替剥尽红颜"；"但你永恒的夏天将没有止境"，因为"你"的青春美貌将永存于我的诗中，"只要有人类生存或人有眼睛，/我的诗就会流传并赋予你生命。"如果说莎翁的十四行诗是英诗中的王冠，那么第 18 首则可谓这顶王冠上的明珠，其联想恣意汪洋，比喻新颖贴切，语音起伏跌宕，节奏张弛有度。全诗既精雕细琢，又语出天成，如第 13 行 "So long as men can breathe or eyes can see" 会使人想到英语谚语 "As good as one shall see in a summer's day (summer's days being long, with lots of time for looking ②)"，而第 1 行末的 "summer's day" 又自然引出第 3 行末的 "buds of May"。由此我们还可以体味到，诗人用 "buds of May" 并非为了强调五月，而是要用 May 与 day 押韵。综上所述，"五月娇蕾"与"夏日"不仅不矛盾，而且有助于表现整个语篇连贯、统一、和谐的艺术特征。

① Francis Bacon, *Essays and New Atlantis*, New York: Walter J. Black, Inc., 1942, p. 191.

② John Kerrigan, *William Shakespeare: The Sonnets and A Lover's Complaint*, p. 196.

# 四、中古英语不等于早期现代英语

众所周知，莎士比亚使用的是早期现代英语，而非中古英语。可《"或许我可以将你比作春日？"——对莎士比亚第 18 首十四行诗的重新解读》一文为了证明莎翁十四行诗中的summer指代的是"春天"，却用了大量中古英语诗歌作为证据，这实在有点令人费解。按理说，要证明莎诗中的summer指代的是"春天"，《"或许我可以将你比作春日？"——对莎士比亚第 18 首十四行诗的重新解读》作者最需要做的并非这种历时的语言演变研究，而是共时的互文比较，因为中古英语并不等于早期现代英语。我们知道，中古英语时期是古英语转变成早期现代英语的过渡时期，这一时期从公元 1100 年延续至 1500 年；[1]而对早期现代英语时期的延续时间有两种看法，有学者认为是从 1500 年至 1600 年，有学者认为是从 1500 年到 1650 年左右。[2]但不管早期现代英语何时演变成今天的现代英语，中古英语都是在 15 世纪末就完成了向早期现代英语的演变，我们要确定summer、spring等能指在莎士比亚十四行诗中的具体所指，除了细读莎士比亚的文本之外，最有效的做法就是将其与伊丽莎白时代其他诗人的文本进行比较。维特根斯坦说："词语的意义在于词语在语言中的应用。"[3]而笔者历来以为"语言应用中产生的词语的意义应该指一种语言文化对该语言文化中应用的词语之语意共识"。[4]那么，在早期现代英语时期英国人的语意共识中，summer和spring所指的到底是哪个季节呢？

《"或许我可以将你比作春日？"——对莎士比亚第 18 首十四行诗的重新解读》作者认为，在早期现代英语已流行约 100 年之后，莎士比亚"还不太肯定读者是否会把这个代表'春天'的名词跟其他形式相同但意义迥异的动词、

① 李赋宁：《英语史》，北京：商务印书馆，1999 年，第 94 页。
② 李赋宁：《英语史》，北京：商务印书馆，1999 年，第 205 页。
③ Ludwig Wittgenstein, *Philosophical Investigations*, Eng. trans. by G. E. M. Anscombe, Oxford: Basil Blackwell, 1953, p. 20e.
④ 曹明伦：《翻译之道：理论与实践》，保定：河北大学出版社，2007 年，第 122 页。

形容词和名词混淆起来"，所以往往会在spring这个名词前加定冠词。笔者认为此说十分牵强，因为有人会问：为什么与莎士比亚同时代的其他诗人就不怕读者把spring与其他同形异义的词相混淆呢？且看：

Spring, the sweet spring, is the year's pleasant king;

Then blooms each thing, then maids dance in a ring,

Cold doth not sting, the pretty birds do sing:

Cuckoo, jug-jug, pu-we, to-witta-woo! …[①]

春，甜美之春，四季之欢乐之君，

其时繁花满树，姑娘们围圈起舞，

轻寒而不冷森，处处有雀鸟啼鸣，

啾啾，啁啁，嘤嘤，呖呖，咕咕！……

这是托马斯·纳什（Thomas Nash, 1567—1601）那首脍炙人口的*Spring*（《春》）之第一小节，这首诗从标题到内文都没有在spring前加定冠词，可难道有人会怀疑诗中描写的不是英格兰的春日景象。

我们知道，虽说是怀亚特爵士（Sir Thomas Wyatt, 1503—1542）和萨里伯爵（Henry Howard, Earl of Surrey, 1517—1547）最先把十四行诗引入英国，但却是锡德尼（Sir Philip Sidney, 1554—1586）的十四行诗集《爱星者与星》（*Astrophel and Stella,* 1591）引起了伊丽莎白时代的诗人对十四行诗的狂热，使十四行诗成为英国当时最为流行的诗歌形式，"可以这么说，没有《爱星者与星》，莎士比亚也许就不会写出他的《十四行诗集》"[②]。在伊丽莎白时代所有的十四行诗中，艺术成就最高、人文思想最浓、流传最为广泛的无疑就是锡德尼的《爱星者与星》、斯宾塞的《小爱神》（*Amoretti,* 1595）和莎士比亚的《十四行诗集》（1609），它们被称为"文艺复兴时期英国文坛上流行的三大十四行组诗"。而既然锡德尼和斯宾塞的十四行诗集都比莎士比亚的更早问世，那就让我们来看看"summer's day"在他俩的诗中是指"夏天"还是指"春

---

[①] Thomas Nash, "Spring," in Helen Gardner (ed.), *The New Oxford Book of English Verse*, Oxford & New York: Oxford University Press, 1972, p. 105.

[②] James k. Lowers, *Cliffs Notes On Shakespeare's Sonnets*, p. 7.

天"。先看锡德尼的《爱星者与星》：

> That living thus in blackest winter night,
> I feele the flames of hottest sommer day.

(89:13-14)①

> 哪怕在伸手不见五指的严冬寒夜，
> 我也感觉到骄阳似火的夏日白天。

(89:13-14)②

再请看斯宾塞的《小爱神》：

> Lykest it seemeth in my simple wit
> Unto the fayre sunshine in somer's day,
> That when a dreadfull storme away is flit,
> Thrugh the broad world doth spred his goodly ray:

(40:4-7)③

> 对于我这智穷才竭的笨人来说，
> 那微笑我只能比作夏日的阳光；
> 当一场可怕的暴风雨刚刚经过，
> 它便为这广袤的世界洒下光芒。

(40:4-7)④

　　从以上引文我们可以看出，虽然锡德尼和斯宾塞的拼写还有中古英语的痕迹，分别把"summer"拼作"sommer"和"somer"，但作为能指，其所指无疑都是介于春天和秋天之间的那个季节。因为显而易见，只有在夏季才会感觉到"骄阳似火"（the flames），只有在夏季才会有"可怕的暴风雨"（dreadfull storme）。由此可见，关于summer这个词的具体意义，至少伊丽莎白时代那些使用早期现代英语的诗人已经达成了语义共识。因此我们可以肯定地说，莎士

---

① Maurice Evans (ed), *Elizabethan Sonnets*, Totowa: Rowan and Littlefield, 1977, p. 50.

② 译文参见拙译《爱星者与星——锡德尼十四行诗集》，保定：河北大学出版社，2008年，第24页。

③ J. C. Smith and Ernest de Sélincourt(eds.), *The Poetical Works of Edmund Spenser*, London & New York: Oxford University Press, 1947, p. 569.

④ 译文参见拙译《小爱神——斯宾塞十四行诗集》，合肥：安徽文艺出版社，1998年第2版，第40页。

比亚十四行诗第 18 首中的summer也确指夏天，因为只有在夏天人们才会感到
"太热"（too hot）。

## 五、结　　语

综上所述，我们也可以得到这样一点启示：对于文学作品的解读和评论，
我们既不可仅仅满足于对其字面意义的理解，亦不可仅仅满足于对其历史语境
和文化语境的探究。我们今天强调历史语境和文化语境在文学研究、文学评论
和文学翻译中的重要性，但我们别忘了列维说过："更广阔的语境包括原作者
的整本书，原作者的全部作品，甚至原作者所处时代的文学风尚等等。"[1]如
果说"原作者所处时代的文学风尚"就是我们今天特别重视的历史语境和文化
语境，那么"原作者的整本书"就可谓语篇语境，而"原作者的全部作品"则
堪称文本语境，在解读和翻译莎士比亚的十四行诗时，我们不能因注重语篇语
境和文本语境而忽略了历史语境和文化语境；而在研究和评论这些诗时，我们
也不能因重视历史语境和文化语境而忽略了语篇语境和文本语境。

如果评论家在重视历史语境和文化语境的同时也重视语篇语境和文本语境，
就会理解翻译家们为什么都坚持把莎士比亚十四行诗第 18 首中的summer翻译成
"夏天"，就会明白他们为什么"对这一传统解读深信不疑"，就会想到翻译家
们不仅要让这首诗的上文与下文"衔接"，还得让这首诗与诗集中其他 153 首诗
在整个语篇中形成"连贯"；甚至进一步想到，翻译家要翻译的不仅仅是诗中的
summer，若把summer译成春天，那spring他们该怎么译呢？而且有的翻译家（如
梁实秋）不仅翻译莎诗，还翻译莎剧，如果把莎诗中的summer译成"春天"，那
莎剧中的*A Midsummer Night's Dream*是不是该译成《仲春夜之梦》呢？

总而言之，文学评论（尤其是诗歌评论）的根本还在于细读所评论的作品
本身。尽管新批评理论如今已不新鲜，但其精读文本、穷究词义的精神我们不
可轻易丢弃。

（原载《外国文学评论》2008 年第 3 期）

---

[1] Jiří Levý, "Translation as a Decision Process," (1967), in Lawrence Venuti (ed.), *The Translation Studies Reader*,
London & New York: Routledge, 2000, p. 151.

# 爱伦·坡作品在中国的译介
## ——纪念爱伦·坡 200 周年诞辰①

**【内容提要】** 爱伦·坡（1809—1849）在世时也许是最不被人理解的作家，但随着时间的推移，他作品的真正价值终于为他赢得了声誉，如今世人把他尊为侦探小说的先驱、科幻小说的奠基人、恐怖悬念小说大师、超凡绝伦的天才作家。爱伦·坡作品在中国的译介始于 20 世纪初，经历了零篇译介、系统译介和重译本层出不穷三个阶段。本文回顾了爱伦·坡作品在中国的译介过程，分析了各阶段译本的优劣得失，揭示了译介中存在的一些问题。作者希望在这位天才作家 200 周年诞辰来临之际，他曾生活过的这个世界有更多人成为他愿意花一个世纪来等待的读者。

## 一、引　　言

爱伦·坡（1809—1849）在世时也许是最不被人理解的作家，但随着时间的推移，他作品的真正价值终于为他赢得了声誉。如同欧文、库珀、梭罗、霍桑等美国文豪的大名一样，爱伦·坡这个名字对今天的中国读者也早已是耳熟能详，不仅文学院和英文系的学生为写论文而研读他的作品，而且一般文学读者中也有不少他的"粉丝"②。如今的中国读者不仅知道"是爱伦·坡首创了推理侦探小说这种文学形式"③，而且还知道"他是真正意义上的科幻小说之父"④，知道"他与现代主义和后现代主义有亲缘关系"⑤，因此笔者赞成这样

---

① 爱伦·坡于 1809 年 1 月 19 日在波士顿出生，1849 年 10 月 7 日在巴尔的摩去世。

② 活跃在互联网上的"爱伦·坡贴吧"<http://tieba.baidu.com/f?kw=%B0%AE%C2%D7%C6%C2> 和"爱伦·坡小组"<http://www.douban.com/group/11909/> 等网络读者群体足以证明这一事实。

③ Julian Symons, *The Tell-Tale Heart: The Life and Works of Edgar Allan Poe*, London: Faber & Faber, 1978, p. 221.

④ J. R. Hammond, *An Edgar Allan Poe Companion*, London & Basingstoke: Macmillan Press Ltd., 1981, p. 132.

⑤ 埃利奥特：《哥伦比亚美国文学史》，朱通伯等译，成都：四川辞书出版社，1994 年，第 219 页。

一种论断："对于任何层次的读者，爱伦·坡的声誉都比他同时代的任何美国作家更为稳固，唯一的例外可能只有马克·吐温"①。然而，爱伦·坡之文学声誉在中国的建立并非一日之功，而是经历了整整一个世纪的漫长过程，经历了零篇译介、系统译介和重译本层出不穷三个阶段。在爱伦·坡 200 周年诞辰来临之际，笔者拟对其作品在中国的译介过程进行一番回顾和梳理，以祭奠这位天才作家的在天之灵。

# 二、零篇译介阶段

据现有资料考证，中国对爱伦·坡作品的译介始于清光绪乙巳年（1905年），中国翻译爱伦·坡作品的第一人是周作人（1885—1967），而被译介到中国的第一篇爱伦·坡作品则是其翻译的《玉虫缘》（The Gold-Bug, 今译《金甲虫》）。《玉虫缘》初版版权页有如下记载：书名"玉虫缘；著者：美国安介坡；译述者：会稽碧罗；润辞者：常熟初我；印刷所：日本翔鸾社；发行所：上海小说林；乙巳五月初版；定价三角"②。该书卷首有署名"萍云"的《绪言》，卷末有译述者碧罗的《附识》。据《知堂回想录——周作人自传》记述，"萍云"和"碧罗"均为周作人当时用的笔名③。周作人乙巳年正月十四日之日记云："译美国坡原著小说山羊图竟，约一万八千言。"④同年二月二十九日日记又云："接初我廿六日函，云山羊图已付印，易名玉虫缘。"⑤由此我们得知，周作人最初把 The Gold-Bug 翻译成了《山羊图》⑥，《玉虫缘》这个书名乃该书润辞者（小说林社创办人）丁祖荫（1871—1930，号初我）所拟，这个书名是"根据原名而定的，本名是《黄金甲虫》……因为当时用的是日本

---

① Nina Baym et al., *The Norton Anthology of American Literature* (2nd Edition), *Vol. I*, New York & London: W.W. Norton & Company, Inc., 1985, p. 1318.

② 安介坡：《玉虫缘》，碧罗译述，东京、上海：翔鸾社，1905 年。

③ 周作人：《知堂回想录——周作人自传》，兰州：敦煌文艺出版社，1998 年，96 页。

④ 周作人：《知堂回想录——周作人自传》，第 93 页。

⑤ 周作人：《知堂回想录——周作人自传》，第 94 页。

⑥ 原因应该是小说中有这样的情节，即那张用来包甲虫的羊皮纸经炉火烘烤后显露出了山羊图形（暗示藏宝人 Kidd 的名字）和寻宝密码。

的《英和辞典》，甲虫称为玉虫"①。

是年 20 岁的周作人译《玉虫缘》可谓跟风，因为当时中国人翻译国外侦探小说可谓"风起云涌……而当时译家，与侦探小说不发生关系的，到后来简直可以说是没有"②，当时"究竟翻译了多少部侦探小说，至今尚未有完全的统计，保守的估计当在 400 部（篇）以上"③。周作人后来在谈及翻译《玉虫缘》时也承认："在翻译的时候，华生包探案却早已出版，所以我的这种译书，确实受着这个影响的"。④

这种影响还见于当时的其他译家，所以中国人早期译介的爱伦·坡作品多为侦探小说。如钱塘名士陈蝶仙⑤等翻译了坡的《母女惨毙》《黑少年》《法官情简》《骷髅虫》⑥，结集为《杜宾侦探案》。该书初版版权页有如下记载：书名"杜宾侦探案（全一册）；著者：美国爱伦浦；译述者：常觉、觉迷、天虚我生；阅者：董哲香；印刷所：中华书局；总发行所：上海中华书局；民国七年一月发行；定价银二角五分"⑦。周瘦鹃所译《欧美名家短篇小说丛刊》（1917）中的《心声》（"The Tell-Tale Heart"，今译《泄密的心》）虽然严格说来是心理分析小说，但由于小说中也出现了凶杀和警察，在当时也被列入侦探小说之类。有学者考证，这篇小说是"当时爱伦·坡的小说在中国充溢数量最多的，达五六次之多"⑧，除周瘦鹃外，沈雁冰也翻译过这篇小说，其篇名仍译作《心声》，于 1920 年 9 月发表在《东方杂志》第 17 卷第 18 号上。当时钱歌川也译有爱伦·坡的作品，他在 1929 年 2 月为其翻译的《黑猫》所撰的"译者的话"中说："我虽然从 1923 年以来，就有意迻译，可是因为自

---

① 周作人：《知堂回想录——周作人自传》，第 94 页。

② 阿英：《晚清小说史》，北京：人民文学出版社，1980 年，第 186 页。

③ 郭延礼：《中国近代翻译文学概论》（修订本），武汉：湖北教育出版社，2005 年，124 页。

④ 周作人：《知堂回想录——周作人自传》，第 95 页。

⑤ 陈蝶仙（1879—1940），原名寿嵩，字昆叔，后改名栩，字栩园，号蝶仙，以笔名"天虚我生"活跃于晚清民初之文坛。

⑥《母女惨毙》即 The Murders in the Rue Morgue（今译《莫格街凶杀案》），《黑少年》即 The Mystery of Marie Rogêt（今译《玛丽·罗热疑案》），《法官情简》即 The Purloined Letter（今译《被窃之信》），《骷髅虫》即《金甲虫》。

⑦ 爱伦浦：《杜宾侦探案》，常觉等译述，上海：中华书局，1918 年。

⑧ 苏煜：《鲁迅与爱伦·坡》，《鲁迅研究月刊》2002 年第 9 期，第 57 页。

己的疏懒，又加以原文的难解，就一直拖到现在。"①钱译《黑猫》依次收《红死的假面》《黑猫》《椭圆形的肖像》这 3 篇小说，以英汉对照本的形式出版。1938 年，伍光建翻译的《普的短篇小说》也以英汉对照的形式出版，也收爱伦·坡小说 3 篇，依次是《会揭露秘密的心脏》（即《泄密的心》）、《深坑与钟摆》、《失窃的信》。②

周作人除翻译《玉虫缘》外，还译过爱伦·坡的 "Silence—A Fable"，其译文篇名为《默》（今译《静——寓言一则》），收入与其兄鲁迅合译、于 1909 年在东京出版的《域外小说集》。周瘦鹃译的《欧美名家短篇小说丛刊》中也收有这篇作品，篇名为《静默》。值得在此指出的是，《中国翻译简史》所说的 "鲁迅和周作人译过爱伦坡（A. Poe）的《妻》"③恐系抄录时之笔误。坡的作品中没有以《妻》为名的篇什。

在这一时期，除了小说之外，坡的其他体裁的作品在中国也有所译介。1925 年 4 月，上海商务印书馆出版了《小说月报》发表了林孖编辑、翻译的《诗的原理》④（"The Poetic Principle"，今译《诗歌原理》）。同年 9 月，由吴宓、梅光迪和胡先骕等人创办的《学衡》第 45 期发表了顾谦吉翻译的爱伦·坡的名诗 "The Raven"，译诗篇名为《阿伦坡〈鹏鸟吟〉》（今译《乌鸦》）。

从以上梳理可以看出，此阶段译介的爱伦·坡作品虽篇目不多，但却类别齐全，小说、诗歌、文论均有涉猎。令人惊叹的是，当时中国学人对爱伦·坡的认识已相当到位。周作人在其所译《玉虫缘》之"例言"中就说："坡少负隽才……其诗文惨怪哀感，为一时所欢迎。顾天不永年。殊亦长吉鬼才之俦也……闻其所作大鸦之诗及泻梨（酒名）之酒桶（按：即《乌鸦》和《一桶蒙特亚白葡萄酒》）等篇尤奇异，惜未得见。"⑤陈蝶仙在《杜宾侦探案》之"序"中称爱伦·坡"能诗……足与俄文豪蒲希根抗衡……而为小说，尤富奇想"⑥。钱

① 亚伦坡：《黑猫》，钱歌川译注，上海：中华书局，1935 年，第 ii 页。

② 普：《普的短篇小说》，伍光建译述，上海：商务印书馆，1938 年。

③ 马祖毅：《中国翻译简史——"五四"以前部分》（增订版），北京：中国对外翻译出版公司，2001 年，第 421 页。

④ 林孖（译），《诗的原理》，上海：商务印书馆，1925 年，第 1–44 页。

⑤ 安介坡：《玉虫缘》，第 1 页。

⑥ 爱伦浦：《杜宾侦探案》，第 1 页。

歌川在其所译《黑猫》之"译者的话"中说："他的诗是独步的，而他的散文，却是独创的。"①《学衡》主编吴宓为顾谦吉翻译的《阿伦玻鹏鸟吟》写的编者识语曰："坡氏之文与诗，具有仙才，亦多鬼气。"②1926年，时任《小说月刊》主编的郑振铎在该刊第17卷第12期上发表《美国文学》一文，论及爱伦·坡时曰："坡是美国文坛最怪的人物……'本质上是个诗人，小说、评论诗意盎然'。"③这些评价今天看来也非常中肯。

# 三、系统译介阶段

中国人较系统地译介爱伦·坡比法国人晚了80余年④，但却几乎应验了坡160年前引用过的一段文字。坡在1848年6月出版的《我发现了》（*Eureka*）一书中借其主人公之口引述了开普勒《和谐之宇宙》卷五序言末段中的两句话："我不在乎我的作品是现在被人读还是由子孙后代来读。既然上帝花了6000年来等一位观察者，我可以花上一个世纪来等待读者"⑤。巧合的是，差不多正好100年后（1949年3月），中国读者第一次读到了比较系统的爱伦·坡的作品，这便是焦菊隐翻译的《海上历险记》（*The Narrative of Arthur Gordon Pym*，今译《阿·戈·皮姆的故事》）和《爱伦坡故事集》。前者是坡一生完成的唯一一部称得上长篇的小说，后者则收《黑猫》、《莫尔格街的谋杀案》、《玛丽·萝薏的神秘案》、《金甲虫》和《登龙》（Lionizing，今译《捧为名流》）共5个短篇。

国人对爱伦·坡的系统译介是随着对美国文学的系统译介一起进行的。1945年秋，时任美国驻华使馆文化参赞的费正清教授提议中美合作编译一套

① 亚伦坡：《黑猫》，第 i 页。

② 程章灿：《乌鸦与鹏鸟》，《中华读书报》2006年10月25日，第18版。

③ 谢天振、查明建：《中国现代翻译文学史（1898—1949）》，上海：上海外语教育出版社，2004年，第264页。

④ 据《法国作家词典》记载，波德莱尔于1865年向其母借款2000法郎出版他翻译的《怪异故事集》（See Jean Malignon, *Dictionnaire des écrivains français*, Paris: Éditions du Seuil, 1971, p. 52.）。

⑤ Patrick F. Quinn (ed.), *Poe: Poetry and Tales*, New York: Literary Classics of the United States, Inc., 1984, p. 1270.

介绍美国文学的丛书。在美国驻华使馆新闻处的协作下，中华全国文艺协会上海分会和北平分会自 1946 年开始组织翻译，至 1948 年底共译出 18 种（20 卷）计 500 万字，交由赵家璧和老舍筹资合办的晨光出版公司出版，作为《晨光世界文学丛书》的第一批。焦菊隐翻译的《海上历险记》和《爱伦坡故事集》即这套丛书的第 2 种和第 7 种。至此为止，译介到中国的爱伦·坡作品已达 10 余篇（部），计约 29 万字。但其后意识形态的作用对译介外国文学作品的影响日益增强，加之爱伦·坡的作品又被贴上了"内容颓废，形象怪诞，基调消极"[①]的标签，故在《海上历险记》和《爱伦坡故事集》出版后的 30 余年中，我国对爱伦·坡作品的译介几乎是一片空白。

　　随着 20 世纪 70 年代中美两国外交关系的恢复，中国对美国文学的译介出现了空前繁荣的景象。在这样一种背景下，外国文学出版社于 1982 年 8 月出版了由陈良廷和徐汝椿翻译的《爱伦·坡短篇小说集》（以下简称外文版）。该书收短篇小说 17 篇，其中《毛格街血案》《玛丽·罗热疑案》《窃信案》《金甲虫》《泄密的心》《黑猫》《红死魔的面具》《椭圆形画像》和《陷坑与钟摆》等 9 篇共计约 13 万字曾分别由周作人、周瘦鹃、陈蝶仙、沈雁冰、钱歌川、伍光建和焦菊隐等人译过，另外 8 篇（包括《丽姬娅》《瓶中手稿》和《威廉·威尔逊》等）计约 8 万字系新译。据陈良廷先生附于该书后的《爱伦·坡和他的作品》一文所述，该译本根据多个英文版本和一个俄文译本译出，翻译工作始于 20 世纪 50 年代，其间经过多次修订重译，直到"欣逢春回大地"时才得以出版[②]。正是因为这个三十年磨一剑的过程，加之二位译者学识相当，文风相近，这个译本堪称名著名译。对新时期的中国读者而言，不少人都是从这个译本开始认识爱伦·坡的。

　　1993 年 5 月，湖南文艺出版社出版了由唐荫荪、邓英杰和丁放鸣三人翻译的《爱伦·坡短篇小说选》，该书共收小说 31 篇[③]，其中 16 篇计约 15 万字有前人旧译，其余 15 篇计约 12 万字为首次译介。值得称道的是，这个译本不仅重译了前人译过的一些推理侦探小说和死亡恐怖小说，还选译了几篇坡的幽

---

① 张英伦等：《外国名作家传》（中册），北京：中国社会科学出版社，1979 年，第 242 页。

② 爱伦·坡：《爱伦·坡短篇小说集》，陈良廷、徐汝椿译，北京：外国文学出版社，1982 年，第 367 页。

③ 该书目录为 32 篇，系把《如何写布莱克伍德式文章》之附篇《困境》单独列为了一篇。

默讽刺小说，其中除《名人生活片断》（即《捧为名流》）曾由焦菊隐译过外，其余均是第一次译介。美中不足的是，三位译者的译笔不甚协调，译文质量显得参差不齐，出现了一些不该出现的严重误译，如将Pestis eram vivus—moriens tua mors ero（吾生乃汝祸——吾死亦汝亡）这句拉丁语译成了"瘟疫盛行，尸横遍野"，把Ce grand malheur vient de ne pouvoir étre seul（不幸起因于不能承受孤独）这句法语译成了"祸不单行"，甚至把插入小说的两行英文诗For he that flies nay fight again,/ Which he can never do that's slain（逃走的可以重返疆场，死去的再也不能战斗）译成了"会飞的他要重新战斗，但绝不会滥杀无辜"，等等。①

1995 年 3 月，生活·读书·新知三联书店出版了由曹明伦翻译的《爱伦·坡集：诗歌与故事》。该书所据原版为The library of America（美国文库）中的 *Edgar Allan Poe: Poetry and Tales*，由著名爱伦·坡专家、威尔斯利学院的奎因教授（Prof. Patrick F. Quinn）编纂，于 1984 年出版，是迄今为止最具权威性的版本之一。原书共 1408 页，收入了爱伦·坡一生创作的全部文学作品，计有诗歌 63 首及一部未写完的诗剧（共 3205 行）、中短篇小说 68 篇（含残稿《灯塔》）、散文 4 篇、长篇小说 2 部（含 4.8 万字的未完稿《罗德曼日记》），以及长达 7 万字的哲理散文《我发现了》，此外还附有详尽的作者年表和版本说明。曹译《爱伦·坡集：诗歌与故事》分上下两卷共 1520 页，计 107 万字（诗歌部分亦按版面字数计算），是迄今为止最完整的爱伦·坡作品中译本，其中 62% 的内容为国内首次译介。由于该书是一个中美签约项目，美方要求对原书内容不得有任何增减，甚至连译者加注也受限制，加之该书从签约到出书只有两年半时间，所以尽管这个译本在整体上尽得坡之精髓，但在一些细节上也留下了遗憾。鉴于此，译者从《爱伦·坡集：诗歌与故事》中精选出 60 万字加以修订，并补充了《创作哲学》和《诗歌原理》两篇文论，以《爱伦·坡精品集》为名，分上下两册于 1999 年 4 月由安徽文艺出版社出版。此前四川人民出版社从曹译本中选出 13 篇讽刺幽默小说，结集为《爱伦·坡幽默小说集》于 1998 年 4 月出版。其后北京燕山出版社也根据曹译本选编了《怪异故

---

① 分别见湖南文艺出版社 1993 年版《爱伦·坡短篇小说选》第 1、157、104 页。

事集》，收入该社的"世界文学文库"丛书于 2000 年出版发行，并于 2006 年和 2008 年分别推出修订后的第 2 版和第 3 版。至此，爱伦·坡作品在中国的系统译介基本告一段落。

# 四、重译本出版阶段

从 20 世纪最后两年到 21 世纪以来，随着中国读者对爱伦·坡作品的兴趣越来越浓，国内译者对翻译爱伦·坡作品的热情也空前高涨并经久不衰。但由于爱伦·坡的文学作品早已全部译介给了中国读者，所以近年翻译出版的译本均为重译本，而且各版本内容大多集中于坡的 20 余篇死亡恐怖小说和推理侦探小说。

据不完全统计，近 10 年来有 20 余个新译本问世，平均每年两种以上。按出版时间先后有：雷格翻译的《神秘及幻想故事集》（外语教学与研究出版社 1998 年 1 月出版）、刘象愚翻译的《爱伦·坡精选集》（山东文艺出版社 1999 年 9 月出版）、王敏华翻译的《金甲虫——推理和幻想故事集》（上海译文出版社 1999 年 12 月出版）、朱璞瑄翻译的《爱伦坡的诡异王国——爱伦坡惊悚短篇杰作选》（中国对外翻译出版公司 2000 年 1 月出版）、熊荣斌等翻译的《丽姬娅》（武汉测绘科技大学出版社 2000 年 1 月出版）、马爱农翻译的《爱伦·坡短篇小说选（英汉对照）》（外文出版社 2001 年 1 月出版）、肖明翰翻译的《爱伦·坡哥特小说集》（四川人民出版社 2001 年 9 月出版）、刘万勇翻译的《红死——爱伦·坡恐怖侦探小说集》（新华出版社 2002 年 1 月出版）、方军改译的《怪异故事集——世界文学名著宝库青少版》（上海人民美术出版社 2002 年 5 月出版）、高玉明等翻译的《毛格街凶杀案——爱伦·坡作品精选》（文化艺术出版社 2002 年 8 月出版）、刘姗姗翻译的《莫尔格街凶杀案》（外语教学与研究出版社 2003 年 9 月出版）、詹宏志编译的《黑猫》（河北教育出版社 2003 年 1 月出版）、赵苏苏翻译的《莫格街凶杀案》（群众出版社 2004 年 1 月出版）、王美凝翻译的《经典爱伦坡悬疑集》（辽宁教育出版社 2005 年 1 月出版）、康华翻译的《经典爱伦坡惊悚

集》（辽宁教育出版社 2005 年 1 月出版）、苏静翻译的《神秘和想象故事》
（明天出版社 2005 年 2 月出版）、刘象愚翻译的《厄舍府的崩塌》（解放军
文艺出版社 2005 年 3 月出版）、朱丽萍翻译的《爱伦·坡短篇小说集（英汉
对照版）》（中国电力出版社 2005 年 6 月出版）、张冲/张琼翻译的《摩格街
谋杀案——爱伦·坡小说选》（上海译文出版社 2005 年 7 月出版）、王星编
译的《爱伦·坡短篇小说精选（英汉对照）》（大连理工大学出版社 2005 年
11 月出版）、王敏/时静翻译的《爱伦·坡短篇小说集》（长江文艺出版社/湖
北人民出版社 2006 年 12 月出版）、刘华文翻译的《神秘幻想故事集》（商务
印书馆 2007 年 3 月出版）、赵苏苏翻译的《杜宾探案——失窃的信》（群众
出版社 2008 年 1 月出版）、孙法理翻译的《爱伦·坡短篇小说选》（译林出
版社 2008 年 1 月出版）和罗忠诠/李罗鸣翻译的《莫格街谋杀案》（四川文艺
出版社 2008 年 5 月出版）等。

重译文学名著的必然性和必要性毋庸置疑，因为"真正的名著应该提倡重
译。要是两个译本都好，我们可以比较研究他们的翻译方法，对于提高翻译质
量很有好处"①。譬如从总体上看中国的英美文学翻译，"拿新时期的优秀译
作和建国 17 年的优秀译作相比，新时期的很多译作在对原作的理解上，在对
翻译理念的把握上，以及在语言运用的时代感上，都有明显的进步和提高"②。
上列爱伦·坡作品的重译本中就不乏优秀译本，有的为先前的译本拾遗补阙，
勘谬正误，有的则彰显译者个人的审美情趣和文学性格。但令人遗憾的是，这
些重译本中也存在一些不规范、不和谐、不科学的现象，"更有甚者，有人打
着翻译的幌子，实则使出'剪刀加糨糊'的伎俩，大行剽窃之事；还有的书商
请来几个粗通外语甚至不懂外语的人，将别人的现成译本交给他们，对行文稍
作若干改动，买个书号就推出'新译本'"③。上列王敏、时静"翻译"的《爱
伦·坡短篇小说集》就是这样的"新译本"之一，连普通读者都能看出抄袭太

① 茅盾：《茅盾译文选集序》，见中国翻译工作者协会：《翻译研究论文集（1949—1983）》，北京：外语教学
　与研究出版社，1984 年，第 19 页。
② 孙致礼：《新时期我国英美文学翻译水平之我见》，《中国翻译》2008 年第 3 期，第 49 页。
③ 孙致礼：《新时期我国英美文学翻译水平之我见》，第 49 页。

严重了。"抄袭曹译版，非常明显"①；"感觉许多句子像在翻版曹明伦先生的翻译……例如'历史悠久的中国小说《儒教礼》'，我想这个翻译恐怕已经不应该出现在新译的书里面了吧！原文此处是Ju-Kiao-Li"。② 有趣的是，笔者当年翻译爱伦·坡时，的确不知他提及的"The venerable Chinese novel *Ju-Kiao-Li*"中的 Ju-Kiao-Li 本该拼作 Iu-Kiao-Li，是法国汉学家雷米萨（Jean-Pierre Abel-Rémusat, 1788—1832）翻译的《玉娇梨》之法文书名，于是笔者在无奈之下来了个"创造性叛逆"，按其谐音杜撰了《儒教礼》这个书名，没想到王敏、时静二位"译者"对这类"防伪标记"也照抄不误③。

　　除上述原创性译本和重译本之外，国内还有一个非常特殊的爱伦·坡译本，这就是人民文学出版社于 1998 年 2 月出版的《爱伦·坡短篇小说集》（以下简称人文版）。说这个译本特殊，是因为将来的版本学家或中国翻译史撰写者肯定会为这个译本的版本历史感到纳闷儿。该书版权页称其初版于 1982 年 8 月，可读者绝不可能找到人民文学出版社 1982 年的版本。有人也许知道该社部分图书以外国文学出版社副牌出版，从而以为这个人文版即上文提及的外文版，但问题是这两个版本有诸多不同：就篇目而言，1982 年外文版只有 17 篇，而 1998 年人文版却有 33 篇，后者的篇目几乎是前者的两倍；就字数而论，外文版只有 21 万余字，人文版却有 37 万余字，增加了整整 16 万字；而从译者署名来看，外文版只有陈良廷和徐汝椿两位译者，人文版的译者署名中则多出了该社一位编辑的名字；此外新增 16 万字译文的风格与陈徐二位的文笔大相径庭，倒与三联版的译文风格非常相似。有人也许会说这个人文版是外文版的增订本，但问题是人文版对此非但没做任何说明，反而在其"前言"中将外文版原来关于版本根据和翻译过程的内容统统删掉，而且为了造成人文版选译的篇目都是原创性翻译的印象，还故意篡改历史，把陈良廷先生 1981 年 4 月写的"建国以来还没有人作过较有系统的翻译介绍或研究"这句话改成了"真正系统的翻译和研究，近年才开始"。尤其令人困惑的是，1998 年人文版"前言"的执笔者仍是陈良廷，而陈良廷早在 1981 年就说过"我们在五十年代就

① 参见"爱伦·坡吧"，http://tieba.baidu.com/f?kz=464383714。
② 参见"爱伦·坡吧"，http://tieba.baidu.com/f?kz=150491921。
③ 参见长江文艺出版社/湖北人民出版社 2006 年出版的王敏、时静（译）:《爱伦·坡短篇小说集》第 109 页。

有志于此，这个译本大部分是当年的试译……经过多次修订重译……重新修订……为方便读者对坡的一生和作品有个较系统的了解"①之类的话。

"一个时代的艺术风尚制约着翻译家的审美趣味，并最终在译作中打上深刻的烙印。"②我们很难想象，若百年后的学者据人民文学出版社 1998 年出版的 1982 年版进行版本研究，会从译作中发现什么样的审美情趣和时代烙印。他们也许会发现中国历史上曾有一位翻译天才，16 岁就翻译出版了 16 万字的爱伦·坡作品，甚至会以为三联版《爱伦·坡集》有抄袭人文版《爱伦·坡短篇小说集》之嫌。颇具讽刺意义的是，爱伦·坡笔下有美国人因当小报编辑而顺便在 15 岁时就成了与但丁齐名的文坛大家（《森格姆·鲍勃先生的文学生涯》），今天也有中国人因后来当了出版社编辑而顺便在 16 岁时就成了翻译爱伦·坡的译坛高手。笔者以为，用爱伦·坡当年口诛笔伐的非正当手段来炮制此类爱伦·坡译文集，这不仅是对这位天才作家的亵渎，而且也是对译文读者的极端不尊重。

# 五、结 语

上文说爱伦·坡作品在中国的系统译介已基本告一段落，这并非指他的作品已全部译介给了中国读者，而是说他的全部诗歌小说都有了中文译本。爱伦·坡不仅是诗人、小说家，还是杰出的文艺评论家，他一生不仅写了上文所提及的诗歌、小说和散文，还写了大量的文学随笔和文艺评论，这些随笔和评论由普渡大学的汤普森教授（Prof. G. R. Thompson）编纂为《爱伦·坡集：随笔与评论》（*Edgar Allan Poe: Essays and Reviews*），作为《爱伦·坡集：诗歌与故事》的姊妹卷于 1984 年出版。该书厚达 1544 页，其中只有少量篇什（如《创作哲学》《诗歌原理》《致B的信》等）被翻译成了中文。由此可见，爱伦·坡作品在中国的译介还有很多工作要做，对翻译爱伦·坡作品怀有热情的译者来说，前方还有一大片处女地等待开垦。著名作家李锐在接受采访时说：

---

① 爱伦·坡：《爱伦坡短篇小说集》，第 367 页。
② 陈平原：《二十世纪中国小说史（1897—1916）》，北京：北京大学出版社，1989 年，第 40 页。

"文学史只尊重独创者。"①这句话对译者应不无启发。虽然文学翻译史不仅仅尊重原创性翻译，但原创性翻译肯定始终都会受到尊重。

在爱伦·坡 200 周年诞辰来临之际，我们不仅希望这个世界有更多人成为他愿意花一个世纪来等待的读者，而且也希望有更多的译者把译介爱伦·坡视为一种事业、一项使命，肩负起更多的道义义务和历史责任。但愿若干年后，当我们再次总结爱伦·坡作品在中国的译介历程时，那份总结所展示的历程会比今天所展示的更为规范、更为和谐、更为科学；当我们再次祭奠这位天才作家时，那份祭品会比今天这份更加纯洁、更加卫生，并包含更多虔敬。

（原载《中国翻译》2009 年第 1 期）

---

① 木叶、李锐：《文学史只尊重独创者》，《文汇读书周报》2008 年 9 月 5 日，第 5 版。

# 弗罗斯特诗歌在中国的译介

## ——纪念弗罗斯特逝世 50 周年①

**【内容提要】** 罗伯特·弗罗斯特（Robert Lee Frost, 1874–1963）被称为"美国诗人中最纯粹的诗人""20 世纪美国最优秀的诗人""美国诗歌新时代的领袖""美国最受爱戴的严肃诗人"。弗罗斯特及其诗作在中国的译介始于 20 世纪 20 年代。为纪念这位"真正被世界公认的最杰出诗人"逝世 50 周年，本文据翔实的历史资料追述了弗罗斯特及其诗歌在中国的译介历程，分析了他的诗歌特点，总结了各中文译本的优劣得失，并对未来的弗诗翻译提出了三点建议。

# 一、引　言

从 1913 年出版第一本诗集《少年的心愿》开始，在其生前身后的整整一个世纪，弗罗斯特（1874—1963）被称为"美国诗人中最纯粹的诗人"②"20世纪美国最优秀的诗人"③"美国诗歌新时代的领袖"④"美国最受爱戴的严肃诗人"⑤。T.S.艾略特 1957 年在伦敦向弗罗斯特祝酒时说："诗中有两种乡土感情，一种使其诗只能被有相同背景的人接受……另一种则可以被全世界的人接受，这就是但丁对佛罗伦萨的感情、莎士比亚对沃里克郡的感情、歌德对莱茵

---

① 弗罗斯特于 1874 年 3 月 26 日在旧金山出生，1963 年 1 月 29 日凌晨在波士顿逝世。

② Robert E. Spiller, *The Cycle of American Literature*, New York, Toronto & London: The New American Library, 1956, p. 181.

③ Cunliffe Marcus, *The Literature of the United States*, Baltimore: Penguin Books Ltd., 1967, p. 263.

④ Louis Untermeyer, *New Enlarged Anthology of Robert Frost's Poems*, New York: Washington Square Press, 1971, p. 10.

⑤ Nina Baym et al., *The Norton Anthology of American Literature* (2nd Edition), *Vol. II*, New York & London: W.W. Norton & Company, Inc., 1985, p. 1002.

兰的感情、弗罗斯特对新英格兰的感情。"①证之以弗罗斯特在中国的译介和接受，艾略特此言可谓不谬。弗罗斯特在中国的译介已有 89 年历史，其诗作的中文译文已入编语文教科书。在这位诗人逝世 50 周年纪念日来临之际，笔者谨对其诗作在中国的译介情况作一番回顾，对其诗歌特点及其汉译之得失作一番分析，对其诗歌在中国的译介前景作一番展望，以纪念这位"真正被世界公认的杰出诗人"②。

## 二、弗罗斯特及其诗歌在中国的译介述略

弗罗斯特在中国的译介历程可大致分为三个阶段，一是从 1924 年至 1949 年，二是从 1980 年至 1992 年，三是从 20 世纪末至今。

据现有资料考证，中国介绍弗罗斯特的第一人是毕树棠（1900—1983）。1924 年，在弗罗斯特成名仅 11 年之后，毕树棠在朱天民主编的《学生杂志》第 11 卷第 11 期上发表了《现代美国九大文学家述略》一文，其中用 900 字的篇幅介绍了弗罗斯特③的身世及其当时已出版的三本诗集：《童志诗》（*A Boy's Will*，今译《少年的心愿》）、《北波士顿》（*North of Boston*，今译《波士顿以北》）和《山间集》（*Mountain Interval*，今译《山间低地》），并称弗罗斯特的诗歌风格是"新旧式并作"④。1928 年，梁实秋在顾仲彝主编的《秋野》月刊第 5 期发表《佛洛斯特的牧诗》一文，文中称弗罗斯特的诗"所表现的乃是'诗的写实主义'"⑤。1929 年，陈勺水在《乐群月刊》第 1 卷第 6 期上发表了他翻译的美国诗评家昂特迈耶（Louis Untermeyer, 1885—1977）的长文《现代美国诗坛》，文中重点介绍了弗罗斯特的《波士顿以北》，说："在这

① Richard Poirier and Mark Richardson, *Robert Frost: Collected Poems, Prose and Plays*, New York: Literary Classics of the United States, Inc., 1995, p. 952.

② Robert Graves, "Introduction to In the Clearing," in Robert Frost, *In the Clearing*, New York: Holt Rinehart and Winston, 1962, p. 9.

③ Frost 之中译名在早期极不统一，先后被译作弗洛斯特、佛洛斯特、福罗斯特、弗劳斯忒、福洛斯特和福洛斯脱。本文除引文和相应文献外，均统一为弗罗斯特。

④ 毕树棠：《现代美国九大文学家述略》，《学生杂志》1924 年第 11 期，第 77 页。

⑤ 梁实秋：《佛洛斯特的牧诗》，《秋野》1928 年第 5 期，第 207 页。

诗集里面，不但可以窥见乡下的人们，并且还可和他们的思想相接触，可以听出他们的声音。……在他这些诗以及其他后写的种种诗里面，都可以看出一种直接逼人的感动力。这种感动力是根据他那'一切的诗都是现实会话调的再现'的主张而来的。"①1930 年，朱复在郑振铎主编的《小说月报》第 21卷第 5 号上发表《现代美国诗概论》，论及弗罗斯特时曰："他把邻人说话的声调节奏，醇而化之，所以诗本中人物的说话，可在纸上听得见。"②1931年，林疑今在李赞华主编的《现代文学评论》第 1 期（创刊号）卷首发表《现代美国文学评论》一文，该文第 1 节《美国文学的革命及其诗歌》介绍说"佛洛斯特提倡Blank verse的新诗运动"③。1932 年，顾仲彝在《摇篮》第 2 卷第1 期发表的《现代美国文学》一文中说弗罗斯特"专描写风景，尤其是冬景的萧条，能得其神。故有人称他是'自然界的诗人'"④。1935 年，沈天葆在其《文学概论》的附录卷《现代欧美文学》第 6 章《美国现代文学》中论及弗罗斯特时说："他对于事物的观察，是在求得物与物的关系；因此他的著作……格外有精彩。"⑤1936 年，傅东华主编的《文学》第 7 卷第 3 期第 522 页用小号字刊载了一则没有署名的补白，名曰《关于美国名诗人弗劳斯忒》，用 300余字扼要而生动地介绍了弗罗斯特，称其为"美国的最有名的诗人"。

随着介绍的深入，弗罗斯特的诗作也陆续被翻译成中文。我国最早翻译弗诗的当是施蛰存（1905—2003）。1934 年，施蛰存在其主编的《现代》第 5卷第 6 期上发表了他翻译的《现代美国诗抄》30 首，前三首即为弗罗斯特的《我的十一月来客》（"My November Guest"）、《刈草》（"Mowing"）和《树木的声音》（"The Sound of Trees"）。1946 年，杨周翰在李广田和杨振声主编的《世界文艺季刊》第 1 卷第 3 期发表《论近代美国诗歌》一文，其中用 1300 余字的篇幅介绍了弗罗斯特的简历，评述了他的诗歌理论，并分析了《割麦》（即《刈草》，又译《割草》）、《簇花》（"The Tuft of Flowers"，

① 陈勺水：《现代美国诗坛》，《乐群月刊》1929 年第 6 期，第 19-20 页。
② 朱复：《现代美国诗概论》，《小说月报》1930 年第 5 期，第 827 页。
③ 林疑今：《现代美国文学评论》，《现代文学评论》1931 年第 1 期，第 2 页。
④ 顾仲彝：《现代美国文学》，《摇篮》1932 年第 1 期，第 7 页。
⑤ 沈天葆：《文学概论》，上海：新文化书社，1935 年，第 145 页。

今译《花丛》）和《佣工之死》（"The Death of the Hired Man"）三首诗；并在该刊同期发表了他翻译的《近代美国诗歌选译》，其中有弗罗斯特的《雪夜林边驻马》（"Stopping by the Woods in A Snowy Evening"）、《踏叶人》（"Leaf Treader"）和《进来》（"Come In"）。1948 年，方平在臧克家主编的《文讯》月刊第 9 卷第 5 期上发表了他翻译的《佣工的死》（即《佣工之死》，又译《帮工之死》）。1949 年，袁水拍翻译的《现代美国诗歌》由上海晨光出版公司出版，其中选译了弗罗斯特的名诗《补墙》（"Mending Wall"）。至此，译介到中国的弗罗斯特诗歌共 8 首，计 327 行。

从 1950 至 1979 的约 30 年间，由于意识形态对译介外国文学作品的制约，我国对弗罗斯特的译介几乎是一片空白。不过据余光中在《记弗罗斯特》一文中所述，他在 1959 年 4 月之前至少翻译过《请进》（即《进来》）、《火与冰》（"Fire and Ice"）、《不远也不深》（"Neither Out Far Nor In Deep"）和《雪尘》（"Dust of Snow"）等 4 首①。

随着 20 世纪 70 年代中美两国外交关系的恢复以及后来的改革开放，中国对美国文学的译介出现了空前繁荣的景象。在此背景下，我国对弗罗斯特诗歌的译介开始了第二个阶段。1980 年，《英语学习》第 6 期发表了汉蓉译介的《献身》（"Devotion"）一诗。1981 年，《译林》第 1 期发表了李自修翻译的《树在我窗前》（"Tree at My Window"）和《进去》（又译《进来》《请进》），《外国文艺》第 2 期上发表了方平翻译的《一条未走的路》（"A Road Not Taken"），《外国文学》第 11 期刊载了曹明伦翻译的《火与冰》。其后三年间，包括《诗刊》《星星》《名作欣赏》《世界文艺》《外国文艺》在内的多家刊物以及上海译文出版社 1983 年出版的《译文丛刊·诗歌特辑：在大海边》和人民文学出版社 1984 年出版的《外国诗》（第 2 辑）陆续发表了余正、任治稷、张俪、万紫、方平、顾子欣等人翻译的 20 余首弗诗，其中大部分是首次译介，依次有：《小鸟》（"A Minor Bird"）、《花园里的萤火虫》（"Fireflies in the Garden"）、《花丛》、《家庭风波》（"Home Burial"）、《致解冻的风》（"To The Thawing Wind"，又译《致春风》）、《摘罢苹果》

---

① 余光中：《余光中集》（第 4 卷），天津：百花文艺出版社，2004 年，第 9 页。

（"After Apple-Picking"）、《繁花如锦》（"Rose Pogonias"，今译《红朱兰》或《朱兰花》）、《晚秋漫步》（"A Late Walk"，又译《黄昏漫步》）、《要谈话另有时间》（"A Time to Talk"，今译《一段聊天的时间》）、《年轻的白桦树》（"A Young Birch"）、《被践踏者的抗议》（"The Objection to Being Stepped On"）、《黄金时光不能留》（"Nothing Gold Can Stay"）、《冬日夕照中盼望林鸟》（"Looking for A Sunset Bird in A Winter"）、《一场袭击》（"The Onset"）、《春潭》（"Spring Pools"）、《在阔叶林中》（"In Hardwood Groves"）、《流浪者》（"The Runaway"，又译《逃遁》）、《泥泞时节的两个流浪汉》（"Two Tramps in Mud Time"）、《没有锁的门》（"The Lockless Door"）、《忧虑》（"The Fear"，又译《恐惧》）、《受崇拜有感》（"On Being Idolized"）等。至此，汉译弗诗已有 35 首（不计复译），共 1028 行。

20 世纪 80 年代中后期，零星翻译过弗罗斯特诗歌的还有江枫、黄宏熙、陆永庭、杨通荣和丁廷森等人。在零星翻译（多为复译）继续的同时，国内译者开始了对弗罗斯特较有规模的译介，这期间先后有两个专辑和两个译本问世。两个专辑一是申奥译《美国现代六诗人选集》中的"弗罗斯特专辑"（湖南人民出版社 1985 年 2 月出版，专辑收诗 42 首，其中《取水》等 29 首共 385 行系首次译介）；二是赵毅衡译《美国现代诗选》中的"弗罗斯特专辑"（外国文学出版社 1985 年 5 月出版，专辑收诗 21 首，其中《熟悉黑夜》等 7 首共 133 行系首次译介）。两个译本一是曹明伦翻译的《弗罗斯特诗选》（四川文艺出版社 1986 年 2 月出版，收诗 42 首，其中《意志》《丝篷》等 19 首共 400 行系首次译介）；二是方平翻译的《一条未走的路——弗罗斯特诗歌欣赏》（上海文艺出版社 1988 年 5 月出版，收诗 52 首，其中《白桦树》《野葡萄》等 18 首共 1029 行系首次译介）。至此，中国读者能读到的汉译弗诗增至 108 首，计 2975 行。

20 世纪 90 年代初还出版过两个弗诗译本，即非鸥"翻译"的《罗伯特·弗洛斯特诗选》和姚祖培编译的《朱兰花——罗·弗罗斯特抒情诗选》。前者由陕西人民出版社于 1990 年 3 月出版，收诗 130 首，其中 37 首共 624 行系首次译介；后者由中国文联出版公司于 1992 年 2 月出版，收诗 106 首，其中 38 首共 568 行系首次翻译）。至此，翻译成汉语的弗诗已达 183 首，计 4167 行。上述专辑和选本的译诗多有重复，除方平选译了几首最具弗罗斯特口语叙事风格的独白诗和对话诗外，其余译者选的多是诗人早期的抒情诗和篇幅较短的叙事诗，故若按首数统计，从 1934 年 10 月到 1992 年 3 月，国内翻译的弗诗占弗罗斯特全部诗歌的 42%，但按行数计算则只有 26%。

　　正当中国的弗诗译介渐入佳境之时，我国于 1992 年 7 月申请加入的《伯尔尼公约》和《世界版权公约》分别于当年 10 月 15 日和 30 日在中国生效。由于弗罗斯特的作品还处在版权保护期，此后 10 年，虽国内出版的各种《外国诗选》或《美国诗选》还继续收录已经翻译的弗诗，但再也没有正式译本出版。不过就在 1992 年，北京生活·读书·新知三联书店与美国国会图书馆谈判成功，购买了"美国经典文学出版公司"出版的"美国文库"之中文出版权，该文库的"弗罗斯特卷"于 1995 年问世。1998 年 11 月，已从生活·读书·新知三联书店获得该文库中文出版权的辽宁教育出版社与曹明伦签订"委托翻译合约"，于是弗罗斯特诗歌翻译在中国进入了第三个阶段，即赞助人与译者合作的阶段。赞助人在合约签订之后即向译者预付了 3 万元资助金，但同时也对译者提出了若干限制性要求，如"保持译文的完整性、准确性，以及合适的文体或修辞（completeness, accuracy, appropriate style or syntax）"，"乙方应不迟于 2000 年 3 月 31 日将全部译文誊清稿交付甲方"等。2002 年 6 月，曹明伦翻译的《弗罗斯特集：诗全集、散文和戏剧作品》由辽宁教育出版社出版，该书共 1271 页，分上下卷，上卷囊括了弗罗斯特一生的全部诗作[①]共 437 首，计 16033 行，下卷收编了弗氏的戏剧作品和论及诗歌的文章、书信和演讲稿 88 篇，计 38 万字，另附有详尽的"作者年表""版本略记""篇目索引"。这是我国第一次对弗罗斯特诗歌的完整译介。2006 年 3 月，台湾格林出版公司麾下的爱诗社从美方购得版权后，出版了曹明伦翻译的《佛罗斯特诗选》（上下卷）中文繁体字版，同年 12 月又出版了中英文对照的曹译《佛罗斯特永恒诗选》。而在大陆，由于国际版权公约的限制，最近 12 年来，除外语教育与

---

① 顺便指出，2006 年出版的《中国翻译通史》考证不详，在介绍国内翻译弗罗斯特诗歌的情况时误称"目前在我国尚未见全译本"（参见马祖毅：《中国翻译通史·现当代部分》（第 2 卷），武汉：湖北教育出版社，2006 年，第 739-740 页）。

研究出版社于 2012 年 3 月出版了江枫翻译的《弗罗斯特诗选》（87 首）外，只有获得版权的辽宁教育出版社继续在出版发行曹译弗诗。①

## 三、弗罗斯特诗歌的特点及其汉译之得失

要翻译弗罗斯特就要了解弗罗斯特，要了解弗罗斯特就要研究弗罗斯特。令人赞佩并感激的是，我国早期译介者对弗罗斯特及其诗歌的研究已相当到位，如前所述，梁实秋于 1928 年就说弗罗斯特表现的是"诗的写实主义"，沈天葆 1935 年说"他对于事物的观察，是在求得物与物的关系"，朱复 1930 年说"他把邻人说话的声调节奏，醇而化之，所以诗本中人物的说话，可在纸上听得见"。而这些正是弗罗斯特诗歌的主要特点。梁实秋说的"写实主义"即弗罗斯特奉行的"现实主义"，后者在 1923 年曾解释说："世间有两种现实主义者：一种拿出的土豆总是沾满了泥，以说明其土豆是真的，可另一种则要把土豆弄干净才感到满意。我倾向于第二种现实主义者。在我看来，艺术要为生活做的事就是净化生活，揭示生活。"②沈天葆说的"求得物与物的关系"即弗罗斯特所说的"以此述彼"，后者在 1930 年曾强调说："诗始于普通的隐喻、巧妙的隐喻和'高雅'的隐喻。诗可表达我们所拥有的最深刻的思想。诗可为以此述彼开辟一条可行之路……诗人总喜欢以此述彼，指东说西。"③朱复说的那种"可在纸上听见的邻人说话的声调"就是弗罗斯特在诗中再现的"意义声调"（the sound of meaning），这是弗罗斯特一生的追求，也是其诗歌最显著的特点，即把"普通男女的日常语言变成了诗"④。他早在 1913 年 7 月致朋友的信中就说："我一直有意使自己从我也许会称为'意义声调'的那种东西中去获取音乐性……对意义声调的敏感和热爱是一个作家的先决条件"⑤；

---

① 另外随着网络的普及，近年有不少青年译者在网上交流自己翻译的弗罗斯特诗歌。2011 年 1 月，民间组织"不是出版基金"还印行了青年诗人徐淳刚翻译的《弗罗斯特诗精选》（60 首），在网上销售。

② Richard Poirier and Mark Richardson, *Robert Frost: Collected Poems, Prose and Plays*, p. 701.

③ Richard Poirier and Mark Richardson, *Robert Frost: Collected Poems, Prose and Plays*, pp. 719-720.

④ Louis Untermeyer, *New Enlarged Anthology of Robert Frost's Poems*, p. 9.

⑤ Richard Poirier and Mark Richardson, *Robert Frost: Collected Poems, Prose and Plays*, pp. 664-665.

在 1914 年 1 月致朋友的信中他又说："声调是诗中最富于变化的部分，同时也是最重要的部分。没有声调语言会失去活力，诗也会失去生命"[①]；到 1954 年的一次聚会上他还在讲："我努力要写出的就是意义声调，就像你们听隔壁房间的人说话时听到的语调。"[②]总而言之，弗罗斯特之所以成为美国最为出名、最受爱戴的诗人，正是因为"他把十四行诗、英雄双行诗和素体诗等传统英语诗体与美国人的乡土词汇和说话节奏融为了一体"，正是因为"他一心要丝毫不差地捕捉到新英格兰方言声调所表现的在意义和情感方面的细微差别"[③]。早期译介者对弗诗的这些特点了然于胸，故所译弗诗数量虽不多，但质量皆上乘，正如施蛰存多年后在日记中所言："予三十年前[④]译美国诗亦以为 Frost 最胜，自谓鉴赏不虚"[⑤]。

新时期的译者大多继承了早期译介者的传统，所译弗诗大多也能为中文读者接受甚至欣赏，有的篇什还被选编进了语文教科书，如曹明伦翻译的《未走之路》入编台湾省中学教材，顾子欣翻译的《未选择的路》入编新课标七年级《语文》下册（人教版 35—36 页)，赵毅衡翻译的《雪夜林边驻脚》入编高二《语文》选修课本《外国诗歌散文欣赏》（人教版 31 页）等。

然而，译诗的人都知道，诗的意象和寓意都好翻译，但其"声调"却很难传达。2012 年 7 月 Douglas Robinson 来访成都，笔者曾有幸与之邻座，谈及他英译普希金和笔者汉译弗罗斯特，两人同时问对方译诗之难处，并同时回答"声音"。"诗的一部分（几乎是主要部分）美妙在语言的声音，这种美妙换了另一种语言就没有了。不但译成外文如此，就连古诗译成本国的现代口语，也一样。"[⑥]一般的诗如此，刻意追求"声调"的弗诗就可想而知了。余光中在 1966 年发表的《谁是大诗人》一文中就论述了诗人因此而在异邦文坛"荣辱不当"的现象，他说就像白居易在欧美文坛"占尽便宜"而杜甫则"受尽委屈"一样，

---

① Richard Poirier and Mark Richardson, *Robert Frost: Collected Poems, Prose and Plays*, p. 670.

② Elizabeth Shepley Sergeant, *Robert Frost: The Trial by Existence*, New York: Holt, Rinehart and Winston, 1960, p. 405.

③ Nina Baym et al. *The Norton Anthology of American Literature* (2nd Edition) ,*Vol. II*, pp. 1002-1003.

④ 原文为"二十年前"，但这则日记记于 1962 年 10 月 19 日，故按笔误改为"三十年前"。

⑤ 施蛰存：《闲寂日记·昭苏日记》，上海：文汇出版社，2002 年，第 6 页。

⑥ 思果：《译道探微》，北京：中国对外翻译出版公司，2002 年，第 127 页。

"平易的弗罗斯特经过翻译后损失惨重……艰奥的艾略特变成另一种文字后，依然意象富足，占尽便宜"①。这或许就是人们把弗罗斯特说的Poetry is that which is lost out of both prose and verse in translation这句话转述成Poetry is what gets lost in translation（诗乃翻译中失去的东西）②的原因，不过就按转述的意思理解，香港学人马海甸在评说曹译《弗罗斯特集》时也认为"这句话起码不适用于本书。曹译不但把弗氏的精神大致保持在译诗之中……而且维持了与原作相近的诗歌形式"③。已故诗人及翻译家尤克强在评说《佛罗斯特永恒诗选》时说："觉得曹先生的译笔有一个很难得的特色：文字十分洁净流畅接近口语，使读者无须比对英文也可以充分体会原诗的意境——因为佛罗斯特的原诗本来就是用日常口语写出来的。"④

综上所述，弗罗斯特诗歌在中国的译介可谓译有所得。不过即便是上述《弗罗斯特集》，所得之中亦有所失，专家也指出这个译本"译诗略欠神采，文字不够凝练"⑤。而且在《弗罗斯特集》问世之前，中国读者还读到了一些经翻译而"损失惨重"或"失之甚多"的弗诗。当时个别译者只顾翻译，不加研究，从而造成了一些本来可以避免的误译。譬如对诗集名*A Boy's Will*（少年的心愿），有的译者既不知诗人在1913年初版中曾解释说这里的Will是关于爱情、艺术、科学，甚至关于死亡与自我的Will，也不知A Boy's Will语出朗费罗的诗《失去的青春》各节末尾那个叠句：A boy's will is the wind's will, / And the thoughts of youth are long, long thoughts（少年的心愿是风的心愿，/青春的遐想是悠长的遐想），结果将其译成《一个男孩子的意愿》或《一个孩子的心愿》等。又如因不知诗名"Out, Out—"（熄灭吧，熄灭——）语出莎剧《麦克白》第5幕第5场：Out, out, brief candle!（熄灭吧，熄灭，短暂的烛光！），从而将其译成了《走吧走吧》。更严重的是，有些诗被译得面目全非，若非从弗氏

---

① 余光中：《余光中集》（第4卷），第359页。

② 关于这句话的翻译，详见拙文《翻译中失去的到底是什么》（《解放军外国语学院学报》2009年第5期）。

③ 马海甸：《读新版〈弗罗斯特集〉》，（2002-12-09），http://paper.wenweipo.com/2002/12/09/BK0212090 010.htm. [2012-07-23]。

④ 尤克强：佛罗斯特的永恒诗选，（2006-12-19），http://epaper.pchome.com.tw/archive/last. htm?s_date old&s_dir =20061219&s_code=0237#c542583.[2007-01-28]。

⑤ 马海甸：《读新版〈弗罗斯特集〉》，http://paper.wenweipo.com/2002/12/09/BK0212090 010.htm.

437 首原诗中采用排除法，谁也没法确定译者的"译文"是根据弗罗斯特的哪首原诗。

因篇幅有限，在此仅举一例。相信有读者读过一首名为《游艺场》的"弗诗"，共 4 行，无标点。诗曰："潜进黑色红色蓝色的/ 夜酒和烟雾/ 不管谁开的游艺场/ 我们都要打出这张牌。"①这是弗罗斯特的诗吗？这首诗到底表达了什么？诗中的"谁"是谁？"这张牌"是哪张牌？我们说"翻译之目的是让不懂原文的读者通过译文知道、了解、甚至欣赏原文的思想内容及其文体风格"②，可这样的译文能达到目的吗？要回答这些问题，当然只能先读并读懂弗罗斯特的原诗。原诗名为 In Divés' Dive，共 6 行，由 3 个对句（couplets）构成，韵式为 aabbcc，发表于"大萧条"后期的 1936 年。诗曰：It is late at night and I am still losing, /But still I am steady and unaccusing. /As long as the Declaration guards /My right to be equal in number of cards, /It is nothing to me who runs the Dive. /Let's have a look at another five。与弗罗斯特其他诗一样，这首诗的"此"（字面意思）也非常浅白，但不同的是，或许是诗人揭示生活的意愿太强烈，把土豆弄得太干净，结果欲述之"彼"（隐喻）却不那么隐讳了，甚至可以这么说，Divés 和 Declaration 这两个词使诗人的"彼"暴露无遗。因原文读者一见诗名中 Divés 这个源于拉丁语的词，大凡都会想到《新约·路加福音》第 16 章中那个关于狠心富人死后下地狱受苦、穷人拉撒路死后升天堂享福的寓言，而这正是大萧条时期美国穷人唯一的精神寄托；第 3 行中首字母大写并加定冠词的 Declaration 当然是指《独立宣言》，因该宣言宣称"人人平等是天赋权利"（当然也包括在赌桌上平等的权利）。有了这两个显露的"彼"，诗中其他"此"所述之"彼"就昭然若揭了：late at night（半夜）指大萧条后期；still losing（还在输钱）而且 steady and unaccusing（镇静而不抱怨）的天真赌徒当然是指美国穷人；It is nothing to me who runs the Dive（谁开赌场对我都无所谓）之"彼"即"谁当总统对我都无所谓"；another five（另外五张牌）在英语中又可说 another deal（另外一手牌），而此 deal 隐喻的是彼 deal，即罗斯

① 非鸥：《罗伯特·弗洛斯特诗选》，西安：陕西人民出版社，1990 年，第 48 页。
② 曹明伦：《译者应始终牢记翻译的目的》，《中国翻译》2003 年第 4 期，第 92 页。

福New Deal（新政）中的Deal，所以另外五张牌当然也就指新政第二阶段出台的若干措施。这就是译者对原文的"体贴入微"，由此方可明白为何弗罗斯特说"诗是包含着一种思想的激情"①，为何有人说"弗罗斯特懂得如何用最少的语言表达最多的思想"②。综上所述，这首诗可译为《在富人的赌场》：时间已到半夜可我还在输钱，/不过我依然镇静而且不抱怨。/只要《独立宣言》能够保证/我的权力在牌点上与人平等，那么谁开赌场对我都无碍，/就让我们来看看另外五张牌。③

当然，这样的译文也未必能保证中国读者都读出"美国就是一家由狠心富人开的大赌场"这个终极隐喻，但至少可以让他们感受到诗人对现实生活的揭露，对美国社会制度的嘲讽。笔者在这篇纪念文章中用这首"译诗"举例，也算是在中国还诗人一个清白，同时也还翻译一个清白。

# 四、对弗诗汉译的展望和建议

本文副标题"纪念弗罗斯特逝世50周年"包含了一个信息，即在2013年1月29日之后，弗罗斯特的著作权就不再受国际版权公约保护，因此翻译弗罗斯特的作品不再需要其原著版权拥有者授权。从这些年网上交流和民间印行的情况来看，新一代读者对弗诗抱有极大的兴趣和热情，有青年译者已表示"有志于"重译弗罗斯特。因此我们可以展望，在不久的将来，将会有新的弗罗斯特诗歌译本在中国面世，毕竟"真正的名著应该提倡重译。要是两个译本都好，我们可以比较研究他们的翻译方法，对于提高翻译质量很有好处"④，而且"一部外国名著有多种译本可能是一件好事。量中求质，我们翻译中的'精品'可

---

① Richard Poirier and Mark Richardson, *Robert Frost: Collected Poems, Prose and Plays*, p. 788.

② Mark Von Doren, "The Permanence of Robert Frost," in Richard Thornton, *Recognition of Robert Frost: Twenty-Fifth Anniversary*, New York: Henry Holt and Company, 1937, p. 8.

③ 译文原载辽宁教育出版社2002年版《弗罗斯特集》上卷第392页，第5行有改动。

④ 茅盾：《茅盾译文选集序》，见中国翻译工作者协会：《翻译研究论文集（1949—1983）》，北京：外语教学与研究出版，1984年，第19页。

能就能这样产生"①。为使展望中的新译本多出精品，结合上文总结的得失和自己翻译中的经验教训，笔者冒昧对未来的弗诗译者提出三点建议。

（1）熟悉弗罗斯特追求的"意义声调"。上文谈及译弗诗的难点在于难以复制其"声调"，其实这种声调当年在英国诗人吉卜林听来也是一种"异调"（alien speech），不过弗罗斯特认为："语言习惯之差异可使属一种文化的人津津有味地欣赏另一种文化的说话方式，从中品出'陌生人的新鲜味'。这种由民族或地区的语言特性所造成的陌生感，从根本上讲，与由意象、隐喻、修辞和措辞技巧造成的陌生感和新奇感并无不同，而正是这些陌生感和新奇感赋予所有诗歌以特性。"②方平先生对弗诗声调的处理比较到位，值得借鉴，遗憾的是方译弗诗不多。笔者当年译《弗罗斯特集》时，开始对那些对话诗和独白诗的声调也感到别扭，后来渐渐熟悉并习惯了那种声调，并在后期的译文中表现得比较自如，遗憾的是由于时间限制，未及回头修订前期译作。

（2）学习民国时期那批学者型译者，对自己选译的诗一定要认真研究，换言之，对自己没读懂的诗千万别译。如前所述，弗氏的抒情诗比较容易翻译，对话或独白叙事诗虽说难传其"声调"，但既然是叙事，其故事情节也不难复述，可对于他晚期那些哲理诗和政治讽刺诗，就需要译者下功夫去研究了，比如上节举例的那首《在富人的赌场》。弗罗斯特后半生更多的是在各地朗读和讲解自己的诗，他的讲解可供译者参考。国外学者对弗罗斯特诗歌的研究硕果累累，现在资讯发达，译者不难获得相关研究资料。不过，即便译者已尽窥原文之妙，翻译时也不能和盘托出，你得让读者通过你的译文自己去体会原作之妙。用本雅明的话说，称职的译者不会把他找到的"被象征"在译本中和盘托出，他会用自己的语言把"被象征"还原为"象征"，从而使译作透明，使其不会遮蔽原作的光芒，而是通过译作折射的力量，让那种"语言"的光芒更加充分地照耀原作③。本雅明的"象征"可谓弗罗斯特的"此"，而"被象征"

① 叶君健:《翻译也要出"精品"》,《中国翻译》1997 年第 1 期, 第 30 页。

② Ronald Gottesman et al., *The Norton Anthology of American Literature, Vol. II*, New York & London: W.W. Norton & Company, Inc., 1979, p. 1100.

③ Walter Benjamin, "The Task of the Translator," in Lawrence Venuti, *The Translation Studies Reader*, London & New York: Routledge, 2000, p. 21.

则可谓"彼"，所以译诗也该像原诗一样"以此述彼"，除必要时加注释外，不可在译文中直接"以彼述彼"，因为这样做不是翻译，而是桑塔格在其《反对阐释》一文中反对的那种阐释①，阐释肯定能传达信息，但却不能传达文学性和语言风格。

（3）诗人译者应处理好创作与翻译的关系。笔者也主张诗人译诗，或者说提倡译诗的人应该会写诗，因为"不会做诗的人千万不要译诗，弄得不仅诗意全无，连散文都不像"②。不过既然是翻译，诗人在此过程中彰显的应该是驾驭诗歌的能力，而不是诗人的身份。诗人译者也应牢记译者的职责，译文传达给读者的不仅应该是原诗的思想内容，而且也应该是原诗的情调风味，译莎士比亚就该是莎士比亚的风格，译爱伦·坡就该有爱伦·坡的神韵，译弗罗斯特就应该模仿弗罗斯特的声调。正可谓"理想的译诗之中，最好是不见译者之'我'。在演技上，理想的译者应该是'千面人'，不是'性格演员'"③。然而上述《游艺场》的译者却宣称："译诗时刻要记住：自己不是译者，而是诗人。不是在译诗，而是在写诗。"④现在有人把勒菲弗尔关于"Translation is a rewriting"的一整套理论简单地理解成"翻译就是改写"，可是把 It is late at night and I am still losing, /But still I am steady and unaccusing. /As long as the Declaration guards /My right to be equal in number of cards 这样四行诗改写成"潜进黑色红色蓝色的/ 夜酒和烟雾"这样 14 个汉字，这还算是翻译吗？译文读者能从中感受到原诗的思想内容和风格情调吗？笔者认为这样的"改写"缺乏对原作者和译文读者最起码的尊重，使人怀疑所谓"不是译诗而是写诗"实际上是译者读不懂原诗的借口。"当人们渴求艺术激情和真实性时，翻译的诗歌会相当准确。"⑤希望我们的诗人在扮演译者的角色时，也能保持诗人求真求美的天性。

---

① Susan Sontag, "Against Interpretation," in David Lodge, *20th Century Literary Criticism*, London & New York: Longman House, 1972, p. 652.

② 傅雷：《翻译经验点滴》，见罗新璋：《翻译论集》，北京：商务印书馆，1984 年，第 626 页。

③ 余光中：《余光中选集》（第 4 卷），合肥：安徽教育出版社，1999 年，第 132 页。

④ 非鸥：《罗伯特·弗洛斯特诗选》，第 189 页。

⑤ 霍尔伯格：《诗歌、政治和知识分子》，见伯科维奇：《剑桥美国文学史》（第 8 卷），杨仁敬等译，北京：中央编译出版社，2008 年，第 155 页。

# 五、结　语

　　弗罗斯特生前获得过多种荣誉，包括牛津、剑桥和哈佛等多所大学授予他的荣誉学位，但最特殊的荣誉是 1961 年应肯尼迪总统邀请在其总统就职典礼上朗诵诗篇。虽然凛冽的寒风和炫目的阳光使他未能朗读为此专门写的一首长达 78 行的诗，而是即席背诵了他早期的那首《彻底奉献》，但典礼后他派人送去了那首名为《为肯尼迪总统的就职典礼而作》的诗稿。他在那首诗中预言，美国将迎来"一个诗和力量的黄金时代"（A golden age of poetry and power）。在 1986 年版《弗罗斯特诗选》的"译者前言"中，笔者曾希望"弗罗斯特所预言的那个'黄金时代'不但出现在西方，也出现在东方；不但出现在美国，也出现在中国"。现在看来这样说并不确切，中国历史上曾有过"诗和力量的黄金时代"，我们希望的应该是再现这样的时代。我们的诗歌翻译者能为这个黄金时代的再现尽绵薄之力，就是对诗人最好的纪念。

（原载《中国翻译》2013 年第 1 期）

# 弗罗斯特若干书名、篇名和一句名言的翻译

**【内容提要】** 国内出版物对美国诗人弗罗斯特若干诗集书名的翻译极不统一，对某些文章篇名的翻译"题不对文"，对"Poetry is that which is lost in translation"这句名言的翻译似乎也不甚贴切。本文简单分析了这些现象，并在此基础上提出了较为贴切的中文译名和译文。

## 一、引　　言

笔者曾翻译出版过一册薄薄的《弗罗斯特诗选》（四川文艺出版社 1986 年 2 月版），其中提到了弗罗斯特 11 本诗集中的 9 本，后来译毕弗罗斯特的全部诗作（共 442 首计 16025 行），方觉当年对弗氏诗集书名的翻译多有不妥。另考虑到国内出版物中对弗罗斯特诗集书名的翻译迄今仍极不统一，尤其是一些工具书和高校教材（如《辞海》《中国大百科全书》以及上海译文出版社和南开大学出版社分别出版的《美国文学选读》等）对这些诗集书名的翻译也见仁见智，所以笔者认为有必要谈谈这个问题，以期引起同行的注意，从而在不久的将来使这些书名尽可能统一，为喜爱弗罗斯特的中国读者减少困惑。与此同时，笔者亦准备谈谈弗罗斯特两篇文章的篇名和一则名言的翻译。

## 二、关于*A Boy's Will*的翻译

*A Boy's Will*是弗罗斯特的第一本诗集，其中文书名除拙译《孩子的心愿》

外, 笔者还见过《一个孩子的意愿》①、《孩子的意愿》②、《一个男孩的意愿》③、《男孩子的志向》④、《少年心事》⑤、《少年心愿》⑥和《少年的意志》⑦等多种译名。现在看来, 上列前 5 种中文书名把Boy译成"孩子"（或"男孩"）显然不妥, 因为"孩子"通常只能指"儿童；幼儿"（《现代汉语词典》1996年修订本第 489 页）, 即"较幼小的未成年人"（同前第 332 页）, 而英文boy既可指a male child from birth to puberty, 又可指a lad或youth⑧, 所以boy一词既可被译为"孩子"或"男孩", 又可被译为"少年"或"青年"。那么*A Boy's Will*中的boy到底是一个child, 还是一个youth呢？ 其实该书初版曾明确地告诉我们这个boy是youth。在*A Boy's Will* 1913 年初版的目录中, 弗罗斯特在各篇目下都附有简短的按语, 如第一首Into My Own（《进入自我》）标题后就有这样一句话：The youth is persuaded that he will be rather more than less himself for having forsworn the world⑨（诗中的少年相信, 他会因弃尘避世而更多地拥有自我）。另外如第 23 首至第 27 首的篇名下分别有about love（关于爱情）、about fellowship（关于伙伴关系）、about death（关于死亡）、about art—his own（关于艺术——他自己的艺术）和about science（关于科学）等按语⑩。由此可见, 诗中"我"所表达的思想和抒发的感情的确不属于一个未成年的孩子, 而应属于一名"为赋新词强说愁"的少年。至于原文书名中的will一词, 上述各种译法没有实质性的差别, 但斟酌之后笔者觉得, 从选词的角度看, "心愿"和"意愿"比"志向"和"意志"更为妥帖, 从音韵的角度看, "心愿"

① 夏征农（主编）：《辞海》（1999 年版缩印本）, 上海：上海辞书出版社, 2000 年, 第 1308 页。

② 方平（译）：《一条未走的路——弗罗斯特诗歌欣赏》, 上海：上海译文出版社, 1988 年, 第 16 页。

③ 申奥（译）：《美国现代六诗人选集》, 长沙：湖南人民出版社, 1985 年, 第 60 页。

④ 汤潮（译）：《美国诗人 50 家》, 成都：四川文艺出版社, 1989 年, 第 119 页。

⑤ 赵毅衡（译）：《美国现代诗选》, 北京：外国文学出版社, 1985 年, 第 13 页。

⑥ 杨岂深、龙文佩（主编）：《美国文学选读》（第二册）, 上海：上海译文出版社, 1987 年, 第 39 页。

⑦ 李宜燮、常耀信（主编）：《美国文学选读》（下册）, 天津：南开大学出版社, 1991 年, 第 46 页。

⑧ Philip B. Gove et al. (eds.), *Webster's Third New International Dictionary of the English Language*, Springfield: G. & C. Merriam Company, 1976, p. 264.

⑨ Richard Poirier and Mark Richardson (eds.), *Robert Frost: Collected Poems, Prose and Plays*, New York: Literary Classics of the United States, Inc., 1995, p. 969.

⑩ Richard Poirier and Mark Richardson (eds.), *Robert Frost: Collected Poems, Prose and Plays*, p. 969.

又比"意愿"更为恰当。另外许多人现在都知道，*A Boy's Will* 这个书名出自朗费罗的诗 "My Lost Youth"（《我失去的青春》）各节末尾那个叠句：A boy's will is the wind's will, / And the thoughts of youth are long, long thoughts（少年的心愿是风的心愿，/ 青春的遐想是悠长的遐想）。所以翻译这个书名时还得考虑到能将其放回出处。综上所述，笔者认为 *A Boy's Will* 这个书名应该被译成《少年的心愿》。

## 三、关于 *Mountain Interval* 的翻译

*Mountain Interval* 是弗罗斯特的第三本诗集，于 1916 年出版。这本诗集的中文译名相对比较统一，除申奥先生将其译成《山罅》[①]、方平先生将其译成《山的间隔》[②]和赵毅衡先生将其译成《山间低地》[③]之外，包括拙译在内的许多国内出版物（如上文提到的《中国大百科全书》、《美国诗人 50 家》和两种《美国文学选读》）都不约而同地将其译成了《山间》。显而易见，除了赵毅衡先生，其他译者都把 interval 理解成了 a space between things，而没有想到（或者说不敢确认）这里的 interval 实际上是 intervale 的变体，是新英格兰人的特殊用法。新英格兰人用 interval 指 bottomland 或 low-lying land (especially low-lying grassland and fields along a watercourse )[④]，所以 Mountain Interval 中的 Interval 应该译为"低地"，这本诗集的中文书名应该是赵毅衡先生译的《山间低地》。弗罗斯特在 *Mountain Interval* 初版扉页上的一段献词可印证这点。该献词全文为 "To you who least need reminding that before this interval of the South Branch under black mountains, there was another interval, the Upper at Plymouth, where we walked in spring beyond the covered bridge; but that the first interval of all was the old farm, our brook interval, so called by the man we had it from in sale.[⑤]（献给

---

① 申奥（译）:《美国现代六诗人选集》，第 60 页。

② 方平（译）:《一条未走的路 —— 弗罗斯特诗歌欣赏》，第 22 页。

③ 赵毅衡（译）:《美国现代诗选》，第 20 页。

④ 参见 *Webster's Third New International Dictionary of the English Language*, p.1183, 259.

⑤ Richard Poirier and Mark Richardson (eds.), *Robert Frost: Collected Poems, Prose and Plays*, p. 971.

你——你无须提醒便会记得，在拥有黑山下南河边这片低地之前，我们曾有过另一片低地——位于普利茅斯的上游低地，春天里我们曾到那座廊桥的另一边去散步；但我们有过的第一片低地是那个旧农场——我们的河边低地，把它卖给我们的那个人就这样叫它。）"这段献词是诗人献给他妻子的。献词中提到的三片"低地"（interval）分别指诗人在新罕布什尔州生活过的三个地方：一是他祖父于 1900 年在该州罗金厄姆县（Rockingham）德里镇（Derry）境内为他买的农场（诗人在此生活了 10 年），二是该州克拉夫顿县（Grafton）的普利茅斯镇（诗人于 1911 年秋至 1912 年夏末在位于该镇的州立师范学校教书），三是诗人从英国返回后于 1915 年在克拉夫顿县境内弗朗科尼亚（Franconia）山区买的一座农场。[①]

## 四、关于*A Further Range*的翻译

*A Further Range*是弗罗斯特的第六本诗集，初版于 1936 年。这本诗集的书名的确很难准确地翻译，因为据一般大型词典解释，range一词的词义多达数十种，难怪有人将这个书名译成了《探幽寻胜》[②]。笔者当年把range简单地理解为具有某种地理特征的area、region或place，结果把*A Further Range*译成了《更遥远的地方》[③]。赵毅衡先生则将其译为《更远的范围》[④]。除上述三种理解外，国内其他译者都把range理解为"牧场"（an open area over which cattle, sheep or other livestock may roam and feed），如方平先生把这个书名译成了《另一片牧场》[⑤]，而《中国大百科全书》和上述两种《美国文学选读》都将其译作《又一片牧场》。严格地说，上述五种译名都是误译，因为弗罗斯特曾在该书初版"献词"中明确地告诉读者：这个书名中的Range一词并非指"范围"

① 参见 Elizabeth S. Sergeant, *Robert Frost: The Trial by Existence*, New York: Holt, Rinehart and Winston, Inc., 1960, pp. 167-169.
② 申奥（译）:《美国现代六诗人选集》，第 60 页。
③ 曹明伦（译）:《弗罗斯特诗选》，成都：四川文艺出版社，1986 年，第 3 页。
④ 赵毅衡（译）:《美国现代诗选》，第 30 页。
⑤ 方平（译）:《一条未走的路——弗罗斯特诗歌欣赏》，第 23 页。

或"牧场",而是指"山脉"(a series of mountains)。那段献词也是诗人献给他妻子埃莉诺·弗罗斯特(Elinor Frost)的,其全文如下:"To E. F. / for what it may mean to her that beyond the White Mountains were the Green; beyond both were the Rockies, the Sierras, and, in thought, the Andes and the Himalayas—range beyond range even into the realm of government and religion.[①](献给E. F. / 因为她能明白下面这段话的含义:在怀特山脉之外有格林山脉,在这两座山脉之外有落基山脉和内华达山脉,而我们还可以想到更远的安第斯山脉和喜马拉雅山脉——山外有山,甚至在统治领域和宗教领域也是如此。)"由此可见,A Further Range的意思是"更远的山脉",所以笔者在新译的《弗罗斯特集》中将其译成了《山外有山》。值得一提的是,《山外有山》初版时分为"弦外有音""单声独韵""十度磨练""异国远山""培育土壤"和"遐想悠思"六个小辑,其中"异国远山"所收三首诗的标题中都有山名。这三首诗即The Vindictives—The Andes(《复仇的人民——安第斯山》)、The Bearer of the Evil Tidings—The Himalayas(《去送凶信的人——喜马拉雅山》)和Iris by Night—The Malverns: but these are only hills(《夜空彩虹——莫尔文的小山》)。

## 五、关于*A Witness Tree*和*Steeple Bush*的翻译

*A Witness Tree*是弗罗斯特的第七本诗集,初版于1942年。这本诗集的中文书名可分为两类,一类是名词词组(如拙译《见证树》、申奥译《见证之树》和上海译文版《美国文学选读》39页上的《一株作证的树》),另一类是主谓结构(如赵毅衡先生译的《树作证》和方平先生译的《树作见证》)。这两类译名虽说并无本质上的差别,但总应该有一类更为妥帖,而要知道哪一类译名更为妥帖,我们首先需要弄清一个问题:那就是何谓A Witness Tree。关于这个问题,Robert Frost / Collected Poems, Prose, & Plays一书979页上有这样一个解释:"Witness Tree—In surveying newly settled land, the location of stakes marking the corners of a property were carved on so-called Witness-trees after a

---

① Richard Poirier and Mark Richardson (eds.), *Robert Frost: Collected Poems, Prose and Plays*, p. 977.

portion of the bark was removed.（在查勘新移居的土地时，人们把地角处的某些树剥去部分树皮并刻上标记作为界桩，这种作为界桩的树就是所谓的witness tree。）"由此可见，witness tree是"所谓的"（so-called）一种树，所以把它译成"某某树"更为妥帖。但到底是把它译成"见证树""见证之树"，还是译成"一株作证的树"最为妥帖呢？关于这点，我们可以来读读*A Witness Tree*的序诗《山毛榉》（Beech）前七行：When my imaginary line / Bends square in woods, an iron spine / And pile of real rocks have been founded. / And off this corner in the wild, / Where these are driven in and piled, / One tree, by being deeply wounded, / Has been impressed as Witness Tree…[1]（在我想象中的界线在树林中/成直角转弯的地方，一溜铁丝网/ 和一道真实的石墙已被竖起。/而在离开这个角落的旷野里，/在这些石块被冲来并堆积的地方，/一棵树，因被深深地挫伤，/给人的印象也是棵Witness Tree……）。若用"见证树""见证之树""作证的树"分别替换括号中译文后的省略号，我们就会发现"见证树"三字最为贴切，所以笔者认为A Witness Tree这个书名最好是译成《见证树》。

　　*Steeple Bush*是弗罗斯特的第八本诗集，出版于1947年。这个书名并不难翻译，因为翻开辞典和百科全书就会看到，steeple bush是一种蔷薇科落叶灌木（a shrub of the rose family），其拉丁学名Spiraea tomentosa与《辞海》记载的"绣线菊"之拉丁学名Spiraea japonica中心词一致，只不过前者的形容词tomentosa强调了该植物叶背有绒毛，后者的形容词japonica则强调该植物产于日本。Steeple bush和《辞海》中记载的"绣线菊"是同科植物，但前者产于北美，主要生长在美国东部，考虑到这点区别，许多英汉辞典都把它译作"绒毛绣线菊"。应该说这个译名确指其物，非常精当，所以这个书名直接译作《绒毛绣线菊》就行了，但遗憾的是被高校英语专业广泛使用的南开版《美国文学选读》却将*Steeple Bush*译成了《尖塔丛》[2]。这个遗憾亦是笔者在此讨论这个并不难译的书名之原因。

① Richard Poirier and Mark Richardson (eds.), *Robert Frost: Collected Poems, Prose and Plays*, p. 301.
② 李宜燮、常耀信（主编）:《美国文学选读》（下册），第46页。

## 六、关于*Collected Poems*和*Complete Poems*的翻译

南开版《美国文学选读》还把弗罗斯特 1939 年版的*Collected Poems*译成了《诗选》①。这显然是个误译，我们只消来一个还原翻译就可证明这点，因为"诗选"只能被还原为 Selected Poems。造成此误译的表面原因似乎是译者觉得不宜把同一个诗人的*Collected Poems*和*Complete Poems*都译成《诗全集》，而根本原因则恐怕是译者并不了解该书的内容。其实弗罗斯特的*Collected Poems*一书初版于 1930 年，内容包括他此前已出版的五个诗集，只不过诗人对原版本做了一点增删改动，如《少年的心愿》被删去了原有的《讨玫瑰》( Asking for Roses )、《以同样的牺牲》( In Equal Sacrifice )和《死者的遗物》( Spoil of the Dead )三首，同时增添了《在阔叶林中》( In Hardwood Groves )一首；《波士顿以北》中增添了 1914 年版中没有的《美好时分》( Good Hours )，该集序诗《牧场》( The Pasture )也被用作了*Collected Poems*的序诗；另外《新罕布什尔》和《西流的小河》中原有的辑名也都被删除。*Collected Poems*对原版各诗集虽有增删，但却没有甄选，实际上只是把五本诗集的单行本合在了一起， 所以国外有的出版物( 如*The Columbia Encyclopedia* )提到这本书时，不是将其称为*Collected Poems*，而是称为*Collected Editions*。鉴于此，笔者认为弗罗斯特的*Collected Poems*应该翻译成《诗合集》，以别于他的《诗全集》( *Complete Poems* )。另外需要说明的是，弗罗斯特 1939 年版《诗合集》实际上是他 1930 年版《诗合集》的扩充版。

*Complete Poems*当然应该译成《诗全集》。该书出版于 1949 年，囊括了诗人此前已出版的 10 本诗集，它们是：

《少年的心愿》( *A Boy's Will*, 1913 )，收诗 30 首，共 681 行；

《波士顿以北》( *North of Boston*, 1914 )，收诗 16 首，共 2051 行；

《山间低地》( *Mountain Interval*, 1916 )，收诗 30 首，共 1450 行；

《新罕布什尔》( *New Hampshire*, 1923 )，收诗 44 首，共 2472 行；

---

① 李宜燮、常耀信（主编）：《美国文学选读》（下册），第 47 页。

《西流的小河》（*West-Running Brook*, 1928），收诗 42 首，共 684 行；

《山外有山》（*A Further Range*, 1936），收诗 50 首，共 1565 行；

《见证树》（*A Witness Tree*, 1942），收诗 44 首，共 1167 行；

《绒毛绣线菊》（*Steeple Bush*, 1947），收诗 42 首，共 680 行；

《理性假面剧》（*A Masque of Reason*, 1945），诗剧，共 470 行；

《仁慈假面剧》（*A Masque of Mercy*, 1947），诗剧，共 740 行。

除上列 10 本诗集外，诗人还在《绒毛绣线菊》后插入了一个名为《尾声》（An Afterword）的小辑，该辑收诗 3 首，共 210 行。

严格说来，弗罗斯特的这个《诗全集》还并非真正意义上的"全集"，因为诗人在他去世的前一年（1962 年）又出版了一本名为《在林间空地》（*In the Clearing*）的诗集，该诗集收诗 39 首，共 1710 行。除此之外，近年美国学者又将诗人散见于报刊书籍的诗和未曾发表过的诗稿加以整理，汇成《集外诗》（*Uncollected Poems*）编入 *Robert Frost / Collected Poems, Prose & Plays* 一书。《集外诗》共 94 首，计 2145 行。

## 七、关于 The Figure A Poem Makes 和 The Constant Symbol 的翻译

A Figure A Poem Makes 是弗罗斯特 1939 版《诗合集》的序言。笔者在国内出版物上见到过这一篇名的两种翻译：一是《一首诗的形象》[①]，二是《一首诗所扮演的角色》[②]。读过 The Figure A Poem Makes 的人都会发现，该文内容与上述两个中文篇名可以说是文不对题。该文并没谈什么"诗的形象"或"诗的角色"，而是在谈"诗运动的轨迹"。读者所熟悉的"诗始于欢欣，终于智慧"（It begins in delight and ends in wisdom）这个名句即出自该文。"始于欢欣，终于智慧"只是这条轨迹的两个终端，诗人概括这条轨迹时说：

---

① 黄宗英：《一条行人较少的路——罗伯特·弗罗斯特诗歌艺术管窥》，《北京大学学报》1997 年 "外国语言文学专刊"，第 55 页。

② 汤潮（译）：《美国诗人 50 家》，成都：四川文艺出版社，1989 年，第 123 页。

"It begins in delight, it inclines to the impulse, it assumes direction with the first line laid down, it runs a course of lucky events, and ends in a clarification of life...[①]（它始于欢欣，它喜欢冲动，随着第一行写出它就会设定方向，然后经历一连串的偶然和侥幸，最终到达生命中的一片净土……）"也许有人没注意到figure一词有"轨迹"的意思，但《韦氏第三版新国际英语大词典》848页上的确有这条解释：an outline representation of a form traced by series of evolutions (as with skates on an ice or by an airplane in the air)[②]。陆谷孙教授主编的《英汉大辞典》把这项词义释为"（物体运动形成的）轨迹"，梁实秋先生主编的《远东英汉大辞典》则把它释为"动作所造成的轨迹"，而且后者还提供了一条与The Figure A Poem Makes相似的词例，即figure made by an airplane。我们当然不能把figure made by an airplane译成"飞机的形象"或"飞机的角色"。正如我们只能把它译成"飞机飞行的轨迹"一样，我们也只能把The Figure A Poem Makes译成《诗运动的轨迹》。

"The Constant Symbol"是弗罗斯特发表在《大西洋月刊》1946年10月号上的一篇文章。笔者在国内出版物上也见到过这篇文章的两种中文译名：一是上文提到的那期《北京大学学报》第62页上翻译的《永恒的象征》，二是《读书》2000年9期第128页上翻译的《持久的象征》[③]。简而言之，这两个中文译名与该文内容也不吻合。该文的主要论点是：与作者同一语族的诗人写诗都应该用两种格律，即严谨的抑扬格和不严谨的抑扬格（strict iambic and loose iambic）。这是一种传统，是一种信念。作者在文章中宣称，他一生坚持写格律诗就是因为他尊重这种传统，坚持这种信念。由此可见，Symbol一词在此的意思应该是"信念"。《韦氏第三版新国际英语大词典》symbol词条的第一项释义就是："a creedal formulary: CREED。"[④]因此"The Constant Symbol"这个篇名似乎译为《始终如一的信念》或《坚定不移的信念》更为妥当。

---

① Richard Poirier and Mark Richardson (eds.), *Robert Frost: Collected Poems, Prose and Plays*, p. 777.

② 参见 *Webster's Third New International Dictionary of the English Language*, p. 1183, 848.

③ 黄灿然：《弗洛斯特的拒绝》，《读书》2000年第9期，第128页。

④ 参见 *Webster's Third New International Dictionary of the English Language*, p.1183, 2316.

# 八、关于"诗乃翻译中失去的东西"

出版物上常有人引用弗罗斯特一句令人费解的名言，曰"诗乃翻译中失去的东西"。笔者最近又连续在《中华读书报》2001 年 11 月 7 日第 2 版和《中国翻译》上见到这句名言的两个版本，其措辞分别是："诗是在翻译中失去的东西"和"诗便是在翻译／解释中失去的东西"①。这两则引言都附录了各自所依据的原文，前者为"What gets lost in translation"，后者是"Poetry is what is lost in translation. It is also what is lost in interpretation."。遗憾的是两者都未能注明原文的出处，所以这句话仍然和以往一样令中国读者感到费解。

笔者没读到过以上两则原文，但却曾读到过一段与这两则原文极其相似的话，这便是"It is that which is lost out of both prose and verse in translation."。这句话是弗罗斯特 1959 年与三位文人谈话时说的。那次谈话记录后来被命名为《关于诗艺的对话》（"Conversations on the Craft of Poetry"），最初收在 E. C. 莱瑟姆编的《弗罗斯特访谈录》（*Interview with Robert Frost*, 1966）一书中。当时他们谈到了自由诗和格律诗的关系，弗罗斯特认为："如果没有多年的格律诗功底，自由诗会自由得一无是处。"并说："你们瞧，我对自由诗有点儿严厉——太严厉了。"这时一位评论家问："弗罗斯特先生，你对垮掉派诗人的活动和用爵士乐节奏来吟诗也同样严厉吗？"弗罗斯特回答说："Yes, absolutely. …Let's put it this way, that prose and verse are alike in having high poetic possibilities of ideas, and free verse is anywhere you want to be between those two things, prose and verse. I like to say, guardedly, that I could define poetry this way: It is that which is lost out of both prose and verse in translation."②

从这段原文我们可以看出，弗罗斯特在表达"诗"这个概念时，用的是与 Prose（ordinary writing）相对的"verse"（metrical writing）这个单词；"poetry"一词通常也指metrical writing，但在这句话中，它的意思应该是a quality that stirs

---

① 朱纯深：《心的放歌（二之一）——假设诗歌翻译不难》，《中国翻译》2002 年第 2 期，第 95 页。
② Richard Poirier and Mark Richardson（eds.），*Robert Frost: Collected Poems, Prose and Plays*, p.856.

the imagination or gives a sense of heightened and more meaningful existence，不然我们就会译出"诗是……从诗中失去的东西"这种文理不通的句子。另外，此句中的"translation"似乎也不亦简单地翻译成"翻译"，因为"translation"除了"a rendering from one language into another"（翻译）的意思外，其含义还有"an expression in different words"或"an expression in explanatory or more comprehensible terms"（转述或解释）。综上所述，笔者觉得这段原文可以翻译成："是的，绝对是的……让我们这么说吧，散文和诗都同样可能使思想富有诗意，而自由诗则处于这两者之间你想处于的任何地方，处于散文和诗之间。我喜欢有保留地说，我可以这样给诗意下定义：诗意乃解释时从散文和诗中消失的那种东西。"

笔者由此想到，所谓"诗乃翻译中失去的东西"，会不会是"诗意乃解释时从散文和诗中消失的东西"这句话的讹传呢？笔者认为有必要将自己的疑惑公之于众，以求教于大方之家。

（原载《中国翻译》2002 年第 4 期）

# 翻译中失去的到底是什么？
## ——Poetry is what gets lost in translation之出处考辨及其语境分析

【内容提要】 指出《探源》①一文并未探到"Poetry is what gets lost in translation"这句"引语"的源头，质疑这句"名言"之由来并考证其出处，证明此"引语"不见于弗罗斯特生前公开发表以及后人搜集编纂出版的任何诗体和散文体作品，呈现弗罗斯特关于"译诗会有所失"之论述的原文原貌并结合其所在语篇及其语境分析这段原文，商榷"诗乃翻译中失去的东西"这句汉语译文，呼吁翻译理论工作者用更加严肃认真的科学态度对待学术引征。

## 一、引 言

笔者曾在《中国翻译》上对Poetry is what gets (is) lost in translation这句话的出处和中译文（诗乃翻译中失去的东西）表示过自己的疑惑。最近有学者在《解放军外国语学院学报》2008年第4期上发表《"诗乃翻译中失去的东西"探源及相关二三事》一文，声称经过其"探源"，笔者的疑惑已经获解。其解惑结论曰："至此，他人公之于众的疑惑，也就是'诗乃翻译中失去的东西'是否是'诗意乃解释时从散文和诗中消失的那种东西'的讹传，应该可以'水落石出'矣。"②但在认真拜读《"诗乃翻译中失去的东西"探源及相关二三事》之后，笔者发现情况并非如此，《"诗乃翻译中失去的东西"探源及相关二三事》并未解开笔者之惑。未能解惑的原因大致有二，一是《"诗乃翻译中

---

① 杨全红：《"诗乃翻译中失去的东西"探源及相关二三事》，《解放军外国语学院学报》2008年第4期，第65-68页。

② 杨全红：《"诗乃翻译中失去的东西"探源及相关二三事》，第66页。

失去的东西"探源及相关二三事》作者没弄清笔者到底为什么而疑惑，二是《"诗乃翻译中失去的东西"探源及相关二三事》似乎南辕北辙，没有去追溯真正的源头。鉴于此，笔者认为有必要将数年前的疑惑重新公之于众，澄清《探源》作者对笔者疑惑之误解，同时再度追溯这句名言的真正出处，并通过语境和语篇分析研讨这句话的翻译。

## 二、笔者到底为什么而疑惑？

《"诗乃翻译中失去的东西"探源及相关二三事》作者以为笔者"怀疑该句话也许是子虚乌有"①，认为笔者"动辄否认"这句话"存在的可能性"②，这显然是因为没有弄清笔者到底为什么疑惑。而《"诗乃翻译中失去的东西"探源及相关二三事》者之所以误解笔者之疑惑，则是因为没弄清笔者疑惑之由来。

笔者最初的疑惑见于拙文《关于弗罗斯特若干书名、篇名和一句名言的翻译》。该文追述了笔者翻译《弗罗斯特集》的过程，探讨了在此过程中发现的一些翻译上的问题，然后在末节（全文共 7 节）写道："出版物上常有人引用弗罗斯特一句令人费解的名言，曰'诗乃翻译中失去的东西'。笔者最近又连续在《中华读书报》2001 年 11 月 7 日第 2 版和《中国翻译》2002 年 2 期第 95 页上见到这句名言的两个版本，其措辞分别是：'诗是在翻译中失去的东西'和'诗便是在翻译 / 解释中失去的东西'。这两则引言都附录了各自所依据的英语原文，前者为（Poetry is）'what gets lost in translation'，后者是'Poetry is what is lost in translation. It is also what is lost in interpretation.'。遗憾的是两者均未注明原文出处，所以这句话仍然和以往一样令中国读者感到费解。"③笔者随后坦陈"没读到过以上两则原文，但却曾读到过一段与这两则原文极其相似的话，这便是'It (poetry) is that which is lost out of both prose and

---

① 杨全红：《"诗乃翻译中失去的东西"探源及相关二三事》，第 65 页。

② 杨全红：《"诗乃翻译中失去的东西"探源及相关二三事》，第 66 页。

③ 曹明伦：《关于弗罗斯特若干书名、篇名和一句名言的翻译》，《中国翻译》2002 年第 4 期，第 54 页。

verse in translation.'"。在交代了这句话的出处并分析了这句话所在的语篇语境之后,笔者表示了自己的疑惑:"所谓'诗乃翻译中失去的东西',会不会是'诗意乃解释时从散文和诗中消失的那种东西'这句话的讹传呢?"

从《关于弗罗斯特若干书名、篇名和一句名言的翻译》可以看出,笔者所谓"没读到过以上两则原文"是指没在弗罗斯特的原文著作中读到过这两句话,而从该文所附参考文献则可看出,笔者此前研读过的弗氏原著包括其全部诗作、3 部戏剧,以及 88 篇讲稿、随笔、序言和书信等散文体作品(其中多半都与诗有涉),此外还读过昂特迈耶(Louis Untermeyer)、萨金特(Elizabeth S. Sergeant)和波特(Jamis L. Potter)等弗罗斯特专家的著作。可以这么说,笔者产生上述疑惑正是因为熟悉弗罗斯特关于诗的论述,因为笔者通常都能查到弗氏某句话出自其某个篇章,比如要印证"我们这个时代几乎没有诗人像弗罗斯特那样给诗下如此多的定义"[1],笔者至少能从弗氏原著中找出"诗是实际说话之语音语调的复制品"[2]、"诗是包含着一种思想的激情"[3]、"诗是在心有所悟之瞬间被抓住的一缕思绪"[4]和"诗乃心之所悟"[5]等。再比如《"诗乃翻译中失去的东西"探源及相关二三事》作者转引的"Writing free verse is like playing tennis with the net down"这句弗罗斯特的名言,笔者至少能列出 4 种不同的原文版本及其出处:其中两个版本是弗罗斯特的原话,一是"For my pleasure I had as soon write free verse as play tennis with the net down"[6],出自诗人发表于《大西洋月刊》1951 年 6 月号上的《诗与学校》一文,二是"I'd as soon write free verse as play tennis with the net down"[7],出自诗人于 1959 年与艾伦等人《关于诗艺的会话》;另外两个版本是他人的转述:一是"Writing free verse

---

① Elizabeth Shepley Sergeant, *Robert Frost: The Trial by Existence*, New York: Holt, Rinehart and Winston, 1960, p. 419.

② Richard Poirier and Mark Richardson, *Robert Frost: Collected Poems, Prose and Plays*, New York: Literary Classics of the United States, Inc., 1995, p. 701.

③ Richard Poirier and Mark Richardson, *Robert Frost: Collected Poems, Prose and Plays*, p. 788.

④ Richard Poirier and Mark Richardson, *Robert Frost: Collected Poems, Prose and Plays*, p. 807.

⑤ Richard Poirier and Mark Richardson, *Robert Frost: Collected Poems, Prose and Plays*, p. 1005.

⑥ Richard Poirier and Mark Richardson, *Robert Frost: Collected Poems, Prose and Plays*, p. 809.

⑦ Richard Poirier and Mark Richardson, *Robert Frost: Collected Poems, Prose and Plays*, p. 856.

is like playing tennis without a net" [①], 二是 "As he said, he would as soon play tennis without a net as write poetry without meter" [②]。[③]

然而，对Poetry is what gets (is) lost in translation这句被人滥引的所谓弗罗斯特名言，笔者却从来不曾在弗罗斯特的原著中见到，非但如此，人们引用这句话时几乎都既不标文献也不加注释，完全回避这个任何严肃的学者都不该回避的问题：弗罗斯特在何时何地说过或写过这句话？

由此可见，笔者因这句话之出处不详而产生的疑惑应该说是油然而生，而笔者将自己的疑惑公之于众则是想抛砖引玉，以期有版本条件的学者也能对这句话的出处来一番追本溯源。

## 三、《"诗乃翻译中失去的东西"探源及相关二三事》作者并未探到源头

《"诗乃翻译中失去的东西"探源及相关二三事》作者"跟进"上述疑惑，对弗罗斯特这句名言的出处"进行探源"，这令笔者感到欣慰。但欣慰之余笔者又感到几分遗憾，因为探源者既未选择正确的方向，又没采用正确的方法，结果并未探到源头。

依照常理，要考证弗罗斯特某句话的出处，正确的方向应该是弗罗斯特的原著本身，正确的方法应该是细读这句话可能出现的原文篇章。可《探源》作者在方向上恰好南辕北辙，几乎把注意力完全集中在了中文著述方面。在论证方法上，《探源》作者则犯了"滥用权威"的逻辑错误，他基本上是从中文著述中找出若干转引过这句话的中国学者（如钱锺书、许渊冲、张隆溪、张柏然、许钧和朱纯深等），然后就断定既然"这句英文不仅引者纷纷，而且引者中不乏治学严谨的重量级学者"，那么"弗氏讲过Poetry is what gets (is) lost in

---

① Elizabeth Shepley Sergeant, *Robert Frost: The Trial by Existence*, pp. 410-411.

② James L. Potter, *Robert Frost Handbook*, University Park & London: The Pennsylvania State University Press, 1980, p. 157.

③ 注意诗人的两句原话措辞基本一致，而两位转述者的措辞则有所不同。

translation这句话当是十拿九稳了"①。

从《"诗乃翻译中失去的东西"探源及相关二三事》所列的参考文献可看出，探源者参考过的唯一英文文献是巴斯内特与勒菲弗尔合著的那本《文化构建：文学翻译论集》。巴斯内特的确在该书第 57 页引用了"Poetry is what gets lost in translation"这句话，但她居然也没有标明这句引语的出处。受过正规教育的英美学者都应该记得这条学术规定："Whenever you draw on another's work, you must also document your source by indicating what you borrowed—whether facts, opinions, or quotations—and where you borrowed it from."（任何人任何时候引用他人作品——无论事实、观点或引语——都必须标明所引资料之原始出处以及所引用的版本）。②连"治学严谨的重量级学者"居然也"犯规"，这本身应该引起《"诗乃翻译中失去的东西"探源及相关二三事》作者的警觉。

不过《"诗乃翻译中失去的东西"探源及相关二三事》作者也意识到，"要让读者信服，最好的办法自然还是找到具体出处"③。遗憾的是，一篇学术论文为这句英语原文找到的"具体出处"竟出自一本中国学者编译的"供英语自学者查阅和记诵、并激励他们去研读原著"的英汉对照读物《西方引语宝典》④。似乎探源者以为，只要他告诉读者，有人告诉他这句名言出自弗罗斯特于"1935年 5 月 17 日在弥尔顿研究院的讲话（Address at Milton Academy）"⑤，读者就会信服了。可探源者自己真读到过那篇讲稿吗？真在那篇讲稿中读到过"Poetry is what gets lost in translation"这句话吗？真相信读者根据他提供的"具体出处"就能找到那篇讲稿，并看到那块被他断定已因水落而显露的石头吗？

这里值得我们警觉并深思的是，这种把"汤的汤"当作"原汁儿"给读者喝的情况，在我们中国翻译学界已屡见不鲜。"我们的一些翻译理论著作过度

---

① 杨全红：《"诗乃翻译中失去的东西"探源及相关二三事》，第 66 页。

② Joseph Gibaldi, *MLA Handbook for Writers of Research Papers* (6th Edition), New York: The Modern Language Association of America, 2003, p. 142.

③ 杨全红：《"诗乃翻译中失去的东西"探源及相关二三事》，第 66 页。

④《西方引语宝典》由张致祥编译，商务印书馆 2004 年出版。

⑤ Milton Academy 是美国马萨诸塞州的一所私立中学（参见 http://www.milton.edu），国内通常将其翻译成"米尔顿高中"，而非《"诗乃翻译中失去的东西"探源及相关二三事》所说的"弥尔顿研究院"。

依赖间接资料，而在引用二手（甚至三手）材料时又往往疏于考证，结果每每因考证不严、引征不确而得出错误的结论……从而导致以讹传讹，恶性循环，有损于翻译理论的严肃性和科学性。"[①]例如有部翻译论著告诉读者，其全文引征的大亮法师"五不可翻"之说（共 239 字）见于《续高僧传·卷十九》[②]，但实际情况是，任何人都不可能从任何版本的《续高僧传》中引征出大亮法师的"五不可翻"之说。再如有本翻译教材告诉学生，玄奘提出过"既须求真，又须喻俗"的翻译标准[③]，结果转引者甚众，可谁都不标明此说出自何典，后来有位学者不满足于人云亦云，在其翻译研究专著中用脚注为此说标了个出处，曰："见唐道宣《高僧传》卷五'释玄奘传。'"[④]然而这道汤比上述"汤的汤"还要难喝，因为首先你找不到唐朝僧人道宣（596—667）编撰的《高僧传》，而梁代僧人慧皎（497—554）编撰的《高僧传》又不可能记载后朝之事；其次即便你恍然大悟，明白标注者想说的是道宣编撰的《续高僧传》，你也不可能从该书卷五中找到"释玄奘传"；最后若是你碰巧受过"脑筋急转弯"训练，终于在卷四找到了"释玄奘传"，你也绝不可能从中找到"既须求真，又须喻俗"这个说法。

而《"诗乃翻译中失去的东西"探源及相关二三事》作者告诉读者的"具体出处"与上述二例可谓异曲同工，因为读者即便按图索骥，也肯定看不到那块据说已因水落而显露的石头。因此笔者认为，在找到 Poetry is what gets lost in translation 的直接出处之前，我们最多只能说"据说弗罗斯特说过这句话"，而不能把这句话算作他的言论。

## 四、Poetry is what gets lost in translation 之出处
## 再溯源

笔者之所以觉得有必要再度追溯这句话的出处，除了上述原因外，还因有

---

① 曹明伦：《翻译之道：理论与实践》，保定：河北大学出版社，2007 年，第 198 页。
② 见湖北教育出版社 2003 年版《中国传统译论经典诠释——从道安到傅雷》第 51 页。
③ 见上海外语教育出版社 1980 年版《英汉翻译教程》第 2 页。
④ 见陕西人民出版社 1988 年版《英汉文学翻译探索》第 9 页。

弗罗斯特的同胞也怀疑这句话并非出自弗罗斯特之口或出自其笔下，从而客观地将其称为"这句普遍归于弗罗斯特名下的引语"（the quote widely attributed to Frost），美国伊利诺伊大学芝加哥分校将于近期创刊的《帕金顿评论》（*Packingtown Review*）甚至在"征稿启事"（Call for Submissions）中号召大家来考证这句引语的真正出处。①

这句普遍归于弗罗斯特名下的名言有多种版本或异文（variant）。迄今为止，在国内学术出版物上声言明确了原文出处的有三种版本：一是笔者在Richard Poirier和Mark Richardson编的 *Robert Frost's Collected Poems, Prose and Plays*一书1995年版第856页读到的"I could define poetry this way: It is that which is lost out of both prose and verse in translation."。二是香港城市大学朱纯深博士从Alison Jones编的*Chambers Dictionary of Quotations* 1996版第408页上引用的"Poetry is what is lost in translation. It is also what is lost in interpretation."朱博士在附于拙文《名言翻译》后的致笔者的信中说："该条目据称引自Louis Untermeyer的*Robert Frost: A Backward Look* (1964)。"②三是《"诗乃翻译中失去的东西"探源及相关二三事》作者所说的出自弗罗斯特1935年5月17日在弥尔顿研究院讲话中的"Poetry is what gets lost in translation"。③下面我们就来探究一下这三个版本及其出处。

（1）*Robert Frost's Collected Poems, Prose and Plays*的两位编者分别负责诗作和散文体作品。负责编散文体作品的理查森博士是弗罗斯特专家，他1993年在罗格斯大学（Rutgers University）获博士学位的论文就是《弗罗斯特散文体作品集：一种新批评版本》（*The Collected Prose of Robert Frost: A New Critical Edition*）。弗罗斯特生前不允许结集出版他的散文体作品，所以收集编纂这些作品是一项艰巨的工作，但理查森博士一一梳理了诗人的手稿、打印稿和单篇发表的文字，"对弗罗斯特不打算公开发表的讲话，理查森博士尽可能地依据现场录音核定其文本，若现场录音不存，则用发表或未发表的速记誊

---

① 参见 http://www.packingtownreview.com/blog/view/2（2008-09-10）。
② 见《中国翻译》2002年第4期，第55页。
③ 杨全红：《"诗乃翻译中失去的东西"探源及相关二三事》，第66页。

抄本作为文本"①。鉴于此，笔者在里查森博士所编的文本中读到的这句话无疑是弗罗斯特亲口所言。

（2）朱纯深博士信中说的"据称"已经笔者核实，其引文文本的确见于Louis Untermeyer在1964年出版的*Robert Frost: A Backward Look*一书。昂特迈耶（1885—1977）是弗罗斯特的挚友，且《回顾》在弗罗斯特去世一年后便问世，其回忆应该无误。但此说毕竟出自昂特迈耶笔下，属于转述，而且这句话的原貌是："You've often heard me say—perhaps too often—that poetry is what is lost in translation. It is also what is lost in interpretation."②

（3）至于《"诗乃翻译中失去的东西"探源及相关二三事》作者所说那个"最广为人知的"的版本，虽经笔者和一些英美学友多方查询，但迄今也未能核实其具体出处，反倒在核实过程中得知理查森博士对一位想考证"Poetry is what gets lost in translation"这句引言之确切出处的学者保证"弗罗斯特任何一篇正式的散文体作品中都没有出现这句引语"（this quote doesn't appear in any of Frost's formal prose）③，而笔者则能保证：这句引语也不见于弗罗斯特的任何一篇诗体作品。由此看来，若《"诗乃翻译中失去的东西"探源及相关二三事》作者所说的"弗罗斯特1935年5月17日在Milton Academy的讲话"真有讲稿存留，也属于弗罗斯特不允许公开发表的那种由速记员做的非正式记录④，

---

① Richard Poirier and Mark Richardson, *Robert Frost : Collected Poems, Prose and Plays*, p. 958.

② Louis Untermeyer, *Robert Frost: A Backward Look*, Washington DC: The Library of Congress, 1964, p. 18.

③ 参见 http://www.packingtownreview.com/blog/view/5（2008-09-10）。另：理查森博士编纂出版的《弗罗斯特散文体作品集》（*Collected Prose of Robert Frost*, Belknap Press, 2008）囊括了"世人所知的弗罗斯特准备付印的所有散文体作品"（including everything Frost is known to have prepared for print）。友人 Ian Mason 博士替笔者查阅了该书，并于2008年9月4日来信告知"该书收有数篇讲话，但没有1935年在米尔顿高中的讲话"（It includes several of his addresses but not the 1935 one and nothing for Milton Academy, Mass.）。

④ 弗罗斯特博物馆馆长 Carole Thompson 女士在其2008年8月22日的回信中提醒笔者："弗罗斯特很少撰写或保留讲稿"（Frost seldom made or kept transcripts of his talks），并建议笔者与米尔顿高中联系，说该校也许有讲话记录或其校刊可能曾刊发引用那次讲话的消息（Milton could have had a stenographer or someone there taking notes, or possibly a school news article quoting from the talk）。经联系，米尔顿高中图书馆的 Diane Williams 女士于9月2日回信说找不到那样一份讲话记录，但果然用扫描件发来了《米尔顿毕业生校刊》1935年第3期（*Milton Graduates Bulletin*, Vol. IV, No. 3）的封面和第3页。该页下半栏以《弗罗斯特朗诵其诗歌》（Robert Frost Reads His Poems）为题报道了弗罗斯特于当年5月17日晚与该校师生座谈并朗诵诗歌（a talk and poetry reading）的消息，这则报道以部分引用的方式提到了 writing free verse is "like playing tennis with the net down"（注意只有后半句用了引号），但没有 "Poetry is what gets lost in translation" 这句话。

因此这句引语是否为弗罗斯特的原话依然无法确认，有人怀疑它是"伪引"（an apocryphal quote）并非没有道理。

综上所述，关于弗氏名言的多种版本，能在弗罗斯特本人著作中见到的唯有"I could define poetry this way: It is that which is lost out of both prose and verse in translation."。换言之，这句话才是其他版本的真正源头，因此我们解释或翻译"Poetry is what gets (is) lost in translation"等版本或异文时，应该联系这句话的语篇语境加以分析，毕竟"意义真正的线索在于语境"。[①]

## 五、在弗罗斯特心目中，翻译中失去的会是什么？

但丁说过"诗的光芒会在翻译中消失"。[②]把诗分解成音乐、意象和言语三个部分的庞德也曾问过："哪部分才不会在翻译中失去？"（What part could not be lost in translation？）[③]由此可见，的确有人认为诗在翻译中会有所失，但失去的是诗的某个部分，某种东西，而不是诗本身。那么在弗罗斯特心目中，诗在翻译中会失去什么呢？换言之，这句名言中的poetry所指何在呢？

如上所述，要明确其所指，我们应该分析这句名言所在的语篇及其语境。不过在此之前，先让我们来浏览一下列维说的那个"更广阔的语境（原作者的整本书、原作者的全部作品等）"，[④]更多地了解一下这位诗人对诗的见解。

弗罗斯特14岁开始接触诗歌时就被爱伦·坡诗中的音乐性（sheer music of Poe）所打动。[⑤]有人说他第一本诗集"《少年的心愿》是歌唱的诗，第二本诗集《波士顿以北》是说话的诗……而《波士顿以北》之后的其他诗集则显示了

---

[①] Eugene A. Nida, *Language and Culture: Contexts in Translating*, Shanghai: Shanghai Foreign Language Education Press, 2001, p. 286.

[②] Rainer Schulte and John Biguenet, *Theories of Translation: An Anthology of Essays from Dryden to Derrida*, Chicago: The University of Chicago Press, 1992, p. 14.

[③] 参见 http://www.packingtownreview.com/blog/view/5（2008-09-10）。

[④] Jiří Levý, "Translation as a Decision Process," (1967), in Lawrence Venuti, *The Translation Studies Reader*, London & New York: Routledge, 2000, p. 151.

[⑤] Louis Untermeyer, *New Enlarged Anthology of Robert Frost's Poems*, New York: Washington Square Press, 1971, p.4.

他不断增强的让诗说话唱歌（make verse talk and sing）的能力"①，"他的非凡之处就在于他编织进诗中的对话声调"②。弗罗斯特很早就从日常语言中发现了"意义声调"（the sound of sense）和把这些声调串起来的"句子声调"（sentence-sound），从 1913 年开始，"他在给朋友们的一系列信中记录下了他关于无规则的重音与格律中有规律的节奏交错的意义声调的想法"③。他在致巴特利特的信中说："在用英语写作的诗人中，只有我一直有意识地使自己从也许会被我称为意义声调的那种东西中去获取音乐性……意义声调是语言抽象的生命力……对意义声调的敏感和热爱是一个作家的先决条件。"④他在致布雷思韦特的信中说："我们必须冲破禁锢，到我们的日常用语中去搜寻尚未被写进书中的声调。"⑤他在致考克斯的信中说："声调是诗中最富于变化的部分，同时也是最重要的部分。没有声调语言会失去活力，诗也会失去生命。"⑥直到 1954 年，他还在希伯来青年会的一次聚会上讲："我努力要写出的就是意义声调（the sound of meaning），就像你们听隔壁房间的人说话时听到的语调。你听不清他们在说些什么，但你能通过他们的语调知其大意——是一场争吵还是一次愉快的谈话……读诗你当然得读字词，不过还必须读比字词更深刻的东西。"⑦弗罗斯特还认为"句子本质上是一种可以把其他叫作字词的声调串起来的声调……句子声调是一些和字词一样明确的非常明确的存在"，⑧"诗是实际说话的声调的复制品"⑨。而"弗罗斯特最看重的就是通过语言中的声调所体现的情绪，那些用字词、短语和其他内容标示都难以体现的情绪"⑩。尤其需要指出的是，弗罗斯特认为这种能体现情绪的意义声调不仅存在于诗中，也存在于散文中，他说："评判一首诗或一篇散文，你都可以用

① Louis Untermeyer, *New Enlarged Anthology of Robert Frost's Poems*, pp. 9-11.

② Louis Untermeyer, *New Enlarged Anthology of Robert Frost's Poems*, p. 9.

③ Richard Poirier and Mark Richardson, *Robert Frost: Collected Poems, Prose and Plays*, p. 939.

④ Richard Poirier and Mark Richardson, *Robert Frost: Collected Poems, Prose and Plays*, pp. 654-665.

⑤ Richard Poirier and Mark Richardson, *Robert Frost: Collected Poems, Prose and Plays*, p. 685.

⑥ Richard Poirier and Mark Richardson, *Robert Frost: Collected Poems, Prose and Plays*, p. 670.

⑦ Elizabeth Shepley Sergeant, *Robert Frost: The Trial by Existence*, p. 405.

⑧ Richard Poirier and Mark Richardson, *Robert Frost: Collected Poems, Prose and Plays*, p. 675.

⑨ Richard Poirier and Mark Richardson, *Robert Frost: Collected Poems, Prose and Plays*, p. 701.

⑩ James L. Potter, *Robert Frost Handbook*, p. 162.

同样的方法……注意听句子声调。"①总而言之，弗罗斯特之所以成为美国最
为出名、最受爱戴的严肃诗人（serious poet），之所以在半个世纪内一直戴着
"美国桂冠诗人"的桂冠，正是因为"他把十四行诗、英雄双行诗和素体诗等
传统英语诗体与美国人的乡土词汇和说话节奏融为了一体"②，正是因为"他
一心要丝毫不差地捕捉到新英格兰方言声调所表现的在意义和情感方面的细
微差别"③。

弗罗斯特论及诗的文字有数十万言，但却很少谈到诗歌翻译，不过他曾说
过"对自信者而言，读译诗总会有种挥之不去的遗憾"④。这遗憾是什么呢？
从诗人的以上论述可以看出，这遗憾就是你听不到诗人写进诗中的声调，从而
难以感受那种"比字词更深刻的东西"，难以体会那种"声调所体现的情绪"，
难以有滋有味地吟味由字词意义和声调意义结合而成的诗意。由此可见，正如
但丁说"The poetic glimmer of the original is lost in translation"是因为他认为"凡
在缪斯的约束下写出的和谐之声都不可能从一种语言翻译成另一种语言而不
损其美妙"⑤，弗罗斯特说"It (poetry) is that which is lost out of both prose and
verse in translation"则是因为他认为"除非你先前一直在听一门语言，不然你
绝不可能有滋有味地阅读用那门语言写出的佳句"⑥。想必有译诗经验的人对
但丁和弗罗斯特的这番见解最能心领神会，有位诗歌翻译家在读到弗罗斯特这
句名言时就说："可以想象，在他心目中，必然在翻译中丧失的，当是与诗句
文字意义相呼应的音韵特点。"⑦不过须补充的是，弗罗斯特认为"意义声调
不仅仅是音韵。它是意义和音韵二者的结合"⑧。所以笔者以为，在弗罗斯特
心目中，在翻译中丧失的还不仅仅是音韵，而是由音韵和意义结合而成的诗意，

① Richard Poirier and Mark Richardson, *Robert Frost: Collected Poems, Prose and Plays*, p. 678.
② Nina Baym et al., *The Norton Anthology of American Literature* (2nd Edition*), Vol. II*, New York & London: W.W. Norton & Company, Inc., 1979, p. 1002.
③ Nina Baym et al., *The Norton Anthology of American Literature*(2nd Edition), *Vol. II*, p. 1003.
④ Richard Poirier and Mark Richardson, *Robert Frost: Collected Poems, Prose and Plays*, p. 808.
⑤ Reuben A. Brower, *On Translation*, Cambridge: Harvard University Press, 1959, p. 271.
⑥ Richard Poirier and Mark Richardson, *Robert Frost: Collected Poems, Prose and Plays*, p. 671.
⑦ 黄杲炘：《追求内容与形式的逼真——从看不懂的译诗谈起》，《中国翻译》2002 年第 5 期，第 79 页。
⑧ Richard Poirier and Mark Richardson, *Robert Frost: Collected Poems, Prose and Plays*, p. 665.

也就是上述名言中的poetry。

最后让我们回到"It (poetry) is that which is lost out of both prose and verse in translation"这句话所在的语篇，即弗罗斯特与友人《关于诗艺的会话》（"Conversations on the Craft of Poetry"，1959）[1]。参与会话的有出版社编辑威瑟斯、小说家沃伦、文学评论家布鲁克斯和弗罗斯特本人。根据会话记录，这次会话的中心话题就是诗的声调。威瑟斯提起话头："弗罗斯特先生，我曾经听你说，诗要流传就得有种生动的音调。"弗罗斯特回答说："若非如此，诗就不能给人留下深刻的印象……诗行应该在你脑中萦绕不去……这是因为它们的表达方式。"接下来他们谈到了韵律是写诗的基础，弗罗斯特认为这种韵律是心的跳动、心潮的起伏，它本身就是一种音乐；声调应在字里行间，应该在含义之中，韵律含义双双都依附于声调；优秀的自由诗后面有格律诗的影子，如果没有多年格律诗的功底，自由诗会自由得一无是处。这时弗罗斯特说：

"Let's put it this way, that prose and verse are alike in having high poetic possibilities of ideas, and free verse is anywhere you want to be between those two things, prose and verse. I like to say, guardedly, that I could define poetry this way: It is that which is lost out of both prose and verse in translation. That means something in the way the words are curved and all that—the way the words are taken, the way you take the words."[2]

从这段原文提供的语境我们可以看出，弗罗斯特在表达"诗"这个概念时，用的是与prose (ordinary writing) 相对的verse (metrical writing)；poetry一词通常也指metrical writing，但在这特定的语境中，它的意思显然是a quality that stirs the imagination or gives a sense of heightened and more meaningful existence，或者说就是上文中的poetic possibilities，不然我们就会译出"诗乃翻译时从诗中失去的东西"这种文理不通的句子。尤其值得注意的是，弗罗斯特还特别强调了这"失去的东西"是"话语被弯曲过程中的某种东西"，是"话语被处理的方式"，是"作者处理话语的方式"。而上文提到的"由字词意义和声调意义结合而成的诗意"或"由音韵和意义结合而成的诗意"正是产生于诗人处理话

① Richard Poirier and Mark Richardson, *Robert Frost: Collected Poems, Prose and Plays*, pp. 853-859.
② Richard Poirier and Mark Richardson, *Robert Frost: Collected Poems, Prose and Plays*, p. 856.

语的方式。所以笔者认为"It (poetry) is that which is lost out of both prose and verse in translation"这句话的汉语译文应该是"诗意乃翻译时从散文和诗中消失的那种东西"。

至于这句话的异文"Poetry is what gets lost in translation"，若认为它出自弗罗斯特之口，也应该将其翻译为"诗意乃翻译中失去的东西"；若要翻译成"诗乃翻译中失去的东西"，就不该将其莫须有地栽到弗罗斯特头上，然后又据此讥讽人家"愚不可及"或"荒谬之至"（immensely silly）。①

## 六、结　语

尽管"Poetry is what gets lost in translation"常被作为诗不可译的论据，但本文并非要讨论可译性问题，而仅仅是要强调学术引征之严肃性和准确性问题。"论文必征于圣，窥圣必宗于经。"（《文心雕龙·征圣》）虽几经西学东渐大潮之淘灈，中国传统治学理路之精华却并未荡然，不少中国学人仍保持着旁征博引、精研一理（甚至精研一字）的传统。不过面对认知范围扩大、认知内容增多、而上天却不"加我以年"的现实，吾辈终少了些博考文献、言必有据的精神。表现在引征方面，或人云亦云，断章取义，完全忘了"引征应保持被引征话语之原貌；不得曲解原作之观点……引征应当有明显标志，引征应以注释准确地显示被引征作品之相关信息"；或伪造出处，故弄玄虚（如本文第2节所举二例），完全忘了引文本身之准确是对原著作者的尊重，而引文出处之准确则是对读者的尊重。

总而言之，我们今天的翻译学者对学术引征也应该保持严肃认真的科学态度。须知"知之为知之，不知为不知，是知也。"（《论语·为政》2.17）不知者，不可言也。而"凡不可言者，须处之于沉默"（Whereof one cannot speak, thereof one must be silent）。②

（原载《解放军外国语学院学报》2009年第5期）

---

① Susan Bassnett, "Translating the Seed: Poetry and Translation," in Susan Bassnett and André Lefevere, *Constructing Cultures: Essays on Literary Translation*, Shanghai: Shanghai Foreign Language Education Press, 2001, p. 57.

② 维特根斯坦：《逻辑哲学论》，贺绍甲译，北京：商务印书馆，1996年，第105页。

# 英美文学作品中《圣经》引文的汉译问题

【内容提要】 文学翻译家用汉语翻译引自英语《圣经》的文字，其译文应该与英语《圣经》原文的内容和风格保持一致，而不应该与某个中译本（如教会印发的"和合本"）的字句保持一致。英语《圣经》语言与现代英语有天然的亲缘性和兼容性，援用进英美文学作品中都显得珠联璧合，相得益彰，而中文"和合本"《圣经》的语言与现代汉语的兼容性不高，许多字句都难与翻译成中文的英美文学作品的语言风格契合。国内某些出版单位要求译者"引自《圣经》的文字须与《圣经》'和合本'一致，切勿自译"，这种要求脱离了语言文学的实际情况，是一个不合理要求，不过中文"和合本"《圣经》仍值得文学译者参考或借鉴。

## 一、引　　言

近年来，国内某些出版单位对翻译英美文学作品中的《圣经》引文开始进行限制，或要求译者必须抄录中文"和合本"《圣经》中相应的字句，或擅自用"和合本"中的相应文字替换译者自己的译文。如去年有家出版社在拙译编校稿上针对一条注释中的《圣经》引文批注道："脚注引自《圣经》的文字须与《圣经》'和合本'一致，切勿自译。"好在这那位责任编辑还恪守职业规范，经笔者据理力争，最后保留了拙译，但有个别出版单位却缺乏这种职业操守，未经笔者同意，就擅自把作为作品题记的同一句引文译文改成了"和合本"的文字。出版者要求译者抄录"和合本"译文或擅自照"和合本"译文改动译稿中的《圣经》引文，这在近年并非孤立现象，因此笔者认为，学界有必要探讨以下问题：①中文图书中出现的《圣经》引文是否必须抄录中文"和合本"的译文？②中国的文学翻译家是否有权自己翻译英美文学作品中的《圣经》引文？③翻译英美文学原著中的《圣经》引用，中国译者应采用什么原则？要为这些问题找出合理的答案，我们又有必要回顾一下两种关系，一是英语《圣经》语言与现代英语的关系，二是中文"和合本"《圣经》的语言与现代汉语的关系。下面笔者就针对这些问题抛砖引玉，以期引起学界对《圣经》引文汉译这个问题的更多关注。

下文将涉及其内容的主要英文版《圣经》有：1611 年出版的 *King James Bible*（简称钦定本）、1885 年出版的 *English Revised Version of Bible*（简称修订本）和 1990 年出版的 *New Revised Standard Version of Bible*（简称新标准版）。中文"和合本"《圣经》指由多位欧美来华传教士合作翻译、于 1919 年在上海问世的中文《新旧约全书》官话和合译本。

## 二、英语《圣经》语言与现代英语

除少数学者外，当今英语国家读者都只能读懂现代英语文本，因为别说古英语，就是中古英语与现代英语的差别，也远远大于古代汉语与现代汉语的差别。在今天之中国，有不少普通读者能直接阅读两千多年前先秦诸子的诗文原著，如"关关雎鸠，在河之洲"；"初，郑武公娶于申，曰武姜。生庄公及共叔段"；或"清斯濯缨，浊斯濯足矣。自取之也"。然而，在今天的英语国家，却少有人能直接阅读 600 多年前的英语文学作品，例如，乔叟《坎特伯雷故事集》（1385）原著起始两行是 Whan that Aprille with his shoures sote/ The droghte of Marche hath perced to the rote，①可一般英语读者读的都是翻译成现代英语的文本，如"When the sweet showers of April have pierced/ The drought of March, and pierced it to the root"；②甚至连英美大学英语系学生读的也不是乔叟的原著，而是经学者改写并加注的文本，如"Whan that April with his showres soote/ The drought of March hath perced to the roote"。③由此可见，

① 李赋宁：《英语史》，北京：商务印书馆，1991 年，第 100 页。
② Geoffrey Chaucer, *The Canterbury Tales* (trans. by David Wright), Oxford: Oxford University Press, 1991, p. 1.
③ M. H. Abrams et al., *The Norton Anthology of English Literature* (6th Edition), New York & London: W. W. Norton & Company, Inc., 1996, p. 70.

当今英语国家绝大多数读者读的都是现代英语文本，而现代英语在 500 年前才开始形成，其形成和完善都与英语版《圣经》有密切的联系。

英语的历史可分为三个时期：（1）古英语时期（500—1150）；（2）中古英语时期（1150—1500）；（3）现代英语时期（1500—）。[①]有学者又把现代英语分为两个时期："早期现代英语（1500—1700）和现代英语（1700—）"。[②]大凡了解英语史的人都知道，英国人开始读英文《圣经》的时期正好与现代英语的发轫期同步，而英国文艺复兴文学的全盛期又恰好与钦定本英语《圣经》的问世和流行同期。英国神学家威克里夫（1320—1384）发起翻译并于 1382 年完成的英语《圣经》虽曾一度遭禁，但却在 15 世纪初期开始流传，成为当时唯一的英译本。就像马丁·路德（1483—1546）为翻译德语《圣经》而采集了德意志各种方言之精华，熔炼出了不少新的德语词汇一样，威克里夫英文《圣经》也采集并熔炼了上百种当时在英格兰流行的方言。就像路德认为译出德语《圣经》"关键是要用德意志人民的德语，而不用拉丁化的德语"一样，[③]另一位早期英语《圣经》译者廷德尔（1494—1536）的追求也是要"译出让英格兰农夫也能懂得的经文"。[④]此后，"许多英译本《圣经》，包括 1535 年的科威得勒译本、1537 年的马太译本、1539 年的《大圣经》、1560 年的日内瓦译本和 1568 年的主教本，都在不同程度上借鉴了廷德尔译本，而正是这些早期译本使 1611 年出版的钦定本英语《圣经》达到了至善至美的程度"。[⑤]钦定本英语《圣经》由英王詹姆斯一世于 1604 年钦定 54 名学者翻译并审定，该译本集此前诸译本之长，90%以上的词汇都是地道的英格兰本民族用语，行文简洁、明确、生动、有力，"不仅读起来更流畅，而且听起来也更悦耳"，[⑥]"很

① William H. Harris and Judith S. Levey, *The New Columbia Encyclopedia*, New York & London: Columbia University Press, 1975, p. 873.

② 李赋宁：《英语史》，第 205 页。

③ Reuben A. Brower, *On Translation*, Cambridge: Harvard University Press, 1959, p. 274.

④ Jean Aitchison, "Drinker of the Devil's Dregs: Tyndale as a Translator" (Hertford Tyndale Lecture, University of Oxford, 22 October 1998), http://www.tyndale.org/tsj11/aitchison.html. [2017-10-01].

⑤ Philip W. Goetz et al., *The New Encyclopaedia Britannica* (15th Edition, *Micropaedia Britannica, vol. ii*), Chicago & London: Encyclopaedia Britannica Inc., 1979, p. 1.

⑥ Robert Mcgrum et al., *The Story of English*, New York: Viking Penguin Inc., 1986, p.112.

快就被英语国家的人们接受……直到今天，无数的英语读者仍然会从这部经书中体验到一种无与伦比的'家的感觉'"，"它让不识字的平民也谈吐文雅……其语言风格已根植于英国民族传统"。由此可见，在现代英语的形成过程中，英语《圣经》起到了非常重要的催化作用，其语言与现代英语具有天然的亲缘关系。

英语《圣经》不仅影响了英语国家人们的生活，而且也影响了英语国家作家诗人的创作。正如路德翻译的德语《圣经》"创造了现代德国散文"语言一样，"1611年出版的《圣经》标准英译本（*the Authorized Version of the Bible*）奠立了现代英语散文的句法（syntax）和文体（style）的基础"，"其风格渗进了那些志向远大的作家的文体。其措辞为诗人们的词章添彩增辉"。剑桥大学文学教授奥斯比曾说："毋庸置疑，英语《圣经》对我们的文学产生了一种不可估量的影响。数以千计的精美字句融进了文学语言，形成了许多美妙的典故，较之其他任何源泉，这种影响都是无可比拟的。"讽刺作家斯威夫特认为："与我们现在读到的任何英文相比较，英语《圣经》诸译者都堪称英语语言大师。"英国文论家及史学家麦考莱（T. B. Macaulay）宣称："假使所有用英文写的东西全都毁灭了，只剩下《圣经》这一部书，那这部书本身也足以把英文里全部的美与力都显示出来。"实际上，即便没有这些褒扬赞誉，我们也不能否认英语《圣经》本身就是一部文学巨著，是英美作家创作的源泉之一。小说家海明威就承认："我是靠阅读《圣经》学习写作的……主

---

① George Steiner, *After Babel: Aspects of Language and Translation*, Shanghai: Shanghai Foreign Language Education Press, 2001, pp. 366-367.

② Ifor Evans, *A Short History of English Literature* (4th Edition), Harmondsworth & New York: Penguin Books Ltd., 1976, p.301.

③ 恩格斯：《自然辩证法·导言》，见《马克思恩格斯选集》（第三卷），北京：人民出版社，1972年，第446页。

④《圣经》标准英译本（*the Authorized Version of the Bible*）即钦定本（*King James Bible*）。

⑤ 李赋宁：《英语史》，第12页。

⑥ Ifor Evans, *A Short History of English Literature* (4th Edition), p.301.

⑦ Ian Ousby, *The Cambridge Guide to Literature in English*, Cambridge: Cambridge University Press, 1988, p. 91.

⑧ Ian Ousby, *The Cambridge Guide to Literature in English*, p. 90.

⑨ 转引自王佐良等：《英国文学名篇选注》，北京：商务印书馆，1983年，第200页。

要是读《旧约全书》。"①诗人柯尔律治则坚信："如果没有《圣经》这个锚碇，我们贫乏的想象力会把语言变成一堆抽象的概念。"②除灵感、构思、文法和语言风格受《圣经》影响之外，英美作家诗人还喜欢从《圣经》中援经引典。笔者据自己翻译出版过的部分英美文学作品统计，引用（包括化用或借典）《圣经》的地方，在莎士比亚的两部长诗和《十四行诗集》中共有 20 余处，在爱伦·坡的诗歌小说中也有 20 余处，在薇拉·凯瑟的 4 部早期小说中有 30 余处，在弗罗斯特 437 首诗和若干与诗有关的文稿中有 70 余处，而在培根那册薄薄的《随笔集》中则多达 80 余处。③

这些引典借字或援古证今，借题发挥，或据事类义，由此述彼。令引文所在的诗文简练含蓄，意蕴深厚，令典故所在的篇章"情深而不诡……事信而不诞……体约而不芜……文丽而不淫"（《文心雕龙·宗经》）。对长期浸淫于基督教文化语境中的英语读者来说，这些引典借字能让他们更深刻地领悟作家诗人们表达的观念、阐述的事理和抒发的感情。如爱伦· 坡在《乌鸦》（The Raven, 1845）一诗中直接引用《旧约·耶利米书》8 章 22 节首句 "Is there no balm in Gilead"（难道基列没有香膏），这可让熟悉《圣经》的英美读者更深切地体验诗中那位痛失爱人的青年"绵绵而无绝期的伤逝"；又如弗罗斯特在《在富人的赌场》）（ "In Divés' Dive", 1936）一诗中暗引《新约·路加福音》16 章中那则在基督教国家几乎家喻户晓的寓言（即耶稣讲的那个为富不仁的财主死后下地狱受罚、乞丐拉撒路死后上天堂享福的故事），从而使"美国是一家由狠心富人开的大赌场"这个隐喻彰明较著。④当然，英美作家援经引典能产生这种审美效果，还在于英语《圣经》语言与现代英语具有天然的兼容性，援用进英语文学作品中都显得珠联璧合，相得益彰。

---

① 库尔特·辛格：《海明威传》（周国珍译），杭州：浙江文艺出版社，1983 年，第 22 页。
② Ian Ousby, *The Cambridge Guide to Literature in English*, p. 91.
③ 莎翁当时引用的是《日内瓦译本》（*Geneva Bible*, 1560），培根引用《通俗拉丁文本圣经》（*Vulgate*），爱伦·坡、凯瑟和弗罗斯特都引用钦定本。据笔者多年的翻译验证，从前两个版本引用的内容均与钦定本吻合。
④ 曹明伦：《田园诗人弗罗斯特的政治讽刺诗》，《外国文学》2013 年第 6 期，第 23 页。

# 三、"和合本"《圣经》的语言与现代汉语

然而，中文"和合本"《圣经》的语言与现代汉语却缺乏这种兼容性，往往都难与翻译成中文的英美文学作品的语言风格契合，有时甚至会格格不入。因为较之《圣经》英译对英语语言文化的巨大影响，《圣经》汉译对中国语言文化的影响可以说是微乎其微。

在"和合本"问世之前，中国已有多种由外国传教士翻译的中文《圣经》，如施约瑟（Samuel Isaac Joseph Schereschewsky, 1831—1906）等人翻译的北方官话译本和杨格非（John Griffith, 1831—1912）翻译的南方官话译本。经文南腔北调不利于宣扬教义，于是欧美诸在华差会于 1890 年在上海举行了一次宣教会，与会各方就统一中文《圣经》译本达成了协议，决定将南北两部官话《圣经》合并（和合），并据 1885 年出版的 *English Revised Version of Bible*（《英文修订本圣经》，即钦定本的修订本）进行修订。这个"和合本"于 1919 年出版，此后在华各教会决定统一使用。虽然"和合本"译委会当时就申明："这部译本虽是宣教士尽了最大努力的产品，但决不能说是中国读者的理想译本。尤其在中文文体方面，恐怕难以满足中国读者的愿望。"[1]但"新中国成立之后，中国基督教协会和中国基督教三自爱国运动委员会沿用了这个译本"，[2]而且"近百年以来，塑造了一批对和合本持极端保守观点的信徒，他们认为《和合本圣经》逐字逐句皆出于圣灵启示，一个字都不可改"。[3]所以，尽管"和合本"中的许多译文今天读来都佶屈聱牙，不少文句都晦涩难懂，但"和合本"仍然非常流行，应该"尚无其他权威中译本可以取代"。[4]当今中国流行的"和合本"《圣经》版本是中国基督教协会于 2000 年在南京印发的《简化字现代

---

① 朱树飏：《谈圣经翻译》，《外语研究》1988 年第 3 期，第 70 页。
② 马乐梅：《汉语圣经和合本的翻译策略——兼论和合本的废与存》，《国外外语教学》2006 年第 4 期，第 54 页。
③ 殷颖：《和合本圣经的特色与修订浅见》，《天风》2010 年第 10 期，第 28 页。
④ 谢雪如：《〈圣经〉翻译史话》，《中国翻译》1984 年第 12 期，第 29 页。

标点和合本》①。

说"和合本"许多译文读起来佶屈聱牙，不少经文都晦涩难懂，这绝非言过其实，而是有例为证。请读："你兄弟的血有声音从地里向我哀告。地开了口，从你手里接受你兄弟的血。现在你必从这地受诅咒"（《创世纪》4：10–11）；"摩押的英雄被战兢抓住，迦南的居民心都消化了"（《出埃及记》15：15）；"畜类人不晓得，愚顽人也不明白"（《诗篇》92：6）；"她与持守她的作生命树，持定她的俱各有福"（《箴言》3：18）；"把创世以来所隐藏的事发明出来"（《马太福音》13：35）；"你们向罪也当看自己是死的，向神在基督耶稣里，却当看自己是活的"（《罗马书》6：11）；"那使女所生的，是按着血气生的"（《加拉太书》4：23）；"你们向马其顿全地的众弟兄固然是这样行，但我劝弟兄们要更加勉励；又要立志作安静人"（《帖撒罗尼迦前书》4：10–11）。这种或不合文法、或晦涩难懂、或佶屈聱牙、或不知所云的经文，别说农夫工匠，恐怕连中学语文老师和大学汉语言文学教授也难以读懂或听懂。

当然，我们不可因此而怀疑那批欧美传教士的汉语水平，实际上他们都是精通中文的汉学家。但语言毕竟是一种社会现象，它必然会随着社会的发展变化而发展变化。在"和合本"产生的年代，清末官话（国语）的书面语表达尚不成熟，②距标准现代汉语（以北京语音为标准语音、以北方话为基础方言、以典范的现代白话文著作为语法规范的汉民族共同语）的推广使用尚有半个世纪之遥，③当时连饱读诗书的中国翻译家在翻译西方典籍时都感叹"索之中文，渺不可得，即有牵合，终嫌参差"，④而汉语并非那批传教士的母语，所以"这部译本……难以满足中国读者的愿望"绝非仅仅是"和合本"译委会的谦辞。

我们也不怀疑"和合本"经文通过牧师神父"牵合"，在教会信徒中可消

① 《简化字现代标点和合本》是中英文对照本，但与"和合本"中文对照的英文版《圣经》是 1989 年出版的 *New Revised Standard Version*（NRSV，《新标准版》），而非 100 年前翻译时所依据的 1885 年版 *English Revised Version*（ERV，《修订本》）。

② 清政府于 1909 年才设立"国语编审委员会"，把当时通用的官话正式命名为国语。

③ 中国科学院于 1955 年召开"现代汉语规范问题学术会议"，国务院于 1956 年 2 月 6 日发布《关于推广普通话的指示》，"标准现代汉语"（汉民族共同语）由此开始推广。

④ 严复：《天演论·译例言》（1898），见罗新璋：《翻译论集》，北京：商务印书馆，1984 年，第 137 页。

弭"参差"。但在中国，与数亿非基督徒的读者大众相比，教会信徒毕竟是小众，若在英美文学作品的汉译本中也抄录这种经文，那不仅对不住广大中国文学读者，也对不住引用《圣经》的英美作家。因为正如前辈学者指出的那样，和合本有两大"致命伤"，一是"'硬译'或'死译'，甚至有些英语特有的成语，一旦变成汉语后，竟成为毫无意义的词组或句子"；二是"有些不十分复杂、僻奥的地方，也表达错了或表达得不合当时（或今天）的汉语规律，读者看了如坠五里雾中，不知究竟"。①在此笔者就用本文引言提及的那句曾被擅自改动、又被要求"切勿自译"的《圣经》引文为例，替前辈学者的这个结论补充一个论据。

那句引文是《诗篇》23 篇 4 节，钦定本和修订本的措辞都是："Yea, though I walk through the valley of the shadow of death, I will fear no evil; for thou art with me; thy rod and thy staff they comfort me." 这句经文被引频次很高，我翻译过的大部分英美作家都曾引过，有人甚至多次引用。如爱伦·坡不仅在《黄金国》《莫诺斯与尤拉的对话》《泄密的心》等诗文中暗引或借用此典，还画龙点睛地把"Yea, though I walk through the valley of the shadow"用作"Shadow—A Parable"的题记。拙译《死荫——寓言一则》的相应题记是"是的，虽然我穿行在死荫幽谷"，②可某家出版社不经译者同意（甚至没让译者知晓），便擅自把拙译"穿行在"改成了"和合本"的"行过"③。对于习惯了读"我走过许多地方的路，行过许多地方的桥"（《沈从文家书》）的中国读者来说，这"行过"容易让他们把题记中所说的"正在经历"误解成"经历过了"。

那条被要求"引自《圣经》的文字须与《圣经》'和合本'一致，切勿自译"的注释与莎士比亚的长诗《维纳斯与阿多尼》相关。该诗第 1001–1002 行的原文是："Then, gentle shadow—truth I must confess— /I rail'd on thee, fearing my love's decease"；拙译是："所以温柔的死荫哟，实话实说，/我骂你是因为我怕我爱人已丧命。"这是维纳斯在责骂死神一通后发现阿多尼还活着时说的话。原文对死神的称谓是"shadow"，考虑到不少中国读者对"死荫"之说可能不知由来，于是笔者加注解释道："死荫之原文 shadow 出自《旧约·诗

① 朱树飚：《谈圣经翻译》，《外语研究》1988 年第 3 期，第 70 页。
② 曹明伦（译）：《爱伦·坡集：诗歌与故事》（上卷），北京：生活·读书·新知三联书店，1995 年，第 263 页。
③ 曹明伦（译）：《爱伦·坡暗黑故事全集》（上卷），长沙：湖南文艺出版社，2013 年，第 134 页。

篇》第 23 篇第 4 节：虽然我穿行于死荫之幽谷，但我不怕罹祸，因为你与我同在，你会用牧杖引我，用权杖护我。"对要求笔者用"和合本"译文取代拙译的出版社，笔者曾回信争辩说："引自《圣经》的文字应与《圣经》原文的内容与风格保持一致，而不该与某个中译本一致……须知'和合本'中有很多字句都难与世界名著的中译文兼容，本人多年来对 *Bible* 引文从来都是自译。"

说"和合本"中有很多字句难与世界名著的中译文兼容，相信从事文学翻译的译者都有过这种体会。以上句为例，"和合本"译文是："我虽然行过死荫的幽谷，也不怕遭害，因为你与我同在，你的杖，你的竿，都安慰我。"这种文字不仅难与莎士比亚的诗句兼容，而且其字面意思和行文风格与英文原文也有差距。如上文所述，钦定本英语《圣经》行文简洁、明确、生动、有力，"不仅读起来更流畅，而且听起来也更悦耳"。虽说因出自多人之手，加之新旧约原文写成于不同的历史时期，钦定本全书语言风格并不完全统一（如《旧约》诸"记"之古朴简洁、庄重典雅，《新约》诸"福音书"之生动形象、寓意深刻），但《圣经》毕竟要供神父牧师宣讲，所以无论《新约》《旧约》，其语言都有节奏鲜明、声律和谐的特点，而作为可配乐吟诵的《诗篇》，则更是讲究音韵节奏。读英文《诗篇》第 23 篇第 4 节，读者能感受到意义之明确、音韵之和谐、节奏之铿锵，从而更深刻地感受到大卫作为上帝信徒的坚定信仰和作为以色列君王的豪迈气概。然而读"和合本"译文，读者很难感到原文明确的意义、和谐的音韵、豪迈的气概。以意义而论，上文已证明"行过"二字会产生歧义；就音韵而言，第二和第三停顿处的"害""在"二字同韵同声，读起来不仅不悦耳，甚至觉得刺耳；而"你的杖，你的竿，都安慰我"从大卫王口中说出，别说表现什么气概，恐怕还真会像朱树飏教授说的那样，让读者"如坠五里雾中"。

值得注意的是，"你的杖，你的竿"正是"和合本"硬译或死译的产物。"和合本"译委会曾制定过译经的五项原则，其中第四项为"与原文切合"，"这项原则最为重要，表明和合本的翻译是形式对等的翻译"。[①]但从结果来看，"与原文切合"却往往被强调成了"字词一致"，译者生怕改动了上帝或圣人的话，便尽可能地用一个汉语词汇去对应一个英文单词。例如 rod 这个单

---

① 马乐梅：《汉语圣经和合本的翻译策略——兼论和合本的废与存》，《国外外语教学》2006 年第 4 期，第 50 页。

词在修订本的《诗篇》中出现了 5 次，结果"和合本"就对应了 5 个"杖"字（分别见于 2：9、23：4、89：32、110：2 和 125：3）。其实参考一下有注释的英文版《圣经》或《圣经》解读，就会发现此节中的rod意为"instrument of authority; used also by shepherds for counting, guiding, rescuing and protecting sheep（行使权威的器具，亦是牧人用以清点、引导、营救、保护羊只的器具）"；staff则为"instrument of support（施援之器）"。[①]而据英美牧师常用的*Analytical Concordance to the Bible*（《圣经解读索引》），此行中的comfort意为to brighten up或encourage。[②] 结合此句语境，encourage在此处应取"to give help or patronage to"之义，即《韦氏第三版新国际英语大词典》（*Webster's Third New International Dictionary of the English Language*）中encourage这个词条的第三义项。而comfort这个词本身也有assist、help（帮助或支援）的意思（分别见《韦氏第三版新国际英语大词典》动词第 2 义项和陆谷孙《英汉大词典》动词第 4 义项）。笔者正是经过这些考证，再结合《诗篇》23 篇上下文，才有了上述引文拙译。曾有学者评说拙译《维纳斯与阿多尼》"具有中国现代格律体诗的形式和音乐审美特质"。[③]这句评语应该说比较公允，因较之"和合本"译文，拙译脚注中的《圣经》引文与正文语言更具兼容性，因而其"审美特质"也更匹配。当然，拙译引文并非不可改进，"和合本"中的字句也并非完全不能借用，甚至抄录。

## 四、英语《圣经》引文的汉译原则及策略

有学者在论及《圣经》引文汉译时就曾建议："《圣经》英译以AV（钦定本）为准，中译以官话本（和合本）为准……作为书面语时，可以直抄，一般不必自行翻译。"[④]

笔者以为，较之"切勿自译"之规定，这条建议更为合理，更适合作为英

① Robert G. Hoerber, *Concordia Self-Study Bible*, St Louis: Concordia Publishing House, 1987, p. 807.

② Robert Young, *Analytical Concordance to the Bible*, Grand Rapids, Michigan: William B. Eerdmans Publishing Company, 1964, p. 188.

③ 熊辉：《论莎士比亚长诗〈维纳斯和阿多尼斯〉在中国的翻译》，《广东社会科学》2014 年第 3 期，第 160 页。

④ 黄旬：《英美医学书刊中〈圣经〉引文浅识》，《中国科技翻译》2000 年第 3 期，第 28 页。

语《圣经》引文的汉译原则。因为"一般不必自行翻译"意味着在特定情况下可以自行翻译，甚至必须自译。那么在哪些情况可以自译，甚至必须自译呢？美国《圣经》专家、普林斯顿大学神学院教授、《新标准修订版圣经》翻译委员会主任梅茨格（1914—2007）曾在《译本序言》中强调该版本的翻译原则是"as literal as possible, as free as necessary（可能时就直译，必要时才意译）"。[①] 参考这项原则，我们可以把英语《圣经》引文的汉译原则完善成：可能时就直抄，必要时就自译。

这里说的直抄，是指从"和合本"直接抄录其译文。上文列举"和合本"中若干不合文法、晦涩难懂、佶屈聱牙、不知所云的经文，是要说明"切勿自译"这种一刀切的规定不合常理，不切实际。"和合本"由多人合译，译文质量参差不齐，其中亦不乏意思准确、语言通顺、风格切合的经文。照抄这样的经文，对译者来说可收事半功倍之效，对部分读者来说也便于互文印证。不过译者对这个原则须把握好尺度，或者说对译文读者的认知语境须有正确的判断，因为常见译者把握不好尺度的情况，有人对读者读不懂的"和合本"经文照抄不误，有人对能读懂的字句却自行翻译，而自译的文字反倒令读者不知所云。

例如，有本翻译教科书在讲《太阳照常升起》扉页上的第二则题记（引自《旧约·传道书》）时，把"One generation passeth away, and another generation cometh; but the earth abideth for ever. The sun also ariseth, and the sin goeth down, and hasteth to his place where he arose." 翻译成了"一代人逝去，又一代人降临，可地球运转不息，太阳照样升起，照样落下，又慌忙赶回他那升起的家。"[②]学生们就觉得这段译文读起来怪怪的，说"'又慌忙赶回他那升起的家'不像是在传道，倒像是在讲童话故事"。而翻译家赵静男教授就照抄了"和合本"译文："一代过去，一代又来，地却永远长存。日头出来，日头落下，急归所出之地。"[③]两相比较，后者显然更像传道者所罗门说的话，与海明威作品的语

---

① Bruce Manning Metzger, "Preface to *The New Revised Standard Version of Bible*," (2001-02-01), http://www. bibleresearcher.com/nrsvpreface.html. [2017-10-02].

② 郭著章等：《英汉互译实用教程》（第四版），武汉：武汉大学出版社，2010年，第149页。

③ 海明威：《太阳照常升起》（赵静男译），上海：上海译文出版社，1984年，第1页。

言风格也更吻合，所以此处照抄"和合本"译文比自行翻译好。

　　不过，需要强调的是，对有些意思准确、语言通顺的"和合本"译文，译者在翻译或注释文学作品中的《圣经》引用时也不宜照抄，甚至不可照抄。至于何时不宜，何时不可，那就需要译者根据自己翻译的作品来决定，需要看相应的"和合本"译文与自己翻译的作品在内容上是否吻合，文理上是否讲逻辑，语意上是否连贯，风格上是否相称。我们不仅需要"可能时就直抄，必要时就自译"的原则，而且在抄录"和合本"译文时还得讲究策略。

　　例如，尽管上文证明赵静男教授照抄"和合本"那段译文比某教科书的自行翻译更好，但较之原著书名与题记之契合，译文仍显得不那么相宜，因为原著书名 *The Sun Also Rises* 和题记中的"The sun also ariseth"[①]内容和措辞都一致，而对同一个语境中的同一句英文，中译本在封面上翻译成了"太阳照常升起"，在扉页上却抄录"和合本"的"日头出来"，这怎么说也略显失宜。若译者只借用"和合本"的句式，而将这段题记的后半段改译成"太阳升起，太阳落下，急归所出之处"，那么前后文就会更显熨帖，意思和语气也会更精当。

　　不可照抄的情况很多，在此仅举两例。培根在"Of Counsel"（《论进言与纳谏》）中说"The wisest princes need not think it any diminution to their greatness, or derogation to their sufficiency, to rely upon counsel. God himself is not without, but hath made it one of the great names of his blessed Son, *The Counsellor*. Solomon hath pronounced, that, *in counsel is stability*."。句末的"*in counsel is stability*（安稳在于听劝）"是培根引自《通俗拉丁文本圣经》并译成英文的，对此英文原著都会加注，请读者参见《旧约·箴言》第 20 章第 18 节。该节在钦定本中为"Every purpose is established by counsel; and with good advice make war."，在"和合本"所据的修订本中作"Every purpose is established by counsel; and by wise guidance make thou war."，"和合本"的译文是"计谋

---

① 此句各英语版本措辞不同，钦定本和修订本作"The sun also ariseth"；美国版钦定本（*American King James Version*）作"The sun also rises"；新美国标准本（*New American Standard Bible*）作"Also, the sun rises"；福音版（*Good News Bible*）作"The sun still rises"；新标准版和新国际版（*New International Version*）作"The sun rises"。在钦定本、修订本和新美国标准本中，"also"一词的意思都是"in the same manner as something else"，语法上作前后两句的方式状语，即"太阳升起，太阳落下"就像"一代过去，一代又来"一样。

都凭筹算立定，打仗要凭智谋。"这句译文意思不可谓不明确，语言不可谓不通顺，但在此处却不可照抄。以拙译《培根随笔》中的该篇为例，包括这句引文的整段译文是："明智的君王不必以为求言从谏会有伤其龙颜，或有损其君威。上帝若不倡从谏，就不会把'劝世者'之称谓作为其圣子的诸多尊号之一。所罗门曾曰'从谏如流方可长治久安'。"①笔者在此处还加脚注解释道："《旧约·箴言》第20章第18节云："从谏如流方可长治久安，多见听纳才能百战不殆。"显而易见，若照抄"和合本"译文，用"计谋都凭筹算立定"来取代笔者自行翻译的"从谏如流方可长治久安"，那可就方枘圆凿，文不对题了。译文读者肯定会感到疑惑，培根在论述纳言从谏，干吗用"计谋都凭筹算立定"作为论据？

另一个因照抄"和合本"而令译文读者疑惑的例子是周扬翻译的《安娜·卡列尼娜》扉页上那则题记。周先生是根据英译本转译的。转译肯定会产生"二度变形"，②但该书扉页上那则题记出自《圣经》，其译文与力冈先生据俄文原版翻译的译文别无二致，都是"伸冤在我，我必报应"。两位先生显然都直抄了"和合本"的译文。而译文中的"伸冤""报应"当初就曾令笔者误解，以为题记中的"我"是指主人公安娜。后来方知此言引自《圣经》，出自上帝之口，在钦定本中是"Vengeance is mine; I will repay"，在"和合本"所据的修订本中作"Vengeance belongeth unto me; I will recompense"，而"和合本"相应的译文就是"伸冤在我，我必报应"，先后出现在《罗马书》（12：19）和《希伯来书》（10：30）中。这里无须赘言"伸冤""报应"的含义，但据中国人对这两个词的语意共识，"伸冤在我，我必报应"很容易让人产生疑惑（上帝向谁伸冤？即便是替人伸冤？），读者若不据注释仔细斟酌，很难一下就领悟托翁"勿以暴抗恶"的宗教伦理观念。可译者对这点应该是了然于胸的，为周扬译本写序的陈燊先生就解释过这则题记的由来，"作家最初是从叔本华著作中转引的。据尼·古谢夫说，在叔本华的解释里：任何人无权评判、报答和惩罚别人，存在着'永恒的审判'"。③须知对一部文学作品来说，题记应

① 曹明伦（译）：《培根随笔》，成都：四川人民出版社，1997年，第70页。
② 方梦之：《中国译学大词典》，上海：上海外语教育出版社，2011年，第133页。
③ 陈燊：《译本序》，见托尔斯泰：《安娜·卡列尼娜》（周扬译），北京：人民文学出版社，1981年，第12页。

该是画龙点睛之笔，能起到揭示作品的主旨和内涵、昭示作者的道德观和价值观、引导读者阅读的作用。可对《安娜·卡列尼娜》这部巨著，中文版扉页上的题记并未充分起到这样的作用。实际上，别说普通读者会像笔者一样产生误解，就连有的教会也觉得"伸冤在我，我必报应"语义晦涩，如在香港当代圣经出版社于 1987 年印发的《当代福音》（新约全书）中，此句就被译成了"裁决权在我，我要使各人得到应得的报应"。当然，这句译文作为题记稍嫌冗赘，可要是翻译成"复仇在我，我必令恶人各得其报"呢？甚至照叔本华的解释翻译成"赏罚在我，我终令世人各得其报"呢？这样是不是更像上帝在说话？是不是更有可能让译文读者感悟这部小说罪与罚的主题，感知作者探索人类命运和宗教拯救的努力呢？

以上实例说明，我们的确有必要为英语《圣经》引文的汉译制定一条出版方和译者都能接受的原则，那就是：可能时就直抄，必要时就自译。所谓直抄，即直接抄录"和合本"译文，也就是照某些出版单位要求的那样，让引自《圣经》的文字与"和合本"译文一致；所谓自译，即自行翻译，就是在"和合本"译文与译者翻译的作品译文在内容上不吻合、或文理不逻辑、或语意不连贯、或风格不相称的情况下，译者根据所译作品中的引文英语原文，结合作品的内容和风格自行翻译。当然，自行翻译时可参考或借鉴"和合本"译文。总而言之，不论是直抄还是自译，引文译文都应该与英语《圣经》原文的内容和风格保持一致。

# 五、结　　语

综上所述，我们可以认定以下几个事实，并由此得出相应的几个结论：①英语《圣经》语言与现代英语具有天然的兼容性，援用进英语文学作品中的《圣经》文字往往都能与作品正文珠联璧合，相得益彰，因此，英美文学作品汉译本中的《圣经》引文也应该尽可能与作品正文珠联玉映，相辅相成；②中文"和合本"《圣经》的语言与现代汉语兼容性不高，许多段落和字句都难与翻译成中文的英美文学作品的语言风格契合，因此，翻译英美文学作品的中国译者在处理作品中的《圣经》引文时，不必都从"和合本"照抄，必要时可以自行翻译，以保证中译文的内容和风格与英语《圣经》原文的内容和风格一致；③根据上文提及的英语《圣经》版本，可知英语国家的教徒和普通读者读的是不同语言风格的英文版《圣经》（笔者手边就有十余种英语《圣经》版本），而且华人地区的教会也使用不同版本的中文《圣经》（如香港教会使用的《当代福音》），因此，要求中国读者只读某个汉译本《圣经》（如"和合本"）不切实际，换言之，要求中国译者"切勿自译"英美文学作品中的《圣经》引文是一个不合理的要求；④中文"和合本"《圣经》中亦不乏意思准确、语言通顺、风格切合的经文，因此"和合本"仍值得文学译者参考并借鉴。

（原载《四川大学学报》（哲学社会科学版）2018 年第 2 期）

# 发扬"一名之立，旬月踟蹰"的精神

## ——从美国电影*The Perfect Storm*片名之汉译说起

**【内容提要】** 以美国电影*The Perfect Storm*片名之汉译为例，说明随着事物的不断发展，人们对事物及其概念的认识也会发展，因此"所指的概念在意义上会发生变化，这变化可导致所指和能指关系的转移，而这种关系一旦发生转移，语言和概念之间便会出现另外一些对应"。词典释义和译者措辞是两种不同的工作，因为辞典里的词是死的，而文句中的字是活的，所以今天的译者还应该继续发扬"一名之立，旬月踟蹰"的精神，克服那种只要能在辞典里找到对应词就算完成任务的习惯。

多年前看美国电影《完美风暴》（*The Perfect Storm*），觉得中文片名和影片中相关的中文字幕翻译得不甚完美。汉语"完美"的意思是"完备美好，没有缺点"，这是中国人对"完美"一词的语义共识，用其修饰风暴，实在令人费解。后来在《北京日报》上读到"一场严酷的风暴被称之'完美'，这是健康心灵在审视灾难时的个性语言"①，于是若有所悟，开始反思自己的心灵是否健康。不过笔者有时也纳闷，为何那些"健康心灵"在审视 9.11、5.12 和 3.11 等灾难时却失去了个性，没将其称为"完美撞击""完美地震"和"完美海啸"？近日见《中国电视报》又把两部美国影片*Perfect Stranger* 和 *A Perfect Murder*分别翻译成《完美陌生人》和《超完美谋杀案》②，笔者对《北京日报》的"健康心灵"更产生了怀疑，觉得其说法完全是郢书燕说，以讹传讹，因为严格说来，上述三个片名其实都是误译，而这种"有根有据"的误译近年来正在泛滥。

---

① 彭俐：《〈完美风暴〉热评：风暴何以"完美"》，《北京日报》2000 年 11 月 21 日，（2000-12-04），http://ent.sina.com.cn/r/m/25314.html.[2011-08-30]。

② 参见《中国电视报》2011 年 6 月 2 日（第 21 期）"环球影视"版。

　　所谓"有根有据"的误译，是指那种并未正确传达原文意思、而译者却总能用英汉词典对词语的某个释义来证明自己翻译正确的译文。笔者在长期的翻译教学中发现，新一代译者（包括高校翻译方向各层次的学生）所掌握的英语词汇量一般都较大，但也都有个共同的毛病，那就是在他们心目中，与某个英语单词相对应的汉语词汇往往就是他们当年开始学英语时第一次接触到的那个，如一见fact就译成"事实"，一见democracy就译成"民主"，一见perfect就译成"完美"，似乎少有人想到"词义的选用应服从这样一个总的规则，即每个词用在新的语境中都是一个新词"①。

　　虽说英汉词典不可能为每一个词条都提供充分或具体的语境，但多少都解释了每个词的基本词义。以perfect为例，陆谷孙主编的《英汉大词典》在该词用作形容词的词条下罗列了 16 个基本义项，其词例（包括完整的例句）中用了 20 余种汉语措辞；当今青年译者爱用的《牛津高阶英汉双解词典》也列了 7 个义项，其词例中用了 10 余种汉语措辞，如"完备的""完美的""完全的""地道的""理想的""十足的""纯然的"和"精确的"等。尤其值得注意的是，与《韦氏第三版新国际英语大词典》（*Webster's Third New International Dictionary of the English Language*）和《剑桥高阶英语词典》（*Cambridge Advanced Learner's Dictionary*）等英语权威词典一样，在解释perfect用来强调名词( only before noun or used to emphasize a noun )这种用法时，包括上述两部词典在内的许多英汉词典也都用了a perfect stranger或perfect strangers作为词例，《英汉大词典》和《简明英汉词典》将a perfect stranger和perfect strangers释为"完全陌生的人"，《牛津高阶英汉双解词典》和《远东英汉大辞典》则都提供了完整的例句，前者的例句是"I don't know him—he's *a perfect stranger*. 我不认识他，他是百分之百的陌生人"，后者的例句是"He is *a perfect stranger* to us.他对我们完全是个陌生人"。由此可见，把影片*Perfect Stranger*翻译成《完美陌生人》的确不得要领，难怪连 80 后的电影观众也"不大理解以《完美陌生人》命名的含义"，纷纷质问"网络充斥着陌生人，完美

---

① J. R. Firth, *Papers in Linguistics*, London: Oxford University Press, 1957, p.190.

如何体现？"① "既然是陌生人，如何完美？"②

对《超完美谋杀案》这个片名，许多中国观众也同样大惑不解，有人直言"不觉得有啥子完美"③，有人称之为"并不完美的谋杀案"④，有人则连声质问"哪里完美？哪里完美？哪里完美？"⑤ 其实perfect一词在片名*A Perfect Murder*中的含义，《牛津高阶双解》在该词条第 3 义项中有个与之相当的词例："a perfect crime（= one in which the criminal is never discovered）一桩无头案。"若我们把这个词例中的crime换成具体的murder，那可以说这桩perfect murder的凶手最终也不会暴露，因此那位因妻子红杏出墙而欲将其除之的丈夫所策划的谋杀绝对称不上perfect；但如果说是那位得知丈夫的谋杀计划并掌握了证据的妻子将计就计，精心策划，最后故意激怒丈夫，用"正当防卫"的名义将其谋杀，那这场perfect murder之perfect既含entirely without fault or defect之义（《韦氏第三版新国际英语大词典》1677 页就在此义项后列有a perfect crime这个词例），又含free from any valid legal objection或valid and effective in law之义，当然，汉语中没有能同时表达这两个意思的词汇，但不管取前义将片名译成《绝妙谋杀》，还是取后义将其译成《合法谋杀》，都比令观众不解的《超完美谋杀案》更接近原片名的寓意，与影片内容情节也更加吻合。

a perfect storm这种说法历来有之，郑易里主编的《英华大词典》和王文昌主编的《英语配搭大词典》都收有这个词例，前者的释义是"厉害的暴风雨"（商务印书馆 1962 年修订本第 951 页），后者的释义是"猛烈的暴风雨"（江苏教育出版社 1988 年版第 1616 页）。于 2000 年首映的美国影片*The Perfect Storm*根据同名小说改编，而于 1997 年出版的该小说则以 1991 年发生在加拿大东部新斯科舍半岛东南海面的一场特大高纬度风暴为背景。有中国观众看过《完美风暴》后"搞不清为什么叫这个名字"⑥，甚至一位曾在有关海洋部门工作过若干年的观众在《北京晚报》上撰文说："猛一看到该片名百思不得其

---

① 见 http://movie.douban.com/review/1228562/。

② 见 http://data.ent.sina.com.cn/movie/5313.html。

③ 见 http://movie.douban.com/subject/1297509/comments?sort=vote&start=0。

④ 见 http://movie.douban.com/subject/1297509/comments?sort=vote&start=140。

⑤ 见 http://movie.douban.com/subject/1297509/comments?sort=vote&start=40。

⑥ 见 http://club.ent.sina.com.cn/thread-312798-1-1.html。

解，完美风暴到底是个什么样？"巧的是该晚报编辑又是位"心灵健全"者，居然在那篇短文后附上编者按说："如果把perfect一词放到电影情节中来看，译成"完美"也是有出处的。那是片中一位气象观测员惊叹'这将是一场完美风暴'。从他的职业角度来说，称风暴为完美也未为不可。"① 其实这位晚报编辑又是在以讹传讹，因为把perfect一词放回电影情节中就更不能翻译成"完美"了。

影片*The Perfect Storm*片长 2 小时 9 分 49 秒，从第 69 分 27 秒到 70 分 28 秒的场面是一位男性气象观测员对着电脑屏幕上的气象云图向他的一位女性同行分析那场正在形成的特大风暴。以下就是他在这 61 秒钟内说的话：

Look, look at this! We got Hurricane Grace moving north off the Atlantic seaboard. Huge! Two, this low south off Sable Island ready to explode. Look at this. Three, a fresh cold front swooping from Canada. But it's caught a ride on the jet stream. Wait! Wait! What if Hurricane Grace runs smack into it? Add to the scenario this baby off Sable Island, scrounging for energy. She'll start feeding off both the Canadian cold front and Hurricane Grace. You could be a meteorologist all your life and never see something like this. It would be a disaster of epic proportions. It would be the perfect storm.

如果我们不考虑对口型配音，这段话较贴切的中译文应该是："瞧，瞧这儿！格雷斯飓风正离开大西洋海岸北上。真大！还有这儿，这个从塞布尔岛南下的低压气旋也快要发作。再看这儿，一个刚生成的冷锋正从加拿大袭来，而它还搭上了这股急流。等等，先别走！要是格雷斯飓风撞上它会怎么样呢？从塞布尔岛来的这个小家伙也越来越强，它就要开始聚集加拿大冷锋和格雷斯飓风的能量。你可能搞一辈子气象学也见不到这种场面。这将是一场大范围的灾难。这才是真正的风暴。"

---

① 观众质问和《北京晚报》的"编者按"均见 2000 年 12 月 4 日《北京晚报》，京报网；《完美风暴完美吗？》，（2000-12-04），http://ent.sina.com.cn/r/m/25314.html.[2011-08-30].

有了这样一个完整的语篇和比较完整的语境，我们可以认定，即便从"职业角度"出发，那位气象观测员也不会用"完美"一词来形容"一场大范围的灾难"。其实从上文我们可以看（听）出，这段话实际上是口语语体，说话人的职业素养体现在他说到各种气候现象时使用的是专业术语，如"飓风""低压气旋""冷锋"和"急流"等，可他毕竟不是在写气象报告，而是在与同事讨论，所以他用了"搭上""撞上"，甚至"小家伙"这样的日常用语。根据这段话的语境，这里perfect的意思实际上与上文讨论的*A Perfect Stranger*中的perfect一样，就是pure、total、absolute甚至matchless的意思，考虑到与片中那位气象观测员最后一句话吻合，*The Perfect Storm*这个片名最好翻译成《真正的风暴》。

和影片中所描述的那场风暴一样，1991 年北美特大灾难性风暴也是由多个风暴汇成，因此在以*The Perfect Storm*命名的小说和电影问世后，The Perfect Storm的含义又引申为a confluence of events that drastically aggravates a situation（使形势急剧恶化的多个事件的汇聚），并且像我们的"给力"一样成了颇为流行的用语。如美国劳工部前部长罗伯特·赖克的一篇谈美国的富豪统治正在取代民主政体的文章就名为"A Perfect Storm That Threatens American Democracy"[1]；美国密歇根州霍普学院本顿教授的一篇谈美国大学本科教育危机的文章也名为"A Perfect Storm in Undergraduate Education"[2]；英国经济学家伊恩·约翰逊 2011 年 4 月在一篇名为"The Perfect Storm: Economics, Finance and Socio-Ecology"的文章开篇写道："Our world is headed into a *Perfect Storm* of an interconnected financial, ecological and social crisis"[3]；《华尔街日报亚洲版》一篇认为多种不利因素使中国的和谐社会及其市场经济面临考验的文章则直接名为"China: The Perfect Storm"[4]。

---

[1] Robert Reich, *A Perfect Storm That Threatens American Democracy*, (2010-10-19), https://www. alternet.org/ story/ 148558/the_perfect_storm_that_threatens_american_democracy/.[2011-07-15].

[2] Thomas H. Benton, *A Perfect Storm in Undergraduate Education*, (2011-02-20), http://chronicle.com/article/A-Perfect-Storm-in/126451/. [2011-07-15].

[3] Ian Johnson, "The perfect Storm: Economics, Finance and Socio-Ecology," *The Cadmus Journal*, Vol. 1, Issue 2, 2001, p. 19.

[4] 见 http://online.wsj.com/article/SB120180507717832645.htm。

根据这些文章的内容，Perfect Storm显然都不应该翻译成"完美风暴"，试想"我们的世界正进入一场由金融危机、生态危机和社会危机交汇而成的完美风暴"是什么意思？可"经济学人中文网"偏把"China: The Perfect Storm"翻译成《完美风暴》[1]，因为有人认为这是借用"气象学家在研究大气风暴时所用的一个术语"[2]。其实这种认为又是一个误解。perfect storm并非一个气象学术语，这一点维基百科有详尽的说明：1991 年那场特大风暴发生后，美国国家飓风中心在其发布的报告中称其为Unnamed Hurricane（无名飓风），而美国国家海洋大气局和国家气象局等部门在其报告中则将其称为The Halloween Nor'easter of 1991（1991万圣节东北大风暴），用"perfect storm"来称呼这场风暴是后来小说作者塞巴斯蒂安·荣格尔在采访国家气象局的专家罗伯特·凯斯之后独出心裁的创造，因为在那次采访中，凯斯描述那样一场风暴的成因时用了"perfect"这个词。不过需要说明的是，凯斯用这个词并不是用其pure、total、absolute或matchless等意思，他是说"the convergence of weather conditions is *perfect* for the formation of such a storm"，而我们知道，be perfect for的意思是"最适合"，所以凯斯只是告诉荣格尔当时"各种气象条件的聚汇最适合形成那样一场风暴"。[3]

根据 1991 年之前出版的词典，a perfect storm原指"异常剧烈的风暴"，维基百科说荣格尔创造了"a perfect storm"，是说他赋予了这个说法一种新的意义，即a huge catastrophic storm consisting of several storms or hurricanes（由多个风暴汇聚而成的特大灾难性风暴）。正因为有了这个新义，"perfect storm"才引申出了"使形势急剧恶化的多个事件的汇聚"这个新概念。事物在不断发展，人们对事物及其概念的认识也在发展，因此"所指的概念在意义上会发生变化，这变化可导致所指和能指关系的转移……而这种关系一旦发生转移，语言和概念之间便会出现另外一些对应"[4]。既然在英语语境中，a perfect storm这个能指已出现了"a huge catastrophic storm consisting of several storms or

① 见 http://www.ecocn.org/thread-9043-1-2.html。

② 见 http://blogger.etpress.com.hk/eddylwc/?p=546。

③ 参见 http://en.wikipedia.org/wiki/1991_Perfect_Storm。

④ Ferdinand de Saussure, *Cours De Linguistiqur Générale*, Paris : Payot, 1980, pp. 109-110.

hurricanes"或其寓意"a confluence of events that drastically aggravates a situation"这样的所指，那我们翻译时也应该根据具体语境复制出与之相对应的新的能指，如"交汇风暴"或"综合性危机"。有了这样的认识，译者便不会将上述几篇文章标题中的perfect storm一概翻译成"完美风暴"，而可根据其寓意分别处理。如"A Perfect Storm That Threatens American Democracy"可译成《一场威胁美国民主政体的交汇风暴》；"A Perfect Storm in Undergraduate Education"可译成《大学本科教育的综合性危机》；"The Perfect Storm: Economics, Finance and Socio-Ecology—A Commentary"可译成《交汇风暴：评经济、金融和社会生态危机》，而该文开篇那句话"Our world is headed into a *Perfect Storm* of an interconnected financial, ecological and social crisis"则可译成"我们的世界正进入一场由金融危机、生态危机和社会危机交汇而成的巨大风暴"。至于 2008 年 2 月 1 日《华尔街日报亚洲版》那篇认为多种不利因素使中国的和谐社会及市场经济面临考验的文章，由于该文所列举的不利因素（电力供应不足、煤炭价格上涨、猪肉供应紧张、春运高峰临近）多源于那年春节前夕肆虐我国南方的冰雪冻雨，所以我们不妨将篇名"China: The Perfect Storm"翻译成《中国：雪冷风寒》，这样至少不会让中国读者感到文不对题。

　　本文开篇引用了英国语言学家弗斯那句名言："每个词用在新的语境中都是一个新词"，其实奥地利裔英国哲学家维特根斯坦也说过："词语的意义在于词语在语言中的应用"①，而美国翻译理论家奈达也认为："意义真正的线索在于语境"②。但这里需要再次强调的是："英汉词典不可能为每一个词条都提供充分的语言环境或充分的具体语境。在绝大多数情况下，词典编纂者只能解释每个词或词组的基本意义，至于该词或该词组的翻译，那应该是译者的任务。"例如对英文形容词red的基本义，词典编纂者将其释为"红（色）的"就算尽到责任了，而译者针对不同的语篇语境，完全可以将其译为赤、朱、丹、绯，甚至红彤彤、红喷喷、红艳艳、红殷殷等；同样，词典编纂者将形容词 green 的基本义释为"绿（色）的"就算完成了任务，而译者则可根据不同的语境将

① Ludwig Wittgenstein, *Philosophical Investigations*. Oxford: Basil Blackwell, 1953, p. 20.

② Eugene A. Nida, *Language and Culture: Context in Translation*. Shanghai: Shanghai Foreign Language Education Press, 2001, p. 286.

其译为苍、翠、碧、青，乃至绿油油、绿生生、绿茸茸、绿莹莹等。①上文列举《牛津高阶双解》和《远东英汉大词典》分别将I don't know him—he's *a perfect stranger*和He is a *perfect stranger* to us解释成"我不认识他，他是百分之百的陌生人"和"他对我们完全是个陌生人"，也许有人会觉得这两句话（尤其是后句）略显生硬，带有翻译腔，可这样的释义却完全正确，因为词典编纂家的责任就是释义，具体如何措辞应该是译者的任务。若此二句不是作为词典例句，前句可译为"我与他素昧平生，他完全是个陌生人"，后句则可译为"我们跟他素不相识"。

由此可见，词典释义和译者措辞是两种不同的工作，因为词典里的词是死的，而文句中的字是活的，所以今天的译者还应该继续发扬"一名之立，旬月踟蹰"的精神，克服那种只要能在词典里找到对应词就算完成任务的习惯。笔者多年前曾指出："时下中国译坛……潜伏着一种危机。从现象上看，这种危机在于当今误译之多之荒谬比以往任何时候都有过之而无不及，从实质上讲，这种危机在于翻译家的责任感和良知比以往任何时候都更加淡漠。"②如今20多年过去了，笔者当年指出的那种危机非但没有化解，而且愈演愈烈，可以说当今中国译坛所面临的也是一场perfect storm。面对这种现状，该是我们每一名负责任的译者追求perfect的时候了。当然，这里的perfect是指《韦氏第三版新国际英语大词典》第 1677 页为这个单词列出的第 2 义项之 b 类第 4 义："faithfully reproducing the original"（忠实地复制原作）。

（原载《东方翻译》2011 年第 5 期）

① 曹明伦：《谈英汉词典之释义和译者之措辞》，《中国翻译》2011 年第 1 期，第 87 页。
② 曹明伦：《误译·无意·故意——有感于当今之中国译坛》，《中国翻译》1988 年第 6 期，第 35 页。

# 谈非文学译者的文学文化素养
## ——从灵隐寺"咫尺西天"的英译谈起

【内容提要】 本文以"咫尺西天""余（回）味悠长"和美鼻夹广告的英译为例，说明实用文体翻译与文学翻译之间并没有人们通常以为的那种质的差别，实用文体的翻译过程和文学翻译的过程一样，也是由理解、比较、分析、联想、解构、重组、综合、表达等一系列具体行为构成。做实用文体翻译的译者除应具备相应的专业知识以外，仍然是在创造性地运用语言，各种抉择的做出基本上还是靠译者的语言文学功底。文学文化素养是包括非文学译者在内的合格译者的必备条件，当下的英语教学应尊重语言教学的基本规律，加强文学文化素养的培育，使之真正成为"英语语言文学"教学。

## 一、引　　言

福勒（R. Fowler）曾指出："'文学'与'非文学'之间的界线是人为划分的，如果'语言的创造性运用'被认为是识别文学的一个标准，那么我们可以看到，许多非文学语篇也像被认为属于'文学'范畴的语篇一样，为同一目的而对语言进行同样的创造性运用。"[①]可近年来在一些高校的英语教学中，不仅把语言和文学割裂，而且把文学翻译和非文学翻译也截然分开，致使当今从事实用文体翻译的青年译者缺乏应有的文学文化素养，此种弊端已在各种非文学语篇（实用文体）的翻译中大量显现。笔者在此略举数例，以期引起同行注意。

---

① Quoted from Basil Hatim and Ian Mason, *Discourse and the Translator*, Shanghai: Shanghai Foreign Language Education Press, 2001, p. 2

## 二、"咫尺西天"该如何英译？

杭州名刹灵隐寺东侧有一照壁，照壁上有四个大字曰"咫尺西天"，该景区对"咫尺西天"的英译文是"Very close to the western heaven"。近有学者认为此译不妥，在《中国翻译》上刊文对其提出批评，说"原译的very close意象不清，heaven则难入英美人的思维"，①然后将"咫尺西天"改译成了"A Step Away from the Western Paradise"，并断言说这样翻译"符合译语读者的思维习惯"。②然而，姑且不论这两个译文之优劣高下，单是改译者对原译的批评就不得要领，因为批"very close意象不清"系信口开河，说"heaven 难入英美人的思维"则属虚假判断。

稍有文学常识者都知道，英语副词very加形容词close压根儿就创造不出什么意象，因意象乃客观物象经过创作主体独特的情感活动而创造出来的一种艺术形象。按《辞海》（1999 年版）的解释即"主观情意和外在物象相融合的心象"，《文心雕龙·神思》所言"窥意象而运斤……神用象通，情变所孕"说的便是此理。very close这个形容词短语并非客观物象，眼无从窥之，心无从通之，情无从孕之，何来意象？而既无意象，又何言"意象不清"？故批"very close意象不清"系信口开河。

了解西方文化的人都知道，对大多数英美人士而言，heaven一词可谓终日思之于心、诵之于口。天主教主祷文（Common Catholic Prayers）第 1 段第 1 句就是：Our Father, who art in heaven, hallowed be Thy name③（我们的在天之父，愿世人都尊你圣名）；1611 年钦定版《圣经·新约·路加福音》第 11 章第 2 节也有同样字句；在德国女歌星桑德拉（Sandra Ann Lauer）那首广为流行的"Dear God...If You Exist"中，"Our Father in Heaven"更是被反复吟唱；连美国国会议员言及美国当下的危机时，"Heaven help us"也每每脱口而出。说

① 王爱琴：《入乎其内，出乎其外——论汉英旅游翻译过程中思维的转换与重写》，《中国翻译》2012 年第 1 期，第 99 页。
② 王爱琴：《入乎其内，出乎其外——论汉英旅游翻译过程中思维的转换与重写》，第 99 页。
③ 参见 http://www.catholicity.com/prayer/prayers.html。

"heaven难入英美人的思维"，真不知上述改译者是否知"知之为知之"？

说改译者对原译的批评不在理，并非说原译没有问题，而是说批评要客观公正。其实上述改译和原译一样也值得商榷。在英美人的思维中，the Western Paradise这个概念与中国人所说的"西天"并不完全一致，如美国出版的一本谈西方文化传统的书就叫*The Western Paradise: Greek and Hebrew Traditions*①。言及中国佛教净土宗所说的"西天"，英语有种更准确的说法，即Sukhavati Western Paradise，如英国出版的一本介绍阿弥陀佛(Amitabha)和往生(reborn)的书就叫*Sukhavati Western Paradise: Going to Heaven as Taught by the Buddha*②。虽说英语Paradise和汉语"西天"都指世人弃世之后寄居的乐土，但在西方文化中，或曰在英美人的心目中，Paradise这片乐土是真实存在的地方（Paradise is a religious or metaphyical term for a place in which existence is positive③），是人类始祖亚当和夏娃曾居住过的地方，也是普通人死后可去的地方。但中国人所说的"西天"则是"过十万亿佛土"（即十万亿个三千大千世界）以西的极乐世界（见《佛说阿弥陀经》)，那个世界是超现实的( beyond the conditions of historical existence)，只有潜心修炼、功德圆满的善男信女方可被度而往之。由此可见，用Western Paradise翻译"咫尺西天"中的西天并非最佳选择，因Paradise会使西方人产生不恰当的联想。

实际上英语中有个特指佛教"西天"的专用词Buddha-field。*Webster's Third New International Dictionary of the English Language*（《韦氏第三版新国际英语大词典》）对Buddha-field的解释是：a paradisiacal sphere beyond the conditions of historical existence and under the beneficent control of a Buddha（一个超越历史存在、在佛庇佑之下的像乐园一般的世界）。这个Buddha-field才是中国善男信女向往的"西天极乐世界"，许多人为往生西天享长生之福而不惜千里跋涉，拜佛朝圣，而"咫尺西天"正是要告诫或开导那些善男信女：只要你心诚，佛

---

① James E. Miller, *The Western Paradise: Greek and Hebrew Traditions*, San Francisco: International Scholars Publications, 1996.

② Kiew Kit. Wong, *Sukhavati Western Paradise: Going to Heaven as Taught by the Buddha*, Westcliff-on-Sea: Cosmos Publishing, 2002.

③ http://en.wikiquote.org/wiki/Paradise.

就在你身边，即佛家箴言"即心即佛"或"佛在身边"。当然，灵隐寺东侧照壁上的"咫尺西天"还有一语双关之义，即当您看到此照壁，象征西天仙境的灵隐寺也近在咫尺了。

对身边之福视而不见，偏跋山涉水、历经艰辛去寻找，这种人西方亦有之。诺贝尔文学奖获得者、比利时作家梅特林克（Maurice Maeterlinck，1862 — 1949）的儿童梦幻剧《青鸟》（*L'oiseau Bleu*, 1908）讲述的就是这样一个故事：贴贴尔、弥贴尔兄妹俩历尽艰辛、得而复失的那只象征幸福的青鸟结果就是他们自家的那只鸽子。该剧让许多成年人意识到，以为难觅的幸福其实就在身边。读过《青鸟》的人不难发现，"青鸟就在身边"与"佛在身边"之寓意可谓异曲同工，故若把"咫尺西天"翻译成"Buddha-field is just by your side"，不仅能让西方游客明白这四个汉字所包含的佛理和寓意，而且也暗含上述双关之意，可令游客观后觉得余味悠长。

## 三、"余味悠长"之英译为何舍巧求拙？

中国白酒广告在介绍其酒的特点时，都忘不了说"余味悠长"或"回味悠长"，如五粮液广告曰："窖香浓郁，绵甜甘洌，入口净爽，余味悠长"；泸州老窖广告曰："陈香幽雅，绵甜爽净，柔和谐调，余味悠长"；贵州茅台广告曰："酱香突出，幽雅细腻，酒体醇厚，回味悠长"；剑南春广告曰："芳香浓郁，纯正典雅，醇厚绵柔，余味悠长"等。这酒香"余味"的确能撩拨某些人的味蕾（to tickle your tastebuds），促使好饮者或善饮者欣然解囊，达到广告促销的目的。但诸家酒广告英文文本中的"余味"都太重，非但达不到促销的目的，反而会使读广告的国外消费者对该广告所宣传的佳酿避而远之。

而使消费者避而远之的原因主要就在于没翻译好"余味悠长"。以四川几种名酒的英文广告为例，有的将"余味悠长"略而不译，只说该酒"is delicious with fragrance mellowness and refreshment"；有的与其他内容笼而统之，翻译成"It has character of strong sweetness, pure and elegant, thick and *long lasting*, *harmonic smell* and good taste.";有的倒是"亦步亦趋",说该酒"has a unique style: mellow and pure and refreshing, with *heavy fragrance and aftertaste*"[①]。英文中斜体字部分对应的显然是"余味悠长",可对看惯了英语酒广告的消费者而言,这"long lasting, harmonic smell"很难使人想到是什么味道,"heavy fragrance"固然不错,但口味不重者未必喜欢,至于"aftertaste",消费者肯定都会望而却步。

原来此"余味"(aftertaste)并非彼"余味"。对aftertaste的解释,*Longman Modern English Dictionary*(《朗曼现代英语词典》)曰:"the taste that remains in the mouth after eating or drinking"(吃喝之后残留在嘴里的味道);《牛津高阶英汉双解词典》(第7版)曰:"a taste (usually an unpleasant one) that stays in your mouth after you have eaten or drunk sth(饮食留在口中不快的)回味、余味、苦味";陆谷孙主编的《英汉大词典》(第2版)虽只有汉语释义"后味、余味、回味",但例句为"The powder leaves no bitter aftertastes. 这种粉剂服后口中不留苦味。"。由此可见,用aftertaste来译此处的"余味",其广告效果只能适得其反。

其实,佳酿饮后口舌留香的感觉中西皆同,西方名酒广告也不乏对酒香、酒味和"余味"的描述。大致说来,英文说酒香多用aroma,少用fragrance,不用smell;说酒味则分两种情况,说闻起来的感觉用nose,说喝起来的感觉用palate。至于"余味悠长",笔者见到过的说法有"with a crisp, fresh finish""with a lingering sweet finish""with a soft, round finish""with aromatic complexity lasting through to the finish",以及"pleasantly lingering with a fresh, vibrant feel in the mouth"和"offers a smooth texture and a long refreshing finish"。这些表达地道而巧妙,酒之芳香(aromatic)、浓郁(full-bodies)、绵甜(sweet)、柔和(soft)、净爽(crisp)和醇厚(round)都尽在这"余味"之中。但把"余味悠长"说得最有余味的还不是广告撰写人,而是文学家。海明威在1952年从古巴写给"百龄坛"酒商(Ballantine Ale)的一封信中两次提到"余味",一曰:"It tastes good long after you have swallowed it.",二曰:"whether it tastes

---

① 此处引文中突出显示的斜体之英文原文均为正体。

as good afterwards as when it's going down." ①。读到这样的"酒赞"，人们甚至会联想到当年罗斯福总统喝完一杯麦氏咖啡后的那句"咖啡赞"：Good to the last drop。译者若知道上述英文酒广告和海明威的"酒赞"，也许就不会舍巧求拙，把"余味"翻译成lasting smell或aftertaste了。

在用此例作为MTI笔译课译例时，有学生发问：我们又不喝洋酒，怎么会知道洋酒广告怎么写的呢？笔者回答说，这"不知道"实际上就是缺乏文学文化素养的体现，因为"要真正懂得某种语言就要充分了解那种文化"②，"一位称职的译者……对施语原文所涉的学问，要有相当的熟悉"③。而笔者认为，了解一国文化的重要途径就是多读该国的文学作品。

## 四、谁能让别人的小鼻子充满幸福？

爱美之心，人皆有之。于是一种据说能使人鼻梁增高的美容器具便应运而生。一款名曰"JIAHE鼻梁增高器"或"JIAHE美鼻夹"的产品曾在商铺和网店热销过。该产品广告称，只要使用该产品并"每天坚持20分钟至两个小时，您就会不需整形，不用开刀，自然而然地拥有一个坚挺的鼻子。让您看起来更潇洒美丽"④。不管这个美鼻夹的实际效果如何，上述中文广告的行文都还算中规中矩，文字本身不会产生什么歧义。但该产品包装上印的英文广告曰：JIAHE NOSE UP: In order to make your little nose clearer, more beautiful and full of happiness, this product is necessary for your nose!

毋庸置疑，任何人从这则英文广告读出的信息都是：为使你的小鼻子更光洁、更漂亮并充满幸福，这款产品对你的鼻子很有必要。且不说这个句子的逻辑主语不甚逻辑，单是"使你的小鼻子充满幸福"就让人难以理解。谁能让别人的鼻子充满幸福呢？这种文理不通的英文显然出自初上译道的译者之手，本

---

① Donald McQuade et al., *Popular Writing in America* (2nd edition), New York & Oxford: Oxford University Press, 1980, p. 51.

② Michael Cronin, *Translation and Identity*, London & New York: Routledge, 2006, p. 54.

③ 余光中：《余光中谈翻译》，北京：中国对外翻译出版公司，2002年，第172页。

④ 参见 http://auction1.paipai.com/BD859536000000000004010000163D3CFC。

来不值一评，但这位译者敢于率尔操觚，与上述二例中的译者或改译者敢于动笔或敢于批评都是因为同一个原因：缺乏应有的文学文化素养。因为在缺乏文学文化素养的译者眼中，语言并非一门艺术，只是一堆用语法规则串起来的词汇；翻译并非一种创造性的文化活动，而只是翻辞典找对应词的作坊劳作；广告撰写也并非一种语言艺术，无需构思精巧、匠心独运。

而且严格说来，上面这段广告算不上翻译，而是近年来颇为流行的"改写"，因为除"鼻子"和"美丽"两个关键词外，英语整体行文与原中文广告大相径庭。当然，在分清何谓翻译何谓改写的前提下，在为某些广告提供另一种语言的文本时，笔者历来也主张创造性地改写，如"滴滴香浓，意犹未尽"之于"Good to the last drop"，或"Where there is a way for car there is a Toyota"之于"车到山前必有路，有路必有丰田车"，都是成功改写的范例。不过更恰当地说，这种跨语言的改写其实就是编译，即译者不必恪守原文的表现形式，只需概括并综合原文的要旨，然后用另一种语言实现原文欲实现的功能。从某种意义上说，这种改写或编译比普通意义上的翻译要求更高，它要求译者具备相当的文学文化素养，在更大程度上创造性地运用语言。以这则"美鼻夹"的英文广告为例，假设译者具有一定的文学文化素养，曾读过莎士比亚的戏剧，还记得《哈姆莱特》第 3 幕第 1 场中哈姆莱特"批评"奥菲利娅时说的那句广为流传的台词："God hath given you one face, and you make yourselves another."（上帝给了你们一张脸，你们自己又另造出一张。），他或她也许会从中获得灵感，然后据上述"美鼻夹"中文广告改写出这样一个英语文本：We, JIAHE NOSE UP, cannot give you a nose, but if you want, we can make your nose look better。由此可见，"'翻译是重新创造'的说法，实在并不限于文学作品"[①]，"即使是非文学作品的翻译，也同样存在一个再创造的问题"[②]，"也常常需要译者的'顿悟'、创造性和'神来之笔'，离不开灵感思维"[③]，而译者的"灵感""顿悟"和"神来之笔"则基于其文学文化素养。

① 朱文振：《略论翻译》，见中国翻译工作者协会：《翻译研究论文集（1894—1948）》，北京：外语教学与研究出版社，1984 年，第 337 页。
② 谭载喜：《试论翻译学》，《外国语》1988 年第 3 期，第 23 页。
③ 杨自俭：《关于建立翻译学的思考》，《中国翻译》1989 年第 4 期，第 9 页。

# 五、结　语

如前所述，"文学"与"非文学"之间的界线是人为划分的。可近些年来，有人误以为教育面向社会仅仅就是面向市场，忘记了大学教育的根本宗旨，忽略了语言教学的基本规律，不仅设立了非文学翻译专业，出版了非文学翻译教材，还让一些刚进大学的英语专业学生专门学习商务英语、外贸英语、旅游英语、金融英语、酒店英语等，从而把语言和文学割裂，把文学翻译和非文学翻译分开，这在一定程度上造成新一代译者缺乏应有的文学文化素养。本文讨论的实例就是这种弊端的具体表现。

笔者曾指出："既从事文学翻译又从事实用文体翻译的译者往往会发现，文学翻译与实用文体翻译之间并没有人们通常以为的那种质的差别，实用文体的翻译过程和文学翻译的过程一样，也是由理解、比较、分析、联想、解构、重组、综合、表达等一系列行为构成。"①做实用文体翻译的译者除应具备相应的专业知识以外，所做的仍然是语言符号转换，仍然是在创造性地运用语言，各种抉择的做出基本上还是靠译者的语言文学功底。文学文化素养是包括非文学译者在内的合格译者的必备条件。最近有学者呼吁："文学是增进英语语言能力的重要途径，阅读文学是提高英语水平、提高英语修养的重要手段。学习英语，必须学习文学。"②笔者也在此呼吁，要成为合格的译者，必须努力提高自己的文学文化素养。

（原载《东方翻译》2013 年第 2 期）

---

① 曹明伦：《广告语言的基本特点及其翻译》，《中国翻译》2006 年第 6 期，第 88 页。

② 张剑：《学习英语与学习文学》，《英语世界》2012 年第 11 期，第 6 页。

# 英语定语从句译法补遗

**【内容提要】** 国内高校广泛使用的英译汉教材和一些讨论英语定语从句翻译的理论文章大多缺乏具有说服力的译例来支撑其提出的翻译原则或主张。本文分析了这种现象，提供了若干较有说服力的译例，并介绍了一种翻译英语定语从句的新方法（C译法）。

就英译汉而论，定语从句的翻译既是重点又是难点。大凡译文之生硬、拗口甚至晦涩，多半都是因没能译好定语从句所致。鉴于此，被众多高校用作翻译课教本的《英汉翻译教程》[①]（以下简称《教程》）对定语从句的讨论特别充分，《中国翻译》这些年来也发表了不少专论英语定语从句汉译的文章，如笔者手边就有《英语定语从句的基本译法》[②]（以下简称《基本译法》）、《知其然，亦应知其所以然——论英语关系分句（定语从句）及其汉译》[③]（以下简称《知其然》）和《限制性定语从句传统译法的探讨》[④]（以下简称《探讨》）等三篇论文。《基本译法》循《教程》之道引用若干译例，在表层语法结构上进行归纳分类，总结出了定语从句的两种译法，即"合译法"和"分译法"；《知其然》撇开《教程》名目繁多且不甚科学的方法技巧，抓住关系分句（定语从句）深层结构这个关键，从而使译者面对定语从句能心中有数，方法技巧的问题便迎刃而解。《探讨》则根据功能翻译理论的基本原则和方法，区分了限制性定语从句的修辞功能，指出应根据主句和从句之间的语义逻辑关系进行翻译。上述三文虽角度不同、层次有别，可都立论有据、论述充分、结论合理，具有较高的学术水准和理论价值。但美中不足的是，三文中给出的某些译例都

---

① 张培基等（编）：《英汉翻译教程》，上海：上海外语教育出版社，1980年。
②《中国翻译》1990年第3期，第23-25页。
③《中国翻译》1991年第5期，第14-16页。
④《中国翻译》2000年第5期，第23-26页。

或多或少地使各自的理论或主张打了些折扣。如《基本译法》为了说明要分清主从句的层次，引用了《教程》134页上一个译例：

(1) World War II was, <u>however</u>, more complex than World War I, *which was a collision among the imperialist powers over the spoils of markets, resources and territories.*

第一次世界大战是帝国主义列强之间争夺市场、资源和领土的冲突，而第二次世界大战却比第一次复杂。

《基本译法》强调说："译文中从句前置层次才清楚。"可为了此句主从层次清楚，译者却忽略了此句同上文的层次关系，漏译了原文中的however一词。如果有人把此句译成"可二战比一战更为复杂，因为一战只是帝国主义列强间争夺市场、资源和领土的战争。"《基本译法》的作者能说这句译文没分清主从句的层次吗？

又如《知其然》一文为了说明有的英语定语从句带有状语含义，引用了《教程》137页上的一个译例：

(2) He would be a shortsighted commander *who merely manned his fortress and did not look beyond.*

谁如果只守城堡而不往远处看，那他就是个目光短浅的指挥员。

但要是有人把此句译成"只守要塞不看远处的指挥官是目光短浅的指挥官。"，那《知其然》的作者又怎样同他理论呢？

再如《探讨》为了强调具有"弱限制"功能的英语定语从句汉译时必须前置，引用了《教程》131页上一个译例：

(3) They would have had to live the rest of their lives under the stigma that he had recklessly precipitated an action *which wrecked the Summit Conference and conceivably could have launched a nuclear war.*

他们可能已不得不蒙着一种臭名而终其余生，这个臭名就是：他曾贸贸然采取了一项行动，这项行动破坏了最高级会谈，并且可以设想，还可

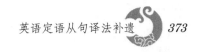

能已触发一场核战争。

不过《探讨》将上句改译成了"他们可能已因他草率地采取了破坏最高级会谈的行动，可能引发一场核战争这种骂名而不得已苟度余生。"

虽说改译后的译文在一定程度上实践了《探讨》的理论，把action后定语从句的前半部分译成了"行动"的定语，但这种实践显然并不充分，而且整个译句似乎也算不上一句通顺的中文。倘若有人把这个句子译成："他们的余生很可能得蒙上耻辱，因为他曾贸然促成过一项既破坏了最高级会谈又差点儿引发一场核战争的行动。"，那么在一些读者的心目中，《探讨》所依据的"功能翻译理论"很可能也会"蒙上耻辱"（under the stigma）。

奈达先生曾说："理论必须建立在实践的基础上（theories should be built on practice）。"①近年国内发表过不少谈英语定语从句译法的理论文章，似乎对翻译这种定语从句的原则已达成了共识。虽然各家说法不同，但归结起来不外乎两条：①凡是像汉语定语一样起修饰限制作用的英语定语从句都必须译成定语（下称"原则一"）；②对于起补充说明作用的英语定语从句则根据其补充说明的事项（如原因、目的、时间、地点、结果、假设、让步、条件以及伴随情况等）译成相应的状语从句或并列分句（下称"原则二"）。

从理论上讲，上述两条原则可谓毋庸置疑、颠扑不破。因为不管你是用严复的"信达雅"、奈达的"等值"还是用辜正坤先生的"最佳近似度"作为标准，把起修饰限制作用的attributive clause译成定语都是最佳选择；而对起补充说明作用的attributive clause，因汉语定语不具有补充说明的功能，当然只有另辟蹊径、酌情翻译。但理论的发展似乎并未给翻译实践带来新气象，连许多提出理论的人也未能把一些起修饰限制作用的英语定语从句译成定语。究其原因，这些理论研究者并没借助自己的新理论到实践中去寻找新的方法，虽然他们把语用学、语言学、社会语言学及符号学的新理论引入英语定语从句译法的研究，但一落实到具体方法上，仍然跳不出《教程》那些传统译法的窠臼，不是"前置"就是"后置"，除此别无他法。为了说明问题，现在我们也从《教

---

① 参见《中国翻译》1999 年第 5 期，第 45 页。

程》引用两个译例，分别取自 14 页和 131 页：

(4) I want a man *who will throw his hat over the Chindwin and then lead his troops after it.*

我要的是这样一个人，他决心在钦敦江破釜沉舟，然后率领部队前进。

(5) They are striving for the ideal *which is close to the heart of every Chinese and for which, in the past, many Chinese have laid down their lives.*

他们正在为实现一个理想而努力，这个理想是每个中国人所珍爱的，在过去，许多中国人曾为了这个理想而牺牲了自己的生命。

以上两句英文中的定语从句都起修饰限制作用，但译者都未能将其译成定语，其结果是主次不分或语气不畅，后一句译文更如傅雷先生在谈到这种"拆译"时所言："宾主不分，轻重全失。"[①]既然我们已有了"原则一"（凡是像汉语定语一样起修饰限定作用的英语定语从句都必须译成定语），那为什么以上句子不能遵循这个原则来翻译呢？答案是我们虽然有了正确的翻译原则，但却还没找到适当的翻译方法。若按传统的"前置法"把句（4）译为"我要一个能在钦敦江破釜沉舟、然后率部过江的人"，语句虽也通畅，但原文那种铿锵的语气却荡然无存。照此来翻译句（5）的结果也可想而知。那我们就真的无可奈何？非也！其实对处理上文讨论的这种句子，笔者多年来一直在使用一种方法，这种方法迄今还没个名目，为了便于讨论，我们暂且将其称为"C译法"。"C译法"的诀要是：首先译出定语从句前的主句，然后重复先行词（或者说把代表先行词的关系词还原为先行词），再把定语从句译成定语置于被重复的先行词之前。依照这种译法，以上二句可分别译为：

（4）我要的是这样一个人，一个能在钦敦江破釜沉舟并率部过江的人。

（5）他们正努力去实现那个理想，那个每一位中国人珍藏于心中的理想，那个许许多多中国人曾为之献出了生命的理想。

---

① 傅雷：《致林以亮论翻译书》，见中国翻译工作者协会：《翻译研究论文集（1949—1983）》，北京：外语教学与研究出版社，1984 年，第 82 页。

　　从以上二例中我们可以看出，"C译法"的确行之有效，两句原文中的定语从句在译文中依然是定语，而且译文文从字顺、主次分明、语气贯通，其语意和风格亦不悖原文。为了更说明问题，笔者顺便再举二例：

　　(6) Sometimes when he came he was silent and moody, and after a few sarcastic remarks went away again, to tramp the streets of Lincoln, *which were almost as quiet and oppressively domestic as those of Black Hawk.*

　　有时他进来后会少言寡语，闷闷不乐，发几句尖刻的议论后又起身离去，继续漫步于林肯市的那些大街，那些几乎和黑鹰镇的街道同样冷清、同样沉闷、同样把生活关在各家屋里的大街①。

　　(7) As far as I can see this autumn haze
　　　　*That spreading in the evening air both ways,*
　　　　*Makes the new moon look anything but new,*
　　　　*And pours the elm-tree meadow full of blue,*
　　　　Is all the smoke from one poor house alone…

　　　　　　　　　　　　　　—From *The Cocoon* by Robert Frost

　　　　极目所见，这秋日傍晚的雾霭，
　　　　<u>这正在朝两个方向蔓延的</u>雾霭，
　　　　<u>这使新月显得不像新月的</u>薄雾，
　　　　<u>这使榆树下的草地变蓝的</u>薄雾，
　　　　都是从一座破房子冒出的炊烟……

　　　　　　　　　　　　　　——节选自弗罗斯特的《茧》②

　　句（6）译文充分表明起补充说明作用的 attributive clause 也可以用"C译法"来翻译。句（7）译文则说明"C译法"甚至可以用于诗歌翻译。由此可见，"C译法"与传统的"前置法"可以互为补充、相得益彰。有此二法，理论上的"原则一"可在实践中得以坚持。

---

① 曹明伦（译）：《威拉·凯瑟集》，北京：三联书店，1997年，第983页。
② 曹明伦（译）：《弗罗斯特集》，沈阳：辽宁教育出版社，2002年，第317页（此处略有修改）。

当然，有了用以坚持原则的方法，还不能保证译好 attributive clause。有的译者遇到长一点的 attributive clause，要么是勉强前置，从而使译文生涩拗口、佶屈聱牙；要么是简单后置，从而使译文失去重心甚至主次颠倒。造成这种现象的原因有理论上的也有经验上的。从理论上讲，不少研究 attributive clause 译法的人都建议译者用"后置法""分译法"或"平铺直叙法"来翻译较长的定语，《教程》甚至说其原因是"因为汉语不习惯在名词前用过多的定语"（第24页）。何谓"过多"？《教程》在讲定语从句的译法之前曾以一个名词短语为例，说"a little, yellow, ragged, lame, unshaven beggar"前的五个形容词就"过多"，因此不可前置译成定语，只能译成："一个要饭的，身材短小，面黄肌瘦，衣衫褴褛，瘸腿，满脸短髭。"（第24页）。从经验上讲，有些译者对汉语尚不能运用自如，结果还没译出被修饰或限制的中心词，前面的修饰限制成分（定语）早已枝蔓横生、乱成一团，于是要么听之任之，勉强前置，要么不顾原文主次之分，把修饰限制成分移到后边了事。

汉语真不习惯在名词前用"过多"的定语吗？上述名词短语真要按《教程》的译法才算是地道的汉语吗？若果真如此，那关汉卿的《黄钟煞调》岂不该写成：我却是一粒豌豆，蒸不烂，煮不熟，槌不扁，炒不爆，响当当，而且是铜做的……。"我却是蒸不烂煮不熟槌不扁炒不爆响当当一粒铜豌豆"一句中的定语不可谓不多，并列在一起也不可谓不长。可为何我们不觉得多，不觉得长呢？原因是作者讲究了斟词酌句，众多定语排列有序，音韵和谐。若效法前贤，我们难道不能把上述短语译成"一个身材矮小、面黄肌瘦、衣衫褴褛、满脸胡须的瘸腿乞丐"吗？只要我们在理解了原文的基础上认真推敲、字斟句酌，再长的 attributive clause 译出来都可以不蔓不枝，文从字顺。请再看以下三例：

　(8) Seek not proud riches, but such *as thou mayest get justly, use soberly, distribute cheerfully, and leave contentedly.*
　　别为炫耀而追求财富，只挣你取之有道、用之有度、施之有乐且遗之有慰的钱财。①

　(9) I had found the spell of the picture in an absolute life-likeliness of expression, *which at first startling, finally confounded, subdued and*

---

① 曹明伦（译）:《培根随笔》，北京：北京燕山出版社，2000年，第139页。

*appalled me.*

　　我已在一种绝对栩栩如生的表情中发现了那幅画一开始让我吃惊、最后又使我困惑、把我征服、令我丧胆的魔力所在。①

　　(10) The chateau *into which my valet had ventured to make forcible entrance, rather than permit me, in my desperately wounded condition, to pass a night in the open air*, was one of those piles of commingled gloom and grandeur which have so long frowned among the Apennines…

　　我那名随从为了不让身负重伤的我在露天过夜而贸然闯入的那座城堡，是自古以来就矗立在亚平宁半岛山间的交织着阴郁和堂皇的城堡中的一座……②

　　句（8）译文中的"取之有道、用之有度、施之有乐且遗之有慰"和句（9）译文中的"让我吃惊……使我困惑、把我征服、令我丧胆"可谓与"蒸不烂煮不熟槌不扁炒不爆"一脉相承，这种精炼而贴切的措辞既符合汉语的语言习惯，又与原文的语法结构和用词特点相吻合，可以说在语意和风格上都最大限度地接近了原文。句（10）译文又一次证明了再长的attributive clause都可以译成通顺流畅的定语。遗憾的是只有北京燕山出版社的版本维持了笔者所引的这句译文。而以前的几个版本都被编辑改成了"我那名随从为了不让身负重伤的我在露天过夜，贸然闯入了那座城堡。那是自古以来就矗立在亚平宁半岛山间的交织着阴郁和堂皇的城堡中的一座……"。改动后的中文虽然通顺，但在语意和风格上拉大了与原文的距离，按《知其然》一文作者的说法，这种拆译所"传达的信息和所起的交际功能也迥然不同"。有编辑告诉笔者，这样一分为二是为了照顾青年读者，可如果我们的青年读者连这种不太长的长句都读不断句，那他们还能读"周总理在四届人大向全国人民提出的在本世纪内全面实现农业、工业、国防和科学技术的现代化，把我国建设成为社会主义的现代化强国的宏伟规划，反映了我国亿万人民的共同愿望"③这种真正的长句吗？这个长

①　曹明伦（译）:《爱伦·坡集》，北京：生活·读书·新知三联书店，1995年，第542页。

②　曹明伦（译）:《怪异故事集》，北京：北京燕山出版社，2000年，第178页。

③　黄伯荣、廖序东主编:《现代汉语》（修订本下册），兰州：甘肃人民出版社，1985年，第406页。

句也说明《教程》那个"汉语不习惯在名词前用过多定语"的结论实际上毫无根据。

接下来笔者谈谈上文提到的"原则二"。关于这点,《知其然》一文谈得最为透彻。该文说:"如果关系分句(定语从句)含有状语的意义,那就可以译成表示时间、地点、原因、结果、目的、让步、条件、假设等逻辑关系的状语或状语分句。至于说安放的位置,按照汉语习惯处理就行了。该前则前,该后则后,不能一概而论。"从理论的角度笔者只想补充一点:具有补充说明功能的英语定语从句之所以可以含有状语的意义,其原因是这种功能与英语状语从句所具有的同种功能相重合;而英语中之所以出现这种现象,则是因为英语注重形式逻辑。英语重形汉语重意乃众所周知的差别,在此不赘述。鉴于一般理论文章在阐释"原则二"的道理时所举的译例都太简短,对翻译实践的指导作用有限,所以笔者在此补充一个例句。此句引自《教程》150页:

> (11) If she had long lost the blue-eyed, flower-like charm, the cool slim purity of face and form, the apple-blossom colouring which had so swiftly and so oddly affected Ashurst twenty-six years ago, she was still at forty-three a comely and faithful companion, *whose cheeks were faintly mottled, and whose grey-blue eyes had acquired a certain fullness.*
>
> 如果说她早已失掉了那蔚蓝色眼睛的、花儿般的魅力,也失掉了她脸儿和身段的那种玉洁冰清、苗条多姿的气质和那苹果花似的颜色——二十六年前这种花容月貌曾那样迅速而奇妙地影响过艾舍斯特——那么在四十三岁的今天,她依旧是个好看而忠实的伴侣,不过脸颊淡淡地有点儿斑驳,而灰蓝的眼睛也已经有点儿饱满了。

这是英国著名作家高尔斯华绥的中篇小说《苹果树》(*The Apple Tree*)首段中的一个句子。此句的上文只有两个短句,讲主人公Ashurst和他妻子"她"正驱车去他俩26年前相遇相恋的地方度银婚纪念日。去初恋的地方度银婚日是"她"的主意,因为"她"总是有那么点多情善感。紧接着就是我们要讨论的这个句子。关于《教程》为此句提供的示范译文,黄雨石先生在其《英汉文学翻译探索》第 217–220 页中做了详尽的评述。其结论是该译文各分句之间，"缺乏逻辑上的联系"①，"译文在涵义方面也和原文颇有出入"②。应该说黄先生的评价是公正的。《苹果树》可谓一部如诗如歌如梦的作品，单凭所引的这个开篇句也可体味其文字之美，《教程》的译文的确有焚琴煮鹤之嫌。用这样的译文为范指导学生，恐怕结果真会像余光中先生所说的："英文没有学好，中文却学坏了，或者可以说带坏了。"③《教程》的范文不可取，于是黄先生在评述之后给出了一段译文：

> 二十六年前她那蓝色的眼睛和花一般的妩媚，她那恬静、纯真的面容，苗条的身材和苹果花一般的色泽曾对阿瑟斯特具有神奇的魅力，使他为之一见倾心；现在她已四十三岁，即使说那一切都已不复存在——她的双颊已隐约露出点点灰斑，她的眼睛也显得有点发肿了——然而，她却依然是他的秀美而忠实的伴侣。

同《教程》译文相比较，黄先生的译文有所改进，但仍然不够理想，整个句子的层次仍不甚分明，尤其是同样没处理好原文句末那两个非限制性定语从句。这两个定语从句当然是起补充说明作用，但问题是它们对什么进行补充。若不弄清这点，那"原则二"还有什么意义呢？而要弄清这点，首先要明确原文句首"If"引导的状语从句到底是表假设还是表让步。黄先生译成让步状语显然是正确的，从上下文可以看出，作者对"她"的描述是褒而不是贬，原文的意思是：虽然她早已失去她少女时代的美貌和魅力，但她依然是一个comely and faithful companion（对Ashurst而言）。由此可见，句末的两个非限制性定语从句是在对让步状语进行补充，进一步说"她"（不仅失去了少女时代的美貌和魅力，而且）增添了她少女时代所没有的"斑纹"和"浮肿"。明确了具体的attributive clause在具体的上下文中所起的具体作用，弄清了它传达的具体信息和确切含义，那么这个句子似乎可以这样来翻译：

---

① 黄雨石：《英汉文学翻译探索》，西安：陕西人民出版社，1988 年，第 218 页。

② 黄雨石：《英汉文学翻译探索》，第 219 页。

③ 余光中：《余光中散文》，杭州：浙江文艺出版社，1997 年，第 413 页。

虽说在 43 岁的今天，她早已失去了她那双蓝眼睛中花儿一般的妩媚，失去了她身段的苗条和脸上那种恬静与纯真，失去了她犹如苹果花一样红润的肤色，失去了她 26 年前曾使阿舍斯特一见倾心的神奇魅力，而且她脸上已隐隐约约出现了斑纹，灰蓝色的眼睛也稍稍有点浮肿，但她依然是他美丽而忠实的妻子。

以上所论和列举的 11 个译例充分说明，除了掌握必要的翻译理论外，译者还须不断加强中英文两种语言的修养，只要译者对所译原文能体贴入微，对自己的母语能运用自如，再加上一定的理论学习，任何 attributive clause 都可以译得恰如其分，或者说译得非常接近原文。

奈达先生 2000 年在致张经浩教授的信中对讲授翻译的人提了 9 条建议，其中第一条是："自己要有丰富的翻译经验，这样你对学生的指导和帮助才会切实可行。［My suggestions to translation teachers are: 1) Have plenty of personal experience in translating so that advice and help to students well be genuine and realistic.］"[①]笔者认为这条建议也值得研究翻译理论的人借鉴。当然翻译理论研究者不一定非去翻译许多作品，但至少应该对照原文研读一定数量上的译著。这样你的理论才不会像奈达先生所说的那样"没有实践的例子阐释其确切的含义"。[②]当然这已经是题外话了，就此打住。

（原载《中国翻译》2001 年第 5 期）

【附记】 多年来一直有读者或学生询问此文中的"C译法"因何得名。其实在当年投寄的文稿中，笔者只将其称为"笔者多年来一直使用的一种方法"。《中国翻译》编辑部杨平博士审阅此稿后，认为应该为这种"译法"取个简单一点的名称，并建议笔者将此法直呼"曹译法"。但笔者在总结这种译法时也参考了前辈译者的译法，觉得直呼"曹译法"有掠美之嫌，于是便用了"C译法"。

---

① 参见《中国翻译》2000 年第 5 期，第 31-33 页。
② 参见《中国翻译》1999 年第 5 期，第 45 页。

# 英语定语从句译法补遗之补遗

【内容提要】 本文是作者对发表在《中国翻译》2001 年第 5 期的旧作《英语定语从句译法补遗》一文的补充。在长期的翻译实践和翻译教学中，作者把英语定语从句（关系从句）归纳成了五类情况，本文在分析这五类情况的基础上提出了相应的翻译原则，介绍了若干行之有效的基本译法，以回答学生和读者就英语定语从句之汉译提出的一些问题。

## 一、引　　言

笔者曾在《英语定语从句译法补遗》（以下简称《补遗》）一文中指出："就英译汉而论，定语从句的翻译既是重点又是难点。大凡译文之生硬、拗口甚至晦涩多半都是因没能译好定语从句所致。"[1]同时笔者还归结了翻译英语定语从句的两条原则，其中一条就是"凡是像汉语定语一样起修饰限制作用的英语定语从句都必须译成定语"。[2]可近年来不断有学生和读者告诉笔者，他们从笔者的一些译著中发现，有些原文中的定语从句也没被翻译成定语。鉴于此，笔者认为有必要对《补遗》一文作一番补充说明。

在长期的翻译实践和翻译教学中，笔者把英语定语从句的汉译归纳成了五类情况，在教学中笔者往往是先介绍前四类，然后重点讲第五类，即一些应该并可以翻译成定语而没有被或往往不会被翻译成定语的英语定语从句。其实当年那篇《补遗》主要就是针对这类情况而言。现在笔者把授课讲稿稍加整理，一并谈谈翻译英语定语从句的五类情况。

---

① 曹明伦：《英语定语从句译法补遗》，《中国翻译》2001 年第 5 期，第 23 页。
② 曹明伦：《英语定语从句译法补遗》，第 24 页。

# 二、There be句型中主语后的定语从句

There be句型中主语带定语从句的情况十分常见，而且这种情况在翻译时并不难处理，笔者之所以将其单列一类，原因是有些翻译教材提供的参考译文没有反映出这种句型表示"有"或"存在"的意思。如有本教材（下称教材A）为There are many people who want to see the film提供的译文是"许多人要看这部电影"[①]。另一本教材（下称教材B）为There is a transparency about the soft grey light here which cannot be described or painted提供的译文是"澄澈的光影是无法描绘的"[②]。笔者曾分别让几届大三或大四学生将这两句译文还原翻译成英语，结果几乎无人想到用There be句型。反之，笔者用自己的译文"有许多人想看这部电影。"和"那片灰蒙蒙的柔光周围有一种说不出的清澈明净。"让学生翻译，结果其英译文大多与英文原句相差无几。所以笔者要求学生，遇到主语带定语从句的There be句型，要尽量译出那个"有"字（若是否定则译成"无"字）。

说到主语带定语从句的There be句型，我们还须注意一种特殊用法，即"There be + noun + verb..."，也就是主语后的定语从句不用关系词引导的用法。这种用法常见于早期现代英语，如《培根随笔》第4篇"Of Revenge"（《论复仇》）中就有这样的句子：There is no man doth a wrong for the wrong's sake（世间并无为作恶而作恶之人）。这种用法在莎士比亚戏剧中更为常见。如《奥赛罗》第4幕第2场第220–221行：Sir, there is especial commission come from/ Venice to depute Cassio in Othello's place（先生，有特使从威尼斯来任命凯西奥取代奥赛罗的位置）；《麦克白》第2幕第2场第20行：There's one did laugh in's sleep, and one cried, "Murther!"（有人在梦中大笑，有人喊了声"杀人！"）；《一报还一报》第2幕第2场第89行：There's many have committed it（有许多人都犯过这种罪）；《威尼斯商人》第4幕第1场218–219行：It must not be;

---

① 张培基等（编）：《英汉翻译教程》，上海：外语教育出版社，1980年，第132页。
② 郭著章、李庆生（编）：《英汉互译实用教程》（第三版），武汉：武汉大学出版社，2003年，第34页。

there is no power in Venice/ can alter a decree established（这绝不可行。威尼斯无人有权改变既定法律）①。在现当代英语中我们也能见到这种用法，如艾迪生（Joseph Addison）写于 1713 年的悲剧《加图》中就有这样的诗行：If there's a power above us / And that there is all nature cries aloud / Thro' all her works（若我们头顶有神灵，而且世间有因其神迹而欢呼的众生）；再如陆谷孙教授主编的《英汉大词典》在there词条中也收有这样的例句：There's something (that) keeps upsetting them（有件事一直使他们心烦意乱）。

## 三、语法上是定语而语义上是状语的定语从句

我们知道，在现代汉语中，定语分为修饰性和限制性两类，"修饰性定语指有描写作用的定语，描绘人或事物的性质、状态……限制性定语在于给事物分类或划定范围"②。换言之，汉语中的定语只起对中心词进行限制或修饰的作用。而我们同时也知道，英语的定语从句（关系从句）不仅可以对其先行词起修饰限制作用，还可以对其先行词所在的主句起补充说明作用（这也是一些语言学家将此类从句称为"关系从句"或"关系分句"的原因），起前一种作用的定语从句我们称为限制性定语从句，后一种则被我们称为非限制性定语从句。非限制性定语从句既然可以起补充说明作用，其意义功能就与状语从句重合，因此翻译成汉语时往往被译成相应的状语从句，严格地说是被译成汉语偏正复句中相应的分句。如好些翻译教材都用到的这个例子：

（1）We know that a cat, whose eyes can take in many more rays of light than our eyes, can see clearly in the night.

我们显然不能将这句话翻译成"我们知道其眼睛比人的眼睛能吸收更多光线的猫在夜里也能清楚地看见物体"。因为虽说这句译文在语法上没有任何毛病，但在逻辑上却经不起推敲，汉语讲究意会，既然有"其眼睛比人的眼睛能

---

① 此处莎剧引文之行数所依据的版本为 *The Riverside Shakespeare*, Boston: Houghton Mifflin Company, 1974。
② 黄伯荣、廖序东（主编）:《现代汉语》（修订本下册），兰州：甘肃人民出版社，1985 年，第 364 页。

吸收更多光线的猫", 那是否也有其眼睛比人眼吸收更少光线的猫呢? 因此我们应该将这句话翻译成"我们知道猫在夜里也能清楚地看见物体, 因为猫的眼睛比人的眼睛能吸收更多的光线"。我们再来看一个例子:

（2）Such, in some attempt at an organization, are a few of Emerson's favorite ideas, which occur over and over again, no matter what may be the subject of the essay.

这是《中国翻译》举办的第 20 届 "韩素音青年翻译奖" 竞赛英译汉参赛原文中的一个句子。原文是哈佛大学格里诺教授的授课讲稿, 内容是对爱默生哲学思想的分析归纳。句中的 "Such... are a few of Emerson's favorite ideas" 是格里诺教授得出的结论, 而 ideas 后的定语从句其实就是该结论的论据, 因此它起的是补充说明的作用, 至于主语后插入的介词短语 "in some attempt at an organization", 那是针对有人认为爱默生的哲学思想 "头绪繁杂" 而言。所以这句话的意思是: 若要理出点头绪, 以上便是爱默生最为津津乐道的一些理念, （因为）无论其文章涉及什么主题, 这些理念都会在字里行间一再重复。

关于这类定语从句的翻译, 笔者想强调两点: 一是主次分明, 二是逻辑判断。

所谓主次分明, 是说译文要分清原文的主要信息和次要信息。既然这类定语从句起的是补充说明的作用, 那么它肯定是次要信息。如上述二例的从句都表原因, 但参考译文均把表示原因的从句放到了主句后面, 而没有像教材 A 那样把例 1 译为: "我们知道由于猫的眼睛比我们人的眼睛能吸收更多的光线, 所以猫在黑夜也能看得很清楚。"[1]

所谓逻辑判断, 是指对英语定语从句所起的作用要进行逻辑判断。一般教科书往往用定语从句前有无逗号来作为限制性和非限制性的标志[2]。笔者在此要强调是的, 在现代英语中, 定语从句前加不加逗号并非判断限制性或非限制性的唯一标志, 在现代英语中, 我们既会碰到非限制性定语从句前不加逗号的

① 张培基等（编）:《英汉翻译教程》, 第 136 页。
② 张培基等（编）:《英汉翻译教程》, 第 130 页。

情况，也会遇上限制性定语从句前加逗号的情况。如以下二例：

（3）Will you buy me a magazine that I can read on the journey?

（4）Nature, which Emerson says "is loved by what is best in us," is all about us.

通过逻辑判断我们会发现，例（3）中的that之前虽无逗号，但其引导的从句是起补充说明作用（说明目的）；例（4）中的which之前虽有逗号，但其引导的从句是对先行词Nature进行修饰。因此这两句话应分别翻译成：

你能给我买本杂志吗？我好在路上读读。

爱默生说的这个"被人类至善至美之心所爱的自然"就环绕在我们周围。

## 四、既不起限制修饰作用也没有补充说明功能的定语从句

英语中还有一类定语从句既不起修饰限制作用，也没有补充说明功能，而仅仅是为了使句子紧凑而使用的一种语法手段。如Tom passed the rumor to John, who passed it to Jack, who passed it to Mary, who passed it to…这类定语从句不难判断，因为其余四类定语从句从语法上都可以翻译成定语，如我们完全可以把There are many people who want to see the film翻译成"有许多想看那部电影的人"，再如上节之例（1）如果被翻译成"我们知道其眼睛比人的眼睛能吸收更多的光线的猫在夜里也能清楚地看见物体"，虽说逻辑上经不起推敲，但语法上却没有任何毛病。然而，即便不顾逻辑上是否经得起推敲，也不管语句多么佶屈聱牙，我们都没法将现在说的这类定语从句翻译成定语。

引导此类定语从句的关系代词在从句中一般做主语，我们只需将其作为普通的人称代词、指示代词或物主代词来翻译就行了。如狄更斯的*Oliver Twist*（《雾都孤儿》）第28章中有这样一个句子：At this point of narrative the cook turned pale, and asked the housemaid to shut the door, *who* asked Brittles, *who* asked the tinker, *who* pretended not to hear. 其译文可为：听到这儿厨子脸色变得苍白，叫女仆去把门关上，女仆叫布立特尔去关，布立特尔又叫补锅匠关，补锅匠却装作没听见。

又如萨克雷的 *Vanity Fair*（《名利场》）第 6 章中有这么一句：If she did not speak with Rebecca on the tender subject, she compensated herself with long and intimate conversations with Mrs. Blenkinsop, the housekeeper, *who* dropped some hints to the lady's-maid, *who* may have cursorily mentioned the matter to the cook, *who* carried the news, I have no doubt, to all the tradesmen. 其译文亦可为：就算她没能就这件微妙之事与丽贝卡进行过交谈，她也从与女管家布伦金索普太太的数次推心置腹中得到了补偿，而女管家向夫人的贴身女仆露了点口风，女仆可能又对厨娘草草说起过此事，而我毫不怀疑，厨娘又把这消息告诉了那些所有商贩。

当然，引导此类定语从句的关系代词未必都用 who，下面两例就分别用了 which 和 whose：

> After dinner, the four key negotiators resumed their talks, *which* continued well into the night.
> 四个主要谈判人饭后又继续会谈，会谈一直持续到深夜。
> There is a spider, too, in the bathroom, of uncertain lineage, bulbous at the abdomen and drab, *whose* six-inch mess of web works, works somehow, works miraculously, to keep her alive and me amazed.
> 屋里还有只蜘蛛，在浴室里，一只种属不明、腹部滚圆的褐色雌性蜘蛛。它那张六吋见方、错杂凌乱的蛛网以某种方式——某种神奇的方式——使它一直活着，使我一直惊奇。

# 五、译文中不得已而后置的定语从句

严格说来，起限制修饰作用的英语定语从句都应该翻译成汉语定语，但由于有些起限制修饰作用的英语定语从句太长，或从句中有插入语成分，甚至从句中再套从句，结果按定语翻译的译文不甚得体，所以一般教材都建议将其后置，使其在译文中不再成为定语。不过一般教材提供的译例往往是将其与主句简单地并列，忽略了主句（正句）和从句（偏句）的主次关系和语句间的衔接与连贯。如以下三例：

（1）A good deal went on in the steppe *which* he — her father — did not know.

　　草原发生了许多事情，他——她的父亲——并不知道。（教材A，第131–132页）

（2）Elizabeth was determined to make no effort for conversation with a woman, *who* was now more than usually insolent and disagreeable.

　　伊丽莎白不肯再和这样一个女人说话，这个女人现在异常无礼，十分令人反感。（教材B，第72页）

（3）Kissinger and his small group of aides toured the Forbidden City, *where* the Chinese emperors had once lived in lofty splendor.

　　基辛格和他的一小组随从参观了故宫，从前的中国皇帝曾在这故宫过着奢华显赫的生活。（教材A，第133–134页）

要使以上译文主次分明、语气连贯，我们可在后一个分句前加"而"字或语气所要求的其他汉语关联词，或者把定语从句当作同位语来翻译。比如以上三句可译为：

　　（1）'当时大草原上有许多事情在发生，而他（即她父亲）却一无所知。

　　（2）'伊丽莎白决定不再勉强自己与这样一个女人交谈，更何况此时这女人异常傲慢，令人反感。

　　（3）'基辛格和他的一小组随行人员参观了故宫，那座历代中国皇帝养尊处优的宫殿。

这样翻译不仅可使句子本身语气连贯，而且能使其与下文衔接。比如我们将例（3）原文扩展为Kissinger and his small group of aides toured the Forbidden City, where the Chinese emperors had once lived in lofty splendor. And then they

went to the Beihai Park, which is one of the oldest and most authentically perserved imperial gardens in China. 再将"然后他们又去了北海公园……"放到上文相应的两种译文后读读,译文之得体与否便显而易见。

# 六、必须译成定语的定语从句

必须译成定语的定语从句,是指那些在英文中起修饰限制作用、被译成中文亦合度得体的定语从句,包括一些我们平时觉得太长而往往不译成定语的定语从句,这也是当年《补遗》探讨的重点。《补遗》曾指出:各高校广泛使用的翻译教材和期刊上众多讨论英语定语从句(或关系分句)译法的理论文章都把英语定语从句分析得头头是道,"但一落实到具体译法,仍然跳不出《教程》传统译法的窠臼,不是'前置'就是'后置',除此别无他法"[①]。例如教材A中的典型译例:

> They are striving for the ideal which is close to the heart of every Chinese and for which, in the past, many Chinese have laid down their lives.
>
> 他们正在为实现一个理想而努力,这个理想是每个中国人所珍爱的,在过去,许多中国人曾为了这个理想而牺牲了自己的生命。[②]

《补遗》曾指出这种译文正是傅雷批评的"宾主不分,轻重全失"的译文。若用当今语篇理论的行话来说,就是完全没有衔接与连贯。为解决此类问题,《补遗》提供了笔者总结的一种新译法(C译法),其诀要是:首先译出定语从句前的主句,然后重复先行词,再把定语从句译成定语置于被重复的先行词之前。按此译法,上述例句可译为:

> 他们正努力去实现那个理想,那个每一位中国人珍藏于心中的理想,那个许许多多中国人曾为之献出了生命的理想。

---

① 曹明伦:《英语定语从句译法补遗》,《中国翻译》2001年第5期,第24页。
② 张培基等(编):《英汉翻译教程》,第131页。

从这句译文可以看出，原文中的定语从句在译文中依然是定语，而且译文文从字顺、主次分明、语气贯通，其语意和风格亦不悖原文。

第 20 届"韩素音青年翻译奖"竞赛英译汉参赛原文中的一个句子最能说明"凡是像汉语定语一样起修饰限制作用的英语定语从句都必须译成定语"的必要性。该句原文是：For one of Emerson's most fundamental and frequently recurring ideas is that of a "great nature in which we rest as the earth lies in the soft arms of the atmosphere"。参赛选手几乎无人将原句中由 in which 引导的限制性定语从句译成定语。下面是一等奖获奖译文和笔者提供的参考译文：

> 获奖译文：爱默生反复提到的一个最基本的观点是："自然崇高伟大，人类栖息其中，一如地球依偎在大气温柔的怀抱里。"①
> 参考译文：因为爱默生频频论及的一个基本概念就是"自然"，即这个"我们像大地卧于大气温柔怀抱那样存在于其中的自然"。

单看这两句译文，笔者所强调的必要性似乎还不甚明显，但如果我们注意到原句定语部分是引用的爱默生的话，那我们就应该意识到，中译文也应该像英语原文一样可以被放回引文之出处。此句原文引号中的引文出自爱默生"The Over-Soul"（《论超灵》）第 3 段，原句为"The Supreme Critic on the errors of the past and the present, and the only prophet of that which must be, is that *great nature in which we rest, as the earth lies in the soft arms of the atmosphere*"② 相应的中译文可为：对古今谬误的最高批评者，对必有之事的唯一预言家，就是大自然，即我们像大地卧于大气温柔怀抱那样存在于其中的自然。

将前句中的引文与爱默生原话中的相应部分加以对照，笔者所强调的这种必要性就更为彰显。

由于《补遗》一文对翻译此类定语从句的讨论已比较充分，本文也就不再赘述。但笔者必须补充一点，那就是《补遗》一文总结的"C译法"可以再展开，用来翻译英语其他语言单位（如形容词、不定式、分词和介

---

① 参见《中国翻译》2008 年第 6 期，第 90 页右栏。

② Ralph Waldo Emerson, "The Over-Soul," in Brooks Atkinson (ed.), *The Essential Writings of Ralph Waldo Emerson*, New York: Modern Library, 2000, p.237.

词短语等）充当的定语，尤其是在处理多层定语的时候。数年前，笔者在写一篇关于英国伊丽莎白时代诗歌的文章时，发现国内有不少文献都提到罗伯特·格林（Robert Greene，1558—1592）当年对莎士比亚的那番含沙射影的攻击，但令笔者略感遗憾的是，译文均未表现出那位在牛津大学和剑桥大学都拿过学位的"大学才子"的才气，而究其原因，就是没能处理好原文中对Crow一词的多重修饰，或者说没处理好多层定语。那段话是格林对马洛、洛奇和皮尔等剧作家说的。他提醒他们说：

> Yes, trust them not: for there is an upstart Crow, beautified with our feathers, that with his Tyger's heart wrapped in a Player's hyde supposes he is as well able to bombast out a blanke verse as the best of you; and beeing an absolute Iohannes fac totum, is in his owne conceit the onely Shake-scene in a country.

稍加分析我们就能看出，原文中的Crow有四层定语：①an upstart Crow；②a Crow beautified with our feathers；③a Crow with his Tyger's heart wrapped in a Player's hyde；④a Crow that ... supposes he is as well able to bombast out a blanke verse as the best of you。综合《补遗》和本文总结的翻译定语（从句）的原则和技巧，我们可以把这句话翻译成：

> 对，别相信那班戏子，他们中有只自命不凡的乌鸦，一只用我们的羽毛装扮出来的乌鸦，一只戏装下包裹着野心的乌鸦。他以为他像你们任何人一样能写一手素体诗，以为自己是无所不能的万能博士，以为这个国家只有他能'震场'（Shake-scene）。

上例说明"C译法"的确可以展开，其诀要可以修订成：重复被定语（包括定语从句）修饰或限制的中心词，把定语置于被重复的中心词之前。下面我们再用大家熟悉的林肯的《葛底斯堡演说》开篇句来试试这种译法。

> Four score and seven years ago our fathers brought forth on this continent a new nation, conceived in liberty, and dedicated to the proposition that all men are created equal.

包括翻译教材在内的国内各种书籍提供的译文大同小异，下面引录的是由中国翻译出版公司翻译、美国新闻处（香港）校定的译文：

> 八十七年以前，我们的祖先在这大陆上建立了一个新的国家，它孕育于自由，并且献身给一种理念，即所有人都是生来平等的。①

这句译文虽说也表达了原文的基本意思，但却未能表达出林肯讲话的语调和气势。我们都知道，林肯紧接着说的是"眼下我们正在进行一场伟大的内战，以考验这个国家……"。首句的"八十七年以前"与第二句的"眼下"相对，首句的主语"祖先"和第二句的主语"我们"相对，原文因此形成了一个大排比。上述译文在这两个紧密相连的排比句之间增加了一个句子，结果破坏了原文话题集中、语气连贯的效果，削弱了原文一气呵成、雄辩动人的气势。而我们若按照上文介绍的C译法，将原文中由两个过去分词短语构成的定语依然译成定语，便可最大限度地保留原文重点突出、语气连贯的的效果。请看试译：

> 八十七年前，我们的先辈在这块大陆上创立了一个新的国家，一个孕育于自由之中、信奉人生而平等之理念的国家。

# 七、结　语

我们分析语篇时都会强调衔接与连贯，可有些译者一分析句子就把衔接和连贯给忘了，把"章之明靡，句无玷也"（《文心雕龙·章句》）也给忘了。须知要译好一个语篇，首先要译好每一个句子。正如笔者在篇首所说，就英译汉而论，定语从句的翻译既是重点又是难点，故译好定语从句是译好语篇的关键，而本文介绍的译法对翻译英语定语从句和多层定语都行之有效。

（原载《西安外国语大学学报》2011 年第 1 期）

---

① 见《美国历史文献选集》（英汉对照版），美国驻华大使馆新闻文化处，1985 年，第 118 页。

# "语言游戏"的规则和技巧①

**【内容提要】** language-game这个术语是德国语言哲学家维特根斯坦提出来的。从某种意义上说，一次翻译过程或一次解读过程就是一场"语言游戏"，既然是游戏，参与者就应该遵守游戏规则，并尽可能多地学习并掌握游戏技巧。

谢谢大家。谢谢大家还没听我讲就开始鼓掌。（众笑）今天我要讲的是"语言游戏"的规则和技巧。

"古之学者必有师。师者，所以传道、授业、解惑也。人非生而知之者，孰能无惑？惑而不从师，其为惑也，终不解矣。生乎吾前，其闻道也，固先乎吾，吾从而师之；生乎吾后，其闻道也，亦先乎吾，吾从而师之。吾师道也，夫庸知其年之先后生于吾乎？是故无贵无贱，无长无少，道之所存，师之所存也。"（韩愈《师说》）听懂没有？（众笑）可能有的同学听懂了，有的没完全听懂。我遵守了语言规则，但是呢，有些同学对古代汉语还缺乏知识和技巧。

"八十七年前，我们的先辈在这块大陆上创立了一个新的国家，一个孕育于自由之中、信奉人生而平等之理念的国家。今天，我们正在进行一场伟大的内战，以检验这个国家或任何如此孕育并奉行如此理念的国家能否长存。"听懂没有？（众笑）当然听懂了，因为我们都遵守了一定的语言规则。

Four score and seven years ago, our fathers brought forth on this continent a new nation, conceived in liberty, and dedicated to the proposition that all men are created equal. Now, we are engaged in a great civil war, testing whether that nation, or any nation so conceived and so dedicated, can long endure. 听懂没有？（众笑答：没有）我相信，有些同学听懂了，有些的确没听懂，毕竟今天在座的不都是外国语学院的同学，是吧？还有其他院系的同学，不要担心，今天我们的讲

---

① 本文据笔者同名讲座录音和 PPT 演示文稿整理而成。感谢四川大学研究生会学术部录音整理。

座主要是用我们的母语——中文，但既然是讲翻译，总是要涉及英文。

大家看 The Rules and Skills of Language-Game 这个题目。首先，language-game 这个术语是德国语言哲学家维特根斯坦提出来的。在座的各位同学、各位老师，其实我们人类每天的交流，我们的学术活动，都是一场场语言游戏。但是近几年，不管是哪个学科，我相信在座的不管是同学还是老师可能都有一种感觉，会觉得名词越来越新，理论越来越玄。我们有一位学者就曾用了"玄空怪涩"来形容 21 世纪的理论建构。最近，苏珊·巴斯奈特，应该说外国语学院的同学都比较熟悉这位英国学者，甚至撰文倡议停止术语的讨论和争论。为什么呢？其实这是一种消极的办法。现在我们讲全球化——语言其实是没办法全球化的，但要是我们都讲究语言规则，人类的沟通（包括学术讨论）将会顺畅得多，所以，我想到了这个题目："语言游戏"的规则和技巧。

正如我刚才所说，语言游戏的规则并不是我提出来的。把语言活动比作游戏的学者不乏其人。德国翻译理论家威尔斯在谈及自然语言是根据变化原则构成体系时说："人们会想起索绪尔曾将语言比作下棋"，下棋也是一种 game，"语言规则和象棋规则一样，都含有不变因素和可变因素，都既有定式，又有新招"。[1]其实索绪尔的比喻后边还有一节，索绪尔说"只是在有一点上这种比喻可能出错"，索绪尔想要表达的是有一种例外。什么例外呢？就是"棋手是有目的地移动棋子，使之对整个棋局产生影响，而语言则没有任何预先考虑，其'棋子'之移动（更确切地说是棋局的变化）是自发的、偶然的"[2]。比如说，成都女孩儿鼻音的消失，从来就没人预谋，是不是呢？她们都习惯把"三"说成"仨"，仨天、仨块、仨个。（众笑）这就没有预谋。按普通话的语言规则，"仨"后面是不能用量词的，可成都女孩儿都这么说。语言就是这样演变的。捷克翻译理论家列维说："翻译过程就好像是与'完全信息'对局的过程，后走的每一步都受到前面各步及其结果的影响。"[3]有道理吗？有道

① Wolfram Wilss, *The Science of Translation: Problems and Methods*, Shanghai: Shanghai Foreign Language Education Press, 2001, p. 181.

② Ferdinand de Saussure, *Cours De Linguistiqur Générale*, Paris : Payot, 1980, p. 127.

③ Jiří Levý, "Translation as a Decision Process," (1967), in Lawrence Venuti (ed.), *The Translation Studies Reader*, London & New York: Routledge, 2000, p. 149.

理，但是不充分。翻译可以比作下棋，后走的每一步都受到前面各步的影响，但是它和下棋唯一的不同就在于：它可以悔棋。前不久我才修改了多年前翻译的一段文字，看，我可以悔棋，但正式的下棋是不能悔棋的。科廷翰博士说："对语言哲学感兴趣的人大凡都知道。"当然，这下我要说英语了，"The most famous concept Wittgenstein employs in presenting his new view of language is that of language-game."①，说到这句话，那么在座的哪怕不是外国语学院的，我想这句话也不难理解，我们在翻译的时候甚至可以按我们所说的逐字翻译（word for word）的方式来翻译：维特根斯坦——用来——表达——其新语言观的——最著名的概念（that当然是指代new concept）——就是——语言游戏这个概念。

语言哲学是用语言问题来研究哲学问题。维特根斯坦有句名言：When philosophers use a word — 'knowledge', 'being', 'object', 'I', 'proposition', 'name' — and try to grasp the essence of the thing, one must always ask oneself: is the word ever actually used in this way in the language-game which is its original home? Wittgenstein.② [当哲学家使用一个词（比如说知识、存在、对象、我、命题、名称），并试图把握事物的本质时，必须经常质问，这个词在它老家的语言游戏中，真是以这种方式来使用的吗。]我想在座的不少同学都碰到过这句话。因为这是维特根斯坦的语言哲学中最著名的一段，经常被人引用，但是呢，往往是理论上引用，如何与我们的实际语言运用结合起来呢？在上述的语篇语境中，我们把这个language-game翻译成"语言游戏"，大家没觉得不对劲吧？的确没什么不对劲。但是，如果我们把这段话真正放回维特根斯坦的语篇当中，把这个game放回它的德语原文（维特根斯坦笔者之前读的只是英译文），放回维特根斯坦的《哲学研究》第 66 节，这下我们再来玩这场语言游戏就得费点心思了。那么我们就放回去看看。

德语原文: Betrachte z.B. einmal die Vorgänge; die wir 'Spiele' nennen. Ich

---

① John Cottingham, "Ludwig Wittgenstein: Austrian/British Philosopher," in Justin Wintle (ed.), *Dictionary of Modern Culture*, London, Boston & Melbourne: Routledge & Kegan Paul Ltd., 1984, p. 441.

② Ludwig Wittgenstein, *Philosophical Investigations*, Eng. trans. by G. E. M. Anscombe, Oxford: Basil Blackwell, 1953, p. 48e.

meine Brettspiele, Kartenspiele, Ballspiele, Kampfspiele, u.s.w.. Was ist allen diesen gemeinsam?[①]

英语译文: Consider for example the proceedings that we call games, I mean board-games, card-games, ball-games, Olympic games, and so on. What is common to them all?[②]

汉语译文: 例如，试考虑下面这些我们称之为'游戏'的事情吧，我指的是棋类游戏，纸牌游戏，球类游戏，奥林匹克游戏，等等。对所有这一切，什么是共同的呢？[③]

请对照看这三段。我们知道商务印书馆有一套汉译世界学术名著丛书，这里的中译文便出自里面。我们先来读一下这段译文："例如，试考虑下面这些我们称之为'游戏'的事情吧"，这当然是对的，考虑这些called games，"我指的是棋类游戏，纸牌游戏，球类游戏，奥林匹克游戏，等等。对所有这一切，什么是共同的呢？"刚才我们翻译前一句话的时候，如果是翻译老师来打分，可能没有扣分点。那么现在呢？因为，这里顺便提一下，算是一个示范吧，凡是我们引用别人的东西都要注明出处并保持引文原貌，我最近发现，不是说在座的同学，是说一些已经在著书立说的学者，他们经常给你注一个引文出处，但是你根据他注的出处就是找不到原文，找一辈子都找不到。（众笑）现在你们能找到（PPT链接扫描译文），这里，"奥林匹克游戏"，白纸黑字。能这么说吗？在座的同学听说过"奥林匹克游戏"吗？（众答：没有）2008 年咱们中国成功地在北京举办了奥林匹克游戏？（众笑）不对。为什么不对？维特根斯坦说了，就是这个 game 本身在老家的游戏怎么玩的？在咱们中文当中，咱们怎么说 Olympic Games。好，显然，这里出现了问题。通过对比我们会发现，一方面，英文译者观照了原文字词在其老家的游戏规则，考虑到 Brettspiele、Ballspiele 在德语中都是一个单词，所以便用连字符把 board games 和 ball games 分别连为一体；另一方面，他也观照了目标语的游戏规则，因为 card-games 在

---

① Ludwig Wittgenstein, *Philosophical Investigations*, p. 31.

② Ludwig Wittgenstein, *Philosophical Investigations*, p. 31e.

③ 维特根斯坦：《哲学研究》，李步楼译，北京：商务印书馆，1996 年，第 47 页。

英语中本来就用连字符，译文现在把board-games、card-games、ball-games并列在一起，可谓辞达意晓。当然，英文译者左右逢源并非难事，因为作为能指，英语词game之所指几乎与德语词spiel一样多，二者均可指玩耍、娱乐、游戏、正式比赛（项目）和（体育）运动等，而且其复数形式均可表示"运动会"。总之，就是说英文的game和德语的spiel的外延比咱们中文"游戏"的外延更宽，也就是说，它可以指玩耍、娱乐、游戏、比赛和体育运动等。而中文的游戏，"游戏"这个词没法涵盖英文的game和德文的spiel，或者英文的games或者德文的spiele，"游戏"都没法涵盖。咋办？玩游戏。那么我们就来讲讲规则。

商务印书馆版将ball-games和Olympic Games译成"球类游戏和奥林匹克游戏"。显然，同学们刚才的笑声，再一次证明"奥林匹克游戏"显然未能完全达意。我说凡是中国人都会对奥林匹克游戏提出质疑。为什么有读者提出质疑呢？这就涉及第 66 节中提到的那个问题。维特根斯坦问：它们（就是所有的那些games）有什么共性呢？刚才我背诵了三段文字，我问各位同学们听懂没有，其实就是为了这个目的。我们既然是玩游戏，就必须按一定规则来玩。比如（举起讲台上的饮料和眼镜），我说这个苹果无论如何也比奔驰车跑得快。（众笑）听懂没有？这个苹果无论如何也比奔驰车跑得快。索绪尔不是说语言的任意性吗？我们凭什么把这个叫冰绿茶，我就要叫它苹果。凭什么我不能把它叫苹果？可以。但是我们要约定俗成。咱们俩约好。是不是？苹果！苹果！我是……我是什么啊？我是海鹰。（众笑）如果事先约好，就懂了是不是啊？咱们讲规则，咱们就懂了。但问题在于，刚才我没有跟你们定规则，我就说这个苹果比奔驰车跑得快。其实现在我们很多学术论文也这样，它不跟你讲规则，随心所欲地变个新名词。可是你看，接下来维特根斯坦还怎么说："遵守规则也是一种实践。而认为自己在遵守规则并不等于遵守了规则。所以人们不可能'悄悄地'遵守规则。"①

现在我们的一些学者，包括我们的一些同学写论文，经常就是在悄悄地遵守规则。他不告诉老师，他不告诉你。他认为自己遵守了规则，结果你读不懂。

---

① Ludwig Wittgenstein, *Philosophical Investigations*, p.26e.

就像刚才我说的这苹果比奔驰车跑得快这个例子，我自己给自己制定了一套规则，我不告诉你，你听不懂。所以呢，以为自己在遵守规则并不是就真正遵守了规则。于是乎，科廷翰博士在阐述维特根斯坦的语言观时说："词语要具有意义，必须在应用中遵守公共规则。"①好，语言游戏的规则变成了公共规则，就相当于体育运动会一样，是不是啊。咱们得遵守规则。足球，越位就是越位了，不能说我不能越位，你可以越位。那糟了，我怎么也踢不赢你了。语言也是一样。所以我在引用这句话的时候，经常强调"词语在语言应用中产生的意义应该指一种语言文化对该语言文化中应用的词语之语意共识"。什么叫语意共识？我说冰绿茶是苹果，就是没有这种语意共识。但问题就在于，奥林匹克games，这个能指所指的概念在汉语中具有的语意共识是哪一个呢？当然是奥林匹克运动会，简称奥运会。

可是，问题又出现了，那么按照德语和英语的游戏规则，表达"游戏"和"运动"这两个所指能用一个能指。汉语能不能用两个能指来表达这一个所指呢？两千多年前，我们的先辈，包括佛经翻译家，甚至是古罗马翻译家，就遇到这样的问题了。要解决这样的问题，我们一要诉诸于理论，二要诉诸于技巧。说到理论，《形式逻辑》提醒我们："同一个概念可以用不同的语词来表达，而同一个语词也可以表达不同的概念。"②《哲学研究》告诉我们，这就是用维特根斯坦自己的话，刚才已经重复了。那么当我们用一个词的时候，经常要问，这个词在它老家的游戏中是这么玩的吗？而西塞罗曾直截了当地告诉我们："当没法用一个拉丁词翻译一个希腊词的时候，就用两个甚至几个拉丁词。"③ 理论上，我们可以知道，一个能指可以表达不同的所指，反过来也就是说，一个所指可以用不同的能指去表达它。而在实践中，两千多年前，古罗马的学者就已经这么做了。所以呢，当我们没法用一个汉语词翻译一个英语单词的时候，为什么不可以用两个汉语词去翻译它呢？如果我们这样做，用上述的规则和技巧，《哲学研究》第 66 节中那段话可以这样翻译："譬如，请想想被我们称之为游戏或运动的那些活动吧，我是说棋类游戏、纸牌游戏、球类

---

① John Cottingham, "Ludwig Wittgenstein: Austrian/British Philosopher," p. 441.

② 金岳霖：《形式逻辑》，北京：人民出版社，1979 年，第 21 页。

③ André Lefevere, *Translation/History/Culture: A Sourcebook*, London & New York: Routledge, 1992, p. 47.

运动、奥林匹克运动等。所有这些游戏和运动有什么共性呢？"现在问题解决了。我们制定了规则，并且运用了技巧，从上面这个例子中，知道了语言游戏的概念和玩语言游戏的规则。

我们有的同学发现，经常有读不懂一本翻译过来的学术专著的时候，于是便以为自己功底差、智商低。其实往往不是这样。现在就让我们，也包括我在内，我们共同来反思、检讨。实际上，现在我们的学术圈不遵守游戏规则的情况并不少见。比如说，还是用实例来说明，大家看这本书，我想即便不是英语专业的，也能看懂这个书名：*Translating as a Purposeful Activity ——Functionalist Approaches Explained*。中文书名叫《目的性行为——析功能翻译理论》，大家先别看中文书名，你自己来翻译一下，你能想到这么翻译吗？"目的性行为"，我在批评这个书名翻译的时候，我都没想到它的另一个副作用。出版这套书的上海外语教育出版社的编辑曾向一些高校老师征求意见，我说："别的不说，这套书里有许多书名翻译得都有问题。"出版社的编辑说："曹老师，你还别说，曾有读者反映这本书带不上飞机。"（众笑）机场安检把它当成扫黄打非的对象了。（众笑）

但今天我们不谈这个题外话。我们就说它本身的翻译，怎么会想到把它翻译成这样。我们来看原词在老家的游戏中别人是怎么玩的。Translating as...，这里的"as"是介词，我们在高中就学了，意思是"作为"。那么就是"作为有目的之行为的翻译"。现在我们讲跨学科研究，翻译界讲研究中的文化转向，这样就扩大了研究范畴，增加了研究视角。那么怎样扩大，怎样增加呢？那就是人们不再把翻译仅仅当作翻译来研究，而是作为各种文化现象来研究，如斯皮瓦克的"Translation *as* Culture"[①]、图里的"Translation *as* Cultural Facts"[②]、列维的"Translation *as* a Decision Process"[③]、赫曼斯的"Translation *as* a Social System"[④]、斯内尔-霍恩比的"Translation *as*

---

① G. C. Spivak, "Translation as Culture," in Paul St-Pierre and Prafulla C. Kar (eds.), *In Translation: Reflections, Refractions, Transformation*, Delhi: Pencraft International, 2005. p. 238.

② Gideon Toury, *Descriptive Translation Studies and Beyond*, Amsterdam & Philadelphia: John Benjamins Publishing Co., 1995, p. 26.

③ Jiří Levý, "Translation as a Decision Process," p.148.

④ Theo Hermans, *Translation in Systems: Descriptive and Systemic Approaches Explained*, Manchester: St. Jerome Publishing, 1999, p. 141.

manipulation"①，甚至尼兰贾娜的"Translation *as* Disruption"②和库布昌达尼的"Translation *as* a Culture Filter"③，以及这里讨论的"*Translating as a Purposeful Activity*"④。

我们现在可以把翻译作为跨文化活动来研究，作为一种文化事实来研究，作为一种社会系统来研究，后殖民理论家甚至把翻译作为颠覆活动来研究，作为文化过滤器来研究。可上面那本书的译者没有遵守英语的语言游戏规则，偏偏不把"作为"（as）作为"作为"。（众笑）人家明明说"作为有目的之行为的翻译"，你却给人家来了个"目的性行为"。读者当然读不懂了，不把"作为"（as）作为"作为"的人，或者说不遵守语言规则的人，绝对不止刚才例举的这个译者，结果咱们翻译界前些年就有人断言："翻译就是政治"，"翻译就是颠覆"，"翻译就是文化过滤器"，等等，这样就模糊了翻译这个概念。我说我做了几十年翻译，自以为是个书生，却不知道自己是在"玩政治，搞颠覆"。（众笑）这就是不遵守语言游戏规则的结果。结果我们就没法对话，我也读不懂你的文章，不知道你在说啥了。

再来看另一本书。（PPT翻页）都是一套书，大家可以举一反三。先不看英文，中文能看懂吗？《翻译、改写以及对文学名声的制控》，这里每个字都是汉字，语法上也没什么毛病，我就读不懂，我也不知道它在说啥。这本书的英文书名是*Translation, Rewriting and Manipulation of Literary Fame*⑤，那么，翻译怎么去制控文学名声呢？其实这里讲的"文学名声"就是文学名著和著名作家。关键问题就在于manipulation这个单词。那么manipulate到底是啥意思呢？我们在这儿很起劲地用什么制控，当然还有操纵、操控、摆布。所以我曾在一

---

① Mary Snell-Hornby, *Translation Studies: An Integrated Approach*. Shanghai: Shanghai Foreign Language Education Press, 2001, p. 22.

② Tejaswini Niranjana, *Siting Translation: History, Post-Structuralism, and the Colonial Context*, Berkeley & Los Angles: University of California Press, 1992, p. 163.

③ Lachman M. Khubchandani, "Sources and Targets: Translation as a Culture Filter," in Rukmini Bhaya Nair (ed.), *Translation, Text and Theory: The Paradigm of India*, New Delhi & London: Sage Publications, 2002, p. 46.

④ Christiane Nord, *Translation as a Purposeful Activity: Functionalist Approaches Explained*, Shanghai: Shanghai Foreign Language Education Press, 2001.

⑤ André Lefevere, *Translation, Rewriting and the Manipulation of Literary Fame*, Shanghai: Shanghai Foreign Language Education Press, 2004.

篇文章中说过一句话：我觉得这个词现在被咱们中国学者在任意摆布，任意操纵，任意制控，任意manipulate。（众笑）反正我都不知道怎么说了。说了半天我还是不明白。那么，既然今天我们说玩语言游戏，我们就按维特根斯坦的说法，回这个词的老家。看看在别人老家的游戏中，别人是怎么玩的，是怎么manipulate的。当然，我们先一不谈咱们的翻译研究，二不谈咱们的文学批评理论。因为这两个领域用得最多了，可以说是方兴未艾。我们先来看看充斥着manipulation的摄影界，从开始到他们今天的反思。我们来看他们这个词是怎么用的。

首先我们可以看到Manipulated photo这段英文：Photography lost its innocence many years ago. In as early as the 1860s, photographs were already being manipulated, only a few decades after Niépce created the first photograph in 1814. With the advent of high-resolution digital cameras, powerful personal computers and sophisticated photo-editing software, the manipulation of digital images is becoming more common.

如果照我们翻译学、跨文化研究、文艺批评所讲的"操纵"，那这里就是被操纵过的照片、被制控过的照片。你听不懂吧？如果说被处理过的照片，甚至说被PS过的照片，大家也许就懂了，因为按咱们汉语的游戏规则就是这么玩的。其实manipulate的基本意思就是为了特殊目的而使用特殊手段来处理。这段文字告诉我们：摄影从一开始就失去了它的innocence，失去了它的清白。你看，在咱们的游戏规则中，就要说失去了它的清白，你不能说照片失去了幼稚。尽管我们经常把innocence翻译成幼稚。这也是一种遵守语言规则。在尼普斯1814年发明摄像术几年之后，照片就开始being manipulated，大家看到，这里是一个被动语态。照片就已经被制控了？不对劲，被操纵了？被摆布了？反正是被manipulate了。（众笑）说穿了就是被处理过了。你们看这张很著名的照片。有的同学可能看到过这张照片，你现在知道这张照片曾经被manipulate过。为什么呢？这个身子是林肯的对手南方政治家卡尔霍恩的，他的身子换上了林肯的脑袋。好，这就是Manipulated photo。再看这张我们熟悉的照片。这张照片中本来有四个人，现在只有三个人，还有一个人被manipulate掉了。

下面大家还可以看到几幅同样存在manipulating的图片……（略），包括周正龙拍的华南虎。（众笑）那是不是因为摄影界对照片进行manipulating，我们翻译界也要亦步亦趋呢？从刚才的照片和报道中我们已经看到，manipulate《英军士兵和巴士拉难民》那张照片的摄影记者为此丢了饭碗，被manipulate的《贝鲁特的战火》那张照片已引起全球新闻摄影界对职业道德的反思。那么，我们做翻译研究和文化批评的人，是不是也该讲讲职业道德呢？

我们再来看一本书，就是大家看到的《解构主义与翻译》，你们试试把这个书名翻译成英语，试一试。恐怕大家都会翻译成Deconstructionism and Translation。可大家看到，这本书的原书名是*Deconstruction and Translation*，凭什么要把"解构"翻译成"解构主义"呢？你们这下会说，译者不懂游戏规则，对，可以这么说，但译者也不知道这里的Deconstruction到底说的什么。

说到Deconstruction就会说到德里达。在座的同学对德里达应该不会陌生，他有句名言：Il n'y a pas de hors-texte。稍稍学了点法语的人也许都会把这句话翻译成"这里没有插图"。可是"智者千虑，必有一失"，精通法语的斯皮瓦克在英译《写作学》时就偏偏把这里的法语名词"hors-texte"（单页插图）中间的这个连字符看漏，将这个名词一分为二成介词"hors"（在……之外）和名词"texte"（文本），从而将法语原句理解为Il n'y a pas de chose hors texte，于是便有了相应的英译文"There is nothing outside of the text"，随后中国学者又据此翻译出了"文本之外别无他物"。这句话的中英文本都被大量引用，广为流传，成了德里达的一句名言，可"There is nothing outside of the text"看上去与"The text exists as a text on a page"[1] 如出一辙，"文本之外别无他物"听起来与"文本就作为文本存在于书页之间"也酷肖绝似，但"文本就作为文本存在于书页之间"（The text exists as a text on a page）毕竟是新批评理论的核心概念。于是读者在阅读那些研究德里达且引用有他这句名言的文字时，不免会感到上下文逻辑混乱，自相矛盾。不信我们就来读一读这本书的中文"出版前言"。

"出版前言"说"德里达最著名的一句话也许是'文本之外别无他物'"，但同时又说"如果我们用解构的方式阅读原文本，就会发现原有文本的界限已

---

[1] Margaret Drabble, *The Oxford Companion to English Literature*, Oxford: Oxford University Press, 1985, p. 693.

不复存在，而成为向我们、也向其他文本无限开放的东西。里面的东西不断溢出，外面的东西不断加入，进行增补"。

同学们再认真看看，相信你现在能体会到什么叫百思不得其解。（众笑）既然"原有文本的界限已不复存在"，那么何来内外之别？既然已经没有了界限，文本里面的东西又溢向何处？既然"文本之外别无他物"，那么"文本外面的东西"又是何物？

于是德里达自己解释说："有些人一直以为我这句话的意思是本文的全部所指对象都被悬隔，都被否定，或都被包含在一个文本之中，他们不仅天真地自己这么认为，而且还指责说我也这么认为。可我这句话的意思是：每一个所指对象，整体的真实，都具有由不同语迹构成的结构，如果你不具有一种解读经验，你就不可能看到这个'真实'。"①

由此可见，德里达学说之重点在于强调解读文本者的经验和资质。他的解构学说实际上是一种方法论，是一种阅读文本的方法，即解构分解法（解构者，分解结构也），"不过德里达更喜欢把这种方法称为策略，他声称自己就是用这种策略解读尼采和海德格尔的"②。

关于对他的一些关键术语的解读，《中国翻译》2005 年第 4 期 19 页在论及德里达的déconstruction时说："我们从中看到的不过是诸如'延异'（différance）……'踪迹'（trace）……'救赎'（redeem）等种种神秘概念或隐喻的能指游戏。"不少学者和学生也觉得德里达的这些术语晦涩难懂，认为德里达是在玩"神秘主义的概念游戏"。

其实，认为德里达的术语晦涩难懂，是因为不懂这些术语的真正含义，不懂这些术语的内在联系，用我们今天的比喻来说，就是不懂这些术语在其老家的游戏中是按什么规则来运用的。比如说trace在德里达的语篇中就不能被解读为"踪迹"，而应该是乔姆斯基和索绪尔说的"语迹"。*Deconstruction and Translation*的作者凯瑟琳·戴维斯明确地告诉我们："德里达通常用'语迹'

---

① Kathleen Davis, *Deconstruction and Translation*, Shanghai: Shanghai Foreign Language Education Press, 2004, p. 24.

② Margaret Whitford, "Jacques Derrida: French Philosopher," in Justin Wintle (ed.), *Dictionary of Modern Culture*, London, Boston & Melbourne: Routledge & Kegan Paul Ltd., 1984, p. 91.

这个词，而不是用'能指'这个词，这在一定程度上让人想到'踪迹'或'足迹'。"[1]再说Différance这个词，我们中文说"延异"，可这个"延异"是什么意思呢？有人张口闭口说"延异"，可你真要问他"延异"是什么意思，他就是说不出来，而且多半会"顾左右而言他"。（众笑）其实有个定义告诉我们：Différance suggests a location at some uncertain point in space and time between differ and defer[2]，延异的意思是差异和延迟之间某个不确定点的时空点，这句汉语译文没什么语法毛病吧？可大家懂了吗？没懂？（众笑）这会儿没懂没关系，因为不看德里达的解释，我也不懂。德里达是怎么解释的呢？这就要涉及他语篇中的另一个关键术语，"在场"，他在Of Grammatology这本书中说：And the sign must be the unity of a heterogeneity, since the signified (sense or thing, noeme or reality) is not in itself a signifier, a trace: in any case is not constituted in its sense by its relationship with a possible trace. The formal essence of the signified is presence, and the privilege of its proximity to the logos as phonè is the privilege of presence.［符号只能是一种异质统一，因为所指（感觉或事物、思维或现实）本身并非能指，并非语迹，绝不可凭借它与一种可能的语迹之间的关系而构成其意义。所指的形式本质是在场，而它与作为声音的逻各斯亲近的特权才是它在场的特权。］[3]

从这段话我们可以看出，"延异"和"在场"是一对相对立的概念，意义处于"延异"状态时就不在场，而在场的意义就不处于"延异"状态，或者说暂时不处于"延异"状态。以讲话为例，比如说待会儿讲座完了，曹老师的声音消失了，你俩一块儿回宿舍，你问他：刚才曹老师那句话是什么意思？这就说明曹老师那句话的意思已经不在场，已经处于"延异"状态了。但已经不在场不等于不能够重新在场，因为你们可以给曹老师发邮件，给曹老师打电话，追溯那句话的意义。前两年我翻译苏珊·巴斯内特的一篇文章，其中有

---

[1] Kathleen Davis, *Deconstruction and Translation*, Shanghai: Shanghai Foreign Language Education Press, 2004. p. 15.

[2] Jeremy Munday, *Introducing Translation Studies: Theories and Applications*, London & New York: Routledge. 2001, p. 171.

[3] Jacques Derrida, *Of Grammatology*, Eng. trans. by Gayatri Chakravorty Spivak, Baltimore & London: The Johns Hopkins University Press, 1976, p. 18.

个说法（at the chalk face）我不明白，我就发邮件问她，她给予了解释，结果 at the chalk face的意义就重新在场了。当然，我们现在已经没法给德里达打电话，也不可能给老子、庄子发邮件。（众笑）但如果我们了解德里达玩的那场"能指游戏"的规则，我们仍然可以让老子、庄子、德里达著作中的一些处于"延异"状态、已经不在场的意义重新在场。德里达玩的那场"能指游戏"的规则就是：语迹→语链→语境→延异→在场。也就是，发现语迹，通过语链，进入语境，追溯到意义延异之初那个不定的时空点，让处于延异中的意义重新在场。那么，如何使处于延异中的意义重新在场呢？我们以《道德经》第80章为例。现在评优秀歌手不仅要听歌唱得好不好，还要看是否具备一定的文化素质，在第13届CCTV青年歌手电视大奖赛的文化素质测试过程中，余秋雨老师向一位参赛歌手提出了以下问题：

> 问题：以下三段描述中，哪一段是有关老子的描述？ 并说出老子的著作名称。
> （1）他主张"兼爱""非攻""尚贤""节用"。
> （2）他主张清静无为，崇尚"小国寡民"的社会理想。
> （3）他主张德治思想和仁政学说，被尊奉为"亚圣"。

参赛歌手答"（2）"，并说出了《道德经》。余秋雨先生对歌手的回答认可，电视机前的观众也上了一次文化素质课。（众笑）可这下问题来了：老子真主张"小国寡民"？真要让我们"老死不相往来"？让我们来重温一遍老子的原话。

> 小国寡民，使有什伯之器而不用，使民重死而不远徙。虽有舟舆，无所乘之；虽有甲兵，无所陈之；使人复结绳而用之。甘其食，美其服，安其居，乐其俗。邻国相望，鸡犬之声相闻，民至老死，不相往来。（《道德经》第80章）

下面是相对应的现代汉语译本和英语译本，都是比较权威的文本。

> 使国家小，人民少。让大的器具没有用，使人民看重死亡（爱惜生命），

而不向远方迁徙。虽有车船而没有乘坐的必要，虽有铠甲、兵器而没有地方陈列。使人们再用（远古时代）结绳记事的方法。使人民以自己的食物为甜美，以自己的衣服为美观，以自己的住所为安适，以自己的习俗为欢乐。毗邻之国彼此望得见，鸡鸣犬吠之声互相听得到，人民老死也不相往来。

The state should be small; the population should be sparse. Tools, though of many kinds, should not be used. Teach the people to fear death and not to migrate to remote places. Although they have ships and carts, they will have no need to use them; although they are well armed with weapons, they will have no place to make them effective. Encourage the people to return to the condition under which the knotted rope was used to record things...

我们先不说老子究竟主张什么，从现代汉语译文和英译文可以看出，这个老子说话就不逻辑，有器具不用，有车船不乘，那你造它干什么？（众笑）老子时代的中国人已经会筹算，干吗要重新用结绳记事的方法？老子为什么要反对邻里间的交往？这些都令人不可理解。而不可理解的原因就是老子这段话的意思处于"延异"状态，对今天的很多读者来说，它并不在场。所以有位叫沈善增的学者写了一本书，叫《还吾老子》，其中对"什伯之器""复结绳"和"往来"等因为"延异"了两千多年而模糊的"语迹"进行了考证，发现"什伯之器"并非指什么"大的器具"，而是指先秦领主吃饭时的排场："大国累百器，小国累十器"（《墨子·辞过》）；"复结绳"并非指"重新结绳记事"，而是指"结绳而为罔罟，以佃以渔"（《易经·系辞下传》）；"往来"也不是今天所说的"来往""交往"，据沈善增考证，此处的"往"乃"天下所归往"[①]之"往"，是指"迁徙"。当然，这位沈善增先生并不读德里达，但他解决问题的过程可以说就是：发现语迹，通过语链，进入语境，追溯到意义延异之初那个不定的时空点，让处于延异中的意义重新在场。对《道德经》第80 章而言，也可以说是遵照两千多年前汉语的语言规则来重新解读。这下我们知道了，原来老子是说：即使国小民寡，若国君用膳不讲排场，人民则不会冒死远徙；若国君不乘华丽车马，不陈庞大军队，人民就可以重新从事渔猎生

---

① 许慎：《说文解字》（影印版），北京：中华书局，1963 年，第 9 页下栏。

产，过上"甘其食，美其服，安其居，乐其俗"的生活。即使与邻国相近，听得见鸡鸣犬吠，但一生都不想出国打工拿绿卡。（众笑）

因此，从某种意义上说，一次翻译过程或一次解读过程就是一场"语言游戏"，既然是游戏，参与者就应该遵守游戏规则，并尽可能多地掌握游戏技巧。下面我们简单谈谈技巧。先看几段原文和译文：

### 1. 迪拉德《飞蛾之死》（片断）

I live alone with two cats, who sleep on my legs. There is a yellow one, and a black one whose name is Small. In the morning I joke to the black one, Do you remember last night? So you remember? I throw them both out before breakfast, so I can eat.

我一人独居，有两只猫做伴，它们爱睡在我怀中。两只猫一黄一黑，黑猫叫"小不点儿"。早上我会对"小不点儿"开玩笑：还记得昨晚吗？这么说你还记得？我总是在早餐前将它俩扔出屋子，这样我才能用餐。（曹明伦译）

### 2. 培根《论真理》（片断）

It is a pleasure to stand upon the shore and to see ships tossed upon the sea; a pleasure to stand in the window of a castle and to see a battle and the adventures thereof below; but no pleasure is comparable to the standing upon the vantage-ground of truth and to see the errors and wanderings and mists and tempests in the vale below.

登高岸濒水仁观舟楫颠簸于海上，不亦快哉；踞城堡依窗凭眺两军酣战于脚下，不亦快哉；然绝无任何快事堪比凌真理之绝顶，一览深谷间的谬误与彷徨，迷雾与风暴。（曹明伦译）

…… ……

最后来看看川大的校训"海纳百川，有容乃大"如何翻译成英文。我来四川大学后，好几次都被问到川大校训该怎样翻译的问题。我说不是早就有了英文译文吗？下面就是从网上看到的几个译文：

（1）The ocean can hold thousands of rivers while a great man can tolerate

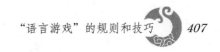

much things.

（2）Oceans imbibe thousands of tributaries to be mighty.

（3）A great scholar has the capacity to accommodate all matters big and small like the ocean accepts the waters from rivers and streams.

（4）A great scholar has the capacity to accommodate all matters big and small like the ocean accepts the waters from rivers and streams.

（5）The great ocean is able to accommodate hundreds of rivers while the great man is able to accommodate thousands of different views.

（6）The sea can hold the water from thousands of rivers; it's big because of its capacity. A person is great when he can be tolerant and forgiving to many other people.

有人问我对这些译文有什么看法，我说我不敢妄加评论。（众笑）但如果让我来翻译，看到"海纳百川，有容乃大"这八个字，我会想到英文中一些相似或相关的表达和措辞，例如莎士比亚十四行诗第 135 首第 10–11 行就是：The sea, all water, yet receives rain still /And in abundance addeth to his store。再如《旧约·传道书》第 1 章第 7 节：All the rivers run into the sea; yet the sea is not full: unto the place from whence the rivers come, thither they return again。

我说我会想到英文中一些相似和相关的表达和措辞，这就是知识积累，或者说语言积累；作为一名译者，一定要有相当的知识积累和语言积累，而且要有相当量的实践训练，这就是所谓的"操千曲而后晓声，观千剑而后识器"，这也是熟悉语言游戏规则，掌握语言游戏技巧的必由之路。如果能参考借鉴莎士比亚十四行诗和《旧约·传道书》中相关的表达方式，相信做出来的英译文肯定会比上面那些译文更为简洁，更为庄重，当然也更地道，更像一则校训。英美大学的校训都简洁而庄重，而且寓意深刻。比如哈佛大学的校训是：Let Plato be your friend, and Aristotle, but more let your friend be truth。这是一个祈使句，我们也可以把四川大学的校训翻译成祈使句：Listen to all sides as the sea receives all rivers。（掌声）

大家先不要鼓掌。有人说了，曹老师，你这则校训的确翻译得既简洁又庄

重，可你没有译出原文的妙处。你看这"海纳百川"的"川"，"有容乃大"的"大"，连起来就是四川大学的简称"川大"。你能译出来吗？这下可真要玩语言游戏了。（众笑）好吧，你们看这样翻译如何（PPT翻页）：Sea, all water, receives all rivers;/ Utmost wit listens to all sides。英译文两行之首写字母S和U正好是Sichuan University的缩写。（掌声、笑声）不过这是藏头，原文是藏尾。（笑声）

好吧，语言游戏玩到这个份儿上，我也该歇歇了。今天的讲座到此为止。谢谢大家。（掌声）

（答问内容略）

# 参 考 文 献

阿尼克斯特：《英国文学史纲》，戴镏龄等译，北京：人民文学出版社，1959年。

阿英：《晚清小说史》，北京：人民文学出版社，1980年。

埃利奥特：《哥伦比亚美国文学史》，朱通伯等译，成都：四川辞书出版社，1994年。

爱伦浦：《杜宾侦探案》，常觉等译述，上海：中华书局，1918年。

安介坡：《玉虫缘》，碧罗译述，东京、上海：翔鸾社，1905年。

白立平：《洞入幽微，能究深隐——〈选集〉内容评介》，in Martha P. Y. Cheung (ed.) , *An Anthology of Chinese Discourse on Translation, Vol. I: From Earliest Times to the Buddhist Project*. Shanghai: Shanghai Foreign Language Education Press, 2010, pp. ix-xiv.

本雅明：《历史哲学论纲》，见陈永国、马海良：《本雅明文选》，北京：中国社会科学出版社，1999年，第403-415页。

毕树棠：《现代美国九大文学家述略》，《学生杂志》1924年第11期，第75-86页。

边纪：《文学也是一场马拉松——他们与诺奖文学奖失之交臂》，《新民晚报》2014年10月12日，第B1版。

波德莱尔：《恶之花》，郭宏安译评，桂林：漓江出版社，1992年。

柏拉图：《文艺对话集》，朱光潜译，北京：人民文学出版社，1963年。

蔡新乐：《从德里达的翻译思想看理性主义的翻译理论建构》，《中国翻译》2001年第4期，第58-61页。

曹明伦（译）：《弗罗斯特诗选》，成都：四川文艺出版社，1986年。

曹明伦：《误译·无意·故意——有感于当今之中国译坛》，《中国翻译》1988年第6期，第35-40页。

曹明伦（译）：《爱伦·坡集：诗歌与故事》，北京：生活·读书·新知三联书店，1995年。

曹明伦（译）：《莎士比亚十四行诗全集》，桂林：漓江出版社，1995年。

曹明伦（译）：《培根随笔》，成都：四川人民出版社，1997年。

曹明伦（译）：《威拉·凯瑟集：早期长篇及短篇小说》，北京：生活·读书·新知三联书店，

1997 年。

曹明伦（译）：《小爱神——斯宾塞十四行诗集》，合肥：安徽文艺出版社，1998 年。

曹明伦（译）：《怪异故事集》，北京：北京燕山出版社，2000 年。

曹明伦（译）：《培根随笔》，北京：北京燕山出版社，2000 年。

曹明伦：《英语定语从句译法补遗》，《中国翻译》2001 年第 5 期，第 23-26 页。

曹明伦（译）：《弗罗斯特集：诗全集、散文和戏剧作品》，沈阳：辽宁教育出版社，2002 年。

曹明伦：《关于弗罗斯特若干书名、篇名和一句名言的翻译》，《中国翻译》2002 年第 4 期，第
    52-55 页。

曹明伦：《译者应始终牢记翻译的目的》，《中国翻译》2003 年第 4 期，第 92 页。

曹明伦：《散文体译文的音韵节奏》，《中国翻译》2004 年第 4 期，第 89-90 页。

曹明伦：《谈谈译文的注释》，《中国翻译》2005 年第 1 期，第 88-89 页。

曹明伦：《当代西方翻译理论引介过程中的误读倾向》，《上海翻译》2005 年第 3 期，第
    4-9 页。

曹明伦：《广告语言的基本特点及其翻译》，《中国翻译》2006 年第 6 期，第 87-89页。

曹明伦：《翻译之道：理论与实践》，保定：河北大学出版社，2007 年。

曹明伦：《揭开"纯语言"的神学面纱——重读本雅明的〈译者的任务〉》，《四川大学学
    报》（哲学社会科学版）2007 年第 6 期，第 79-86 页。

曹明伦（译）：《爱星者与星——锡德尼十四行诗集》，保定：河北大学出版社，2008年。

曹明伦：《翻译中失去的到底是什么》，《解放军外国语学院学报》2009 年第 5 期，
    第 65-71 页。

曹明伦：《关于译诗和新诗的一点思考》，见吉狄马加：《现实与物质的超越——第二届青
    海湖国际诗歌节诗人作品集》，西宁：青海人民出版社，2009 年，第 18-19 页。

曹明伦：《谈英汉词典之释义和译者之措辞》，《中国翻译》2011 年第 1 期，第 86-89页。

曹明伦（译）：《爱伦·坡暗黑故事全集》（上卷），长沙：湖南文艺出版社，2013年。

曹明伦：《翻译之道：理论与实践》（修订版），上海：上海外语教育出版社，2013年。

曹明伦：《田园诗人弗罗斯特的政治讽刺诗》，《外国文学》2013 年第 6 期，第 19-25页。

曹明伦：《作品名翻译与重新命名之区别》，《解放军外国语学院学报》2017 年第 3
    期，第 104-112 页。

曹顺庆：《比较文学论》，成都：四川教育出版社，2002 年。

曹顺庆：《比较文学学》，成都：四川大学出版社，2005年。

陈橙：《文选编译与经典重构——以宇文所安〈诺顿中国文学选集〉为核心的研究》，博士学位论文，四川大学，2010年。

陈德鸿、张南峰：《西方翻译理论精选》，香港：香港中文大学出版社，2000年。

陈福康：《中国译学理论史稿》（修订本），上海：上海外语教育出版社，2000年。

陈平原：《二十世纪中国小说史（1897—1916）》，北京：北京大学出版社，1989年。

陈勺水：《现代美国诗坛》，《乐群月刊》1929年第6期，第15-196页。

陈桑：《译本序》，见托尔斯泰：《安娜·卡列尼娜》（周扬译），北京：人民文学出版社，1981年。

陈文芬：《诗人是可怕的翻译家——马悦然谈翻译》，《书屋》2014年第2期，第66-67页。

陈寅恪：《陈寅恪史学论文选集》，上海：上海古籍出版社，1992年。

陈永国：《翻译的不确定性问题》，《中国翻译》2003年第4期，第9-14页。

陈永国：《翻译与后现代性》，北京：中国人民大学出版社，2005年。

陈永国、赖立里、郭英剑（编）：《从解构到全球化批判：斯皮瓦克读本》，北京：北京大学出版社，2007年。

陈永国、马海良：《本雅明文选》，北京：中国社会科学出版社，1999年。

陈振娇：《解读翻译中的三种"认知暴力"》，《戏剧》2012年第1期，第26-37页。

陈志耀：《权力话语下的翻译暴力问题》，《湘潮》2010年第4期，第10-11页。

程章灿：《乌鸦与鹏鸟》，《中华读书报》2006年10月25日，第18版。

崔连仲：《世界史·古代史》，北京：人民出版社，1983年。

道宣：《续高僧传·彦琮传》，见《高僧传合集》，上海：上海古籍出版社，1991年，第116-120页。

邓小平：《邓小平文选》（第三卷），北京：人民出版社，1993年。

邓志辉：《跨学科语境中的翻译研究——2005年全国翻译理论与教学研讨会综述》，《中国翻译》2006年第1期，第36-38页。

段连城：《呼吁：请译界同仁都来关心对外宣传》，《中国翻译》1990年第5期，第2-10页。

段连城：《对外传播学初探》（增订版），北京：五洲传播出版社，2004年。

恩格斯：《自然辩证法·导言》，见《马克思恩格斯选集》（第三卷），北京：人民出版

社，1972 年，第 446 页。

法云：《翻译名义集》，见河北禅学研究所：《佛学三书》，北京：中华全国图书馆文献
微缩复制中心，1995 年，第 1-370 页。

樊丽萍：《"抠字眼"的翻译理念该更新了》，《文汇报》2013 年 9 月 11 日，第 1 版。

范守义：《理论构建与论文写作——关于翻译研究的Meta理论思考》，《中国翻译》2003
年第 2 期，第 3-7 页。

方梦之：《翻译新论与实践》，青岛：青岛出版社，2002 年。

方梦之：《中国译学大词典》，上海：上海外语教育出版社，2011 年。

方平（译）：《一条未走的路——弗罗斯特诗歌欣赏》，上海：上海译文出版，1988年。

非鸥：《罗伯特·弗洛斯特诗选》，西安：陕西人民出版社，1990 年。

冯红：《从"对话"到"延异——播撒"》，《安徽师范大学学报（人文社会科学版）》2012
年第 3 期，第 319-324 页。

冯梅：《重命名翻译是另类翻译法么？——兼与康志洪等商榷》，《重庆理工大学学报（社
会科学版）》2013 年第 12 期，第 99-104 页。

冯友兰：《中国哲学简史》，北京：北京大学出版社，1996 年。

冯志伟：《机器翻译——从梦想到现实》，《中国翻译》1999 年第 5 期，第 52-55 页。

傅浩：《贴与离：也算一种翻译理论》，《文艺报》2011 年 12 月 12 日，第 7 版。

傅雷：《〈高老头〉重译本序》（1951），见罗新璋：《翻译论集》，北京：商务印书馆，
1984 年，第 558-559 页。

傅雷：《翻译经验点滴》，见罗新璋：《翻译论集》，北京：商务印书馆，1984 年，
第 625-629 页。

傅雷：《致林以亮论翻译书》，见中国翻译工作者协会：《翻译研究论文集（1949—1983）》，
北京：外语教学与研究出版社，1984 年，第 82-86 页。

傅敏（编）：《傅雷谈翻译》，北京：当代世界出版社，2006 年。

高雪：《关于翻译暴力存在必然性的研究》，《中国校外教育》，CNKI网络出版时间：
2014-06-27，http://www.cnki.net/kcms/detail/11.3173.G4.20140627.1633.019.html。

辜正坤（译）：《莎士比亚十四行诗集》，北京：北京大学出版社，1998 年。

辜正坤：《中西诗比较鉴赏与翻译理论》，北京：清华大学出版社，2003 年。

辜正坤：《互构语言文化学原理》，北京：清华大学出版社，2004 年。

辜正坤：《中西文化比较导论》，北京：北京大学出版社，2007 年。

顾仲彝：《现代美国文学》，《摇篮》1932 年第 1 期，第 1-115 页。

灌顶：《大般涅槃经玄义》，见高楠顺次郎等：《大正新修大藏经》，东京：大正一切经刊行会，1924—1932 年版，第 38 卷，第 1-15 页。

灌顶：《大般涅槃经玄义》，见高楠顺次郎等：《大正新修大藏经》，东京：大正一切经刊行会，1924—1932 年版，第 38 卷，第 2 页。

郭建中：《当代美国翻译理论》，武汉：湖北教育出版社，2000 年。

郭建中：《韦努蒂访谈录》，《中国翻译》2008 年第 3 期，第 43-46 页。

郭建中：《异化与归化：道德态度与话语策略——韦努蒂〈译者的隐形〉第二版评述》，《中国翻译》2009 年第 2 期，第 34-38 页。

郭延礼：《中国近代翻译文学概论》（修订本），武汉：湖北教育出版社，2005 年。

郭著章、李庆生（编）：《英汉互译实用教程》（第三版），武汉：武汉大学出版社，2003 年。

郭著章、李庆生、刘军平等：《英汉互译实用教程》（第四版），武汉：武汉大学出版社，2010 年。

海明威：《太阳照常升起》，赵静男译，上海：上海译文出版社，1984 年。

憨山大师：《憨山老人梦游集》，《卍新纂续藏经》，第 73 册第 1456 经. CBETA 电子佛典 V1.40 普及版，(2008-02-01)，http://www.cbeta.org/result/normal/X73/1456_048.htm. [2011-02-08]。

何自然、李捷：《翻译还是重命名——语用翻译中的主体性》，《中国翻译》2012 年第 1 期，第 103-106 页。

贺麟：《论翻译》，见中国翻译工作者协会：《翻译研究论文集（1894—1948）》，北京：外语教学与研究出版社，1984 年，第 126-132 页。

贺卫方：《中文法学刊物统一引征体例·引征的伦理规则》，(2001-12-06)，http://www.acriticism.com/article.asp?Newsid=424 &type.[2009-01-14]。

侯国金：《作品名翻译的"关联省力语效原则"》，《解放军外国语学院学报》2016 年第 2 期，第 106-114 页。

胡适：《白话文学史》，合肥：安徽教育出版社，1999 年。

黄伯荣、廖序东主编：《现代汉语》（修订本下册），兰州：甘肃人民出版社，1985年。

黄灿然：《弗洛斯特的拒绝》，《读书》2000 年第 9 期，第 124-131 页。

黄杲炘：《追求内容与形式的逼真——从看不懂的译诗谈起》，《中国翻译》2002 年第 5 期，第 77-80 页。

黄鸿森、温乃铮：《译者例言》，见鲍特文尼克等：《神话辞典》，北京：商务印书馆，1985 年，第 i-ii 页。

黄建辛、荣开珏（译）：《奥德赛的故事》，北京：中国青年出版社，1956 年。

黄同江：《百家画库·中国美术家黄同江专集》，沈阳：辽宁美术出版社，1998 年。

黄旬：《英美医学书刊中〈圣经〉引文浅识》，《中国科技翻译》2000 年第 3 期，第 24-29 页。

黄友义：《翻译错误到底谁之过错？》，(2009-11-15)，http://wangluofanyi.com/ Article.asp?id=55.[2018-08-10]。

黄友义：《中国站到了国际舞台中央，我们如何翻译》，《中国翻译》2015 年第 5 期，第 5-7 页。

黄友义：《"一带一路"和中国翻译——变革指向应用的方向》，《上海翻译》2017 年第 3 期，第 1-3 页。

黄雨石：《英汉文学翻译探索》，西安：陕西人民出版社，1988 年。

黄振定：《翻译理论与实践的辩证关系》，《上海科技翻译》2003 年第 1 期，第 5 页。

黄振定：《解构主义的翻译创造性与主体性》，《中国翻译》2005 年第 1 期，第 19-22 页。

黄忠廉：《翻译本质论》，武汉：华中师范大学出版社，2000 年。

黄宗英：《一条行人较少的路——罗伯特·弗罗斯特诗歌艺术管窥》，《北京大学学报》1997 年"外国语言文学专刊"，第 54-62 页。

慧皎：《高僧传合集》，上海：上海古籍出版社，1991 年。

慧恺：《摄大乘论序》，见高楠顺次郎等：《大正新修大藏经》，东京：大正一切经刊行会，1924—1932 年版，第 31 卷，第 97-113 页。

霍尔伯格：《诗歌、政治和知识分子》，见伯科维奇：《剑桥美国文学史（第 8 卷）》，杨仁敬等译，北京：中央编译出版社，2008 年，第 1-253 页。

贾毓玲：《对融通中外话语体系建设的几点思考——〈求是〉英译体会》，《中国翻译》2015 年第 5 期，第 93-95 页。

江帆：《他乡的石头记：〈红楼梦〉百年英译史研究》，博士学位论文，复旦大学，2007 年。

蒋童：《中国传统译论的分期与分类》，《中国翻译》1999 年第 6 期，第 10-13 页。

蒋晓华、张景华：《重新解读韦努蒂的异化翻译理论》，《中国翻译》，2007 年第 3 期，第 39-44 页。

金隄：《等效翻译探索》，北京：中国对外翻译出版公司，1998 年。

金发燊（译）：《莎士比亚十四行诗集》，桂林：广西师范大学出版社，2004 年。

金圣华：《认识翻译真面目》，香港：天地图书有限公司，2002 年。

金岳霖：《形式逻辑》，北京：人民出版社，1979 年。

京报网：《完美风暴完美吗》，（2000-12-04），http://ent.sina.com.cn/r/m/ 25314. html. [2011-08-30]。

鸠摩罗什（译）：《妙法莲华经》，见高楠顺次郎等：《大正新修大藏经》，东京：大正一切经刊行会，1924—1932 年版，第 9 卷。

孔慧怡：《中国翻译研究中的几个问题》，《中国翻译》1999 年第 1 期，第 12-14 页。

孔慧怡：《重写翻译史》，(2002-07-31)，http://www.cuhk.edu.hk/ics/21c/supplem/essay/0111013g.htm. [2011-01-25]。

蓝红军：《何为翻译：定义翻译的第三维思考》，《中国翻译》2015 年第 3 期，第 25-30 页。

劳陇：《翻译教学的出路——理论与实践相结合》，《中国翻译》1990 年第 6 期，第 36-39 页。

劳陇：《翻译活动是艺术还是科学》，《中国翻译》2000 年第 4 期，第 62-63 页。

乐黛云：《比较文学原理新编》，北京：北京大学出版社，1998 年。

李彬：《闻鼓鼙而思将帅——重读段连城〈对外传播学初探〉》，《新闻爱好者》2014 年第 3 期，第 51-55 页。

李赋宁：《英语史》，北京：商务印书馆，1991 年。

李赋宁：《甜蜜的十四行诗》，《名作欣赏》1996 年第 3 期，第 32-34 页。

李红满：《解构主义翻译理论的发轫——读沃尔特·本雅明的"译者的任务"》，《山东外语教学》2001 年第 1 期，第 36-38 页。

李红满：《当代美洲翻译理论研究的新方向——根茨勒新著〈美洲的翻译与身份认同：翻译理论的新方向〉评介》，《中国翻译》2010 年第 1 期，第 38-40 页。

李琳：《伊索寓言》，武汉：长江文艺出版社，2014 年。

李群：《片名翻译对"忠实"的颠覆——电影片名翻译的现状及理论根据》，《北京第二外

国语学院学报》2002 年第 5 期，第 41-45 页。

李伟民：《中国莎士比亚翻译研究五十年》，《中国翻译》2004 年第 5 期，第 46-53页。

李小均：《翻译暴力与属下话语》，《天津外国语学院学报》2006 年第 6 期，第 7-10
　　转 35 页。

李宜燮、常耀信（主编）：《美国文学选读》（下册），天津：南开大学出版，1991年。

李玉良：《翻译概念的流变及其反思》，《济南大学学报》2004 年第 2 期，第 57-59页。

理雅各（译）：《四书》（汉英对照本），长沙：湖南出版社，1992 年。

栗长江：《文化·操纵·翻译的暴力》，《湖南人文科技学院学报》2006 年第 5 期，
　　第 61-64 页。

梁启超：《论译书》，见中国翻译工作者协会：《翻译研究论文集（1894—1948）》，北
　　京：外语教学与研究出版社，1984 年，第 8-20 页。

梁启超：《论小说与群治之关系》（1902），见陈平原、夏晓虹编：《二十世纪中国小说
　　理论资料·第一卷（1897—1916）》，北京：北京大学出版社，1989 年，第 33-37 页。

梁启超：《佛学研究十八篇》，天津：天津古籍出版社，2005 年。

梁实秋：《佛洛斯特的牧诗》，《秋野》1928 年第 5 期，第 206-221 页。

梁实秋（译）：《莎士比亚全集》（下卷），呼伦贝尔：内蒙古文化出版社，1995 年。

梁实秋（译）：《莎士比亚全集（卷四十）》，北京：中国广播电视出版社/台北：远东出版社，
　　2002 年。

梁漱溟：《中国文化要义》，上海：学林出版社，1987 年。

梁宗岱（译）：《莎士比亚十四行诗》，成都：四川人民出版社，1983 年。

林克难：《为翻译术语正名》，《中国翻译》2001 年第 1 期，第 14-16 页。

林克难：《翻译研究：从规范走向描写》，《中国翻译》2001 年第 6 期，第 43-45 页。

林克难：《增亦翻译，减亦翻译——萧乾自译文学作品启示录》，《中国翻译》2005
　　年第 3 期，第 44-47 页。

林疑今：《现代美国文学评论》，《现代文学评论》1931 年第 1 期，第 1-45 页。

刘超先：《中国翻译理论的发展线索研究》，《中国翻译》1994 年第 4 期，第 2-6 页。

刘嘉：《论翻译中的对等层次》，《天津外国语学院学报》2006 年第 2 期，第 14-19页。

刘军平：《德里达解构主义翻译理论的六个维度及其特点》，《法国研究》2009 年第 3 期，
　　第 1-10 页。

刘军平：《西方翻译理论通史》，武汉：武汉大学出版社，2009 年。

刘宓庆：《当代翻译理论》，北京：中国对外翻译出版公司，1999 年。

刘宓庆：《中西翻译思想比较研究》，北京：中国对外翻译出版公司，2005 年。

刘全福：《当"信"与"化境"被消解时——解构主义翻译观质疑》，《中国翻译》2005
年第 4 期，第 16-20 页。

刘四龙：《重新认识翻译理论的作用——对奈达翻译思想转变的反思》，《中国翻译》2001
年第 2 期，第 9-16 页。

刘艳丽、杨自俭：《也谈"归化"与"异化"》，《中国翻译》2002 年第 6 期，第 20-24页。

刘英凯：《归化——翻译的歧路》，见杨自俭、刘学云：《翻译新论》，武汉：湖北
教育出版社，1994 年。

刘云虹、许钧：《文学翻译模式与中国文学对外译介——关于葛浩文的翻译》，《外国语》
2014 年第 3 期，第 6-17 页。

龙佳红、刘玲：《语境对译者的操纵》，《武汉理工大学学报》（社会科学版）2006 年第 4 期，
第 604-607 页。

鲁迅：《关于翻译的通信》，《二心集》，北京：人民文学出版社，1973 年，第 153-172页。

鲁迅：《且介亭杂文二集》，北京：人民文学出版社，1973 年。

陆谷孙：《英汉大辞典》（第 2 版），上海：上海译文出版社，2007 年。

罗新璋：《翻译论集》，北京：商务印书馆，1984 年。

罗新璋：《文虽左右·旨不违中》，《中国翻译》1997 年第 6 期，第 5-7 页。

罗选民：《解构"信、达、雅"：翻译理论后起的生命——评叶维廉〈破〈信、达、雅〉：
翻译后起的生命〉》，《中外文学》1994 年第 4 期，第 74-86 页。

罗益民：《等效天平上的"内在语法"结构——接受美学理论与诗歌翻译的归化问题兼评莎
士比亚十四行诗》，《中国翻译》2004 年第 3 期，第 26-30 页。

罗永嵩（编）：《中国当代书法家百人精品集》，成都：四川美术出版社，1992 年。

吕澂：《中国佛学源流略讲》，北京：中华书局，1979 年。

马海甸：《读新版〈弗罗斯特集〉》，（2002-12-09），http://paper.wenweipo.com /2002/12/09/
BK0212090010.htm.[2012-07-23]。

马会娟：《当代西方翻译研究概况——兼谈Tymoczko的翻译观》，《中国翻译》2001 年第 2 期，
第 61-65 页。

马嘉:《当代中西异化论的差异性》,(2003–11–12),中国翻译研究网,http://tscn. tongtu.net/。

马克思:《关于费尔巴哈的提纲》,见马克思、恩格斯:《马克思恩格斯选集》(第1卷),北京:人民出版社,1972年,第16-19页。

马乐梅:《汉语圣经和合本的翻译策略——兼论和合本的废与存》,《国外外语教学》2006年第4期,第48-55页。

马士奎:《从母语译入外语:国外非母语翻译实践和理论考察》,《上海翻译》2012年第3期,第20-25转69页。

马祖毅:《中国翻译简史——"五四"以前部分》(增订版),北京:中国对外翻译出版公司,1998年。

马祖毅:《中国翻译通史·现当代部分(第2卷)》,武汉:湖北教育出版社,2006年。

茅盾:《茅盾译文选集序》,见中国翻译工作者协会:《翻译研究论文集(1949—1983)》,北京:外语教学与研究出版社,1984年,第17-19页。

孟凡君:《中国文化架构的演变对中国译学思想发展的影响》,《中国翻译》2002年第2期,第13-17页。

孟建钢:《关于翻译原则二重性的最佳关联性解释》,《中国翻译》2002年第5期,第27-31页。

木叶、李锐:《文学史只尊重独创者》,《文汇读书周报》2008年9月5日,第5版。

木曾:《翻译释义》,见中国翻译工作者协会:《翻译研究论文集(1894—1948)》,北京:外语教学与研究出版社,1984年,第322-336页。

潘文国:《当代西方的翻译学研究 —— 兼谈"翻译学"的学科性问题》,《中国翻译》2002年第2期,第34-37页。

彭俐:《〈完美风暴〉热评:风暴何以"完美"》,《北京日报》2000年11月21日,(2000-12-04),http://ent.sina.com.cn/r/m/25314.html. [2011-08-30]。

彭秋荣:《论'预设'和'移情'对翻译的影响》,《中国翻译》1995年第6期,第19-21转39页。

彭卓吾:《翻译学 —— 一门新兴科学的创立》,北京:北京图书馆出版社,2000年。

坡:《爱伦·坡短篇小说集》,陈良廷、徐汝椿译,北京:外国文学出版社,1982年。

普:《普的短篇小说》,伍光建译述,上海:商务印书馆,1938年。

钱锺书:《管锥编》(补订重排本第四册),北京:生活·读书·新知三联书店,2001年。

阮珅（译）：《十四行诗集》，武汉：湖北教育出版社，2001 年。

萨义德：《东方学》，王宇根译，北京：三联书店，1995 年。

赛义德：《东方主义的再思考》，见巴特·穆尔-吉尔伯特等：《后殖民批评》，杨乃乔等
　　译，北京：北京大学出版社，2001 年，第 195-220 页。

邵斌：《翻译即改写：从菲茨杰拉德到胡适——以〈鲁拜集〉第 99 首为个案》，《北京第
　　二外国语学院学报》2010 年第 12 期，第 8-14 页。

申奥（译）：《美国现代六诗人选集》，长沙：湖南人民出版社，1985 年。

申丹：《叙述学与小说文体学研究》，北京：北京大学出版社，1998 年。

申连云：《现代语境下的传统资源——〈翻译的功能视角：从翻译功能到功能翻译〉评析》，
　　《当代外语研究》2004 年第 2 期，第 73-75 页。

沈善增：《〈老子〉与"艰苦奋斗"》，《文汇读书周报》2003 年 3 月 7 日，第 9 版。

沈天葆：《文学概论》，上海：新文化书社，1935 年。

盛韵：《艾略特·温伯格谈中国诗的翻译》，《澎湃新闻·上海书评》2018 年 3 月 11 日。

施康强：《伏尔泰》，见胡乔木等：《中国大百科全书·外国文学第 1 卷》，北京/上海：
　　中国大百科全书出版社，1982 年，第 320-321 页。

施蛰存：《闲寂日记·昭苏日记》，上海：文汇出版社，2002 年，第 6 页。

石春让：《翻译研究的文化转向与文化研究的翻译转向》，《外语教学》2008 年第 3 期，
　　第 81-84 页。

释道安：《阿毗昙序》，见释僧祐：《出三藏记集》，北京：中华书局，1995 年，第
　　376-377 页。

释道安：《比丘大戒序》，见释僧祐：《出三藏记集》，北京：中华书局，1995 年，
　　第 412-414 页。

释道安：《鞞婆沙序》，见释僧祐：《出三藏记集》，北京：中华书局，1995 年，第
　　381-382 页。

释道安：《道行经序》，见释僧祐：《出三藏记集》，北京：中华书局，1995 年，第
　　262-264 页。

释道安：《合放光光赞略解序》，见释僧祐：《出三藏记集》，北京：中华书局，
　　1995 年，第 265-267 页。

释道安：《摩诃钵罗若波罗蜜经抄序》，见释僧祐：《出三藏记集》，北京：中华书

局，1995 年，第 289-291 页。

释慧皎：《高僧传》，北京：中华书局，1992 年。

释僧睿：《大品经序》，见释僧祐：《出三藏记集》，北京：中华书局，1995 年，第 291-293 页。

释僧祐：《出三藏记集》，北京：中华书局，1995 年。

水建馥（译）：《伊利亚特的故事》，北京：中国青年出版社，1957 年。

思果：《翻译研究》，北京：中国对外翻译出版公司，2001 年。

思果：《译道探微》，北京：中国对外翻译出版公司，2002 年。

斯立仁：《评〈翻译的准则与目标〉——与周兆祥博士商榷》，《中国翻译》1990 年第 1 期，第 53-55 页。

斯威布：《希腊的神话和传说》，楚图南译，北京：人民文学出版社，1958 年。

苏煜：《鲁迅与爱伦·坡》，《鲁迅研究月刊》2002 年第 9 期，第 54-58 页。

孙艺风：《理论、经验、实践——再谈翻译理论研究》，《中国翻译》2002 年第 6 期，第 4-10 页。

孙艺风：《视角·阐释·文化——文学翻译与翻译理论》，北京：清华大学出版社，2004年。

孙艺风：《论翻译的暴力》，《中国翻译》2014 年第 6 期，第 5-13 页。

孙致礼：《中国的文学翻译：从归化趋向异化》，《中国翻译》2002 年第 1 期，第 40-44页。

孙致礼：《新编英汉翻译教程》，上海：上海外语教育出版社，2003 年。

孙致礼：《再谈文学翻译的策略问题》，《中国翻译》2003 年第 1 期，第 48-51 页。

孙致礼：《新时期我国英美文学翻译水平之我见》，《中国翻译》2008 年第 3 期，第 47-51 页。

索绪尔：《普通语言学教程》，高名凯译，北京：商务印书馆，1980 年。

谭载喜：《试论翻译学》，《外国语》1988 年第 3 期，第 24-29 页。

谭载喜：《西方翻译简史》，北京：商务印书馆，1991 年。

谭载喜：《翻译学》，武汉：湖北教育出版社，2000 年。

谭载喜：《西方翻译简史》（增订版），北京：商务印书馆，2004 年。

谭载喜（主译）：《翻译研究词典》，北京：外语教学与研究出版社，2005 年。

汤潮（译）：《美国诗人 50 家》，成都：四川文艺出版社，1989 年。

汤因比：《历史研究》，刘北成等译，上海：上海人民出版社，2000 年。

汤用彤：《汉魏两晋南北朝佛教史》（全二册），北京：中华书局，1955 年。

唐荫荪、邓英杰、丁放鸣（译）：《爱伦·坡短篇小说选》，长沙：湖南文艺出版社，
　　1993 年。

田雨：《稳步发展中的翻译研究——中国译坛 2002》，《中国翻译》2003 年第 2 期，
　　第 32-36 页。

屠岸（译）：《莎士比亚十四行诗集》，上海：上海译文出版社，1981 年。

屠国元、王飞虹：《论译者的译材选择与翻译策略取向——利玛窦翻译活动个案研究》，《中
　　国翻译》2005 年第 2 期，第 20-25 页。

王爱琴：《入乎其内，出乎其外——论汉英旅游翻译过程中思维的转换与重写》，《中国
　　翻译》2012 年第 1 期，第 98-102 页。

王宝童：《也谈诗歌翻译——兼论黄杲炘先生的"三兼顾"译诗法》，《中国翻译》2005
　　年第 1 期，第 35-40 页。

王东风：《中国译学研究：世纪末的思考》，《中国翻译》1999 年第 1 期，第 7-11 页。

王东风：《归化与异化：矛与盾的交锋》，《中国翻译》2002 年第 5 期，第 24-26 页。

王东风：《翻译研究的后殖民视角》，《中国翻译》2003 年第 4 期，第 3-8 页。

王东风：《解构"忠实"——翻译神话的终结》，《中国翻译》2004 年第 6 期，第 3-9页。

王东风：《帝国的翻译暴力与翻译的文化抵抗：韦努蒂抵抗式翻译观解读》，《中国比较
　　文学》2007 年第 4 期，第 69-85 页。

王贺健、张雷：《书信遭拍卖　杨绛很受伤》，《法制晚报》2013 年 5 月 27 日，第 16 版。

王宏印：《中国传统译论经典诠释——从道安到傅雷》，武汉：湖北教育出版社，2003 年。

王宏志：《重释"信、达、雅"——20 世纪中国翻译研究》，北京：清华大学出版社，
　　2007 年。

王力：《古代汉语》（校订重排本 1-4 册），北京：中华书局，1999 年。

王敏、时静（译）：《爱伦·坡短篇小说集》，武汉：长江文艺出版社/湖北人民出版社，
　　2006 年。

王宁：《翻译的文化建构和文化研究的翻译学转向》，《中国翻译》2005 年第 6 期，
　　第 5-9 页。

王向远：《中国比较文学研究二十年》，南昌：江西教育出版社，2003 年。

王颖冲：《再论德里达的"relevant" translation》，《中国翻译》2011 年第 5 期，第

11-19 页。

王志清：《新诗评论：怎的都不谈格律》，《文学报》2012 年 11 月 15 日，第 23 版。

王佐良等：《英国文学名篇选注》，北京：商务印书馆，1983 年。

维特根斯坦：《逻辑哲学论》，贺绍甲译，北京：商务印书馆，1996 年。

维特根斯坦：《哲学研究》，李步楼译，北京：商务印书馆，1996 年。

吴建国、魏清光：《翻译与伦理规范》，《上海翻译》2006 年第 2 期，第 1-6 页。

吴伟雄：《中文标语英译浅谈》，《中国翻译》1998 年第 1 期，第 35-38 页。

伍小龙、王东风：《破解译学七大难题——评许钧教授的新作〈翻译论〉》，《中国翻译》
　　2004 年第 4 期，第 52-54 页。

夏征农（主编）：《辞海》（1999 年版缩印本），上海：上海辞书出版社，2000 年。

萧乾（译）：《莎士比亚戏剧故事集》，北京：中国青年出版社，1956 年。

谢天振：《译介学》，上海：上海外语教育出版社，1999 年。

谢天振：《翻译研究新视野》，青岛：青岛出版社，2003 年。

谢天振：《论译学观念的现代化》，《外国语言文学研究》2003 年第 3 期，第 44-50页。

谢天振：《超越文本，超越翻译》，上海：复旦大学出版社，2014 年。

谢天振：《中国文学走出去：问题与实质》，《中国比较文学》2014 年第 1 期，第 1-10页。

谢天振、查明建：《中国现代翻译文学史（1898—1949）》，上海：上海外语教育出版社，
　　2004 年。

谢雪如：《〈圣经〉翻译史话》，《中国翻译》1984 年第 12 期，第 26-29 页。

辛格：《海明威传》，周国珍译，杭州：浙江文艺出版，1983 年。

熊辉：《论莎士比亚长诗〈维纳斯和阿多尼斯〉在中国的翻译》，《广东社会科学》2014
　　年第 3 期，第 154-161 页。

徐光启：《几何原本杂议》，见罗新璋：《翻译论集》，北京：商务印书馆，1984
　　年，第 92 页。

许钧、袁筱一：《当代法国翻译理论》，武汉：湖北教育出版社，2001 年。

许钧等：《文学翻译的理论与实践 —— 翻译对话录》，南京：译林出版社，2001 年。

许钧：《翻译论》，武汉：湖北教育出版社，2003 年。

许钧：《翻译研究之用及其可能的出路》，《中国翻译》2012 年第 1 期，第 5-12 页。

许钧：《关于新时期翻译与翻译问题的思考》，《中国翻译》2015 年第 3 期，第 8-9页。

许慎：《说文解字》（影印版），北京：中华书局，1963 年。

亚伦坡：《黑猫》，钱歌川译注，上海：中华书局，1935 年。

严复：《天演论·译例言》（1898），见罗新璋：《翻译论集》，北京：商务印书馆，1984 年，
第 136-138 页。

杨德豫（译）：《贞女劫》，桂林：漓江出版社，1992 年。

杨晖：《翻译的暴力—— 意识形态视角下的佛经翻译》，《牡丹江大学学报》2010年第 1 期，
第 91-93 页。

杨乃乔：《比较文学概论》，北京：北京大学出版社，2002 年。

杨岂深、龙文佩（主编）：《美国文学选读》（第二册），上海：上海译文出版社，1987年。

杨全红：《“诗乃翻译中失去的东西”探源及相关二三事》，《解放军外国语学院学报》
2008 年第 4 期，第 65-68 页。

杨武能：《再谈文学翻译的主体性》，《中国翻译》2003 第 3 期，第 10-13 页。

杨熙龄（译）：《莎士比亚十四行诗集》，呼和浩特：内蒙古人民出版社，1980 年。

杨自俭：《关于建立翻译学的思考》，《中国翻译》1989年第 4 期，第 7-10 页。

杨自俭：《对译学建设中几个问题的新认识》，《中国翻译》2000 年第 5 期，第 4-7页。

杨自俭：《译学新探》，青岛：青岛出版社，2002 年。

叶君健：《翻译也要出“精品”》，《中国翻译》1997 年第 1 期，第 29-30 页。

叶英：《从外媒报道看孔子学院的海外形象》，《四川大学学报（哲学社会科学版）》2015
年第 3 期，第 48-57页。

殷颖：《和合本圣经的特色与修订浅见》，《天风》2010 年第 10 期，第 28-29 页。

尤克强：《佛罗斯特的永恒诗选》，（2006-12-19），http://epaper.pchome.com.tw/ archive/last.
htm?s_dateold&s_dir=20061219&s_code=0237#c542583.[2007-01-28]。

余光中：《余光中散文》，杭州：浙江文艺出版社，1997 年。

余光中：《余光中选集》（第 4 卷），合肥：安徽教育出版社，1999 年。

余光中：《余光中谈翻译》，北京：中国对外翻译出版公司，2002 年。

余光中：《余光中集》（第 4 卷），天津：百花文艺出版社，2004 年。

虞尔昌（译）：《莎士比亚十四行诗》，台北：世界书局，2002 年。

袁锦翔：《玄奘译言考辨》，《中国翻译》1993 年第 2 期，第 24-26 页。

赞宁：《宋高僧传》，北京：中华书局，1987 年。

张春柏:《直接翻译——关联翻译理论的一个重要概念》,《中国翻译》2003 年第 4 期,第 15-17 页。

张剑:《学习英语与学习文学》,《英语世界》2012 年第 11 期,第 4-6 页。

张景华等(译):《译者的隐身——翻译史论》,北京:外语教学与研究出版社,2009年。

张美芳、黄国文:《语篇语言学与翻译研究》,《中国翻译》2002 年第 3 期,第 3-7页。

张南峰:《走出死胡同,建立翻译学》,《中国翻译》1995 年第 4 期,第 15-22 页。

张南峰:《中西译学批评》,北京:清华大学出版社,2004 年。

张培基等(编):《英汉翻译教程》,上海:上海外语教育出版社,1980 年。

张佩瑶:《对中国译学理论建设的几点意见》,《中国翻译》2004 年第 5 期,第 3-9页。

张樵苏:《习近平就人民日报海外版创刊 30 周年作出重要批示》,(2015-05-21),新华网,http://www.xinhuanet.com/politics/2015-05/21/c_1115367376.htm. [2018-08-20]。

张英伦等:《外国名作家传》(中册),北京:中国社会科学出版社,1979 年。

张致祥(编译):《西方引语宝典》,北京:商务印书馆,2004 年。

赵毅衡(译):《美国现代诗选》,北京:外国文学出版社,1985 年。

郑敏宇:《"全国翻译理论高层论坛"综述》,《东方翻译》2014 年第 2 期,第 93-95页。

郑振铎:《希腊罗马神话与传说中的恋爱故事》,北京:外国文学出版社,1982 年。

支恭明:《合微密持经记》,见释僧祐:《出三藏记集》,北京:中华书局,1995 年,第 279-288 页。

仲伟合:《对翻译重新定位与定义应该考虑的几个因素》,《中国翻译》2015 年第 3 期,第 10-11 页。

仲伟合、钟钰:《德国的功能派翻译理论》,《中国翻译》1999 年第 3 期,第 47-49页。

周理蕣:《翻译的"暴力政治"——论后殖民语境中的翻译》,《大学英语》(学术版),2006 年第 1 期,第 232-235 页。

周兆祥:《翻译的准则与目标》,《中国翻译》1986 年第 3 期,第 46-50 页。

周兆祥:《翻译与人生》,北京:中国对外翻译出版公司,2000 年。

周作人:《知堂回想录——周作人自传》,兰州:敦煌文艺出版社,1998 年。

朱柏桐:《语篇翻译关于汉译英的"正确、通顺和得体"》,《中国翻译》2006 年第 1 期,第 55-58 页。

朱纯深:《心的放歌(二之一)——假设诗歌翻译不难》,《中国翻译》2002 年第 2 期,第 95 页。

朱复：《现代美国诗概论》，《小说月报》1930 年第 5 期，第 811-1020 页。

朱生豪（译）：《莎士比亚全集》（第 12 卷），南京：译林出版社，2016 年。

朱树飏：《谈圣经翻译》，《外语研究》1988 年第 3 期，第 69-75 页。

朱文振：《略论翻译》，见中国翻译工作者协会：《翻译研究论文集（1894—1948）》，
　　北京：外语教学与研究出版社，1984 年，第 337-346 页。

朱志瑜：《类型与策略：功能主义的翻译类型学》，《中国翻译》2004 年第 3 期，第
　　3-9 页。

朱自清：《译名》，见中国翻译工作者协会：《翻译研究论文集（1894—1948）》，北京：
　　外语教学与研究出版社，1984 年，第 39-58 页。

作者未详：《僧伽罗刹集经后记》，见释僧祐：《出三藏记集》，北京：中华书局，
　　1995 年，第 374-375 页。

Abrams, M. H. et al. *The Norton Anthology of English Literature* (6th Edition). New York &
　　London: W. W. Norton & Company, Inc., 1996.

Aitchison, Jean. "Drinker of the Devil's Dregs: Tyndale as a Translator" (Hertford Tyndale
　　Lecture, University of Oxford, 22 October 1998), http://www.tyndale.org/tsj11/aitchison.html.
　　[2017-10-01].

Bacon, Francis. *Essays and New Atlantis*. New York: Walter J. Black, Inc., 1942.

Bacon, Francis. *The Essays*. London & New York: Penguin Books Ltd., 1985.

Bassnett, Susan. *Translation Studies* (Revised Edition). London & New York: Routledge, 1991.

Bassnett, Susan. "The Translation Turn in Cultural Studies," in Susan Bassnett and André
　　Lefevere (eds.), *Constructing Cultures: Essays on Literary Translation*. Shanghai: Shanghai
　　Foreign Language Education Press, 2001, pp.123-140.

Bassnett, Susan. "Translating the Seed: Poetry and Translation," in Susan Bassnett and André
　　Lefevere (eds.), *Constructing Cultures: Essays on Literary Translation*. Shanghai: Shanghai
　　Foreign Language Education Press, 2001, pp.57-75.

Bassnett, Susan. "When Is a Translation Not a Translation," in Susan Bassnett and André
　　Lefevere (eds.), *Constructing Cultures: Essays on Literary Translation*. Shanghai: Shanghai
　　Foreign Language Education Press, 2001, pp.25-40.

Bassnett, Susan. *Translation Studies* (3rd Edition). Shanghai: Shanghai Foreign language Education Press, 2004.

Bassnett, Susan. "Bringing the News Back Home: Strategies of Acculturation and Foreignisation," *Language and Intercultural Communication*, Vol. 5, No. 2, 2005, pp. 120-130.

Bassnett, Susan. "Reflections on Comparative Literature in the Twenty-First Century," *Comparative Critical Studies*, Vol. iii, No. 1-2, 2006, pp.3-11.

Bassnett, Susan and André Lefevere. *Translation, History and Culture*. London: Pinter, 1990.

Bassnett, Susan and André Lefevere. *Constructing Cultures: Essays on Literary Translation*. Clevedon and Philadelphia: Multilingual Matters Ltd., 1998.

Bassnett, Susan and André Lefevere. *Constructing Cultures: Essays on Literary Translation*. Shanghai: Shanghai Foreign language Education Press, 2001.

Bate, Jonathan and Eric Rasmussen. "Poems and Sonnets," in Jonathan Bate & Eric Rasmussen, *William Shakespeare Complete Works*. Beijing: Foreign Language Teaching and Research Press, 2008, pp.2393-2397.

Baym, Nina et al. *The Norton Anthology of American Literature* (2nd Edition),*Vol. I.* New York & London: W.W. Norton & Company, Inc., 1985.

Baym, Nina et al. *The Norton Anthology of American Literature* (2nd Edition),*Vol. II.* New York & London: W.W. Norton & Company, Inc., 1985.

Benjamin, Walter. "Die Aufgabe des Übersetzers". in: ders. *Gesammelte Schriften* Bd. IV/1, Frankfurt/Main: Suhrkamp, 1972, pp. 9-21.

Benjamin, Walter. "The Task of the Translator," Eng. trans. by H. Zohn, in Lawrence Venuti (ed.), *The Translation Studies Reader*. London & New York: Routledge, 2000, pp.15-23.

Brower, Reuben A. *On Translation*. Cambridge: Harvard University Press, 1959.

Cao, Xueqin. *The Story of the Stone, Vol. I* (*The Golden Days*), trans. by Davie Hawkes. London & New York: Penguin Books Ltd., 1973.

Cao, Xueqin. *The Story of the Stone, Vol. II* (*The Crab-Flower Club*), trans. by Davie Hawkes. London & New York: Penguin Books Ltd., 1977.

Catford, J. C. *A Linguistic Theory of Translation*. Oxford: Oxford University Press, 1965.

Chaucer, Geoffrey. *The Canterbury Tales*, trans. by David Wright. Oxford: Oxford University

Press, 1991.

Chesterman, Andrew and Emma Wagner. *Can Theory Help Translation?* Manchester, GB & Northampton, MA: St. Jerome Publishing, 2002.

Cottingham, John. "Ludwig Wittgenstein: Austrian/British Philosopher," in Justin Wintle (ed.), *Dictionary of Modern Culture*. London, Boston & Melbourne: Routledge & Kegan Paul Ltd., 1984, pp. 439-442.

Cronin, Michael. *Translation and Identity*. London & New York: Routledge, 2006.

David, Lodge, ed. *20th Century Literary Criticism*. London & New York: Longman House, 1972.

Davis, Kathleen. *Deconstruction and Translation*. Shanghai: Shanghai Foreign Language Education Press, 2004.

de Man, Paul. "Conclusions: Walter Benjamin's The Task of the Translator," in Paul de Man, *The Resistance to Theory*. Minneapolis: University of Minnesota Press, 1986, pp.73-105.

Derrida, Jacques. *Of Grammatology*, Eng. trans. by Gayatri Chakravorty Spivak. Baltimore & London: The Johns Hopkins University Press, 1976.

Derrida, Jacques. "Des tours de Babel," in Rainer Schulte and John Biguenet (eds.), *Theories of Translation: An Anthology of Essays from Dryden to Derrida*. Chigago and London: The University of Chicago Press, 1992, pp.218-227.

Doren, Mark Von. "The Permanence of Robert Frost," in Richard Thornton, *Recognition of Robert Frost: Twenty-Fifth Anniversary*. New York: Henry Holt and Company, 1937, pp. 3-16.

Drabble, Margaret. *The Oxford Companion to English Literature*. Oxford: Oxford University Press, 1985.

Dryden, John. "On Translation," in Rainer Schulte & John Biguenet, *Theories of Translation: An Anthology of Essays from Dryden to Derrida*. Chicago: The University of Chicago Press, 1992, pp.17-31.

Emerson, Ralph Waldo. "The Over-Soul," in Brooks Atkinson (ed.), *The Essential Writings of Ralph Waldo Emerson*. New York: Modern Library, 2000, pp.236-251.

Eoyang, Eugene Chen. *The Transparent Eye: Reflections on Translation, Chinese Literature, and Comparative Poetics*. Honolulu: University of Hawaii Press, 1993.

Esperança, Bielsa and Susan Bassnett. *Translation in Global News*. London & New York:

Routledge, 2009.

Evans, Ifor. *A Short History of English Literature* (4th Edition). Harmondsworth & New York: Penguin Books Ltd., 1976.

Evans, Maurice, ed. *Elizabethan Sonnets*. Totowa: Rowan and Littlefield, 1977.

Firth, John Rupert. *Papers in Linguistics (1934–1951)*. London: Oxford University Press, 1957.

Frost, Robert. "Poetry and School," in Richard Poirier and Mark Richardson (eds.), *Frost: Collected Poems, Prose and Plays*. New York: Literary Classics of the United States, Inc., 1995, pp.806-809.

Gadda, Carlo Emiio. *In meditazione Milanese*. Turin: Einaudi, 1974.

Gentzler, Edwin. *Contemporary Translation Theories*. London & New York: Routledge, 1993.

Gentzler, Edwin. *Contemporary Translation Theories* (Revised Second Edition). Shanghai: Shanghai Foreign Language Education Press, 2004.

Gibaldi, Joseph. *MLA Handbook for Writers of Research Papers* (6th Edition). New York: The Modern Language Association of America, 2003.

Goethe, Johann Wolfgang von. "Translations," in Rainer Schulte and John Biguenet (eds.), *Theories of Translation: An Anthology of Essays from Dryden to Derrida*. Chicago: The University of Chicago Press, 1992, pp.60-63.

Goetz, Philip W. et al. *The New Encyclopaedia Britannica* (15th Edition, *Micropaedia Britannica*). Chicago & London: Encyclopaedia Britannica Inc., 1979.

Gottesman, Ronald et al. *The Norton Anthology of American Literature, Vol. II*. New York & London: W.W. Norton & Company, Inc., 1979.

Gove, Philip B. et al., eds. *Webster's Third New International Dictionary of the English Language*. Springfield: G. & C. Merriam Company, Publishers, 1976.

Graves, Robert. "Introduction to *In the Clearing*," in Robert Frost, *In the Clearing*. New York: Holt Rinehart and Winston, 1962, pp. 7-10.

Gutt, Ernst-August. *Translation and Relevance: Cognition and Context*. Shanghai: Shanghai Foreign Language Education Press, 2004.

Hammond, J. R. *An Edgar Allan Poe Companion*. London & Basingstoke: Macmillan Press Ltd., 1981.

Harris, William H. and Judith S. Levey. *The New Columbia Encyclopedia.* New York & London: Columbia University Press, 1975.

Hatim, Basil and Ian Mason. *Discourse and the Translator.* Shanghai: Shanghai Foreign Language Education Press, 2001.

Hermans, Theo. *The Manipulation of Literature: Studies in Literary Translation.* London & Sidney: Groom Helm, 1985.

Hermans, Theo. *Translation in Systems: Descriptive and Systemic Approaches Explained.* Manchester: St. Jerome Publishing, 1999.

Hermans, Theo. "Paradoxes and Aporias in Translation and Translation Studies," in Zhengkun Gu (ed.), *Studies in World Literature and Translation.* Beijing: PKU Society for Culture and Translation Studies, 2004, pp. 51-58.

Hermans, Theo. *Translation in Systems: Descriptive and Systemic Approaches Explained.* Shanghai: Shanghai Foreign Language Education Press, 2004.

Hoerber, Robert G. *Concordia Self-Study Bible.* St. Louis: Concordia Publishing House, 1987.

Hokenson, Jan Walsh and Marcella Munson. *The Bilingual Text: History and Theory of Literary Self-Translation.* Manchester & Kinderhook, NY: St. Jerome Publishing, 2007.

Holmes, James. *Translated! Papers on Literary Translation and Translation Studies.* Amsterdam: Rodopi B. V., 1988.

House, Juliane. *Translation Quality Assessment: Past and Present.* London & New York: Routledge, 2015.

Hugo, Victor. «Préface de la Nouvelle Traduction de Shakespeare,» dans *Oeuvres complètes de W. Shakespeare*, Tome XV, tra. par François-Victor Hugo. Paris: Pagnerre. Libraire-Editure, 1865, pp. iii–xxvii.

Hugo, Victor. *William Shakespeare* (8th Edition), trans. by Melville B. Anderson. Chicago: A. C. McClurg and Company, 1991.

Humboldt, Wilhelm Von. "From the Introduction to His Translation of Agamemnon," in Rainer Schulte and John Biguenet (eds.), *Theories of Translation: An Anthology of Essays from Dryden to Derrida.* Chicago: The University of Chicago Press, 1992, pp.55-59.

Jakobson, Roman. "On Linguistic Aspects of Translation," in Reuben Brower (ed.), *On*

*Translation*. Cambridge, Mass.: Harvard University Press, 1959, pp.232-239.

Jakobson, Roman. "On Linguistic Aspects of Translation (1959)," in Schulte Rainer and John Biguenet (eds.), *Theories of Translation: An Anthology of Essays from Dryden to Derrida*. Chicago: The University of Chicago Press,1992, pp.144-151.

Jakobson, Roman. "On Linguistic Aspects of Translation," in Lawrence Venuti (ed.), *The Translation Studies Reader*. London & New York: Routledge, 2000, pp. 113-118.

Johnson, Ian. "The perfect storm: Economics, Finance and Socio-Ecology," *The Cadmus Journal*, Vol. 1, Issue 2, 2001, pp. 19-24.

Kelly, Louis G. *The True Interpreter: A History of Translation*. Oxford: Basil Blackwell, 1979.

Kerrigan, John, ed. *William Shakespeare: The Sonnets and A Lover's Complaint*. London: Penguin Books Ltd., 1986.

Khubchandani, Lachman M. "Sources and Targets: Translation as a Culture Filter," in Rukmini Bhaya Nair (ed.), *Translation, Text and Theory: The Paradigm of India*. New Delhi & London: Sage Publications, 2002, pp. 46-54.

Kiang, Kang-Hu. "Outline of Taoist Philosophy and Religion," in Bhikshu Wai-Tao & Dwight Goddard, *Laotzu's Tao and Wu-Wei*. Santa Barbara, California: Dwight Goddard, 1935, pp. 137-149.

Kimbrough, Robert. *Sir Philip Sidney: Selected Prose and Poetry*. Madison: The University of Wisconsin, 1983.

Kublin, Hyman. *China*. Boston: Houghton Mifflin Company, 1968.

Lefevere, André. "Translation Studies: The Goal of the Discipline," in James Holmes, Jose Lambert and Raymond van den Broek, *Literature and Translation*. Louvain: ACCO, 1978, pp. 234-235.

Lefevere, André. *Translation/ History/ Culture: A Sourcebook*. London & New York: Routledge, 1992.

Lefevere, André. *Translation, Rewriting and the Manipulation of Literary Fame*. London & New York: Routledge, 1992.

Lefevere, André. *Translation, Rewriting and the Manipulation of Literary Fame*. Shanghai: Shanghai Foreign Language Education Press, 2004.

Lefevere, André and Susan Bassnett. "Introduction: Proust's Grandmother and the Thousand and One Nights — The 'Cultural Turn in Translation Studies'," in Susan Bassnett and André Lefevere (eds.), *Translation, History and Culture.* London & New York: Pinter Publishers, 1990, pp. 1-13.

Levý, Jiří. "Translation as a Decision Process," (1967), in Lawrence Venuti (ed.), *The Translation Studies Reader.* London & New York: Routledge, 2000, pp. 148-159.

Lewis, Philip E. "*The Measure of Translation Effects,*" in Lawrence Venuti (ed.), *The Translation Studies Reader.* London & New York: Routledge, 2000, pp. 264-283.

Liu, Wu-Chi. *Confucius: His Life and Time.* New York: Philosophical Library, Inc., 1955.

Lodge, David, ed. *20th Century Literary Criticism.* London & New York: Longman House, 1972.

Lord, Bette Bao. *Legacies: A Chinese Mosaic.* New York: Alfred A. Knopf, Inc., 1990.

Lowers, James K. *Cliffs Notes on Shakespeare's Sonnet*s. Lincoln: Cliffs Notes Inc., 1965.

Mack, Maynard (General Editor). *The Norton Anthology of World Masterpieces* (Expanded Edition), *Vol. 1 & Vol. 2.* New York & London: W. W. Norton & Company Inc., 1995.

Malignon, Jean. *Dictionnaire des écrivains français.* Paris: Éditions du Seuil, 1971.

Marcus, Cunliffe. *The Literature of the United States.* Baltimore: Penguin Books Ltd., 1967.

Mcgrum, Robert et al., ed. *The Story of English.* New York: Viking Penguin Inc., 1986.

McHenry, Robert. *Webster's New Biographical Dictionary.* Springfield: Merriam-Webster Inc., 1983.

McQuade, Donald et al. *Popular Writing in America* (2nd Edition). New York & Oxford: Oxford University Press, 1980.

Merquior, J. G. "Benjamin, Walter," in Justin Wintle (ed.), *Dictionary of Modern Culture.* London: Routledge, 1984, pp.30-32.

Metzger, Bruce Manning. Preface to *The New Revised Standard Version of Bible.* (2001-02-01), http://www.bible-researcher.com/nrsvpreface.html. [2017-10-02].

Miller, James E. *The Western Paradise: Greek and Hebrew traditions.* San Francisco: International Scholars Publications, 1996.

Munday, Jeremy. *Introducing Translation Studies: Theories and Applications.* London & New York: Routledge, 2001.

Nash, Thomas. "Spring," in Helen Gardner (ed.), *The New Oxford Book of English Verse*. Oxford & New York: Oxford University Press, 1972, p.105.

Newmark, Peter. *Approaches to Translation*. Oxford & New York: Pergamon Press, 1982.

Newmark, Peter. *A Textbook of Translation*. Hemel Hempstead: Prentice Hall International (UK) Ltd., 1988.

Newmark, Peter. *A Textbook of Translation*. Shanghai: Shanghai Foreign Language Education Press, 2001.

Nida, Eugene A. *Language and Culture: Contexts in Translating*. Shanghai: Shanghai Foreign Language Education Press, 2001.

Nida, Eugene A. *Toward a Science of Translating*. Shanghai: Shanghai Foreign Language Education Press, 2004.

Nida, Eugene A. and Charles R. Taber. *The Theory and Practice of Translation*. Shanghai: Shanghai Foreign Language Education Press, 2004.

Niranjana, Tejaswini. *Siting Translation: History, Post-Structuralism, and the Colonial Context*. Berkeley & Los Angles: University of California Press, 1992.

Nord, Christiane. *Translation as a Purposeful Activity: Functionalist Approaches Explained*. Shanghai: Shanghai Foreign Language Education Press, 2001.

Norris, Christopher. *Deconstruction: Theory and Practice*. London & New York: Routledge, 1991.

Ousby, Ian. *The Cambridge Guide to Literature in English*. Cambridge: Cambridge University Press, 1988.

Owen, Stephen. *An Anthology of Chinese Literature: Beginnings to 1911*. New York & London: W. W. Norton & Company Inc., 1996.

Palgrave, Francis Turner, ed. *Golden Treasury of the Best Songs and Lyrical Poems in the English Language*. London & New York: Oxford University Press, 1929.

Patten, Bernard M. *Truth, Knowledge, or Just Plain Bull*. Amherst, NY: Prometheus Books, 2004.

Paz, Octavio. *Traducción: literatura y literalidad*. Barcelona: Tusquets Editores, 1971.

Poe, Edgar Allan. "Eureka: A Prose Poem," in P. F. Quinn (ed.), *Edgar Allan Poe: Poetry and Tales*. New York: Literary Classics of the United States, Inc., 1984, pp. 1257-1359.

Poe, Edgar Allan. "The Philosophy of Composition," in G. R. Thompson, *Edgar Allan Poe: Essays and Reviews*. New York: Literary Classics of the United States, Inc., 1984, pp.13-25.

Poirier, Richard and Mark Richardson, eds. *Robert Frost: Collected Poems, Prose and Plays*. New York: Literary Classics of the United States, Inc., 1995.

Popovič, Anton. "The Concept 'Shift of Expression' in Translation Analysis," in James S. Holmes, et al., *The Nature of Translation: Essays on the Theory and Practice of Literary Translation*. The Hague: Mouton, 1970, pp. 78-87.

Popovič, Anton. *Dictionary for the Analysis of Literary Translation*. Edmonton: Department of Comparative Literature, The University of Alberta, 1976.

Potter, James L. *Robert Frost Handbook*. University Park & London: The Pennsylvania State University Press, 1980.

Preminger, Alex. *Encyclopaedia of Poetry and Poetics*. Princeton: Princeton University Press, 1965.

Pym, Anthony. *Exploring Translation Theories* (2nd Edition). London & New York: Routledge, 2014.

Quinn, Patrick F., ed. *Poe: Poetry and Tales*. New York: Literary Classics of the United States, Inc., 1984.

Rendall, Steven. "A note on Harry Zohn's translation," in Lawrence Venuti (ed.), *The Translation Studies Reader*. London & New York: Routledge, 2000, pp. 23-25.

Reich, Robert. A Perfect Storm That Threatens American Democracy. (2010-10-19), https://www.alternet. org/ story/ 148558/the_perfect_storm_that_threatens _american_ demo-cracy/.[2011–07–15].

Roberts, Moss, trans. *Three Kingdoms: A Historical Novel*. Berkeley & Los Angles: University of California Press, Ltd., 1994.

Robinson, Douglas. *Western Translation Theory: From Herodotus to Nietzsche*. Beijing: Foreign Language Teaching and Research Press, 2006.

Saussure, Ferdinand de. *Cours De Linguistiqur Générale*. Paris : Payot, 1980.

Savory, Theodore. *The Art of Translation*. Philadelphia : Dufour Editions, 1960.

Schopenhauer, Arthur. "On Language and Words," (1800), in Rainer Schulte and John Biguenet (eds.), *Theories of Translation: An Anthology of Essays from Dryden to Derrida.* Chicago: The University of Chicago Press, 1992, pp.32-35.

Schulte, Rainer and John Biguenet. *Theories of Translation: An Anthology of Essays from Dryden to Derrida.* Chicago: The University of Chicago Press, 1992.

Sergeant, Elizabeth Shepley. *Robert Frost: The Trial by Existence.* New York: Holt, Rinehart and Winston, 1960.

Shuttleworth, Mark and Moira Cowie, eds. *Dictionary of Translation Studies.* Shanghai: Shanghai Foreign Language Education Press, 2004.

Simon, Sherry. *Gender in Translation: Culture Identity and the Politics of Transmission.* London & New York: Routledge, 1996.

Singh, Rajendra. "Unsafe at any Speed? Some Unfinished Reflections on the 'Cultural Turn' in Translation studies," in Paul St-Pierre and Prafulla C. Kar (eds.), *In Translation: Reflections, Refractions, Transformation.* Delhi: Pencraft International, 2005, pp.57-67.

Smith, J. C. and Ernest de Sélincourt, eds. *The Poetical Works of Edmund Spenser.* London & New York: Oxford University Press, 1947.

Snell-Hornby, Mary. *Translation Studies: An Integrated Approach.* Shanghai: Shanghai Foreign Language Education Press, 2001.

Sontag, Susan. "Against Interpretation," in David Lodge (ed.), *20th Century Literary Criticism.* London & New York: Longman House, 1972, pp. 652-660.

Spiller, Robert E. *The Cycle of American Literature.* New York, Toronto & London: The New American Library, 1956.

Spivak, G. C. "Translator's Preface," in Jacques Derrida, *Of Grammatology.* Baltimore & London: The Johns Hopkins University Press, 1976, pp. ix-lxxxvii.

Spivak, G. C. "Translation as Culture," in Paul St-Pierre and Prafulla C. Kar (eds.), *In Translation: Reflections, Refractions, Transformation.* Delhi: Pencraft International, 2005, pp. 238-250.

Steiner, George. *After Babel: Aspects of Language and Translation.* Shanghai: Shanghai Foreign Language Education Press, 2001.

St-Pierre, Paul and Prafulla C. Kar, eds. *In Translation: Reflections, Refractions, Transformation.*

Delhi: Pencraft International, 2005.

Symons, Julian. *The Tell-Tale Heart: The Life and Works of Edgar Allan Poe*. London: Faber & Faber, 1978.

Toury, Gideon. "A Rationale for Descriptive Translation Studies," in André Lefevere and Kenneth David Jackson (eds.), *The Art and Science of Translation*, Disposition 7, 1982, special issue, pp. 22-39.

Toury, Gideon. *In Search of a Theory of Translation*. Tel Aviv: Porter Institute for Poetics and Semiotics, 1980.

Toury, Gideon. *Descriptive Translation Studies and Beyond*. Amsterdam & Philadelphia: John Benjamins Publishing Co., 1995.

Toury, Gideon. *Descriptive Translation Studies and Beyond*. Shanghai: Shanghai Foreign Language Education Press, 2001.

Tsao, Hsueh-Chin and Kao Ngo. *A Dream of Red Mansions, Vol. I*, trans. by Yang Hsien-Yi and Gladys Yang. Peking: Foreign Languages Press, 1978.

Tymoczko, Maria. *Translation in a Postcolonial Context: Early Irish Literature in English Translation*. Shanghai: Shanghai Foreign Language Education Press, 2004.

Untermeyer, Louis. *Robert Frost: A Backward Look*. Washington DC: The Library of Congress, 1964.

Untermeyer, Louis. *New Enlarged Anthology of Robert Frost's Poems*. New York: Washington Square Press, 1971.

Venuti, Lawrence. *The Translator's Invisibility: A History of Translation*. London & New York: Routledge, 1995.

Venuti, Lawrence. *The Translator's Invisibility: A History of Translation* (2nd Edition). London & New York: Routledge, 2008.

Vermeer, Hans J. "Skopos and Commission in Translational Action," in Lawrence Venuti（ed.）, *The Translation Studies Reader*. London & New York: Routledge, 2000, pp. 221-232.

Wai-Tao, Bhikshu and Dwight Goddard. *Laotzu's Tao and Wu Wei* (2nd Edition). Santa Barbara: Dwight Goddard, 1935.

Whitford, Margaret. "Jacques Derrida: French Philosopher," in Justin Wintle (ed.), *Makers of*

*Modern Culture*. London & New York: Routledge & Kegan Paul Ltd., 1981, pp.129-130.

Whitford, Margaret. "Jacques Derrida: French Philosopher," in Justin Wintle (ed.), *Dictionary of Modern Culture*. London, Boston & Melbourne: Routledge & Kegan Paul Ltd., 1984, pp.91-92.

Williams, Karel. "Michel Foucault: French Social Historian," in Justin Wintle (ed.), *Dictionary of Modern Culture*. London, Boston & Melbourne: Routledge & Kegan Paul Ltd., 1984, pp.122-123.

Wilss, Wolfram. *The Science of Translation: Problems and Methods*. Shanghai: Shanghai Foreign Language Education Press, 2001.

Wimsatt, W. K. and Monroe C. Beardsley. "The Intentional Fallacy," in David Lodge ( ed. ), *20th Century Literary Criticism*. London & New York: Longman House, 1972, pp.334-345.

Wittgenstein, Ludwig. *Philosophical Investigations*. Eng. trans. by G. E. M. Anscombe. Oxford: Basil Blackwell, 1953.

Wong, Kiew Kit. *Sukhavati Western Paradise: Going to Heaven as Taught by the Buddha*. Westcliff-on-Sea: Cosmos Publishing, 2002.

Woods, Michelle. *Translating Milan Kundera*. Clevedon: Multilingual Matters Ltd., 2006.

X. Y. Z. (trans.). *Poetry of the South*. Changsha: Hunan Publishing House, 1994.

Young, Robert. *Analytical Concordance to the Bible*. Grand Rapids, Michigan: William B. Eerdmans Publishing Company, 1964.

Zhuo, Zhengying, trans. *The Verse of Chu*. Changsha: Hunan People's Publishing House, 2006.